中央大学杉並高等学校

〈収録内容〉

2024年度	推薦	(数・英・理・社・国)
	一般	(数・英・国)
	帰国生	(数・英・国)
2023年度	推薦	(数・英・理・社・国)
	一般	(数・英・国)
	帰国生	(数・英・国)
2022年度	推薦	(数・英・理・社・国)
	一般	(数・英・国)
	帰国生	(数
2021年度	一般	(数
2020年度	一般	(数
2019年度	一般	(数・英)

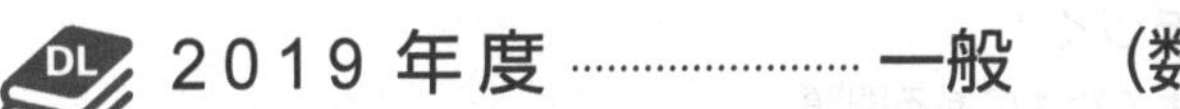

便利なDLコンテンツは右のQRコードから

解答用紙

過去年度

リスニング

⇒ 

※データのダウンロードは2025年3月末日まで。
※データへのアクセスには、右記のパスワードの入力が必要となります。 ⇒ 904559

〈合格最低点〉

	一　般
2024年度	209点
2023年度	206点
2022年度	194点
2021年度	210点
2020年度	213点
2019年度	208点

本書の特長

実戦力がつく入試過去問題集

- ▶ 問題 …………… 実際の入試問題を見やすく再編集。
- ▶ 解答用紙 …… 実戦対応仕様で収録。
- ▶ 解答解説 …… 詳しくわかりやすい解説には、難易度の目安がわかる「基本・重要・やや難」の分類マークつき（下記参照）。各科末尾には合格へと導く「ワンポイントアドバイス」を配置。採点に便利な配点つき。

入試に役立つ分類マーク

基本 確実な得点源！
受験生の90%以上が正解できるような基礎的、かつ平易な問題。
何度もくり返して学習し、ケアレスミスも防げるようにしておこう。

重要 受験生なら何としても正解したい！
入試では典型的な問題で、長年にわたり、多くの学校でよく出題される問題。
各単元の内容理解を深めるのにも役立てよう。

やや難 これが解ければ合格に近づく！
受験生にとっては、かなり手ごたえのある問題。
合格者の正解率が低い場合もあるので、あきらめずにじっくりと取り組んでみよう。

合格への対策、実力錬成のための内容が充実

- ▶ 各科目の出題傾向の分析、合否を分けた問題の確認で、入試対策を強化！
- ▶ その他、学校紹介、過去問の効果的な使い方など、学習意欲を高める要素が満載！

解答用紙ダウンロード 解答用紙はプリントアウトしてご利用いただけます。弊社ＨＰの商品詳細ページよりダウンロードしてください。トビラのＱＲコードからアクセス可。

リスニング音声ダウンロード 英語のリスニング問題については、弊社オリジナル作成により音声を再現。弊社ＨＰの商品詳細ページで配信対応しております。トビラのＱＲコードからアクセス可。

UD FONT 見やすく読みまちがえにくいユニバーサルデザインフォントを採用しています。

中央大学杉並高等学校

普通科
生徒数　953名
〒167-0035
東京都杉並区今川2-7-1
☎03-3390-3175
西武新宿線上井草駅　徒歩12分
中央線・丸ノ内線荻窪駅、西武池袋線石神井公園駅　各バス

探究的な学びー C.S.Journey
中央大学附属の高大一貫校
卒業生の９割以上が中央大学へ進学

URL	https://chusugi.jp

「共育と共創」が校風の男女共学校

「行動する知性」を掲げ、実践的な知を目指している中央大学の附属校である。

本校では、高校から大学へとつながる道のりを「C.S.Journey」と名付けている。各学年の目標を、1年生：準備、2年生：参画、3年生：自立とし、少しずつ確実に学んでいく。準備段階では、SDGｓに関するテーマを各自設定し、フィールドワークを行う。参画段階では、アカデミックプロジェクトと研修リーダープロジェクトの中のさまざまなプロジェクトから、自分で選択したものを探究し、机上の学びにとどまらずに社会に参画していく。C.S.Journeyの集大成として、3年次の自立段階では、卒業論文（文コース）、理数探究（理コース）で、自ら問いを立て、分析・根拠を積み重ねた上で答えを導き出す、という一連の学習に1年間かけて取り組む。中杉で得る教養と学びの姿勢は、中杉生たちをC.S.Journeyのその先に進めてくれるはずだ。

充実の施設 全館冷暖房完備の校舎

校舎は、地下１階地上４階の学習棟と、第１・２体育館、地上２階の専門教室・部室棟等の４棟からなる。図書室は蔵書10万冊を誇り、３年次の卒業論文執筆に利用されている。グラウンドは人工芝を用いている。また、PC教室、トレーニングルーム、食堂もあり、全館に冷暖房を完備。2020年には全館リニューアルが完成し、全教室にWi-Fiが整備された。

受験を気にせず自主性を育む

卒業生のほとんどが中央大学に進学する。大学の各学部で専門的な学問を学ぶために、基礎学力の養成と幅広い教養や思考力の充実に力を注ぐ、高校・大学一貫教育を行っている。

１・２年次は全員が共通のカリキュラムで、特定の科目に偏ることなく、バランスよく学習する。３年次では、**文コース**と**文理コース**を設置し、大学で学ぶ学問の初歩をコース別に修得すると共に、「選択科目」を数多く設け、幅広い分野にわたる豊富な内容の授業を実施する。また、卒業直前の３年生を対象にした、イギリス・オックスフォード研修や、オーストラリア・ユニティカレッジ研修、３学期をまるごとニュージーランドで学ぶターム留学も実施している。

自主性や協調性重視のクラブ活動

自主性を重んじる本校らしく、学校行事やクラブ活動への生徒の参加が積極的だ。９月の緑苑祭、11月の体育祭など、生徒が主役のイベントが近づくと、学校全体の雰囲気が盛り上がる。

また、複数のクラブを掛け持ちする生徒がいるほどクラブ活動も盛んで、文化系が８、スポーツ系が17、それに７つの同好会がある。すべての競技成績が抜群というわけにはいかないが、チームワークやフェアプレーには定評がある。音楽部、吹奏楽部、野球部、ボート部、バレーボール部、サッカー部、バスケットボール部など、活気のあるクラブが多い。

制服は、冬服は男女ともに紺のスーツにレジメンタルタイ。夏服はポロシャツにチェックのパンツまたはスカートで、爽快感が表現されたものとなっている。

オーストラリア・ユニティカレッジ研修

90%以上が中央大の各学部に進学

卒業生の90％以上が中央大学に進学しており、大学へ提出する調査書に基づき、大学が選考を行い、学部の選択は在学中の成績による。そのほか中央大にない学科を受験する場合は、中央大への推薦を併せて受けることができる。また12月までに合否がわかる学校推薦型・総合型選抜入試に関しては、どの大学の学部学科であっても受験することができる。

司法試験合格者から

「私は中杉時代、先生から将来何になりたいんだと聞かれ、弁護士になりたいです、と答えました。今振り返ると、その言葉が司法試験合格への第一歩となりました。中杉は中大法学部の先生が指導してくれる法学講座や、日本弁護士連合会主催の模擬裁判選手権への参加など、自分の夢を叶える環境が整っています。自分の可能性を狭めてはいけない、そのことの大切さを私は中杉で学びました。」

2024年度入試要項

試験日　1/22(推薦)　1/23(帰国生)　2/10(一般)

試験科目　適性〈国・数・英・理・社〉＋面接(推薦)　基礎学力〈国・数・英〉＋面接(帰国生)　国・数・英(一般)

2024年度	募集定員	受験者数	合格者数	競争率
推薦	130	395	145	2.7
一般	150	956	312	3.1
帰国生	20	121	48	2.5

過去問の効果的な使い方

① **はじめに**　入学試験対策に的を絞った学習をする場合に効果的に活用したいのが「過去問」です。なぜならば，志望校別の出題傾向や出題構成，出題数などを知ることによって学習計画が立てやすくなるからです。入学試験に合格するという目的を達成するためには，各教科ともに「何を」「いつまでに」やるかを決めて計画的に学習することが必要です。目標を定めて効率よく学習を進めるために過去問を大いに活用してください。また，塾に通われていたり，家庭教師のもとで学習されていたりする場合は，それぞれのカリキュラムによって，どの段階で，どのように過去問を活用するのかが異なるので，その先生方の指示にしたがって「過去問」を活用してください。

② **目的**　過去問学習の目的は，言うまでもなく，志望校に合格することです。どのような分野の問題が出題されているか，どのレベルか，出題の数は多めか，といった概要をまず把握し，それを基に学習計画を立ててください。また，近年の出題傾向を把握することによって，入学試験に対する自分なりの感触をつかむこともできます。

過去問に取り組むことで，実際の試験をイメージすることもできます。制限時間内にどの程度までできるか，今の段階でどのくらいの得点を得られるかということも確かめられます。それによって必要な学習量も見えてきますし，過去問に取り組む体験は試験当日の緊張を和らげることにも役立つでしょう。

③ **開始時期**　過去問への取り組みは，全分野の学習に目安のつく時期，つまり，9月以降に始めるのが一般的です。しかし，全体的な傾向をつかみたい場合や，学習進度が早くて，夏前におおよその学習を終えている場合には，7月，8月頃から始めてもかまいません。もちろん，受験間際に模擬テストのつもりでやってみるのもよいでしょう。ただ，どの時期に行うにせよ，取り組むときには，集中的に徹底して取り組むようにしましょう。

④ **活用法**　各年度の入試問題を全問マスターしようと思う必要はありません。できる限り多くの問題にあたって自信をつけることは必要ですが，重要なのは，志望校に合格するためには，どの問題が解けなければいけないのかを知ることです。問題を制限時間内にやってみる。解答で答え合わせをしてみる。間違えたりできなかったりしたところについては，解説をじっくり読んでみる。そうすることによって，本校の入試問題に取り組むことが今の自分にとって適当かどうかが，はっきりします。出題傾向を研究し，合否のポイントとなる重要な部分を見極めて，入学試験に必要な力を効率よく身につけてください。

数学

各都道府県の公立高校の入学試験問題は，中学数学のすべての分野から幅広く出題されます。内容的にも，基本的・典型的なものから思考力・応用力を必要とするものまでバランスよく構成されています。私立・国立高校では，中学数学のすべての分野から出題されることには変わりはありませんが，出題形式，難易度などに差があり，また，年度によっての出題分野の偏りもあります。公立高校を含め，ほとんどの学校で，前半は広い範囲からの基本的な小問群，後半はあるテーマに沿っての数問の小問を集めた大問という形での出題となっています。

まずは，単年度の問題を制限時間内にやってみてください。その後で，解答の答え合わせ，解説での研究に時間をかけて取り組んでください。前半の小問群，後半の大問の一部を合わせて50%以上の正解が得られそうなら多年度のものにも順次挑戦してみるとよいでしょう。

英語

英語の志望校対策としては，まず志望校の出題形式をしっかり把握しておくことが重要です。英語の問題は，大きく分けて，リスニング，発音・アクセント，文法，読解，英作文の5種類に分けられます。リスニング問題の有無(出題されるならば，どのような形式で出題されるか)，発音・アクセント問題の形式，文法問題の形式(語句補充，語句整序，正誤問題など)，英作文の有無(出題されるならば，和文英訳か，条件作文か，自由作文か）など，細かく具体的につかみましょう。読解問題では，物語文，エッセイ，論理的な文章，会話文などのジャンルのほかに，文章の長さも知っておきましょう。また，読解問題でも，文法を問う問題が多いか，内容を問う問題が多く出題されるか，といった傾向をおさえておくことも重要です。志望校で出題される問題の形式に慣れておけば，本番ですんなり問題に対応することができますし，読解問題で出題される文章の内容や量をつかんでおけば，読解問題対策の勉強として，どのような読解問題を多くこなせばよいかの指針になります。

最後に，英語の入試問題では，なんと言っても読解問題でどれだけ得点できるかが最大のポイントとなります。初めて見る長い文章をすらすらと読み解くのはたいへんなことですが，そのような力を身につけるには，リスニングも含めて，総合的に英語に慣れていくことが必要です。「急がば回れ」ということわざの通り，志望校対策を進める一方で，英語という言語の基本的な学習を地道に続けることも忘れないでください。

国語

国語は，出題文の種類，解答形式をまず確認しましょう。論理的な文章と文学的な文章のどちらが中心となっているか，あるいは，どちらも同じ比重で出題されているか，韻文(和歌・短歌・俳句・詩・漢詩)は出題されているか，独立問題として古文の出題はあるか，といった，文章の種類を確認し，学習の方向性を決めましょう。また，解答形式は，記号選択のみか，記述解答はどの程度あるか，記述は書き抜き程度か，要約や説明はあるか，といった点を確認し，記述力重視の傾向にある場合は，文章力に磨きをかけることを意識するとよいでしょう。さらに，知識問題はどの程度出題されているか，語句(ことわざ・慣用句など)，文法，文学史など，特に出題頻度の高い分野はないか，といったことを確認しましょう。出題頻度の高い分野については，集中的に学習することが必要です。読解問題の出題傾向については，脱語補充問題が多い，書き抜きで解答する言い換えの問題が多い，自分の言葉で説明する問題が多い，選択肢がよく練られている，といった傾向を把握したうえで，これらを意識して取り組むと解答力を高めることができます。「漢字」「語句・文法」「文学史」「現代文の読解問題」「古文」「韻文」と，出題ジャンルを分類して取り組むとよいでしょう。毎年出題されているジャンルがあるとわかった場合は，必ず正解できる力をつけられるよう意識して取り組み，得点力を高めましょう。

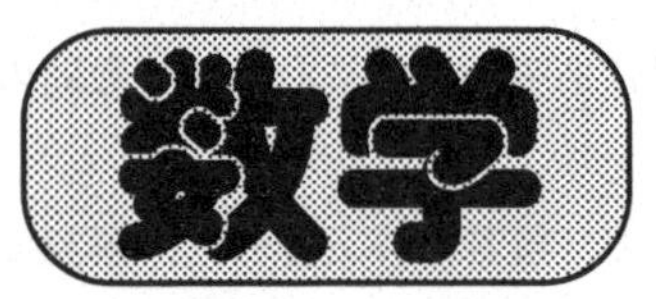

出題傾向の分析と 合格への対策

●出題傾向と内容

推薦入試，帰国生入試ともいろいろな分野から小問数にして8題ずつ出題された。

一般入試は大問が6題で小問が17題であった。出題内容は1が2次方程式，平方根，角度の独立小問3題，2は図形と関数・グラフの融合問題，3は面積の近似値，4は平面図形，5は確率，6は為替レートの問題であった。

最後の1小問は途中の式や考え方を書かせるものであった。

あらゆる分野から出題されているので解けるものから着実に仕上げていきたい。

✔学習のポイント

図形の問題では，定理・公式を使いこなすことが重要。それには，多くの問題を解き実践を積んでいく学習がより効果的といえる。

●2025年度の予想と対策

来年度も出題の量・レベルともに大きな変化はないだろう。基本的な問題や難問はほとんどなく，大体が標準的な問題なので，教科書の問題を完全に理解することができるようになったら，標準レベルの問題集で多くの問題にあたっておこう。出題される分野は幅広いが，特に注意を要するのは平面図形で，相似とからめての線分比や三平方の定理に関しての特別な直角三角形の辺の比などを自在に使えるように，ていねいに学習しておこう。図形と関数・グラフの融合問題も毎年のように出題されている。記述式問題に対しては，平素から答えに至る道筋を整理して書くことを心がけておけば，それが備えとなる。

▼年度別出題内容分類表……

※推薦をA，一般をB，帰国生をCとする。

出題内容			2020年	2021年	2022年	2023年	2024年
数と式		数の性質			B		
		数・式の計算	AB	ABC	ABC	ABC	AB
		因数分解	B		BC		
		平方根		A	AC	AC	B
方程式・不等式		一次方程式	C				C
		二次方程式		B		B	BC
		不等式					
		方程式・不等式の応用		AB			
関数		一次関数	BC	AB	BC	ABC	AB
		二乗に比例する関数	ABC	A(B)C	AC	AB	ABC
		比例関数	B		AC	C	B
		関数とグラフ	ABC	ABC	ABC	ABC	ABC
		グラフの作成					
図形	平面図形	角度	ABC	AB	AC	BC	BC
		合同・相似	C	ABC	AB	BC	ABC
		三平方の定理	A		ABC	BC	ABC
		円の性質	AB	AC	ABC	BC	AB
	空間図形	合同・相似			B	A	
		三平方の定理	B		B	A	
		切断				A	
	計量	長さ	B	C	AB	ABC	B
		面積	ABC	A	ABC	AB	ABC
		体積			B		
	証明						
	作図						
	動点						
統計		場合の数	A				
		確率	BC	BC	C	B	AB
		統計・標本調査	A		AB	C	
融合問題		図形と関数・グラフ	ABC	ABC	ABC	AB	ABC
		図形と確率					
		関数・グラフと確率					
		その他					
その他			B				B

中央大学杉並高等学校

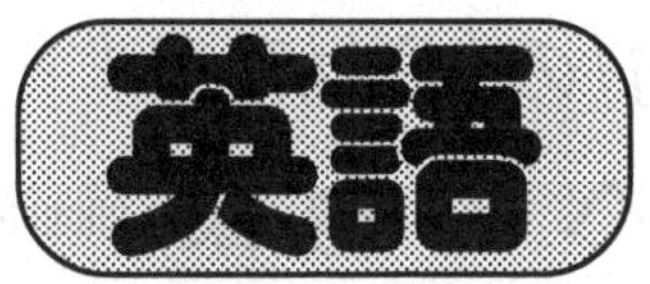

出題傾向の分析と 合格への対策

●出題傾向と内容

本年度の推薦入試では，選択式正誤問題，会話文完成問題，和文英訳問題，長文読解問題の大問計4題が出題された。難易度は標準的だが，時間が短いので注意が必要。

一般入試では，リスニングテスト，長文読解問題2題，語句選択問題，語句整序問題，和文英訳問題の大問計6題の出題だった。長文読解問題は質・量ともにハイレベルで，豊富な語彙力を踏まえた正確な読解力と速読力が必要。

帰国生入試では，長文読解問題と和文英訳問題の大問計2題が出題された。推薦・一般・帰国生とも和文英訳が課され，幅広い文法知識とその実践的な運用能力が試されている。

✔学習のポイント

長文読解問題には，早い段階で文法的に精読する力を身につけ，問題演習を通じて，解答のスピードを上げる訓練をしよう。

●2025年度の予想と対策

英文読解に重点を置いた出題傾向と，難易度には，大きな変化はないと予想される。

長文問題は，わからない語句がいくつかあっても，推測しながら英文の意味がつかめるように練習しておこう。また，段落ごとにキーワード，キーセンテンスをチェックし，段落相互の関係を見ていく読み方を身につけよう。

和文英訳については，日頃から習った文法事項を使って英文を書いてみるとよいだろう。理解が十分でない事項については，しっかりとその用法などを確認すること，そして単語や慣用句の知識を増やすことを心がけよう。

▼年度別出題内容分類表 ……

※推薦をA，一般をB，帰国生をCとする。

	出題内容	2020年	2021年	2022年	2023年	2024年
話し方・聞き方	単語の発音					
	アクセント					
	くぎり・強勢・抑揚					
	聞き取り・書き取り	B	B	B	B	B
語い	単語・熟語・慣用句	BC	ABC	BC	BC	ABC
	同意語・反意語					
	同音異義語					
読解	英文和訳(記述・選択)					
	内容吟味	ABC	ABC	ABC	ABC	ABC
	要旨把握			B	B	BC
	語句解釈	ABC	ABC	ABC	B	
	語句補充・選択	B			BC	ABC
	段落・文整序				B	BC
	指示語	C	ABC	B		
	会話文	A	A	A	A	A
文法・作文	和文英訳	ABC	ABC	ABC	ABC	ABC
	語句補充・選択	B	B	B	B	B
	語句整序	ABC	ABC	ABC	ABC	ABC
	正誤問題	A	A	A	A	A
	言い換え・書き換え					
	英問英答	B	BC	BC	BC	BC
	自由・条件英作文					
文法事項	間接疑問文	BC	AB	BC	AC	A
	進行形			B	AB	AB
	助動詞	BC	C	B	B	ABC
	付加疑問文				B	
	感嘆文					
	不定詞	BC	ABC	ABC	BC	AB
	分詞・動名詞	B	BC	AB	ABC	BC
	比較	AC	ABC	ABC	B	BC
	受動態	B	AC	ABC	AB	
	現在完了		BC	AB	AB	ABC
	前置詞	B	BC	ABC	BC	AC
	接続詞	AB	ABC	BC	ABC	ABC
	関係代名詞	ABC		AC	AB	B

中央大学杉並高等学校

出題傾向の分析と 合格への対策

●出題傾向と内容

例年，大問6～9題程度，小問数にして15～20題である。中学校での学習内容すべてにわたって物理，化学，生物，地学の4分野からバランスよく出題されている。

難問は少ないが，試験時間が20分とかなり短く，時間に対して問題数がやや多めなので，各問題とも素早く解き上げる必要がある。

日ごろからの実験，観察，自然現象に対する理解，数量の扱いが重視されており，各分野ともに丸暗記では対応できない。

しかし，標準的なレベルの問題集には必ず載っている問題が大半だから，練習をしっかり行えば，充分に解答できる。

✔学習のポイント

全範囲の内容を効率よく学習し，典型題を短時間で解けるようにしておこう。

●2025年度の予想と対策

来年度も出題方針に大きな変化はないものと思われるので，各分野ともに均等に学習する必要がある。

用語の丸暗記で解ける問題だけではなく，内容の理解や考え方を試す設問が多いため，試験時間内に解き上げるのは苦労するかも知れない。

とはいえ，珍しい素材が扱われることは少ないので，公立高校受験向けの標準的な問題集を使い，素早く解く練習をすると効果的である。用語を覚えるというよりは，基礎的な解法をしっかり身につけるという学習をする必要がある。短時間で解くときも，思考の流れをつかむことを忘れないようにしたい。

▼年度別出題内容分類表 ……

	出題内容	2020年	2021年	2022年	2023年	2024年
第一分野	物質とその変化				○	
	気体の発生とその性質	○		○		
	光と音の性質	○				
	熱と温度					
	力・圧力	○	○	○		○
	化学変化と質量		○		○	○
	原子と分子			○		
	電流と電圧		○	○		○
	電力と熱	○				○
	溶液とその性質		○			○
	電気分解とイオン				○	
	酸とアルカリ・中和	○				○
	仕事					
	磁界とその変化					
	運動とエネルギー		○		○	
	その他					
第二分野	植物の種類とその生活			○		○
	動物の種類とその生活					○
	植物の体のしくみ	○	○		○	○
	動物の体のしくみ	○				○
	ヒトの体のしくみ		○	○	○	
	生殖と遺伝					○
	生物の類縁関係と進化					
	生物どうしのつながり					
	地球と太陽系	○		○		○
	天気の変化	○	○			○
	地層と岩石		○	○		
	大地の動き・地震				○	
	その他					

中央大学杉並高等学校

出題傾向の分析と合格への対策

●出題傾向と内容

試験時間は20分と短いが小問数も20問程度と少ないので問題はあるまい。解答形式は7割が記号選択で残りが語句記入，自信のない問題は後回しにするなどの工夫は必要となる。

日本地理は地方を代表する川や山，都市などの識別や，地域の暮らしや産業，エネルギー別の分布図など。世界地理は各国の特徴や産業，中国の人口ピラミッドの推移など。歴史は古代～近世の文学史や毎年おなじみの時代順の並び替え問題，中世～近世・戦後の政治史などについての正誤判断など。公民は憲法の穴埋め問題や地方自治，物価と経済政策，現代社会が抱える問題などが出題されている。

✔学習のポイント

地理：統計資料をよく見ておこう。
歴史：歴史の流れを年表で整理しよう。
公民：日本国憲法を中心に学習しよう。

●2025年度の予想と対策

分野別の比率などに多少変動があるかもしれないが，全体の問題数や解答の方法，レベルなどは基本的に変わらないように思われる。

地理的分野では，日頃から地図帳をまめに見る習慣をつけ，県，国，都市などの位置を地図上で正確に把握し，あわせて各地域の自然や産業の特色も覚えておきたい。

歴史的分野では，古代～現代を年表にまとめ，特定の時代にかたよらないように，歴史の流れや各時代の特色を大きくつかむようにしたい。

公民的分野では，政治のしくみや経済に関する用語を中心に学習すること。環境問題にも注目しておきたい。

▼年度別出題内容分類表 ……

		出題内容	2020年	2021年	2022年	2023年	2024年
地理的分野	(日本)	地形図					
		地形・気候・人口	○	○	○	○	○
		諸地域の特色	○	○			○
		産業	○	○	○	○	○
		交通・貿易			○		○
	(世界)	人々の生活と環境		○	○	○	○
		地形・気候・人口	○	○	○	○	○
		諸地域の特色		○		○	○
		産業		○			
		交通・貿易					
	地理総合						
歴史的分野	(日本史)	各時代の特色					
		政治・外交史	○	○	○	○	○
		社会・経済史	○	○	○	○	○
		文化史	○	○	○	○	○
		日本史総合					
	(世界史)	政治・社会・経済史	○	○	○	○	○
		文化史	○		○		○
		世界史総合					
	日本史と世界史の関連		○	○	○	○	○
	歴史総合						
公民的分野	家族と社会生活						○
	経済生活			○	○	○	○
	日本経済					○	
	憲法（日本）		○	○	○	○	○
	政治のしくみ		○	○	○		○
	国際経済		○		○		
	国際政治		○	○	○	○	○
	その他						
	公民総合						
各分野総合問題							

中央大学杉並高等学校

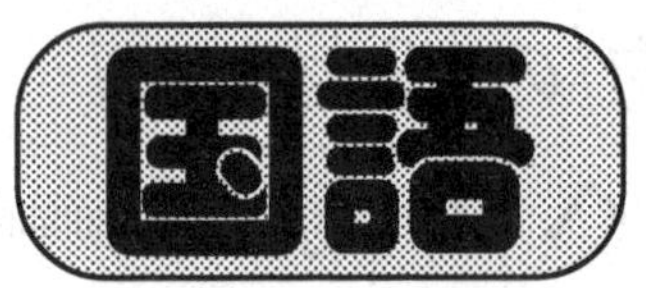

出題傾向の分析と 合格への対策

●出題傾向と内容

一般では，漢字の読み書き，80字以上100字以内の要約問題，要旨・資料の読み取り，古文の読解問題，論説文の読解問題の計5題の大問構成であった。推薦では，論説文の読解問題と古文の読解問題の計2題，帰国生では，論説文の読解問題と一般と同様の要約問題の計2題の構成であった。

現代文の読解問題は選択式がほとんどだが，判断に迷うものもあり，的確かつ丁寧な読解力が必要とされる。古文も内容の正確な読み取りと，大意の把握は必須だ。

一般は読解問題だけでなく資料の読み取りなど，様々な角度からの国語力が試され，字数の多い要約の記述もあるので，時間配分には注意が必要だ。

学習のポイント

古文の基礎を身につけて，大意をとらえる力を養おう。現代文は，文脈をていねいに追う練習を重ねよう！

●2025年度の予想と対策

現代文と古文の読解問題を中心に，漢字の読み書き，短文作成，要約，熟語，文学史，慣用句など幅広い出題が予想される。

現代文は，文脈を正しくとらえながら読み進められるように，日頃から文章を数多く読んでおきたい。要約する力をつけると同時に，新聞などに目を通して資料の読み取りにも慣れておくことが対策となる。

古文についても，基本的な単語の意味をおさえたうえで，いろいろな作品に幅広く接しておくことが大切である。

漢字や慣用句，熟語などの知識分野は教科書の範囲にとどまらず，積極的に言葉の力をつけていきたい。

▼年度別出題内容分類表 ……

※推薦をA，一般をB，帰国生をCとする。

		出題内容	2020年	2021年	2022年	2023年	2024年
内容の分類	読解	主題・表題					
		大意・要旨	ABC	ABC	ABC	ABC	ABC
		情景・心情					
		内容吟味	ABC	ABC	ABC	ABC	ABC
		文脈把握	ABC	ABC	ABC	ABC	ABC
		段落・文章構成					
		指示語の問題		AC		B	AB
		接続語の問題					
		脱文・脱語補充	ABC	AB	AB	BC	BC
	漢字・語句	漢字の読み書き	ABC	BC	ABC	ABC	BC
		筆順・画数・部首					
		語句の意味	A				
		同義語・対義語		A			
		熟語					
		ことわざ・慣用句		A			
	表現	短文作成	BC	BC			
		作文(自由・課題)			AC	AC	AC
		その他					
	文法	文と文節				A	
		品詞・用法					
		仮名遣い					
		敬語・その他	C				
	古文の口語訳					A	B
	表現技法						
	文学史						
問題文の種類	散文	論説文・説明文	ABC	ABC	ABC	ABC	ABC
		記録文・報告文					
		小説・物語・伝記					
		随筆・紀行・日記					
	韻文	詩					
		和歌(短歌)					
		俳句・川柳					
	古文		AB	AB	AB	AB	AB
	漢文・漢詩						

中央大学杉並高等学校

2024年度 合否の鍵はこの問題だ!!

（一般）

数学　2（問4），4，5（問3）

2（問4）（問3）を利用すると，$\triangle OAB=\frac{1}{2}\times AB\times OC$で求められるが，ABの長さを求めたり，$AB\perp OC$を確認する必要がある。

4　正五角形の対角線を求める問題は必ずマスターしておきたい。

5（問3）$a=6$，$b=5$のとき，引き分けになるのは，$c=2$または3のときであることを確認できれば，ほかの場合も同様である。

◎見慣れない問題も問題文をよく読んでいけば，解ける。あきらめないことが大切である。

英語　Ⅲ　問7

文整序問題は，文の順序を見極めるいくつかのポイントがある。

① first「まず」，then「次に，そして，それから」，also「また」，at last「ついに，最後に」など，順序を表す語に着目する。

②冠詞の使い分けに着目する。英語では初めて話題に上ったものや読み手が知らないものに対して a をつけ，すでに話題に上ったものや読み手が知っているものには the をつける決まりがある。

③名詞・代名詞の使い分けに着目する。最初に名詞を用い，その後は代名詞に変える。

以上のポイントに気をつけながら，問題の箇所を並べ替えてみよう。

ウ　When Frida and Diego returned to Mexico, Andre Breton, a French poet, came to see Diego.
…冠詞 a に着目する。フランス人詩人のアンドレ・ブレトンがここで初めて話題に上る。

ア　At Diego's house, Andre saw Frida's paintings, and he said she should hold an exhibition of her paintings.
…前文の「ディエゴに会いに来た」を受け，「ディエゴの家で」と続ける。

エ　At first, Frida refused, but Andre asked Frida again and again.
…前文の「絵の展覧会を開くべきだ」という提案をフリーダが断る。

イ　At last, in 1938, Frida had a successful exhibition in New York City.
…At first「最初は」と At last「ついに，とうとう」の組み合わせに着目する。

次の文 She also held an exhibition in Paris, and ～
… also「また」に着目する。ニューヨークだけでなくパリでも展覧会を開く。

国語 〔問題四〕

★ なぜこの問題が合否を分けたのか

論旨を的確に把握する力と，端的に要約する文章力が問われる設問である。高配点の問題でもあり，要約のポイントを確認して過不足なくまとめることを目指そう！

★ こう答えると「合格できない」！

5段落構成の文章であるが，要旨は3段落までに集約されており，第4・第5段落は具体例を示すなどして論旨を補強していることを押さえよう。5段落すべてをまとめようとすると要約は難しくなるので注意しよう！

★ これで「合格」！

論旨は「健康志向の高まり」「企業における健康診断の義務化」「政府が健康診断を義務化して推奨するのは医療費抑制のためである」「私たちが健康であることは，日本の社会全体の利益につながる」というもので，この流れを把握して，「しかし」「つまり」という接続語でつないで端的にまとめよう。「実際……」以降は，具体例を示して論旨を補強する補足説明の部分なので，この部分は要約には入れなくてよいことも理解しよう！

2024年度

★★★★★★★★★★★★★★★★★★★★★★★★

入　試　問　題

2024年度

中央大学杉並高等学校入試問題（推薦）

【数　学】（20分）　＜満点：20点＞

1　次の計算をしなさい。

$$(2x-3)(5x+1)+(x+1)(x-1)-(x-3)^2$$

2　図のように，△ABCの内部を５つの三角形に分割します。
三角形の面積をそれぞれ△AED＝２，△DEF＝４，△EGF＝６，△FGC＝８，△GBC＝12とするとき，次の問に答えなさい。

（問１）　AF：FCをもっとも簡単な整数の比で表しなさい。

（問２）　AE：EG：GBをもっとも簡単な整数の比で表しなさい。

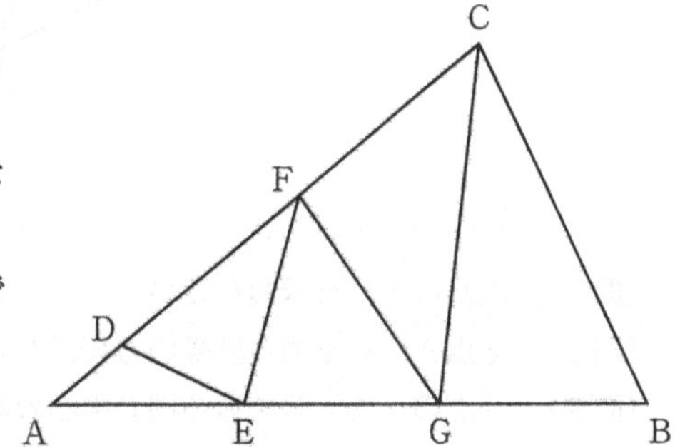

3　袋の中に２と書かれたカードが１枚，４と書かれたカードが１枚，８と書かれたカードが１枚の合計３枚が入っています。この袋の中からＡさんが１枚を取り出し，そのカードに書かれた数字をaとします。Ａさんが取り出したカードは袋に戻しません。続けてＢさんが袋から１枚を取り出し，そのカードに書かれた数字をb，袋に残っているカードに書かれた数字をcとします。このとき，$\sqrt{a}-\dfrac{c}{\sqrt{b}}$が整数になる確率を求めなさい。

4　図のように，３本の平行な直線ℓ，m，n上にある３点Ａ，Ｂ，Ｃを頂点とする正三角形ABCを考えます。点Ａ，Ｂから直線mに垂線を引き，直線mとの交点をそれぞれＰ，Ｑとします。AP＝３，BQ＝６，PQ＝$\sqrt{3}$のとき，正三角形ABCの面積を求めなさい。

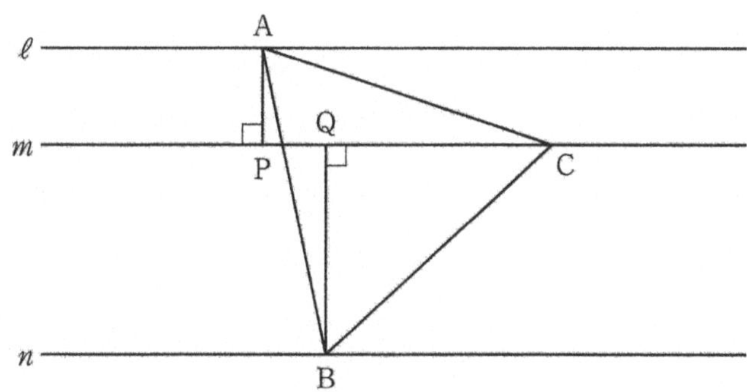

5 図において，点O，Aは $y=x^2$ と $y=-\frac{1}{2}x$ のグラフの交点で，点O，Bは $y=x^2$ と $y=2x$ のグラフの交点です。このとき，次の問に答えなさい。

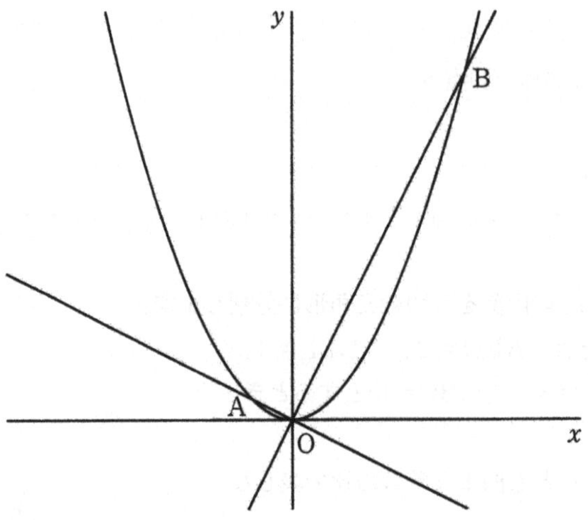

（問１） 点Bの座標を求めなさい。

（問２） ２点A，Bを通る直線の方程式を求めなさい。

（問３） ３点O，A，Bを通る円の中心の座標を求めなさい。

【英　語】（20分）　＜満点：20点＞

1　次の各組から正しい英文を一つずつ選び，記号で答えなさい。

1．ア　Last week I went Sapporo to watch a baseball game.
　　イ　I woke up early, so I didn't miss the first train.
　　ウ　It was easy of you to solve the math problem.
　　エ　The children was very happy to get a new toy.

2．ア　Who pushed the alarm button?
　　イ　I remember I visit Hawaii three times.
　　ウ　It rained very hardly, and I couldn't go out in the morning.
　　エ　He is going to talk to a man who standing in the park.

3．ア　Someone knocked on the door during we were sleeping.
　　イ　If I were you, I will get angry.
　　ウ　I have never been abroad in my life.
　　エ　I asked her where do you live.

2　次の会話文の空欄 1 ～ 3 を補うのに最もふさわしい文を下のア～コからそれぞれ選び，記号で答えなさい。

1．A：There are a lot of people today.　What's going on?
　　B：I have no idea.
　　A：［ 1 ］

2．A：You've left most of your supper.　Aren't you hungry?
　　B：［ 2 ］
　　A：Do you want some stomach medicine?

3．A：Why don't we go camping this summer?
　　B：Sounds great.　I can't wait!
　　A：［ 3 ］

ア　Why are you so hungry?
イ　Because we have no car to go there.
ウ　We will be able to swim in the river.
エ　Yes, I had a donut thirty minutes ago.
オ　No, I ate too much fried chicken for lunch.
カ　The station is too far to walk to.
キ　Have you been waiting for me?
ク　They had a local festival last week.
ケ　You must be very hungry.
コ　I have never seen so many people here before.

3 次の日本語を英語にしなさい。

1．その言葉の意味を私に教えていただけますか？

2．私たちは学校で辞書の使い方を学びました。

4 次の文章を読み，あとの問いに答えなさい。

（* のついた語句には本文の最後に注があります。）

How did people tell time before mechanical clocks? There were a variety of ways to measure time.

The ancient Egyptians invented the oldest devices for telling time. They were called ① sundials and they used the sun's movement. They were first made around 6,000 years ago in Egypt. The Egyptians put tall stone poles at the entrance of their temples. The poles were symbols of their god. One day, the Egyptians noticed that the shadow created by a pole was longest at both sunrise and sunset, but it was shortest at noon. So, they were able to know when it was morning or afternoon. This was the first type of sundial. Later, they put small stones on the ground around a pole like a clock we know today. They looked at the pole's shadow and could tell the time. The new sundials worked very well, but people could not carry the heavy poles with them. So, around 3,500 years ago, the Egyptians invented smaller sundials made of wood. They were light, so people could carry them to their workplaces.

Of course, people could not use sundials after the sunset and on rainy or cloudy days, so they started making water clocks. The oldest water clock was found in the *tomb of an Egyptian king who died about 3,500 years ago. Later *the Greeks began using water clocks to tell time. There were two large cups in a water clock; an upper cup and a lower one. The upper cup had a small hole at the bottom. When they put water into the upper cup, the water slowly went down into the lower one. ②One of the cups【 markings / water / how / had / fell / show / much / to 】into the cup. People could tell time by looking at the markings.

However, water clocks had some problems. Water went out of the water clock's cup when people moved it. Also, the water decreased on hot days, and froze on cold days. It was difficult for people to know the right time with water clocks. So, they invented sand clocks called *hourglasses. It is said that people used them about 700 years ago. An hourglass had two glasses with sand. When it was turned upside down, the sand fell down from the top to the bottom through a hole between the glasses. People could measure time by the movement of the sand. Hourglasses were convenient to carry, and sand did not fall out of the glasses. So, they were useful especially for sailors on ships. However, they were only good for measuring a short amount of time. It was difficult to make hourglasses that could measure more than one hour. Hourglasses are still used today as egg-timers and in board games.

In this way, people tried to develop these clocks over time. Of course all of them had weak points but they eventually led to a more useful clock, the mechanical clock that we use today.

注）tomb：墓　the Greek(s)：ギリシャ人　hourglass(es)：砂時計

問１　下線部①に関して，本文の内容と<u>一致しない</u>ものをア～エから一つ選び，記号で答えなさい。

ア　At first, they were built in front of the temples to tell time.

イ　They showed when it was morning or afternoon by the movement of the shadow of a pole.

ウ　Some stones were added on the ground around a pole to tell time by the ancient Egyptians.

エ　The ancient Egyptians made them smaller and lighter to carry with them.

問２　下線部②が「カップの一つには，カップの中にどのくらい水が落ちたのかを示すための印があった。」という意味になるように，【　】内の語を並べ替えなさい。

問３　本文の内容に合うように，（A）と（B）にそれぞれ最も適切な一語を入れなさい。

All of the three clocks had some bad points. Sundials didn't work at （ A ） or in bad weather. Water clocks were not always right because the water was difficult to control. Hourglasses couldn't measure a （ B ） amount of time.

問４　本文の内容と一致するものをア～キから二つ選び，記号で答えなさい。

ア　The first sundial was invented in Egypt and it was found in an Egyptian king's tomb.

イ　It seems that small sundials and water clocks were used to tell time in Egypt around 3,500 years ago.

ウ　Water clocks had two cups for telling time, a larger one and a smaller one.

エ　Water clocks were invented to measure time and are still used in our daily lives for cooking and playing games.

オ　Water clocks were used on ships because they worked very well even under difficult conditions such as storms.

カ　Both water clocks and hourglasses used something falling through a hole to measure time.

キ　Hourglasses were not always correct because some sand went out of the glasses when they were moved.

【理　科】（20分）　＜満点：20点＞

1　図1は動物を一般的な条件で分類したものです。最下段にはそれぞれの動物の例を1つずつあげています。下の(1)～(3)に答えなさい。

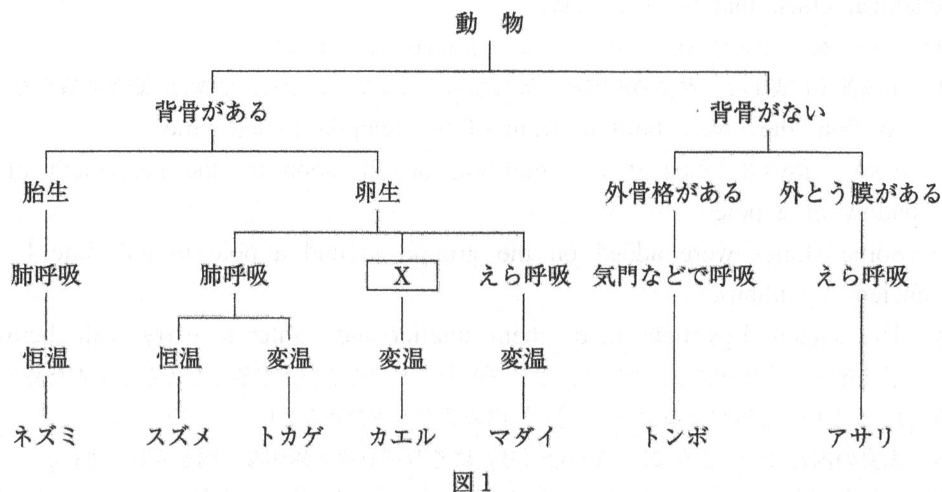

図1

(1)　図1の空欄 X に入る条件として最も適当なものを，次のア～エのうちから一つ選び，記号で答えなさい。

ア　幼生：えら呼吸・皮膚呼吸　　成体：肺呼吸・皮膚呼吸

イ　幼生：肺呼吸・皮膚呼吸　　成体：えら呼吸・皮膚呼吸

ウ　えら呼吸・皮膚呼吸

エ　皮膚呼吸

(2)　動物のなかには一般的な分類の条件を満たさない種があります。図1の条件を満たさない動物の例について述べた文を，次のア～オのうちから二つ選び，記号で答えなさい。

ア　哺乳類のカモノハシは卵生である。　　イ　鳥類のペンギンは恒温動物である。

ウ　魚類のイワシはえら呼吸である。　　エ　節足動物のエビには外骨格がある。

オ　軟体動物のマイマイは肺呼吸である。

(3)　次の文は，恒温動物が体温を一定に保つしくみについて述べたものです。文中の空欄 Y に入る語として最も適当なものを，下のア～エのうちから一つ選び，記号で答えなさい。

肝臓や筋肉などで熱が生じ，その熱が Y によってからだ全体に伝えられることにより，体混が一定に保たれる。

ア　神　経　　イ　消化管　　ウ　血　液　　エ　運　動

2　次の(1)～(3)に答えなさい。

(1)　大きな岩石がむき出しになっている場所では，被子植物は生育していないがコケ植物は生育しているのをよく見かけます。その理由として適切でない文を次のア～エのうちから一つ選び，記号で答えなさい。

ア　コケ植物は，仮根によって岩石にからだを固定し，からだ全体で水を吸収しているので岩石上でも生育できる。

イ　コケ植物は，仮根を岩石の内部までのばして水を吸収しているので，岩石上でも生育できる。

ウ　被子植物の根は岩石上にからだを固定できないので，岩石上には生育できない。

エ　被子植物の根は，光合成など細胞の活動に必要な大量の水を岩石の表面から吸収できないので，岩石上には生育できない。

(2)　アサガオの葉の一部分をアルミニウムはくで覆い，一定時間光を当てた後，ヨウ素溶液につけました。光の当たった部分が青紫色になり，デンプンが合成されていることがわかりました。ユリの葉を用いて同じ条件で実験を行いましたが，アサガオと同様に育っているにもかかわらず，葉は青紫色にはなりませんでした（図１）。その理由を述べた文として最も適当なものを下のア～エのうちから一つ選び，記号で答えなさい。

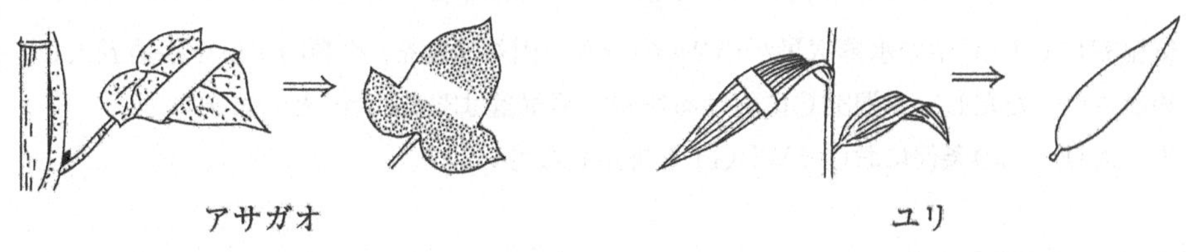

図１

ア　ユリの葉は，光合成によってデンプンを合成している。

イ　ユリの葉は，アサガオが育つ程度の光では光合成を行わない。

ウ　ユリの葉が光合成を行うためには，多量の二酸化炭素が必要である。

エ　ユリの葉は，光合成によってできた有機物を，デンプンではない物質で貯蔵している。

(3)　次の文章中の空欄 [X：Y] に共通して入る最も簡単な比を答えなさい。

メンデルはエンドウを用いて次の実験を行った。

種子の形が丸くて子葉が黄色の品種と，種子にしわがあり子葉が緑色の品種を交雑すると，すべて種子が丸くて子葉が黄色になった（以下，「丸・黄」や「しわ・緑」のように表す）。これらを育てて自家受精させ，できた種子を形質ごとに数えると，「丸・黄」が315個，「丸・緑」が108個，「しわ・黄」が101個，「しわ・緑」が32個であった。

この結果をまとめると，種子の形は「丸」:「しわ」＝ [X：Y] ，子葉の色も「黄」:「緑」＝ [X：Y] になっていることがわかる。

3　次の文章を読み，後の(1)・(2)に答えなさい。

2023年の夏，東京都心では気温が35℃を超える日が続き，１年間に観測された猛暑日の日数は最多記録を更新しました。熱中症のリスクを考慮し，活動を続けるか中止するかの判断基準として，暑さ指数（WBGT）が注目されました。屋内におけるWBGTは以下の式で求められます。

WBGT＝0.7×湿球温度＋0.3×黒球温度

しかし，専用の機器がない場合でも表１を用いると，気温と相対湿度から簡易的にWBGTを推定することができます。

表１　WBGTの推定表

		相対湿度［%］												
		20	25	30	35	40	45	50	55	60	65	70	75	80
気温［℃］	35	24	25	26	27	28	28	29	30	30	31	32	32	33
	34	24	25	25	26	27	28	28	29	30	30	31	31	32
	33	23	24	25	25	26	27	27	28	29	29	30	30	31
	32	22	23	24	24	25	26	26	27	28	28	29	29	30
	31	21	22	23	24	24	25	26	26	27	27	28	29	29
	30	21	21	22	23	23	24	25	25	26	26	27	28	28

日本生気象学会「日常生活における熱中症予防指針 Ver. 4, 2022」より作成

⑴　気温32℃で１m³中の水蒸気量が15.2gの空気の相対湿度を，小数第１位を四捨五入して整数で求めなさい。ただし，気温32℃における飽和水蒸気量は33.8g/m³とします。

⑵　表１より，⑴の条件におけるWBGTを推定しなさい。

４　次の⑴・⑵に答えなさい。

⑴　表１は，太陽系の惑星Ａ～Ｃと地球の特徴を示したものです。惑星Ａ～Ｃの組み合わせとして最も適当なものを，下のア～カのうちから一つ選び，記号で答えなさい。

表１

	直径（地球＝1）	質量（地球＝1）	密度［g/cm³］	公転の周期［年］
惑星Ａ	11.21	317.83	1.33	11.86
惑星Ｂ	0.95	0.82	5.24	0.62
惑星Ｃ	0.53	0.11	3.93	1.88
地　球	1	1	5.51	1.00

「理科年表2023」より作成

	惑星Ａ	惑星Ｂ	惑星Ｃ
ア	金　星	火　星	木　星
イ	金　星	木　星	火　星
ウ	火　星	金　星	木　星
エ	火　星	木　星	金　星
オ	木　星	金　星	火　星
カ	木　星	火　星	金　星

⑵　惑星の中には，そのまわりを公転する天体をもつものがあります。下線部の天体を何と呼びますか。漢字２文字で答えなさい。

5 次の文章を読み，下の(1)・(2)に答えなさい。

硝酸の水溶液に少しずつ水酸化カリウム水溶液を加えていくと，[A] が起こり，硝酸カリウムと水を生じます。硝酸カリウムの結晶は，次の実験で行う操作により取り出すことができます。この操作を [B] と呼びます。

実験　水150 g に硝酸カリウム80 g を加え，60℃に加熱すると，すべての硝酸カリウムが溶けました。次に室温が25℃の部屋で十分長い時間放置すると，硝酸カリウムの結晶が生じていました。生じた硝酸カリウムをろ過によりすべて取り出したところ，質量は23 g でした。

(1) 空欄 [A]・[B] に当てはまるものの組み合わせとして，最も適当なものをア～カのうちから一つ選び，記号で答えなさい。

	A	B
ア	中　和	抽　出
イ	中　和	再結晶
ウ	中　和	蒸　留
エ	酸化と還元	抽　出
オ	酸化と還元	再結晶
カ	酸化と還元	蒸　留

(2) 実験の結果から，25℃における硝酸カリウムの溶解度を求めなさい。ただし，溶解度は水100 g に対して溶ける溶質の最大の質量［g］で表すものとします。

6 次の(1)～(3)に答えなさい。ただし，力を矢印で示すときは，作用点（●）と向きが分かるように描くこととし，矢印の長さについては問いません。

(1) 図1は，水平な床の上で静止している物体にはたらく重力を，矢印で示したものです。物体には重力の他にもう1つの力がはたらいています。この力の名称を答え，矢印で示しなさい。

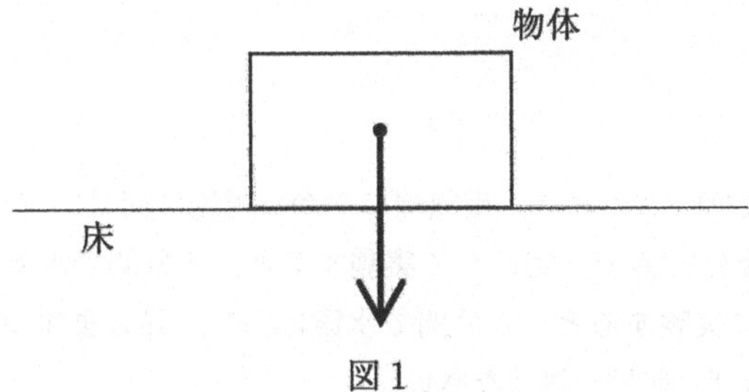

図1

(2) 図2のように，なめらかな斜面に物体を静かに置くと，物体は斜面に沿ってすべり出します。このとき，物体にはたらいている2つの力を矢印で示しなさい。ただし，斜面からの摩擦力は無視できるものとします。

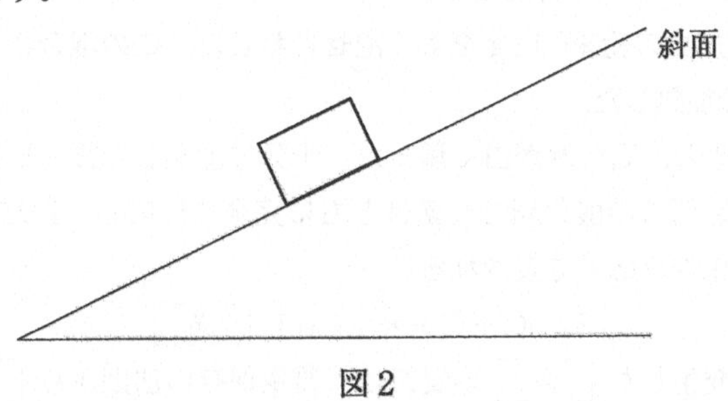

図2

(3) 図3のように斜面上の物体がすべり落ちないように糸をつけ，手で引いています。図中の矢印は手が糸を引く力を示したものです。この力と作用・反作用の関係にある力を矢印で示しなさい。

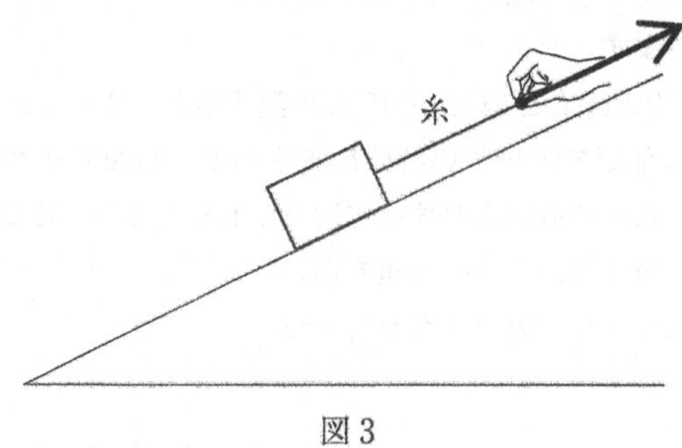

図3

7 図1に示す装置を用いて，電熱線の発熱によって水をあたためる実験を行いました。電熱線の抵抗は2.5Ωで，温度による抵抗の変化は無視できるものとします。下の(1)・(2)に答えなさい。

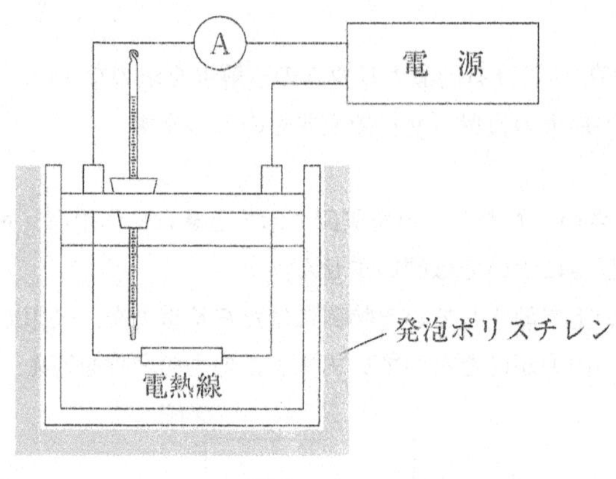

図1

(1) 電熱線を流れる電流が1.2Aのとき，電熱線にかかる電圧は何Vですか。

(2) 電熱線を流れる電流を1.2Aで一定にして実験すると，5分間で水温が1.2℃上昇しました。電流を2.4Aにして同様に実験すると，5分間で水温は何℃上昇しますか。最も近いものを次のア～オのうちから一つ選び，記号で答えなさい。

ア 1.2℃　イ 2.4℃　ウ 3.6℃　エ 4.8℃　オ 6.0℃

8 次の文章を読み，後の(1)～(3)に答えなさい。

酸化銅の粉末1.6gと炭素の粉末0.12gをよく混ぜ合わせた。この混合物を試験管Aに入れ，図1（次のページ）の装置で加熱した。

加熱により気体が発生し，石灰水が白く濁った。十分に加熱した後，ピンチコックを閉じて，試験管Aを放冷した。試験管Aの酸化銅と炭素はともに完全に反応し，銅だけが1.28g生じていた。このときの反応は次の化学反応式で表される。

$$2CuO + C \rightarrow 2Cu + \boxed{あ}$$

このとき加熱により発生した あ の質量は，質量保存の法則から い gである。

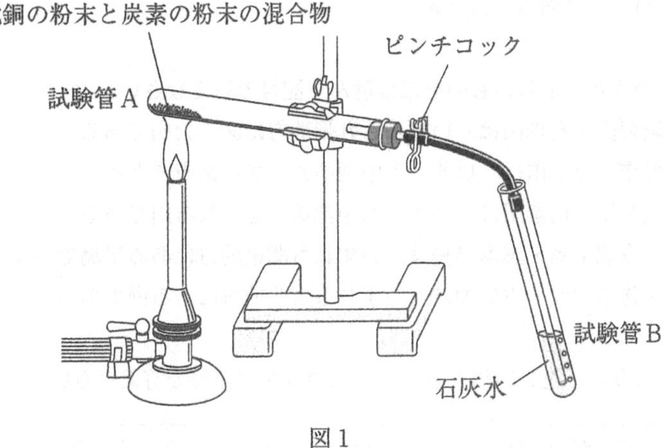

図1

(1) 空欄 あ に入る物質の<u>化学式</u>を答えなさい。
(2) 空欄 い に入る数を<u>小数第2位</u>まで答えなさい。

次に，酸化銅の粉末1.6 g と炭素の粉末0.09 g を用いて同様の実験を行った。炭素の粉末は完全に反応し，試験管Aには未反応の酸化銅と銅の混合物が残った。試験管Aの混合物の質量は う g であった。

(3) 空欄 う に入る数を<u>小数第2位</u>まで答えなさい。

【社　会】（20分）　＜満点：20点＞

1　次のア～オのうち，正しいものを二つ選んで記号で答えなさい。

ア　雲仙岳・阿蘇山・有珠山は，いずれも九州地方にある火山である。

イ　境港市・呉市・今治市は，いずれも中国地方にある都市である。

ウ　大井川・天竜川・信濃川は，いずれも中部地方を流れる川である。

エ　房総半島・三浦半島・志摩半島は，いずれも関東地方にある半島である。

オ　十和田湖・猪苗代湖・田沢湖は，いずれも東北地方にある湖である。

2　次のア～オのうち，正しい組み合わせを二つ選んで記号で答えなさい。

ア	領土に赤道が通る国	ブラジル、インドネシア、ケニア
イ	国際河川が流れる国	カンボジア、オランダ、オーストリア
ウ	アラビア海に面する国	トルコ、パキスタン、インド
エ	アンデス山脈が連なる国	チリ、ボリビア、メキシコ
オ	内陸国	ハンガリー、アフガニスタン、エジプト

3　次のア～オのうち，正しいものを二つ選んで記号で答えなさい。

ア　南西諸島の伝統的な家屋は，石垣で囲まれ，のきを低くするなど，台風による強風から家屋を守る対策が施されているものが多い。

イ　高齢化の進む四国地方の山間部の中には，身近な山で採れる季節の葉や花などをインターネットを通じて都市の料理店に販売する取り組みに成功した地域もある。

ウ　中央高地の扇状地では，かつて水はけの良さを生かした果樹栽培が盛んであったが，現在では，果樹にかわって桑の栽培が盛んになり，養蚕業が発展している。

エ　北関東工業地域で生産された製品の多くは，茨城県の主要港から輸出されていたが，北関東自動車道の開通によって東京港や横浜港から輸出されるようになった。

オ　北海道では，かつてにしん漁などの沿岸漁業が盛んであったが，現在では，排他的経済水域の設定によって北洋漁業が発展している。

4　次のア～オのうち，正しいものを二つ選んで記号で答えなさい。

ア　ヨーロッパでは，北西部にラテン系の言語，南部にゲルマン系の言語，東部にスラブ系の言語を話す人が多く居住している。

イ　西アジアに位置するサウジアラビアは，年間を通して降水量が少ないが，南アジアに位置するインドは，季節風の影響で夏に降水量が多く，冬は降水量が少ない。

ウ　アメリカ合衆国では広大な土地を生かした農業が営まれているため，耕地面積は日本よりも圧倒的に広いが，農業人口も多いので，農民1人当たりの耕地面積は日本と大きく変わらない。

エ　オーストラリアの南東部や南西部では降水量が多く，牧草が良く育つため，羊の飼育が盛んに行われ，今日では羊毛はオーストラリア最大の輸出品となった。

オ　ギニア湾沿岸のガーナやコートジボワールでは，植民地時代にヨーロッパの人々によって持ち込まれたカカオの栽培が盛んである。

5　次のＡ～Ｄは，『電気事業便覧2022年版』（経済産業省資源エネルギー庁）をもとに作成した日本における主な火力発電所・原子力発電所・水力発電所・地熱発電所のいずれかの分布を示した図である。原子力発電所の分布と地熱発電所の分布を表わしたものをＡ～Ｄのうちからそれぞれ一つ選んで記号で答えなさい。

A

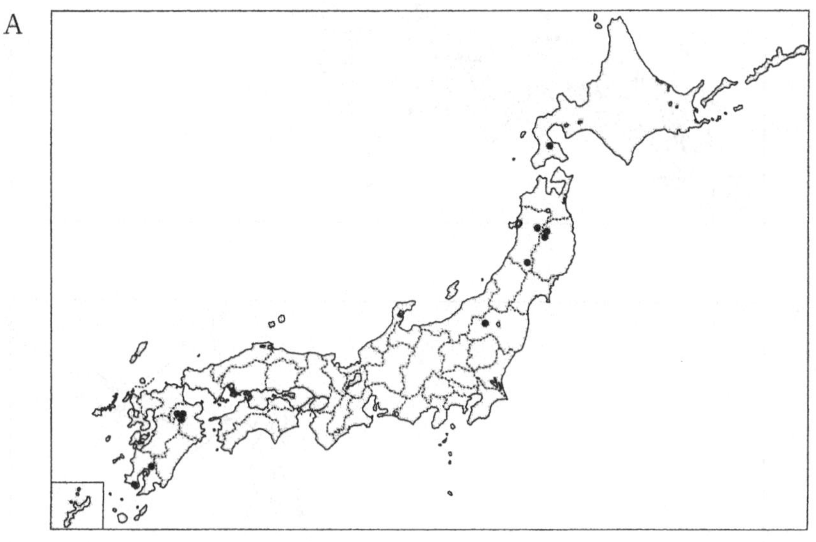

B

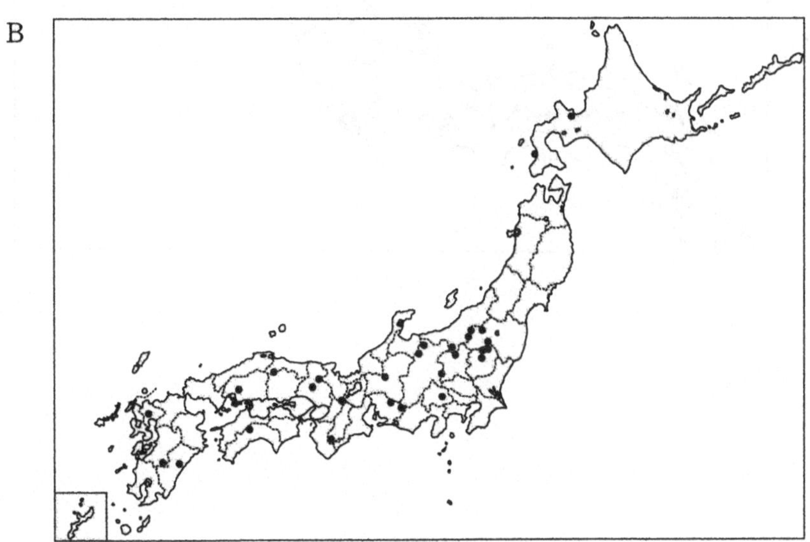

C

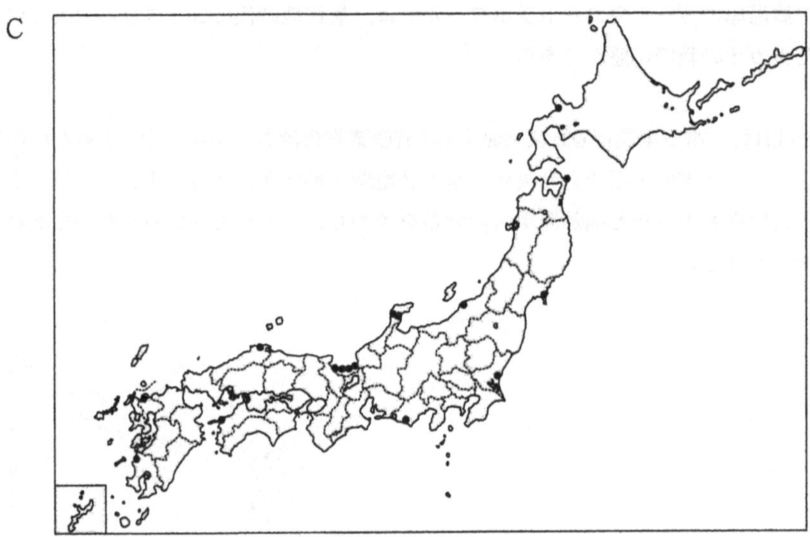

D

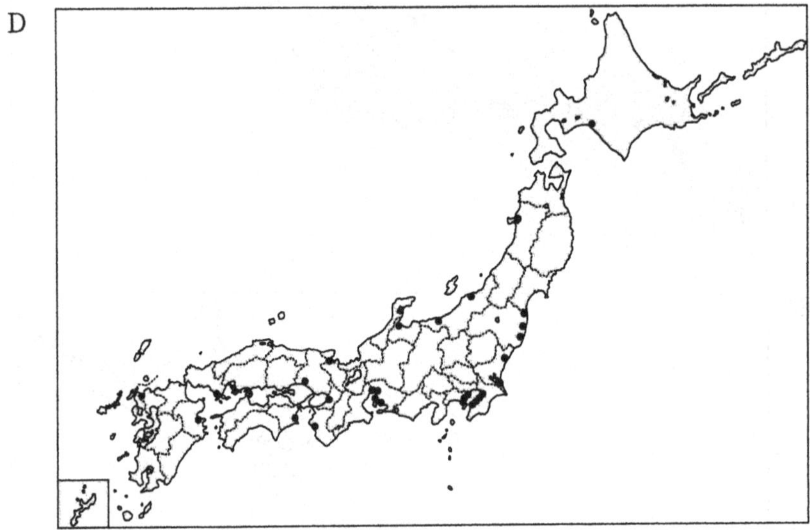

6 次の表は，「漁獲量と養殖業生産量」「水産物の輸出額」「日本のカニ輸入額」「日本のエビ輸入額」を，上位の国についてまとめたものである。表を見て以下の問いに答えなさい。

漁獲量と養殖業生産量（万トン）（2020年）

国名	漁獲量	養殖業生産量	合計
A	1,345	7,048	8,393
インドネシア	699	1,485	2,183
インド	552	864	1,416
B	342	461	804
ペルー	568	14	582
C	508	29	537
アメリカ	425	45	470
バングラデシュ	192	258	450
フィリピン	191	232	424
日本	322	100	421

水産物の輸出額（百万ドル）（2019年）

国名	輸出額
A	20,256
ノルウェー	12,023
B	8,695
インド	6,857
チリ	6,675

『データブックオブ・ザ・ワールド2023』（二宮書店）より作成

日本のカニ輸入額（億円）（2022年）

国名	輸入額
C	486
カナダ	167
アメリカ	39

日本のエビ輸入額（億円）（2022年）

国名	輸入額
B	443
インド	437
インドネシア	376
アルゼンチン	226
タイ	129
カナダ	96
A	76

水産庁ＨＰより作成

問１　表中のＡ～Ｃの国は，地図中のア～ウのいずれかである。Ｂの国名を答えなさい。

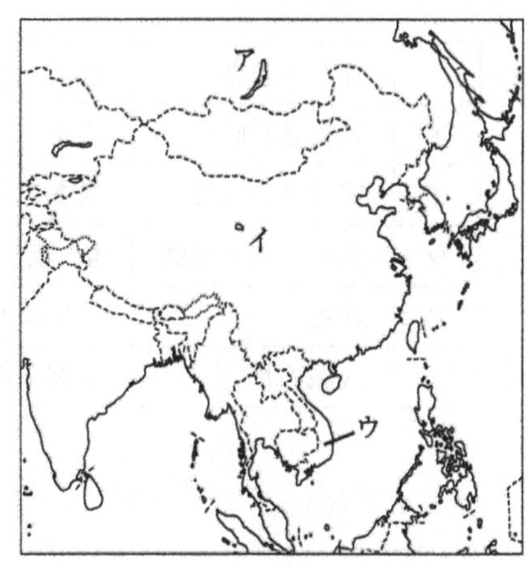

問２　次の１～３は，前のページの表中のＡの国の1970年・1990年・2020年のいずれかの人口ピラミッドである。それぞれの年の人口ピラミッドを選んで数字で答えなさい。

1

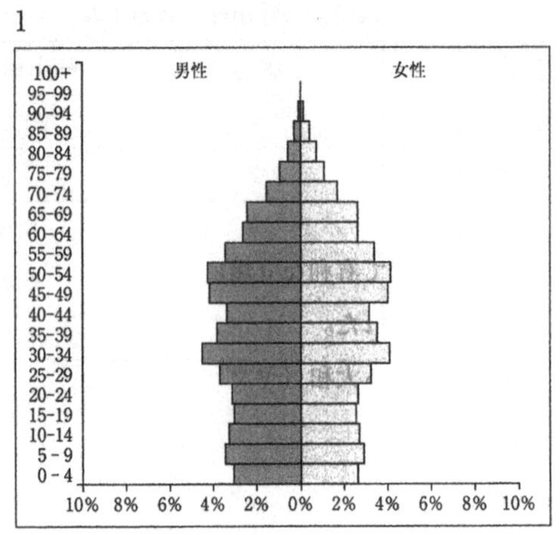

2

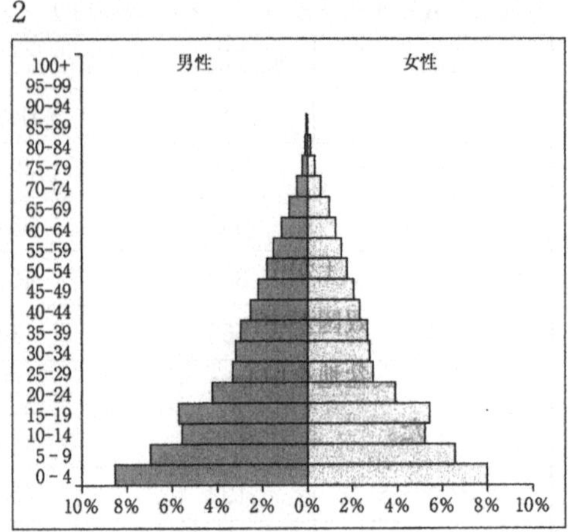

3

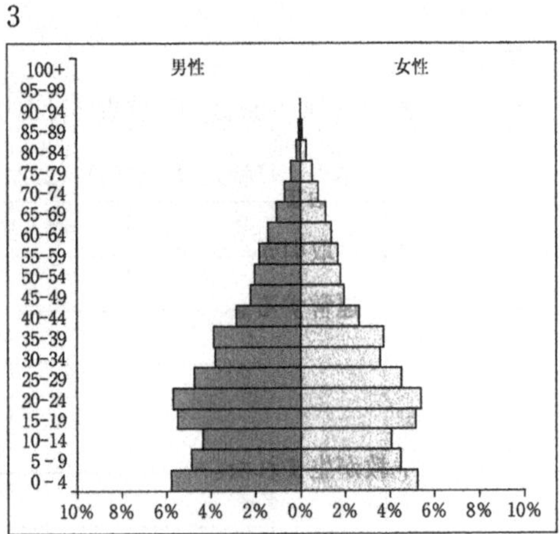

7　次のア～オのうち，「作品・著書」と「作者・著者」が正しく組み合わされているものを二つ選んで記号で答えなさい。

	作品・著書	作者・著者
ア	竜安寺石庭	雪舟
イ	富嶽三十六景	喜多川歌麿
ウ	風神雷神図屏風	俵屋宗達
エ	浮雲	二葉亭四迷
オ	荒城の月	正岡子規

8 次のア～オのうち，a・b・cが時代順に正しく並んでいるものを二つ選んで記号で答えなさい。

ア a モンゴル高原では，チンギス＝ハンが遊牧民諸部族を統一してモンゴル帝国を築いた。
b ローマは地中海を囲む地域を統一して，皇帝を頂点とする帝国を形成した。
c マケドニアのアレクサンドロスは，東方遠征を行いインダス川にまで達する帝国を築いた。

イ a 倭の五王が中国に使いを送り，朝鮮半島の国々に対して有利な立場に立とうとした。
b 倭の奴国が中国に使いを送り，皇帝から金印を与えられた。
c 奈良盆地を中心とする地域に，王と豪族たちとからなる大和（ヤマト）政権が成立した。

ウ a 渡来人と結びついた蘇我氏が勢力を伸ばし，対立する物部氏を倒した。
b 東北地方の政治・軍事の拠点として，現在の宮城県に多賀城が置かれた。
c 東日本では平将門が，西日本では藤原純友が，それぞれ大きな反乱を起こした。

エ a 西日本を中心に，同じ耕地で米と麦を交互に作る二毛作が始まった。
b 大阪に蔵屋敷が置かれ，全国から集められた米や特産物の取引が行われた。
c 近畿地方の村々では，農民が団結して地域を自分たちで運営する惣が成立した。

オ a 北インドに生まれた釈迦（シャカ）が仏教を開いた。
b パレスチナ地方に生まれたイエスの教えからキリスト教が生まれた。
c アラビア半島に生まれたムハンマドがイスラム教を始めた。

9 次のア～オのうち，正しいものを二つ選んで記号で答えなさい。

ア 鎌倉幕府が滅亡すると，後醍醐天皇はみずからに権力を集め，建武の新政と呼ばれる新しい政治をはじめた。

イ 織田信長は，商工業を統制して税収入を増やすために，安土城下の商工業者に座と呼ばれる同業者組合を作らせた。

ウ 田沼意次は，財政の立て直しのため倹約令を出し，政治批判を禁止して出版を厳しく統制した。

エ 徳川幕府がアメリカなどと通商条約を結び貿易が始まると，外国との金銀の交換比率の違いから金貨が大量に国外に持ち出された。

オ 日本の産業革命は，明治後期の鉄鋼業を中心とする重工業からはじまり，大正時代に入ると紡績業を中心とする軽工業に移行した。

10 次のア～オのうち，正しいものを二つ選んで記号で答えなさい。

ア 日本国憲法は，サンフランシスコ平和条約により日本が主権を回復した後に施行された。

イ 岸信介内閣は新しい日米安全保障条約を結んだ。日米関係の強化につながることから与野党ともに条約の改定に賛成した。

ウ 日韓基本条約の締結によって，日本は大韓民国政府を朝鮮半島唯一の合法政府として承認した。

エ 日本国内において行われる自衛隊を用いた災害復旧活動をPKOとよぶ。

オ アメリカのブッシュとソ連のゴルバチョフによるマルタ島で開催された首脳会談で，冷戦の終結が宣言された。

11 次の①・②は日本国憲法の一部である。空欄 A ・ B に当てはまる語句をそれぞれ漢字で答えなさい。

① 国会は，罷免の訴追を受けた裁判官を裁判するため，両議院の議員で組織する A 裁判所を設ける。

② B 裁判所は，一切の法律，命令，規則又は処分が憲法に適合するかしないかを決定する権限を有する終審裁判所である。

12 次の枠内の文章は，地方自治について説明したものである。空欄 A ・ B に当てはまる語句をそれぞれ漢字４文字で答えなさい。

「 A の学校」と呼ばれる地方自治においては，住民が直接政治に参加できる場面が多い。例えば，日本では住民に B 権が認められており，必要な数の署名を集めることによって，条例の制定や改廃を首長に求めることや，議員・首長の解職を選挙管理委員会に求めることなどができる。

13 次の①～③に関する下の各問いに答えなさい。

① 物価が上がり続ける現象を A といい，この現象は，手持ちのお金の価値が目減りすることを意味する。このようなとき，政府が公共事業 B ことによって，景気の過熱を抑えることができると考えられている。

② 多文化共生を実現させるために C 多様性の尊重が求められる今日， D はじめから誰もが利用しやすいような設計にすることや，交通機関や建物で段差をなくすバリアフリー化を進めることが一層求められている。

③ 二度にわたる世界大戦によって多数の難民が発生した。この状況に対して，国際連合は1950年に国連難民高等弁務官事務所（ E ）を設立し，難民を保護する活動に取り組んでいる。

問１　空欄 A ・ B に当てはまる語句が正しく組み合わされているものをア～エから一つ選んで記号で答えなさい。

	A	B
ア	インフレーション	減らす
イ	デフレーション	減らす
ウ	デフレーション	増やす
エ	インフレーション	増やす

問２　下線部Ｃ・Ｄに対応する語句をそれぞれ語群から一つずつ選んで記号で答えなさい。

語群

ア　ワーク・ライフ・バランス　　イ　ユニバーサルデザイン　　ウ　ポピュリズム

エ　インフォームド・コンセント　　オ　ハラスメント　　カ　ヘイトスピーチ

キ　ダイバーシティ　　ク　セーフティーネット

問３　空欄 E に当てはまる語句として正しいものをア～エから一つ選んで記号で答えなさい。

ア　UNICEF　　イ　UNCTAD　　ウ　UNESCO　　エ　UNHCR

ア　徳蔵は、天命も天変も気力で乗り越えられると考えた。
イ　同船の者は徳蔵を説得できず、討ち死にする決意を固めた。
ウ　侍と船主の両方の顔を持つ徳蔵は、刀も帆柱も守り抜いた。
エ　徳蔵は言い伝えには従わず、船主としての職分を大切にした。

なさい。

ア　精神分析とは、「自由連想法」によって過去を清算することである。

イ　心の中をくまなく知りたければ、自覚的な自己を認識するだけでは不十分である。

ウ　自分の過去とは偶然にそうなった出来事の連なりであり、そのこと自体に意味はない。

エ　無意識とは自分にとっての「他者」、すなわちコントロールしきれない自分のことである。

2　次の文章は江戸時代の随筆『雨窓閑話』の一節です。本文を読んで後の設問に答えなさい。

ある時(1)徳蔵、北海を乗りける時、風烈(はげ)しく方角をもわかたず吹き付けしに、船中食物きれて飢渇に及べり。漸(やうや)く新米の藁(わら)四五束有りしを潮にひたし、かみしめて口腹を潤し命をつなぐ。同船の者三四人有りしが、いづれも声をあげて泣き叫び、徳蔵にいふは、【かやうなる大風にて船を覆し、あるいは破船などせんとする時は、髻(もとどり)[※1]を放ち帆柱をきることと申すなれば、いざやその通りにせんといふ。徳蔵いはく、我は(2)そのこといやなり。船主と生まれしうへは、ただその職分を大切にして外の心の動くこと更になし。また帆柱は船中肝心の道具にして武士の腰の物のごとし。凡(およ)そ侍たる者命が惜しきとて、腰の物を打ち捨てるといふや有る。命は天命なり、風は天変なり、人力に及びがたし。また、髻を払ひ出家に成りたりとも、などや仏神の歓(よろこ)び給はんや。命惜しみての仕方なし坊主と決句[※2]笑はせ給はんか、我は戦場にて討ち死にの覚悟なり。天の助けあらば助かるべし。さなくばここにて死するとも本望なりとて、あへてたじろぐ気色なし。その内に風静まり波おさまりて、難なかりしとぞ。

※1　髻…髪を頭の上に集めて束ねた所

※2　決句…結局

問1　――線部(1)「徳蔵、北海を乗りける時」とありますが、そのときの状況を説明したものとして適当でないものを次の中から一つ選び、記号で答えなさい。

ア　徳蔵の船には、あちらこちらから強い風が吹き込んでいた。

イ　徳蔵の船に載せた食料は、激しい嵐によって流されてしまった。

ウ　徳蔵たちは、藁を潮につけ口に含むことで飢えをしのいだ。

エ　徳蔵と同じ船に乗っている人々は、大声で泣きわめいた。

問2　【は会話文の始めを示しています。この会話の最後の三文字を解答欄に記しなさい。

問3　――線部(2)「そのこと」とありますが、具体的にどのようなことを指しますか。その説明として適当なものを次の中から二つ選び、記号で答えなさい。

ア　髪を切り出家をすること

イ　海に身を投げる覚悟を決めること

ウ　船を進めるための帆柱を切ること

エ　船が流されないよう帆を下ろすこと

オ　腰の刀を海に投げ侍という身分を捨てること

問4　本文の内容と合致するものを次のページの中から一つ選び、記号で答えなさい。

イ　時間をかけて向き合うことで、これまでの自己認識の誤りをじっくりと正していくということ

ウ　制御できない自己こそが大事なのだから、焦らずに様々な方法で分析を加えるということ

エ　長期的な観点から、自分がどう変わっていくべきかを総合的に考えるということ

問3　――線部⑶「自分のなかの無意識的な言葉とイメージの連鎖」とありますが、これを言い換えたものとして最も適当なものを次の中から選び、記号で答えなさい。

ア　制御にあらがう、自由を希求する理念の躍動

イ　無自覚な思いや、制御しきれない欲望の絡まり合い

ウ　制御を嫌い、偶然のひらめきを好む想像力のうねり

エ　規範から逃れようとする、制御不能な本能のうごめき

問4　――線部⑷『精神分析はその意味で、個別の経験を大事にする』とありますが、なぜこう言えるのですか。その理由を説明したものとして最も適当なものを次の中から選び、記号で答えなさい。

ア　例えば交通事故に遭ったことがトラウマになるかどうかは、資質によって異なると考えるから

イ　自分のなかにいるたくさんの他者は、意識されている自己とは無関係に行動すると捉えるから

ウ　現代思想の脱秩序的な方向性に従って、一般的法則から逃れようとする意志を尊重するから

エ　各人で異なった偶然の積み重ねによって、無意識はかたちづくられると考えるから

問5　――線部⑸「その「運命」に意味はありません」とありますが、「運命」について次のようにまとめました。空欄に当てはまるように、本文中から適当な語句を抜き出しなさい。

人生がわからないのは、過去が特に理由のない［Ⅰ（6字）］だからである。しかし、我々はそのような偶然性に［Ⅱ（11字）］ので、何らかの理由を求めてしまう。つまり、我々は偶然の出来事を［Ⅲ（3字）］することによって生きているのであり、それを「運命」と呼ぶのである。

問6　――線部⑹「症状が固定化されている」とありますが、どういうことですか。これを説明したものとして最も適当なものを次の中から選び、記号で答えなさい。

ア　各人がそれぞれ勝手な解釈をすることで事実が分からなくなり、客観的な事実の形成が困難になって主観的な物語ばかりになるということ

イ　人生が意味のない偶然から形成されているということを認めたくない恐怖が逆に妄想を膨らませ、ありもしないゆがんだ物語を形成するということ

ウ　過去の様々な事柄がたまたま関係し合って今あるようになっただけなのに、あたかも意味があるかのように理由を付けてそれに執着するということ

エ　もともとが意味のない出来事の羅列に過ぎないのに、あたかも事実であるかのような思い込みが余計に存在の無意味さを突き付けてくるということ

問7　本文の内容と合致しないものを次の中から一つ選び、記号で答え

い意味でとっていただきたいのですが、とにかく自分のなかには自分で取り扱い方がよくわかっていないような「他者」がたくさんひしめいていて、それによって踊らされるようにして意志的な行動を行っているのです。

こういう意味において、フロイト[※1]的な無意識の概念は、自分のなかには他者がいるのだということとして言い換えられ、そしてそのことが現代思想における脱秩序的な方向性とつながってくることになります。

その上で、無意識の何がポイントなのでしょうか。これは僕の解釈ですが、「偶然性」というキーワードをここで出してみたいと思います。

精神分析で明らかになるのは、自分の過去のいろんな要素が絡み合い、ところどころ固い結び目ができてしまい、それが今の行動に傾向を与えているということです。ただしそれは、「人間はこういう経験をしたらこういう人間になる」などと一般法則のように言えるものではありません。(4)精神分析はその意味で、個別の経験を大事にするのです。似たような交通事故に遭ったとして、そのことが大きなトラウマになる人もいれば、ならない人もいるでしょう。

つまり、無意識とはいろんな過去の出来事が偶然的にある構造をかたちづくっているもので、自分の人生のわからなさは、過去の諸々のつながりの偶然性なのです。

今自分にとってこれが大事だとか、これが怖いとかがあり、それについて物語を持っているとして、「それはあのときにああいう出会いがあったからだ」と振り返るときのその出会いは、たまたまそうだったというだけ、そしてそのことが深く体に刻まれてしまったというだけであって、(5)その「運命」に意味はありません。たまたまです。

でも人間はまったくわけもわからずに自分の人生が方向づけられているとは思いたくない。我々は意識の表側で必ず意味づけをし、物語化することで生きているわけですが、その裏側には、それ自体でしかない出来事の連鎖があるのです。

ただそのことに直面するのが通常は怖いので、人はさまざまな物語的理由づけをします。しかし精神分析の知見によれば、まさにそのような物語的理由づけによって(6)症状が固定化されているのです。むしろ、無意識のなかで要素同士がどういう関係づけにあるかを脱意味的に構造分析することで初めて、症状が解きほぐされることになるのです。

（千葉雅也『現代思想入門』による）

※1　フロイト…一八五六～一九三九。オーストリアの精神分析医。人間の無意識下にある欲望に着目し、精神分析を創始した。

問1　——線部(1)「「自由連想法」という方法」とありますが、それを行う目的として、適当でないものを次の中から一つ選び、記号で答えなさい。

ア　これまでの人間関係を認識し直すこと
イ　まだ知らない自分の可能性を追求すること
ウ　自分の現在の状況を洗い出すように語ること
エ　普段は思い起こさなくなっていた記憶をたどること

問2　——線部(2)「徐々に、自分が総体として変わっていくこと」とありますが、それはどういうことですか。これを説明したものとして最も適当なものを次の中から選び、記号で答えなさい。

ア　意識的に捉えてきた自己認識から離れて、記憶やそのつながりを全体的に捉え返すということ

【国　語】（二〇分）〈満点：二〇点〉

1　次の文章を読んで後の設問に答えなさい。

精神分析の実践とは、自分のなかのコントロールから逃れるような欲望のあり方を発見していくことです。

しかし、自分が自分のことを意識的にこうだと思っているような自己認識を続けていては、自分の心の本当のダイナミズムには届きません。そこで使われるのが、(1)「自由連想法」という方法です。

精神分析家のオフィスには、分析家が座る椅子があり、その前にカウチという長椅子があって、クライアントはそこに寝そべります。そうすると、自分の頭の後ろに分析家が座っているかたちになり、視線が合わず、お互いの顔が見えないようになっています。自分の目の前は何もない空間ですが、あたかもそこにスクリーンがあるかのように、そこに向けてただ思いつくことをベラベラしゃべるのです。今自分は恋愛関係のトラブルで困っているとか、自分はいつも浮気を繰り返してしまうとか、直近の自分の問題を語ることからしゃべり始めると、昔中学校の先生に言われたイヤなこととか、夏休みの午後に家族と冷やし中華を食べた場面とか、そういうことがだんだん思い出されてきます。そういうことを思いつくままにしゃべり続けるのです。

そのあいだ分析家は何をするかというと、あまり大したことはしません。頷きながら話を聞いていて、あるいは無言になったりし、ときどき「今出てきたこの部分はあれとつながりますね」といった解釈を言うくらいです。

そうやって即興演奏さながら昔のことを思い出していくと、自分は今、恋愛関係にある人にある種の恐れを抱いているらしい、みたいなことが自覚されてきて、実はその恐れが中学校のある先生に対して抱いていた恐れと何か関係していると気づいたりします。そして典型的に精神分析的には、その恐れは親との関係に結びついていったりするわけです。

ただ、今の恋人との関係が親との関係につながるなんていうのはいかにもな話で、そういうのをまさに「エディプス的」と言うわけですが、そんなことを認識したところで何が変わるんだという話でもあるわけです。実際、ちょっと意識的に考えてみれば、そういうつなぎ方は多少連想力がある人だったらできるかもしれない。

精神分析の本当のところは、記憶のつながりを何かの枠組みに当てはめることではなく、ありとあらゆることを芋づる式に引きずり出して、時間をかけてしゃべっていく過程を経て、(2)徐々に、自分が総体として変わっていくことなのです。どう変わるかはわかりません。ただ、これはやはり一種の治療であり、何とも言いにくいかたちで、自分のあり方がより「しっかり」していくのだと言えると思います。精神分析は時間を節約してパッパと済ませることができません。精神分析経験とは、ひじょうに時間をかけて自分の記憶の総体を洗い直していく作業なのです。

これは「自分でコントロールしきれないものが大事だ」という現代思想の基本的な発想につながってきます。つまり、(3)自分のなかの無意識的な言葉とイメージの連鎖は、自分のなかの「他者」であるということになります。

この「他者」とは他人ということではなく、「他なるもの」という広

大切なことはメモしておこうネ！

2024年度

中央大学杉並高等学校入試問題（一般）

【数　学】（50分）　＜満点：100点＞

【注意】 定規，コンパス等の作図道具および計算機の使用は禁止です。

1 次の問に答えなさい。

（問１） 方程式 $4(x-7)(x-16)+56=(x-8)(x-9)$ を解きなさい。

（問２） $\sqrt{\sqrt{90-\sqrt{81}}+\sqrt{240+\sqrt{256}}}$ を計算しなさい。

（問３） 図のように，円周の長さが ℓ の円Oが直線ABと点Aで接しています。弧ACの長さが $\frac{13}{30}\ell$ のとき，∠CABの大きさを求めなさい。ただし，弧ACは短い方の弧を指すものとします。

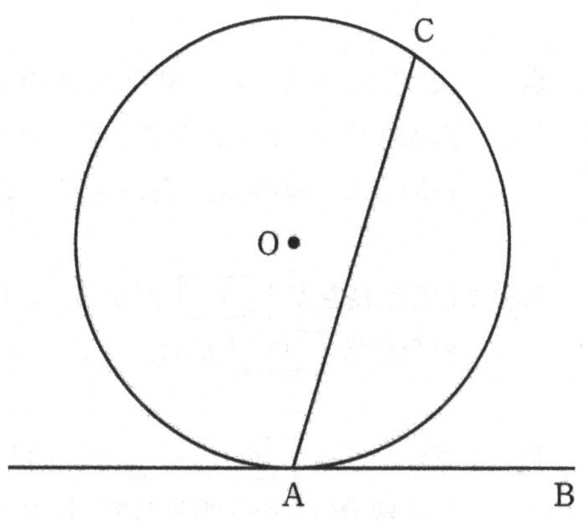

2 図において，点Aは $y=\frac{1}{x}$ と $y=2x$ のグラフの交点で，点Bは $y=\frac{1}{x}$ と $y=\frac{1}{2}x$ のグラフの交点です。ただし，$x>0$ とします。線分ABの中点をCとするとき，次の問に答えなさい。

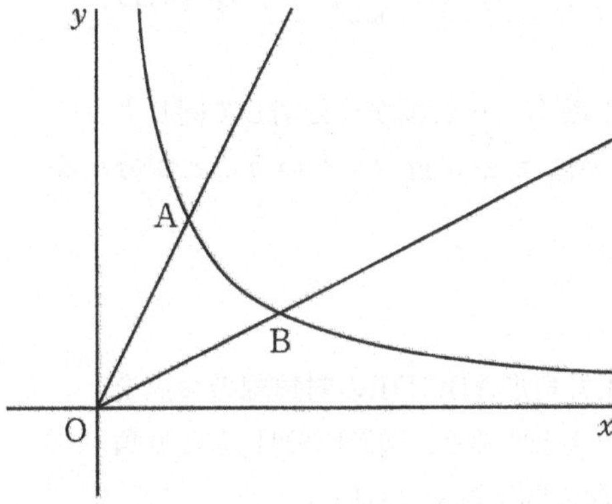

（問１） 点Aの座標を求めなさい。

（問２） 点Cの x 座標を求めなさい。

（問３） 線分OCの長さを求めなさい。

（問４） △OABの面積を求めなさい。

3 以下の各図において，点Oは原点，点Aの座標は（1，0），点Bの座標は（1，1），点Cの座標は（0，1）です。関数 $y=x^2$ のグラフと線分OA，ABで囲まれた部分の面積 S の近似値を求めるために，真さんと善美さんが話し合っています。次の空欄 ア から エ に適切な値を入れなさい。ただし，これ以上約分できない分数で答えなさい。

真　：まずは図1の△OABの面積を求めてみようよ。

善美：△OABの面積は ア だから，$S<$ ア だと分かるよね。

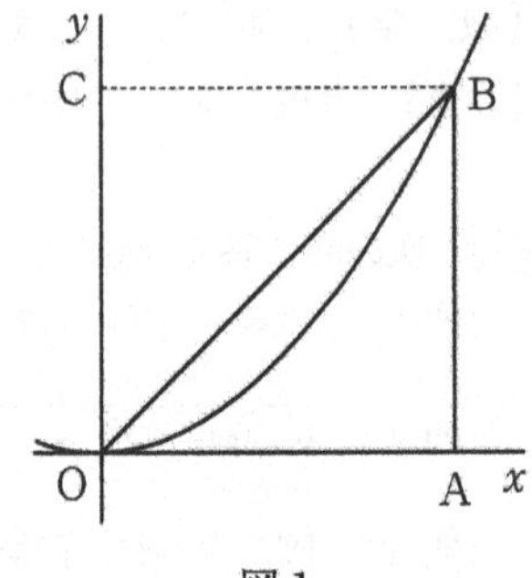

図1

真　：次は図2のように，線分OAの中点Dを通って x 軸に垂直な直線を引き，$y=x^2$ のグラフとの交点をEとして，△ODEと台形DABEの面積の合計を求めてみようよ。

善美：DEの長さが イ だから，△ODEと台形DABEの面積の合計は ウ だね。

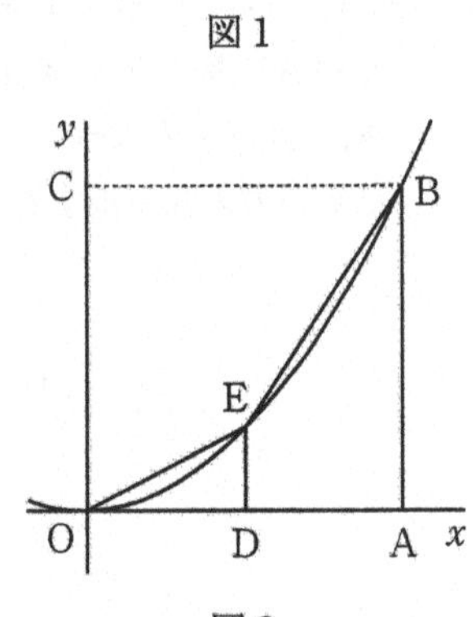

図2

真　：だから $S<$ ウ $<$ ア だと分かるね。次に図3のように線分OAを4等分して，図2と同じように△OFG，台形FDEG，DHIE，HABIを考えると，これら4つの図形の面積の合計は エ となるね。

善美：つまり，$S<$ エ $<$ ウ $<$ ア となるのね。

真　：線分OAを8等分，16等分，…と細かく分割して同じように計算していくと，S の値は $\frac{1}{3}$ に近づくということが分かるみたいだよ。

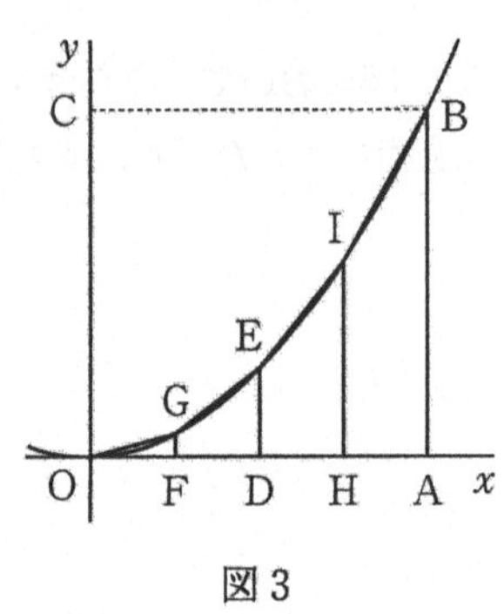

図3

4 1辺の長さが1である正五角形ABCDEの対角線の交点を図のようにF，G，H，I，Jとすると，図形FGHIJも正五角形となります。このとき，次の問に答えなさい。

（問1） ∠CADの大きさを求めなさい。

（問2） 辺FGの長さを x とするとき，CGの長さとしてもっとも適切なものを次のページの㋐～㋔から1つ選び，記号で答えなさい。

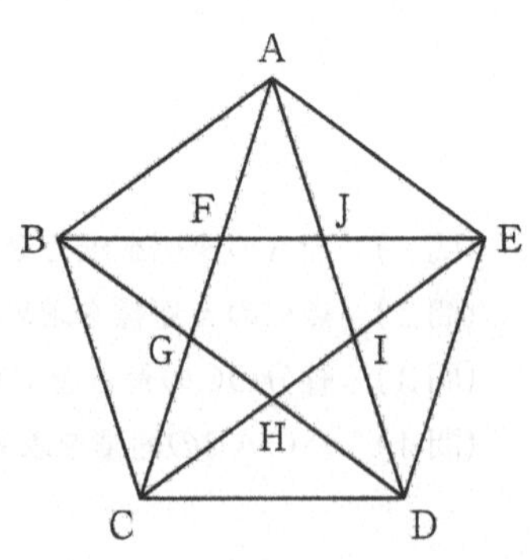

(あ)　$1+x$　(い)　$1-x$　(う)　$2-x$　(え)　$\dfrac{2x}{1-x}$　(お)　$\dfrac{1-x}{x}$

（問３）　辺FGの長さを求めなさい。

（問４）　正五角形ABCDEと正五角形FGHIJの面積比は１：□となります。□に当てはまる値を求めなさい。ただし，これ以上約分できない分数で答えなさい。

5　２人がそれぞれ１個のサイコロを同時に１回ふって，以下のルールに従って出た目の数で競うゲームを考えます。以下では，□の中の数字はサイコロをふったときに出た目の数を表すこととします。（例：[6]は６の目です）

（ルール）

[6]は[5]に勝つ　（[5]は[6]に負ける）
[5]は[4]に勝つ　（[4]は[5]に負ける）
[4]は[3]に勝つ　（[3]は[4]に負ける）
[3]は[2]に勝つ　（[2]は[3]に負ける）
[2]は[1]に勝つ　（[1]は[2]に負ける）
[1]は[6]に勝つ　（[6]は[1]に負ける）

※上記以外の場合は引き分けとします。

このとき，次の問に答えなさい。

（問１）　A，Bの２人が勝負をしたとき，AがBに勝つ確率を求めなさい。

A，B，Cの３人がそれぞれ１個のサイコロを同時に１回ふって，上記のルールに従って，A対B，B対C，C対Aの勝負をします。

（３人が勝負をしたときの勝敗例）

Aが[5]，Bが[4]，Cが[3]を出したとき，
　AはBに勝つ，BはCに勝つ，CとAは引き分け

Aが[6]，Bが[6]，Cが[5]を出したとき，
　AとBは引き分け，AとBはCに勝つ，CはAとBに負ける

（問２）　AがBに勝ち，かつBがCに勝つ確率を求めなさい。

（問３）　AがBに勝ち，かつCはAとBの両方に対して引き分けとなる確率を求めなさい。

6　本問において，為替（かわせ）レートとは，日本の通貨である日本円と，アメリカの通貨であるアメリカドルを交換する際の交換比率（交換レート）を指すこととします。例えば，「１ドル＝100円」という為替レートは，「１ドルを100円に交換できる」という意味です。この場合，100ドルを日本円に交換すると10000円になります。

ただし，本問では１ドル未満や１円未満が出るような通貨交換は行わないものとし，通貨交換のための手数料も考えないものとします。このとき，次の問に答えなさい。

（問１）「１ドル＝120円」のときに30000円をアメリカドルに交換すると何ドルになるか答えなさい（答えのみ解答しなさい）。

（問２）太郎さんは「１ドル＝120円」のときに，手元にあった30000円のうちのいくらかをアメリカドルに交換し，「１ドル＝150円」のときに，残りの日本円すべてをアメリカドルに交換しました。
その後，「１ドル＝130円」のときに，交換したすべてのアメリカドルを日本円に交換したところ，27300円になりました。「１ドル120円」のときに，アメリカドルに交換した日本円はいくらであるか求めなさい（式や考え方も書きなさい）。

【英　語】（50分）　＜満点：100点＞　※リスニングテストの音声は弊社HPにアクセスの上，音声データをダウンロードしてご利用ください。

Ⅰ　リスニングテスト

第１部　英語の短い対話を聞き，それに続く対応として最も適切なものをア～エから一つ選び，記号で答えなさい。次の問題に進むまでに５秒の休止が設けられています。対話を聞くのはそれぞれ一度だけです。問題はA，B，C，D，Eの五題です。

A. ア　Why was it changed to today?
　イ　When did you know about the change?
　ウ　Which test was changed to next week?
　エ　Where are we taking our English test today?

B. ア　Yes, can you ask them where they want to go?
　イ　Yes, they are both from Mexico.
　ウ　No, do you know any good places?
　エ　No, you can't meet them today.

C. ア　It's square and covered with brown fur.
　イ　My wallet is made of leather.
　ウ　I don't know when and where I lost it.
　エ　You look like a police officer.

D. ア　Why don't you buy a sleeping bag?
　イ　Who are you going with?
　ウ　The food I made by myself was delicious.
　エ　A flashlight will also be very convenient.

E. ア　Here you are.　You can use mine.
　イ　Of course.　It's good to read English books.
　ウ　Oh, no.　Do you have your dictionary now?
　エ　Did you?　I really like reading English books.

第２部　放送で流れる英文とその内容に関する五つの質問を聞き，その質問に対する答えとして最も適切なものをア～エから一つ選び，記号で答えなさい。聞きながらメモを取ってもかまいません。各質問の後には７秒の休止が設けられています。英文と質問は二度放送されます。

F. ア　Chocolate contains 300 types of caffeine just like coffee and tea.
　イ　Chocolate tastes very good when you eat it with coffee and tea.
　ウ　Buying chocolate is usually less expensive than buying coffee and tea.
　エ　Chocolate has the chemicals which cause your brain to feel pleasure.

G. ア　Cacao contains more chemicals that fight against heart disease than fruits and vegetables.
　イ　Cacao contains less chemicals that fight against heart disease than fruits and vegetables.

ウ Cacao contains almost the same amount of chemicals that fight against heart disease as fruits and vegetables.

エ Cacao does not contain chemicals that fight against heart disease, unlike fruits and vegetables.

H. ア Cacao beans contain a lot of chemicals that make you gain weight.

イ Cacao beans produce a lot of fat when sweet chocolate is made.

ウ A large amount of sugar is used to make the chocolate sold at the store.

エ A lot of sugar in sweet chocolate damages your sense of taste.

I. ア Cacao butter is good for your teeth.

イ Cacao beans make your skin beautiful.

ウ Eating chocolate improves your teeth-brushing habits.

エ Chocolate is a kind of medicine for any disease.

J. ア Caffeine in chocolate helps you feel relaxed and fall asleep soon.

イ You can lose weight if you eat chocolate with large amounts of cacao.

ウ You cannot say that eating too much chocolate is bad for your health.

エ The healthy part of chocolate comes from cacao.

Ⅱ 次の英文を読み，A～Fの質問に対する最も適切な答えを選び，記号で答えなさい。
（*のついた語句には本文の最後に注があります。）

When you find a photo of a desert in a book, it is usually a very hot, dry place with a lot of yellow sand and no animals or people. Is this a true image of deserts across the world? The answer is yes—and no.

Very dry places with very little rain (under 25 centimeters a year) are called deserts. In some deserts, there is no rain for a very long time. In the Atacama Desert in *Chile, for example, it rained in 1971—but before that there was no rain for 400 years. Deserts are dry—but are they always hot? In the Arabian Desert, its temperatures can go up to 50℃, however, hot deserts can be very cold at night. In the Sahara, there are often temperatures of more than 38℃ in the day, but at night they can suddenly go down, as cold as 0℃ in some areas. Also, some deserts are hot only in the summer, and very cold in the winter; temperatures in the Gobi Desert in China and *Mongolia can go down to −30℃ in January and you can sometimes find snow there.

Have you ever heard of “dunes”? The desert wind often moves the sand into hills and sometimes creates large hills. These big hills in the desert are called dunes. The Namib Desert in Africa has some of the tallest dunes in the world, at 380 meters or more. Wind not only makes dunes but it can also move them across the desert. Some dunes can move 20 or 30 meters every year. When the sand moves, it sometimes makes a strange noise. In the old days, it was believed that some people were singing under the big dunes!

The world's biggest desert is the Sahara. It is huge at 9,000,000 square kilometers, and it spreads across ten different countries in North Africa, with about 2 million people living there. The Sahara is a hot desert and the temperatures can be very hot in the day. On 13 September 1922, the temperature went up to 57.8℃ in El Azizia in *Libya, the world's hottest temperature! The name Sahara comes from the Arabic word for 'desert.' However, this part of Africa was not always a desert. 65 million years ago, there was a huge sea across North Africa. Of course, there is not a lot of water there now. In fact, half of the Sahara only gets 2 centimeters of rain every year. The Sahara does not have a lot of rain, but the wind can be very strong. In 2008, the wind blew a lot of white sand from the Sahara to South Wales in the UK. That's over 1,700 kilometers away!

Deserts have many different "treasures." One of them is the desert's oldest treasure, salt. Thousands of years ago, *nomads went into the Sahara and looked for salt. They often got a lot of money by selling the salt in towns and villages near the desert. Salt is also important today. At a village in *Mali, people take huge pieces of salt from under the desert and put them onto their camels. Then, they walk hundreds of kilometers with the camels to the city center and sell them for money. Next, the most famous treasure of the desert is oil. You can find it in different deserts of the world like the Sahara and the Arabian Desert. About a quarter of the world's oil comes from deep under the Arabian Desert. People found oil there for the first time in the 1930s. In deserts, oil is usually deep down in the ground, and people make big holes in the desert to take the oil out. Lastly, you shouldn't forget about another important treasure of the desert, *copper. The Atacama Desert in Chile has most of the world's copper. You can find the biggest and deepest open copper *mine in the world there. It is huge—4.5 kilometers long, 3.5 kilometers wide, and 1 kilometer deep. The mine is very important for Chile because it creates jobs for the local people and brings a lot of money into the country.

Deserts give us a lot of treasures, however, they have negative points, too. One of them is *desertification. Desertification is often caused by climate change. The world is getting warmer every year and the weather in the deserts is also changing rapidly. Changes in climate can be worse in places next to deserts. With very hot weather and warm winds, these places get very dry. When there is no water, desertification begins. Due to desertification, there is now a new desert in Oltenia, *Romania. The Gobi Desert is also growing fast every year—it is now only 160 kilometers from *Beijing. Life is getting difficult for many people around the world because of desertification. We should do something to stop desertification. In China, people are beginning to grow a lot of trees along the border of the Gobi Desert—2,800 kilometers of them! This takes a long time and trees do not grow quickly. One day there are going to be big, tall trees there, but not before 2074. It will be a long way ahead, but we have to keep on doing our best.

注）Chile：チリ　Mongolia：モンゴル　Libya：リビア　nomad(s)：遊牧民　Mali：マリ共和国
copper：銅　mine：鉱石を掘り出す場所　desertification：砂漠化
Romania：ルーマニア（東欧の国）　Beijing：北京

A. Which is NOT true about deserts?

ア Deserts are dry places with little rainfall each year, usually under 25 centimeters.

イ Some deserts are rainless for many years; no rain was recorded in the Atacama Desert for hundreds of years before it rained in 1971.

ウ The temperatures in some deserts can sometimes go up to 50℃, but in the Gobi Desert there is snow in winter.

エ Deserts are very hot places and there is not much temperature difference between day and night.

B. Which is true about the desert wind?

ア The desert wind is sometimes so strong that it blows and even breaks down the hills called dunes.

イ The world's strongest desert wind has created more than 380 dunes in the Namib Desert.

ウ Strong desert wind can move the dunes about 20 to 30 meters a year from their original locations.

エ In the past, people thought the noise created by the desert winds sounded like crying.

C. Which is NOT true about the Sahara Desert?

ア The Sahara Desert, with a population of about 2 million people, is the world's largest desert that stretches across some African countries.

イ The world's hottest temperature was recorded in Libya in the Sahara Desert about 100 years ago.

ウ The Sahara Desert was once covered by the sea a long time ago, and there is still plenty of rainfall every year.

エ The sand in the Sahara Desert was once blown by the wind to a European country more than 1,700 kilometers away.

D. Which is true about the "treasures" of deserts?

ア In a desert village in Mali, people walk long distances with their camels in order to exchange their salt for money.

イ The most well-known desert treasure is oil, and more than half of the world's oil comes from the Arabian Desert.

ウ In the Arabian Desert, people have been looking for big holes with oil since the first hole was found in the 1930s.

エ The largest and deepest open copper mine in the world is located in the Sahara Desert.

E. Which is true about desertification?

ア Desertification sometimes occurs when desert temperatures are very high, winds become warm, the land becomes quite dry, and there is no water.

イ Oltenia. an old desert in Romania created by desertification, has been known to people for hundreds of years.

ウ Desertification has been a serious problem in many parts of the world, however, the Gobi Desert in China has stopped growing.

エ To stop desertification, people have finished planting about 2,800 trees along the border of the Gobi Desert.

F. Choose TWO correct sentences about deserts from the following.

ア Not all the deserts in the world are very hot and dry, and full of yellow sand.

イ In the Arabian Desert, it is always hot, with temperatures of 50℃ all year round.

ウ People in North Africa started calling the huge desert "Sahara" because it means "heat" in Arabic.

エ For thousands of years, the Sahara Desert has been a sea of sand with no rain at all.

オ In the Atacama Desert in Chile, a huge open copper mine has become an essential industry for the country.

カ Life is getting difficult for people in Beijing because a part of the city has become a desert.

Ⅲ 次の英文を読み，設問に答えなさい。

（＊のついた語句には本文の最後に注があります。）

In 1898, in Mexico City, photographer Guillermo Kahlo married Matilde Calderón, and bought a house with blue walls. At this time, nobody thought this blue house would be the museum of the world famous painter Frida Kahlo. Frida's father, Guillermo, came from Germany, and Matilde was born and raised in Mexico, so Frida had two origins. This fact affected her paintings throughout her life. Frida often used bright colors which are seen on traditional Mexican clothes and buildings.

Frida was born in 1907, and she was a very active and smart child. However, when Frida was six, she was *infected with a terrible virus called **polio*, and stayed in bed for nearly a year. Her right leg and foot grew much thinner than her left, so she *limped and wore long skirts or pants to hide her legs. Some friends said terrible things about her legs, so she felt lonely in school. However, ①her father supported her a lot. He encouraged her to play sports like soccer, swimming, and wrestling to recover her strength. In addition, he often brought her with him as an assistant when he took photographs outside. He even let her use his camera and showed her how to take pictures.

In 1922, she entered ②the National Preparatory School, a famous high school in Mexico City. There were 300 first-grade students, but only 5 of them were female. She had a lot of friends, and she had a boyfriend named Alejandro. She liked drawing but was more interested in science. At that time, a famous painter, Diego Rivera, was painting a huge picture on the school's wall. Frida was very impressed with the fantastic picture, but she never thought Diego would be her husband in the future.

In 1925, ③a terrible accident happened. Unfortunately, when Frida was on a bus going on a school trip, the bus crashed into a *streetcar. Frida's *spine and *pelvis were seriously injured, and she had to be in the hospital for weeks. When Frida finally went home, she was in great pain and had to wear a *cast over her whole body for three months. The doctor said she would never be able to walk by herself. Alejandro was also on the same bus, but luckily, he was safe. At first, he often came to see Frida, but he left Mexico to attend a university in France. Frida had no hope for the future at that time. Due to this injury, she had to go through more than 30 *surgeries in her life.

④Frida's parents did everything to encourage her, so they bought her a beautiful *canopy bed. The bed had a big mirror on the ceiling, so she always looked at her face while lying in bed. She didn't know why, but she wanted to paint herself. Her parents bought a special *easel, so she could draw and paint in bed. She painted a lot of *self-portraits, which she continued painting for her whole life. Her parents always made sure she had enough art supplies like brushes and *oil colors. Painting helped her body and mind get better as it gave her things to do every day. Painting pictures gradually became a ppurpose in her life. After a long rehabilitation, at last, she could walk by herself.

Frida liked painting pictures, and her family said her paintings were beautiful. She wanted to be a professional painter, however, she didn't have much confidence in her paintings. So, she went to see the painter she most respected. Diego Rivera, though her body was not completely cured. Frida showed her pictures to Diego, 【 ⑤ 】. Diego said she had a great talent and should continue painting. At first, they were teacher and student, but they fell in love. Frida married Diego in 1929.

Diego was famous for his huge wall paintings. He worked in many American cities, so Frida traveled around San Francisco, New York, and Detroit with him. She was still suffering from pain, so Diego found a good doctor in the U.S. and she had some surgeries. In America, Frida met a lot of famous artists, and some of them said that her paintings were great, but she still needed more confidence. [⑥] She also held an exhibition in Paris, and some great artists such as Pablo Picasso and Joan Miro came to see her paintings. They admired her works so much and said her paintings had a very unique style. She was surprised and realized for the first time that her works were unique.

After that, Frida's paintings became popular, but her health got worse as she grew older. She had to have some more surgeries. About a week after she became 47 years old, Frida passed away at her Blue House. The House became the museum a few years later. Some of her paintings are too hard to look at because they show her pain and suffering. However, they give us the courage to overcome difficulties in our lives.

注）infected with ～：～に感染した　polio：小児麻痺　limp：足を引きずって歩く
streetcar：路面電車　spine：背骨・脊柱　pelvis：骨盤　cast：ギプス　surgery(-ies)：手術
canopy bed：天蓋つきベッド　easel：イーゼル（絵を立てかける台）　self-portrait(s)：自画像
oil colors：油絵具　purpose：目的

問１　フリーダ・カーロの両親について，ふさわしいものをア～エから一つ選び，記号で答えなさい。

ア　フリーダの父は，メキシコの伝統的な衣服や建物の写真を撮るためにメキシコに来た。

イ　フリーダの母は，メキシコの伝統的な色である青い家に，結婚する前は住んでいた。

ウ　フリーダの父は，メキシコで生まれ育った女性と結婚し，青い家を買った。

エ　フリーダの母は，メキシコでよく使われる鮮やかな青い色で家の壁を塗った。

問２　下線部①の具体例としてふさわしくないものをア～エから一つ選び，記号で答えなさい。

ア　Frida's father suggested that she should play sports to make her body stronger.

イ　Frida's father made special skirts and pants to hide her right leg.

ウ　Frida's father taught her the way to use a camera.

エ　Frida's father asked her to help him take pictures outside.

問３　下線部②に関して，本文の内容と一致するものをア～エから一つ選び，記号で答えなさい。

ア　Only boys could enter this school, but Frida was so clever that she was allowed to get in.

イ　There was an excellent art teacher named Diego Rivera, and Frida fell in love with him.

ウ　This school had no drawing or painting classes, so Frida chose science lessons.

エ　Frida saw Diego Rivera painting a picture on a wall of this school and liked it very much.

問４　下線部③に関して，本文の内容と一致するものをア～エから一つ選び，記号で答えなさい。

ア　Frida and her boyfriend were terribly injured, and they went through a lot of surgeries.

イ　Some parts of Frida's body were badly damaged in the accident and she had to stay in the hospital for weeks.

ウ　Frida was going to France with her boyfriend, but she couldn't because of her injury.

エ　Frida was never able to walk again by herself after the accident.

問５　下線部④の具体例としてふさわしくないものをア～エから一つ選び，記号で答えなさい。

ア　Frida's parents told her to paint pictures, especially self-portraits.

イ　Frida's parents bought a special bed with a big mirror.

ウ　Frida's parents prepared a tool for her to paint pictures when she was lying in bed.

エ　Frida's parents made sure she never ran out of things to paint pictures.

問６　空欄【⑤】に入る最も適切なものをア～エから一つ選び，記号で答えなさい。

ア　and he was very impressed with them

イ　and he liked them so much that he asked her to marry him

ウ　but he didn't like them at all

エ　but he didn't think they were anything special

問７　空欄 ⑥ には，以下の４つの英文が入ります。本文の内容に合うように正しい順番に並べ替えなさい。

ア　At Diego's house, Andre saw Frida's paintings, and he said she should hold an exhibition of her paintings.

イ　At last, in 1938, Frida had a successful exhibition in New York City.

ウ　When Frida and Diego returned to Mexico, Andre Breton, a French poet, came to see Diego.

エ　At first, Frida refused, but Andre asked Frida again and again.

問８　以下は，フリーダ・カーロの絵について説明したものです。空欄（A）～（F）に入る最も適切な語を次のページのア～ソから選び，記号で答えなさい。同じ記号の空欄には同じ語が入ります。同じ語は一度しか使えません。

Frida Kahlo's paintings often have bright (A). Frida used these (A) as she was inspired by old Mexican (B) and buildings. She started painting self-portraits on her bed after a big traffic (C). Painting healed her mentally and physically and became the (D) of her life. Some great painters at that time thought her paintings were unique, but she (E) thought so before that. Her (F) was expressed in her paintings, but they give us the courage to live a difficult life.

ア clothes	イ often	ウ accident	エ museums	オ pain
カ origins	キ supplies	ク colors	ケ exhibitions	コ never
サ purpose	シ mirror	ス has	セ disease	ソ faces

問9　本文の内容と一致しないものをア～クから二つ選び，記号で答えなさい。

ア The house Frida's father bought after getting married later became the museum of Frida Kahlo.

イ Due to a terrible illness Frida got in her childhood, she had to have a lot of surgeries for the rest of her life.

ウ At the National Preparatory School, Frida had a lot of friends, even though the school had few female students.

エ Alejandro was not injured in the accident and often visited Frida shortly after the accident, but he left Mexico to enter a university.

オ When Frida was lying in bed after the accident, she started to paint pictures of herself which she saw in a mirror.

カ After she could walk by herself, she went to see Diego Rivera to ask him to hold an exhibition of her paintings in New York.

キ In the U.S., Frida's health was still bad, so she was treated by a doctor Diego Rivera found, and went through some surgeries.

ク When Frida was 47, she died in a building with blue walls in Mexico City and it is now the famous museum of her paintings.

Ⅳ　空欄に入る最も適切なものをそれぞれア～エから一つ選び，記号で答えなさい。

1．My children love that game.　Can you (　　) them play next?
ア get　　イ make　　ウ let　　エ allow

2．Would you like (　　) cup of tea?
ア another　　イ some　　ウ more　　エ some more

3．I wish it (　　) raining.　I really wanted to go on a picnic.
ア is　　イ is not　　ウ were　　エ were not

4．"(　　) do you say *omisoka* in English?"　"It is New Year's Eve."
ア What　　イ When　　ウ How　　エ Which

Ⅴ　日本語の意味を表す英文になるように下の語（句）を並び替え，（A）～（H）に入る語（句）の記号を答えなさい。ただし，文頭に来る語（句）も小文字で書かれています。

1．兄が冷蔵庫の残り物で作ってくれた夕飯はとても美味しかった。

(　　)(　　)(　　)(A)(　　)(　　)(B)(　　)(　　) so delicious.

ア the food　　イ was　　ウ my brother　　エ with　　オ left　　カ made
キ the fridge　　ク the dinner　　ケ in

2．もし必要なら，私の本を何冊か貸しましょうか。

(　　)(　　)(　　)(　　)(　C　)(　　)(　　)(　　)(　D　)(　　) necessary?

ア my books　イ you　ウ is　エ I　オ of　カ shall　キ if　ク lend　ケ some　コ it

3．チリが日本の約２倍の大きさだと知って驚いた。

I was surprised (　　)(　　)(　E　)(　　)(　　)(　F　)(　　)(　　)(　　) Japan.

ア as　イ as　ウ is about　エ know　オ Chile　カ to　キ twice　ク large　ケ that

4．あなたが昨日の帰り道でなくした鍵はこれですか。

(　　)(　　)(　G　)(　　)(　　)(　　)(　H　)(　　)(　　) yesterday?

ア home　イ the key　ウ you　エ your way　オ this　カ on　キ that　ク lost　ケ is

Ⅵ　次の日本文を英文にしなさい。

1．妹の誕生日に何を買うべきか分からなかったので，母に助言を求めた。

2．朝からずっと数学の宿題をしているのですが，まだ全部終わりません。

人は他者に対して【 c 】するような行動を取り、それが【 a 】の【 d 】を形成することになる。このような【 d 】は【 b 】を持つ個人がいて初めて成り立つものであり、だからこそ自分だけ損をするという行為をカントは禁じるのである。

ア a 社会 b 目的 c 認知 d 条件
イ a 共同体 b 自由 c 遠慮 d 利益
ウ a 社会 b 愛情 c 認知 d 規範
エ a 共同体 b 目的 c 配慮 d 秩序
オ a 社会 b 自由 c 拘束 d 基盤

問7 ――線部(6)「人は成熟したと言える」とありますが、どのようになれば「成熟した」人になったと言えますか。それを説明したものとして最も適当なものを次の中から選び、記号で答えなさい。

ア 「愛情」や「人情」よりも「公共の福祉」を優先するようになること
イ 「モラルジレンマ」を回避し、〈唯一の倫理原理〉を見出すようになること
ウ できるだけ多くの人ができるだけ幸福になるように行動するようになること
エ 他者の存在を踏まえつつ、自分が判断した結果起こった責任を引き受けること
オ 仮言命法を前提とし、どのような条件下で生きていくかを考えるようになること

問8 本文の内容と合致しないものを次の中から一つ選び、記号で答えなさい。

ア 「善悪」の基準とは特段考えずとも分かるものであり、その基準を列挙していく立場のことを倫理学では直観主義という。
イ 功利主義も規範主義も〈唯一の倫理原理〉として提出されたという点において共通点を見出すことができる。
ウ カントは複数の倫理規範のうちどちらを選ぶかは、具体的な場において行為主体が決定すべきであると述べている。
エ 定言命法に基づくと、自己の利益だけを追い求め、他者を自己のためにのみ使役することは人間関係においてあってはならないということになる。
オ 理性的人格とは、理性にしたがって論理的、かつ合理的に行動できるというものであり、そのような状態になることをカントは「啓蒙」と呼んだ。

あるのは、［Ⅱ（2字）］の規範があることによって［Ⅲ（4字）］が発生するからである。

問2 ――線部(2)「功利主義」の説明として正しいものを次の中から一つ選び、記号で答えなさい。

ア 功利主義はどれだけ多くのひとを幸福にできるかという幸福の享受者数を重視するものであり、全体の幸福度を顧みることはない。

イ 功利主義も直観主義と同様、「愛情」と「人情」のような複数の規範のうちどちらを選択すべきかといった判断基準を示すことはできない。

ウ 功利主義はできるだけ多くのひとをできるだけ幸福にするために何をおこなうべきかを考えるものであり、してはいけないこととは何かを定めるものではない。

エ 功利主義はあくまで最大多数の最大幸福を求めるものであり、助けを求めている人が誰で、そのひとを助けるのが誰かといった関係性を考慮することはない。

オ 功利主義は首都圏などのひとが多い地域において何をすべきかを考える際には現在でも有効だが、人口が少ない地域において何をすべきかを判断することはできない。

問3 ――線部(3)「一般的行為原則」とありますが、それと同じ意味で使われている語句を本文中の〰〰線部(ア)～(オ)の中から一つ選び、記号で答えなさい。

問4 空欄［A］・［B］に当てはまる語句の組み合わせとして最も適当なものを次の中から選び、記号で答えなさい。

ア A 精神性　B 思想性
イ A 公平性　B 有効性
ウ A 直観性　B 論理性
エ A 関係性　B 人間性
オ A 主体性　B 規則性

問5 ――線部(4)「カントの考え」とありますが、功利主義とカントの考えとではどのような点において異なっていると筆者は考えていますか。その説明として最も適当なものを次の中から選び、記号で答えなさい。

ア 功利主義が全体の幸福量を重視するのに対し、カントの考えは個人の幸福量を重視する点において異なっている。

イ 功利主義が公共の福祉を重視するのに対し、カントの考えは愛情や人情などの感情を重視する点において異なっている。

ウ 功利主義が行為主体の判断を重視しないのに対し、カントの考えは行為主体の判断を重視する点において異なっている。

エ 功利主義が社会全体の自由を重視するのに対し、カントの考えは社会全体の自由を重視しない点において異なっている。

オ 功利主義が人々の幸福の質を重視しないのに対し、カントの考えは人々の幸福の質を重視する点において異なっている。

問6 ――線部(5)「自分だけ損するのもいけない」とありますが、その理由を次のように説明しました。空欄【a】～【d】に当てはまる語句の組み合わせとして最も適当なものを後のア～オの中から選び、記号で答えなさい。

【 a 】はそれぞれ【 b 】を持った人々が生活し、人々は各人が【 b 】を有して生活していることを知っている。それゆえ各

そのことをつねにチェックせよ」という規範だ。たとえば、「人が見ていないとき、他人の持ち物を持ち去っていい」という原則を考えてみよう。それを自分一人がおこなう分には、本人はつかまって罰せられるかもしれないが、社会全体に深刻な問題が生じることはない。けれども、同じ一般原則を、社会に属する行為主体全員が行った場合、安全確保のために多大なコストがかかる社会が生まれる。そのような一般原則は選択してはならない、というのである。

いいかえれば、「自分だけ得するのは間違い」「自分だけをえこひいきしない、自分を例外にしない」（エゴイズムの否定）というのがカントの考えである。とはいえカントによれば、「自分だけ得するのはいけない」ばかりでなく、「(5)自分だけ損するのもいけない（自己犠牲の否定）」。それはなぜだろう。

さきにあげた行為原理をカントは定言命法とよぶ。「健康でいたいならタバコは吸わない方がいい」など、一定条件もしくは仮定のもとである行為を推奨するものを「仮言命法」とよぶが、これは、その条件や仮定に同意するひとにとってしか拘束力がない。定言命法とは、一切の条件や仮定を前提することなく、あらゆる行為主体に当てはまる命法である。その内容が先に挙げた〈自分を例外としない〉というものだ。

対人関係について考えた場合、この命法は自分の利益ばかり追求して、他人を自分の目的追求の道具、手段として「のみ」あつかうことの禁止につながる。カントによれば各人は、それぞれの希望や生き甲斐、人生の目的を持ちながら暮らしており、だからこそ具体的状況下における行為の選択は多様でありうる。また、それぞれが各人なりの目的を持って暮らしていることをお互い認知し、配慮しあって行為することにより、自ずから共同体の秩序は成立する。各自が自分の目的を追求するからこそ共同体は成立するのである。

ところが、自己犠牲によって自分を例外扱いする者がいると、各自が自分の目的を追求するという、共同体成立の大前提が崩れてしまう。だからそれは禁じられるのだ。

こうした条件を守ったうえで、行為はすべて各自の責任においておこなわれる。自分の判断に基づいて行為を選択し、その結果に対する責を負うことにおいて、各自は責任ある人格（「理性的人格」）たりうる。カントによれば、それが精神の成熟にほかならない。未熟な精神は、何をおこない、何を決めるにも他人の意見に頼るだろう。たしかに、ひとははじめは他人のすることを見習いながら成長する。だが、やがてすべてを自分で判断しなければならなくなるときが来る。精神の歩みを補助してくれる「歩行器」から自由になるとき、はじめて(6)人は成熟したと言える。これが達成されることをカントは「啓蒙」といった。絶対主義王権から市民革命への移行を導く思想だった啓蒙思想は、ロックなどイギリスの思想家にはじまり、ルソーなどフランスの思想家をへて、カントにいたって確固とした定式を与えられたことになる。

（貫成人『哲学マップ』より）

問1 ——線部(1)「直観主義では解決できないことがある」とありますが、その理由を次のように説明しました。空欄に当てはまる語句を、本文中からそれぞれ抜き出しなさい（句読点や「」などの記号も一字に数える）。

［　Ⅰ（20字）　］という倫理学の中心課題を考える際に、直観主義ではうまく解決できない事例が

(エ)〈「最大多数の最大幸福」〉ような行為はおこなうべきであり、それに反する行為はおこなうべきではない〉というものであり、ベンサムやミルによって唱えられた。

十人中八人を幸福にする行為は、十人中二人を幸福にする行為よりよい。たとえば、喫煙者二人、非喫煙者七人というオフィスで、わたしが喫煙することで仲間が増えて幸福になるのは二人で、わたしが禁煙することで幸福になる七人よりも少ない、といった場合、わたしは禁煙すべきである。また、おなじく十人中五人ずつを幸福にしても、全体の幸福度がより高い方を選択するべきである。たとえば、喫煙者と非喫煙者が同数だった場合、仲間が増えるという喫煙者の幸福より、健康が損なわれないという非喫煙者の幸福の方が、幸福としてはより大きい、と判断される場合、やはり禁煙すべきである。

この考えは、公共事業の運用などについて、現在でも有用だ。たとえば高速道路を、ほとんど人口も産業も観光資源もない地域に造るよりは、首都圏に造った方が、物流コストの低下などに結びついて結局は国民総生産全体のかさ上げに通じる、といった場合である。

しかし功利主義は重大な問題を帯びている。たとえば、野中の一軒家が火事になっており、二人の人間が助けを求めているが、それを救えるのは自分だけであり、しかも迫り来る火のためどちらか一人しか救えないとする。ただし、助けを求めている一人は世界的脳外科医であり、もう一人は脳外科医の身の回りの世話をするわたしの母親だった。このときどちらを救うかという問題で、人情としては母親を助けたいと思う人が多いだろう。だが、功利主義者からすれば、この場合助けなければならないのは迷う余地なく脳外科医なのである。なぜなら、脳外科医が生き延びた方が、それによって手術を受け幸せになる人の数が、圧倒的に多いからだ。功利主義には(オ)人格的関係が顧みられないという欠陥がある。

一方、カントの考えを理解するには、われわれが行為の選択をするメカニズムを検討するのがよい。先の例で、母親を救うのは「愛情」「人情」によって行為する結果であり、医師を救うのは「公共の福祉」を優先する結果といえる。具体的な行為の選択とは、実はそれぞれの行為を正当化する(3)一般的行為原則のどれを選択するかの問題なのである。行為を正当化し、もしくは選択するための一般的行為原則には、今あげたほかに、「節約する」「約束を守る」「うそをつかない」「不公平はいけない」「人に喜んでもらう」などもあるだろうし、あるいは「手を抜けるところは抜く」といった原則もありうるだろう。こう考えたとき、直観主義とは、一般的行為原則のうち推奨するに値するものをリストアップしたものといえるし、功利主義はそのうちの〈 A 〉〈 B 〉だけを選択したものといえる。一方、(4)カントの考えとは次のようなものだ。

ある状況において、一般的行為原則としてなにを選択し、具体的にどの行為を選択するかは、その都度行為主体が判断しなければならない。その結果、同じタイプの選択肢を与えられても、なにを行為原則として選択するかは人によって異なるし、当然、選択結果も異なる。その限りで誰もが自由である。だが、そのとき、ひとつだけ守らなければならない行為原理があり、それがカントにおける最低限の義務、規範である。それは、「いま自分が選択しようとしている一般的行為原則を、自分だけでなく、社会の全員が選択した場合に、なにか困った事態は生じないか、

食事をする。このように人々が健康のために節制する行為は国家の意志の内面化といえる。もちろんそれが多少癪（しゃく）に障るからといって、あえて不健康な生活をする必要などない。食事と運動と睡眠に気を配り、健康で長生きできればそれにこしたことはないのである。

（本文は本校で作成した）

（下書き欄1）

（下書き欄2）

〈問題五〉　次の文章を読んで後の設問に答えなさい。

倫理学とは、人は何をするべきか、何をしてはいけないかといった「善悪」「正義／不正」といった問題を追求する哲学の一部門である。

通常われわれは、「やっていいこと」「やってはいけないこと」を漠然と了解しながら、日々を暮らしている。「遅刻してはいけない」「約束を破ってはいけない」「嘘をついてはいけない」「人を傷つけてはいけない」「人を殺（あや）めてはいけない」などといった(ア)倫理的規範は、いちいち説明しなくても了解されるのがふつうだ。倫理的規範は直観的に了解されると し、そのリストを作ることですませようとする立場を「直観主義」とよぶ。

けれども、(1)直観主義では解決できないことがある。たとえば、冤罪（えんざい）を着せられた友人を救うために裁判の証人台に立たなければならない朝、裁判所に向かっていた途中、道ばたの川に子どもがおぼれていたとする。まわりにそれを助けられそうな人は自分しかいないが、その子を助けていると友人の裁判に遅れ、かれを刑から救ってやることはできない。こうした状況で、人命救助と友情のどちらを優先すべきかという問題の答えは直観主義からはでてこない。

複数の規範を同時に満足できず、そのどちらかを選ばなければならない状況を(イ)「モラルジレンマ」とよぶ。複数の倫理規範があるからジレンマは生じるのだから、それを回避するためには〈唯一の倫理原理〉を見いださなければならない。

そのとき提案されるひとつは〈(2)功利主義〉であり、もうひとつが〈規範主義〉だが、カントが取るのは後者の立場である。認識の形式的構造によって存在が説明されるのと同様、行為の倫理的規則（「何をおこなってもいいか」）も(ウ)行為主体の構造から導かれる。いま、カントの考えの理解に必要な範囲内で功利主義を見てみよう。

功利主義とは、〈「できるだけ多くのひとができるだけ幸福になる」

ウ　七郎右衛門は食あたりの専門医として有名になった。
エ　七郎右衛門が治療に草を用いることは誰一人知らなかった。
オ　七郎右衛門は蛇を使ってその草を探すようになった。

〔問題四〕　次の文章を①〜③の条件にしたがって、八十字以上百字以内に要約しなさい。

① 三文で要約すること
② 第二文の書き出しを「しかし」、第三文の書き出しを「つまり」で始めること
（………。しかし………。つまり………。）
③ 解答欄の一マス目から書き始め、句読点も一字に数えること

人生一〇〇年時代と言われ、「心身ともに健康で過ごしたい」という人々のニーズは、コロナ禍を経てますます高まっている。街を歩けばウォーキングやジョギングをしている人々に遭遇し、ふと気づくとスポーツジムが新設されている。スーパーの棚は健康にいいと言われる食品で埋め尽くされ、身体にどのようにいいのか分からない機能性食品が発売される。健康管理は自分の幸せのためには必須条件のようだ。

さて、人々を健康志向につき動かすきっかけの一つに、企業での健康診断があげられるだろう。事業者は労働安全衛生法に基づき、労働者の健康診断を実施する義務があり、労働者は事業者が行う健康診断を受けなければならない。多くの人は、体重や血圧の値を気にし、ウェアラブル端末でさまざまな身体のデータをチェックしている。もし、何か気になるような数値が示されれば、たとえ自覚症状がなかったとしても、病院に行くように紹介状が渡され、より詳細に自分の身体の状態が数値化され、何が正常値より低いのか高いのか、微に入り細に渡り検証される。

このように政府が企業に対し健康診断を義務化し、国民の健康管理をしてくれるのはなぜなのだろうか。日本は国民全員を公的医療保険で保障し、国民から徴収する保険料の他に多くの公費を投入している。しかし、高齢化や医療技術の高度化による医療費の増大、不景気と労働人口の減少による保険料収入の減少は日本の財政を圧迫し、医療費の抑制は日本にとっては大きな課題である。私たちが健康であろうとしている涙ぐましい努力は、実は政府ひいては日本の社会全体の利益につながることなのだ。

実際、政府は国民が健康であるための努力を怠らない。日本の二〇一九年における平均寿命は男性八十一歳、女性八十七歳であり、健康寿命とはそれぞれ約九年、約十二年の差があった。健康寿命とは生存期間を「健康な期間」と「不健康な期間」に分け、前者の平均値を求めることで表すものである。従来は平均寿命が用いられてきたが、生きている状態を勘案することが重要だという認識が高まり、健康寿命という考え方が取り入れられるようになった。二〇一九年に策定された「健康寿命延伸プラン」は、二〇一六年に男性七十二歳、女性七十五歳だった健康寿命を、二〇四〇年までに男性七十五歳以上、女性七十八歳以上にすることを目指している。健康寿命延伸プランは、「誰もがより長く元気に活躍できる社会の実現」のための三本柱の一つとして、「雇用・年金制度改革等」や「医療・福祉サービス改革プラン」とともに発表された。政府は人々に健康になってもらわなければならないのである。

暑くても寒くても一日八〇〇〇歩歩き、塩分と糖分と脂分を減らした

〔問題三〕 次の文章は江戸時代の随筆『北遊記』の一節です。本文を読んで後の設問に答えなさい。

同じ国羽咋（はくひ）の七郎右衛門といふ人身代よく[※1]、さて［A］に妙なり。その療治まづ病の根本を求めて(1)怪しき絹に包みたるものにて撫（な）づれば、いかなる年久しき病にても一両度にて治せずといふことなし。その辺りの人の言へる、七郎右衛門若き時、玉子問屋なりしが、夏の頃になれば夜々卵を盗むものあり。七郎右衛門さまざま気をつけるに、ある夜三尺[※2]ばかりの蛇、梁（はり）[※3]の上より来て卵の箱をおしわけ、十四五ばかり呑（の）みて帰りけり。七郎右衛門怒つて、明くる日、木を削りて卵のごとくにし三四十ばかり卵箱の上に入れ置き、さて夜に入りて、いかにするぞとうかがひ見けるに、果たして、蛇また来て、呑むこと前夜のごとし。(2)いかにするぞと見るに、外へ出て石垣の内へ入らんとして、木の卵消えざれば、身をもみけるが、それより庭の内を這（は）ひまはり、何やら求める体なり。ほどなく一本の草に尋ねあたり、これを咥（くは）へて、かの卵の所を撫でねぶり[※4]、終（つひ）にその草を呑みたりしが、たちまち木の卵消えて(3)平生の腹のごとく細り、石垣へ入りける。七郎右衛門怪しく思ひ、かの草を取り置きて、食傷[※5]などしたる人の胃の辺りを撫づるに、たちどころに効あり。それより万（よろづ）の病を療治するに、手に随（したが）ひて癒（いえ）ずといふことなしとぞ。かの草は蛇含草といふよし。

※1 身代よく…暮らし向きがよく
※2 三尺…一メートル弱の長さ
※3 梁…建築物の柱の上に掛け渡す水平材
※4 ねぶり…なめる、しゃぶる
※5 食傷…食あたり

問1 ――線部(1)「怪しき絹に包みたるもの」とありますが、何が包まれていたのですか。本文中から最も適当な語句を抜き出して答えなさい。

問2 ――線部(2)「いかにするぞと見るに」とありますが、蛇はどのようなことをしたのですか。空欄に当てはまるように、本文中から適当な語句を抜き出しなさい。

蛇は［Ⅰ（2字）］の間に入ろうとしたものの、［Ⅱ（3字）］が消化できていなかったため、腹がつかえて入ることができず、身をくねらせていた。

問3 ――線部(3)「平生の腹のごとく細り」とありますが、蛇が腹をもとのようにもどすための一連の行為を示したものとして、適当でないものを次の中から二つ選び、記号で答えなさい。

ア 庭の中である草を探した。
イ 身をよじって草をもみほぐした。
ウ 腹の辺りを草でなでた。
エ その草を呑みこんだ。
オ 異物を吐き出した。

問4 空欄［A］に当てはまる最も適当な語句を次の中から選び、記号で答えなさい。

ア 病　イ 卵　ウ 商　エ 医　オ 蛇

問5 本文の内容と合致するものを次の中から一つ選び、記号で答えなさい。

ア 七郎右衛門はもともと玉子問屋を営んでいた。
イ 七郎右衛門は卵を呑んだ蛇を生け捕りにした。

問２　令和５年５月８日より、新型コロナウイルス感染症の法律上の位置付けが５類に移行することに伴い、江東区教育委員会は「基本的な考え方」として、《資料》のような文書を通達した。《資料》を読んだ上で、この文書の内容に沿った対応をしているものをア～オから一つ選び、記号で答えなさい。なお選択肢内にある日付は全て「令和５年」のものとする。

《資料》

5月8日以降の学校（園）における新型コロナウイルス感染症対策等について（抜粋）

令和5年5月8日　江東区教育委員会

2　出席停止措置等の取扱いについて

(1)　出席停止の期間は、「発症した後5日を経過し、かつ、症状が軽快した後1日を経過するまで」とする。

(2)「症状が軽快」とは、解熱剤を使用せずに解熱し、かつ呼吸器症状が改善傾向にあることを指す。

(3)「発症した後5日を経過」や「症状が軽快した後1日を経過」については、発症した日や症状が軽快した日の翌日から起算する。

(4)　出席停止解除後、発症から10日を経過するまでは、当該児童生徒等に対してマスクの着用を推奨する。ただし、児童生徒等の間で感染の有無やマスクの着用の有無によって差別・偏見等がないよう、適切に指導を行う。

(5)　令和5年5月8日以降は、濃厚接触者としての特定は行われないことから、同居している家族が新型コロナウイルスに感染した児童生徒等であっても、新型コロナウイルスの感染が確認されていない者については、直ちに出席停止の対象とはしない。

(6)　登校（園）するに当たっては、学校（園）に陰性証明を提出する必要はない。

(7)　児童生徒等が授業を十分に受けることができないことによって、学習に著しい遅れが生じることのないよう必要な配慮を行う。

(8)　学校（園）の臨時休業については、感染が拡大している状況に対して、児童生徒等の学びの保障の観点等に留意しつつ、必要な範囲、期間において機動的に対応を行う。基本的には季節性インフルエンザ流行時と同様の対応とし、学校（園）医や教育委員会事務局と学級閉鎖等の協議を行う。

ア〔児童保護者〕小５の長男が７月１日（土）に発症し、３日（月）には軽快したので、１日経過を待って４日（火）から登校させた。

イ〔中３生徒本人〕６月１日（木）に発症し、今日が７日（水）だ。咳の症状はかなりひどいがマスクを着用して出席することにした。

ウ〔中学校教諭〕６月１日（木）に発症したという生徒が「５日経過した」ということで本日６日（火）朝から登校するというので、これを認めた。

エ〔児童保護者〕小３の長女は出席停止解除後から７日しか経っていないが、マスクを着用せずに登校させた。

オ〔小学校教諭〕担任している児童の兄が新型コロナウイルス陽性という連絡があったため、念のために欠席した自分のクラスの児童（弟の方）を出席停止の扱いとした。

〔問題二〕 次の問1、問2に答えなさい。

問1 左の《料金一覧表》は、ある運送会社を利用して東京から大阪まで荷物を配送する際のものです。この《料金一覧表》を踏まえ、ア～オから正しいものを一つ選び、記号で答えなさい。

《料金一覧表》

サイズ（以内）	重量	配送料金（税込）
60サイズ	2kgまで	1000円
80サイズ	5kgまで	1300円
100サイズ	10kgまで	1600円
120サイズ	15kgまで	1900円
140サイズ	20kgまで	2200円
160サイズ	25kgまで	2500円 ★
180サイズ	30kgまで	2800円
200サイズ	30kgまで	3100円

※1…「サイズ」は荷物の3辺の長さの合計値を表します（単位はcm）。
※2…「サイズ」と「重量」では、大きい方の値で値段が決まります。
※3…上記表を超える大きさのお荷物は「お手軽引越し便」をご利用ください。
※4…スーツケースは140サイズまでは表の料金を適用し、それ以上のサイズは重さ30kg以内であれば★の料金が適当されます。

ア 3辺を合計した大きさが185cmで重さ25kgのスーツケースを送るので、料金は3100円だ。

イ 3辺の合計が110cmで重さ18kgの小包を送るので、料金は1900円だ。

ウ 重量がオーバーしていないのであれば、60サイズの箱を3個送るよりも200サイズの箱にまとめて入れた方が安い。

エ 70cm×80cm×90cmで重さ5kgの荷物を送るので、料金は3100円だ。

オ 配送料金を2000円以内におさえたいので、3辺が40cm×50cm×30cmの箱に詰め込んだ（重量は3kg程度）。

【国　語】〈五〇分〉〈満点：一〇〇点〉

〔問題一〕次の1～6の文中の――線部(a)～(h)について、漢字はひらがなで読み方を示し、カタカナは漢字に改めなさい。

1　何人も、損害の救済、公務員のち(a)罷免、法律、命令又は規則の制定、廃止又は改正その他の事項に関し、平穏に(b)セイガンする権利を有し、何人も、かかるセイガンをしたためにいかなる差別待遇も受けない。

（日本国憲法第十六条より）

2　今までは床の中に(c)ガマンして聞いていたが、聞く声の遠ざかるに連れて、わが耳は、釣り出さるると知りつつも、その声を追いかけたくなる。細くなればなるほど、耳だけになっても、あとを(d)シタって飛んで行きたい気がする。

（夏目漱石『草枕』より）

3　私達はそれから三ッ葉を摘みはじめた。あの(e)芳しい春から二番芽の三ッ葉は、庭一面に生えていた。姉が籠をもって来た。庭は広くいろいろな植込みの日向の柔らかい地には、こんもりと太く肥えた三ッ葉がしげっていた。

（室生犀星『或る少女の死まで』より）

4　ひとよ
いろいろなものがやさしく見いるので
唇を噛[か]んで　私は(f)イキドオることが出来ないようだ

（立原道造「わかれる昼に」より）

5　総理大臣はG7サミットにて、今後も法の支配に基づく自由で開かれた国際秩序の(g)イジ・強化に向けた取り組みを主導していく決意を示しました。

（新聞記事より）

6　こども家庭庁は、横断的に取り組むべき政策を企画立案するとともに、各府省庁に改善を求める「(h)カンコク権」も与えられ、政府全体の政策の推進を主導する役割を担う。

（新聞記事より）

2024年度

中央大学杉並高等学校入試問題（帰国生）

数　学】（30分）　<満点：50点>

【注意】 定規，コンパス等の作図道具および計算機の使用は禁止です。

1　次の連立方程式を解きなさい。

$$\begin{cases} 2x+3y=10 \\ 4x-y=5 \end{cases}$$

2　方程式 $(x-6)(x-10)=20\times 24$ を解きなさい。

3　図において，直線 ℓ と m が平行であるとき，$\angle x$ の大きさを求めなさい。

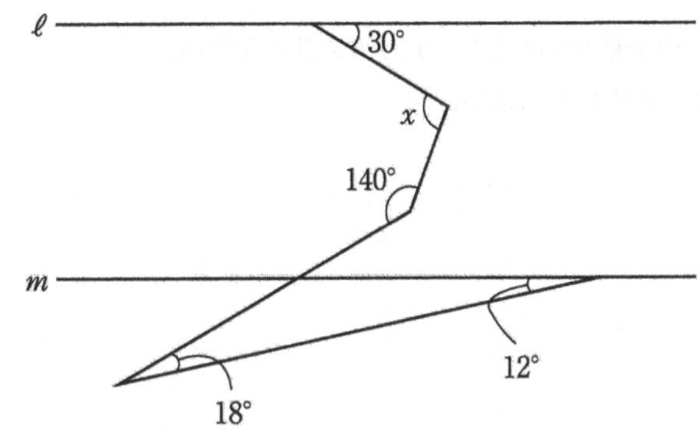

4　図において，線分ACと線分BDの交点をPとします。
AB＝CD＝4，AC＝BD＝6のとき，次の問に答えなさい。

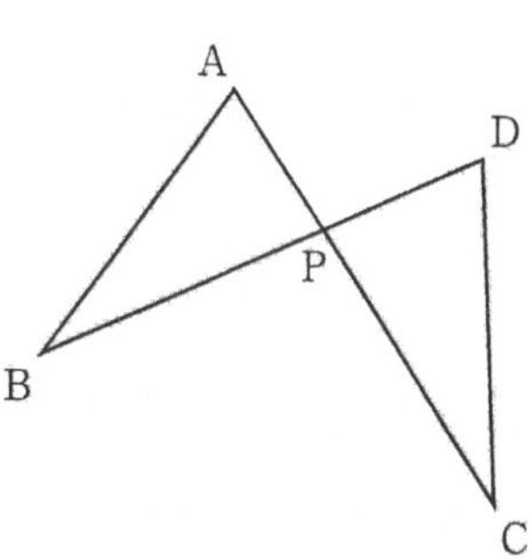

（問１）　△ABC≡△DCBを示すとき，合同条件としてもっとも適切なものを下の(あ)～(う)から１つ選び，記号で答えなさい。

(あ)：対応する１辺の長さとその両端の角の大きさが等しい

(い)：対応する２辺の長さとその間の角の大きさが等しい

(う)：対応する３辺の長さが等しい

（問２）　BA＝BPのとき，四角形ABCDの面積を求めなさい。

（問３）　AP＝BPのとき，四角形ABCDの面積を求めなさい。

5　図のように，放物線 $y = x^2$ 上に x 座標が $\sqrt{t}$ の点Aと，x 座標が $3\sqrt{t}$ の点Bがあります。ABを１辺とする正方形ABCDについて，次の問に答えなさい。

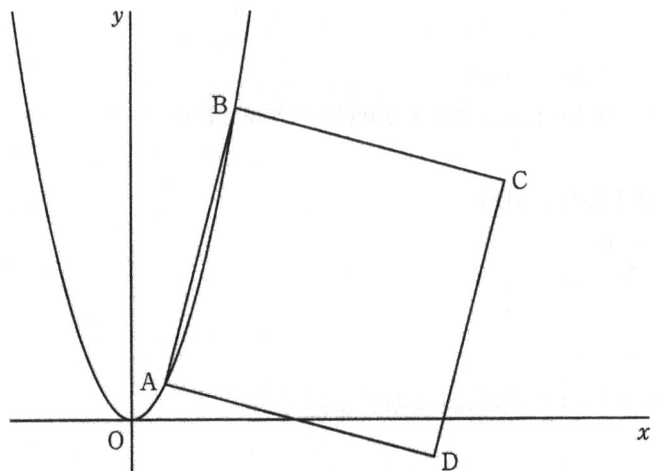

（問１）　正方形ABCDの面積を t を用いて表しなさい。

（問２）　正方形ABCDの面積が60のとき，t の値を求めなさい。
ただし，$961=31^2$ を用いてもよい。

【英　語】（30分）　＜満点：50点＞

1　次の英文を読み，設問に答えなさい。
（*のついた語句には，本文の最後に注があります。）

When a mushroom hunter Terri Clements found a unique mushroom near her home in Arizona, she was not sure if it was a new species. So, she brought the mushroom to a laboratory and asked the professional researchers to *process the DNA from it and study the result. Later a scientist confirmed that it was a new species and her new mushroom species was *described *Morchella kaibabensis* in a scientific paper.

Clements was a restaurant owner and a *real estate executive before. After she retired in 2012, she became passionate about recording mushroom species by using traditional taxonomy — the science of describing, naming, and *classifying life on earth. "I had no scientific training, but now I spend hours and hours on it," she says. "It's like a full-time job, though I don't get a salary."

Clements' situation is not special. [　①　] For the last 30 years or so, these non-professionals have developed their own research skills, and now professional scientists are gradually welcoming these volunteers.

A 2012 study shows that non-professional taxonomists recorded more than 60 percent of the new species from 1998 to 2007. In the ocean, 40 percent of new *marine mollusks were discovered by non-professionals. New Zealand researchers say that the field of taxonomy has been getting stronger because of these non-professional scientists, even though *funding for professional scientists has been decreasing. There are fewer students who want to be taxonomists, but there are more and more non-professionals who are interested in this field, because nowadays they can find information much more easily online.

In some fields, the work done by non-professional taxonomists are as accurate as professional scientists. Philippe Bouchet is a *curator at the French National Museum of Natural History and an expert on marine mollusks. He often asks a network of volunteers to study material he collects from the ocean. One of the volunteers, Emilio Rolan, has described more ocean species than anyone else so far. He discovered his first new species in 1980 while he was working as a doctor for children. He named the *snail *Conus josephinae* after his wife. Over the next ten years, he got interested in taxonomy and learned techniques to study the species he found. He got a PhD in 1992, and after he retired in 1999, he published many scientific papers with the help of professional scientists like Bouchet. In total, he has described almost 1500 new species since 1980. He gets no salary for his work. His son says, "He's doing his work in his free time and for fun, not for money. He cannot just spend time sitting and watching TV."

Sometimes non-professional taxonomists need more technical skills or tools. Jim McClarin often posts his discoveries to online groups of people who love *beetles. He was a New Hampshire carpenter before, but now lives in *Ecuador to study and photograph beetles. When he discovers a new beetle and cannot find out what it is, he emails photos to his professional scientist friends. "I can tell if it's new to me, but I have to ask an expert whether it's really a new species. They often say that it is something they have never seen," he says. He has found a lot of new species so far.

Though there are many passionate non-professionals around the world, there are not so many students who study taxonomy to be professional researchers. After going into the jungle to find insects or searching for snails in a deep coral reef, they have to spend hours studying them to find out if it is really new. Even if it is a new species, the discovery of a new type of snail will not be so interesting to the world. ②Traditional taxonomy【 other / may / so / like / attractive / not / as / popular fields / look 】*genetic studies or *biodiversity.

However, as we can see from Clements' experience in the field of mushroom taxonomy, even non-professional scientists can use DNA research now. In fact, last year the North American Mycoflora Project began to give funding to non-professional mushroom researchers around the country for DNA research. Since scientists don't have time to do all that work, the project wants non-professionals not only to collect and send out samples to professionals, but also to learn how to study samples with DNA research and understand the results.

③"Classifying the new species is important when ecosystems are quickly losing biodiversity," says Bill Sheehan, president of the project. "If a species doesn't have a name, it is impossible to protect it or to know that it is in danger. Biology starts with understanding what a species is, and taxonomical studies often leads to important questions about how *evolution works."

注）process the DNA：ＤＮＡを抽出する
describe(d)：記載する（ある生物の特徴を言葉や図，写真等で記述すること）
real estate executive：不動産経営者　classify(ing)：分類する
marine mollusk(s)：海洋軟体動物　funding：助成金　curator：学芸員　snail：巻貝
beetle(s)：甲虫（カブトムシ，クワガタなど）　Ecuador：エクアドル（南米の国）
genetic studies：遺伝子学　biodiversity：生物多様性　evolution：進化

問１　次の質問の答えになるように（　）に適切な語を入れなさい。

Question：What is *Morchella kaibabensis*?

Answer：It is a name (　　　) to the mushroom species Terri Clements discovered.

問２　Which is true about Terri Clements?

ア　She processes the DNA from the mushroom she found and studies the result.

イ She became passionate about mushroom species when she was a restaurant owner.

ウ She had a scientific training in traditional taxonomy at university.

エ She spends a lot of time recording mushroom species even though she is not paid for it.

問３ 空欄 ① には以下の４つの英文が入ります。本文の内容に合うように正しい順番に並べなさい。

ア Many of them study rare species like mushrooms, insects and other small creatures.

イ Therefore, there are not enough professional researchers who study them.

ウ There are many others who are doing the same in each of their favorite areas.

エ Those species are less popular than birds, butterflies and flowers.

（　　）→（　　）→（　　）→（　　）

問４ Why do New Zealand researchers say that the field of taxonomy has been getting stronger?

ア Non-professionals supported professionals to record 60 percent of the new species from 1998 to 2007.

イ 40 percent of new marine mollusks were found by non-professionals in the oceans around New Zealand.

ウ The number of non-professionals who are interested in the field of taxonomy is increasing.

エ Non-professionals can attend online taxonomy courses at universities around the world.

問５ "Emilio Rolan" についてまとめた文になるように，空欄（A）～（H）に入る適切な語を下のア～セから選び，記号で答えなさい。同じ記号は一度しか使えません。また，文頭に来る語も小文字で示してあります。

Emilio Rolan is one of the（ A ）who help Philippe Bouchet. Emilio is sometimes asked to study the creatures Phillipe（ B ）from the ocean. Emilio himself describes new ocean species, too. His first（ C ）was in 1980. He found a new species of snail and gave it the name of his（ D ）. After that he studied（ E ）and techniques for studying new species. After he retired as a（ F ）in 1999, he studied new ocean species more eagerly.（ G ）scientists have helped him publish many scientific papers. The（ H ）number of new species he has described is about 1500. He does not get a salary for his work, because he is doing it just for fun.

ア total	イ curators	ウ non-professionals	エ wife	オ researcher
カ doctor	キ find	ク history	ケ discovers	コ taxonomy
サ professional	シ museum	ス discovery	セ increasing	

問6 Which is true about Jim McClarin?

ア He made popular online groups for people who want to know about beetles.

イ He is a professional taxonomist who studies and photographs beetles in Ecuador.

ウ He lives in New Hampshire and often emails beetle photos to his scientist friends.

エ He has professional scientist friends who answer his questions about new species.

問7 Which is NOT true as a reason why there are fewer students who study taxonomy to be professional researchers?

ア There are already many passionate professional researchers around the world.

イ The discovery of a new small creature may not draw so much attention from the world.

ウ It takes a lot of time to check if the species they found is really new.

エ They have to spend hours in jungles or deep coral reefs to find new species.

問8 下線部②が「伝統的な分類学は，遺伝子学や生物多様性のような他の人気のある分野ほど魅力的に見えないかもしれない」という意味になるように，【 】内の語（句）を並べ替えなさい。

問9 What does the North American Mycoflora Project want non-professionals to do?

ア The Project, wants non-professionals to give funding to mushroom researchers around the country.

イ The Project wants non-professionals to study mushrooms with DNA research by themselves.

ウ The Project wants non-professionals to join their project to make DNA research more popular.

エ The Project wants non-professionals to increase the number of samples to send out to professionals.

問10 Bill Sheehan が下線部③のように言う理由を，35～45字の日本語で説明しなさい。（句読点を含む。）

<下書き用>

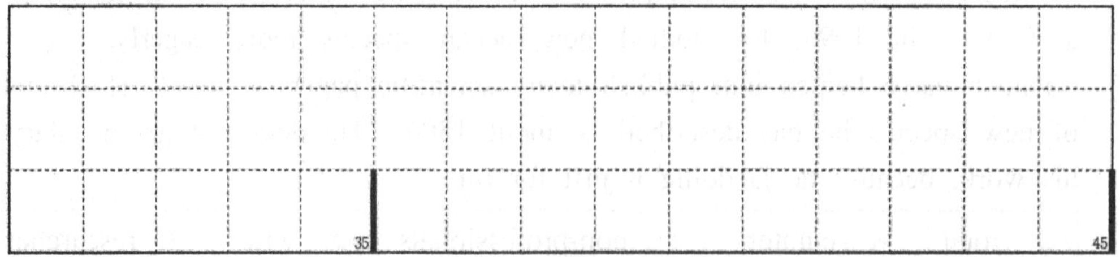

問11　この文章のタイトルとして最も適切なものを選び，記号で答えなさい。

ア　DNA research saves new species around the world

イ　Amateur scientists start a new wave of discovery

ウ　Unique mushrooms that bring you million dollars

エ　Taxonomy : a popular choice for your new career

Ⅱ　下線部①～③の日本語を英語に直しなさい。

In the late 1800s, a teacher named Wilhelm von Osten became famous when he showed his horse's excellent skill to people. ①クレバー・ハンスとして知られるその馬は，足踏みによって，簡単な数学の問題に対する答えを示したのだ。

While the audience believed the performance, a smart researcher noticed the trick behind this clever horse. He explained that Clever Hans watched reactions from both his owner and his audience and knew when to stop stepping. He was a smart horse, but counting was never really one of his skills.

②彼の能力は本物ではなかったものの，それ以来，研究者たちは多くの動物に数を数える能力があることを発見してきた。 For example, studies have shown that dogs can count the number of treats, and can count up to four or five. Imagine that you put four treats in front of a dog, and then you hide them behind a screen. ③もしそのおやつの中の１つを取って仕切りを外すと，犬はおやつが１つ消えたことに気付くだろう。

大きい人に同調したりしていたのでは、たくさんの意見を集める意味がなくなってしまうのである。

（本文は本校で作成した）

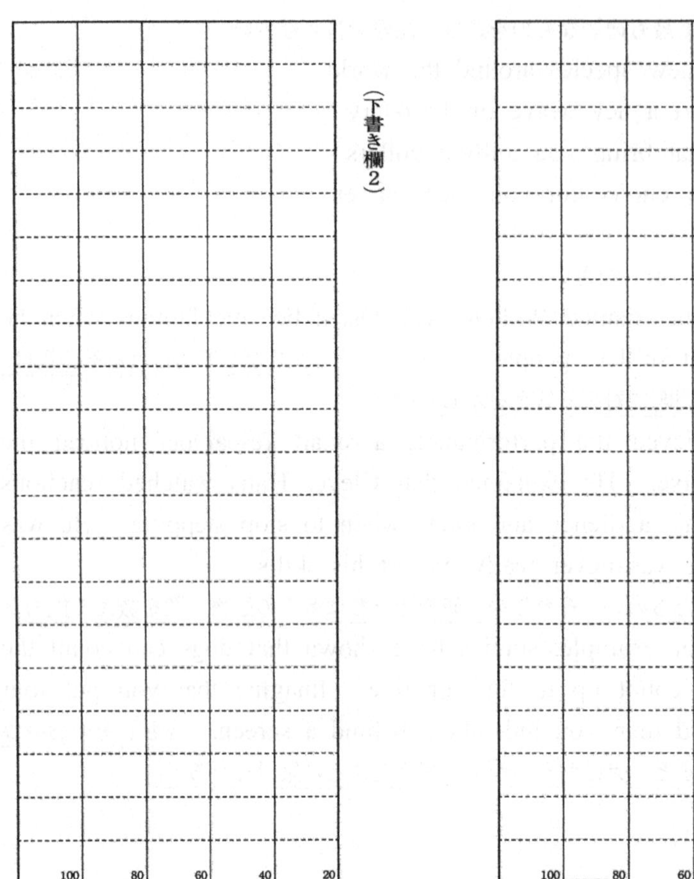

ア　わたしたちは、何かを認識するとき、はじめに全体の形をとらえ、徐々に内奥に迫っていく。

イ　言葉の形を看取することこそが、言葉を「読む」ということだと定義づけられる。

ウ　誤認には、既知の情報に対する場合と未知の情報に対する場合というように二通りの誤認が存在する。

エ　わたしたちは、認識の過程において、現実とはそぐわないものを取り込んでいる。

2　次の文章を①〜③の条件にしたがって、八十字以上百字以内で要約しなさい。

① 三文で要約すること
② 第二文の書き出しを「しかし」、第三文の書き出しを「つまり」で始めること
（………。しかし………。つまり………。）
③ 解答欄の一マス目から書き始め、句読点も一字に数えること

全員一致とはどのような制度だろうか。

アメリカの刑事陪審員裁判は全員一致が原則であり、全員一致の評決に至らない場合には「評決不成立」となって、新たな陪審員が選ばれ、もう一度対審（トライアル）をやり直す。日本の内閣でも、閣議の議決は全員一致による。こと裁判や政治に限らず、みんなで話し合ってものごとを決める場合は、多数決ではなく全員一致こそが本来的にのぞましい。全員一致で決められたことはみんなが賛同した結果だと考えられるからだ。それぞれの考えが同じ方向を向いていて、きちんと納得のいく状況が作れるのならばこれに越したことはない。

しかし、はじめから全員一致でなければ決まらないということになっていると、とたんに反対意見を表明しにくくなる。反対意見がある以上、最終的な決定ができない。それどころか、あえて反対すれば議論に時間がかかって、他の人に迷惑がかかる。みんなの結束を乱したくないという感情が自主的な規制を呼び起こし、自己検閲をかける。そして「異論がないことは賛成を意味する」という間違った認識によって「右に同じ」とばかりに賛同者がいたずらに増えてしまうこともある。

たとえば文化祭の出し物をクラスで決める場面を考えてみよう。みんなでやるのだから、誰も反対しないものを選びたい。そこで、まずAさんが「お化け屋敷をやりたい」と言った。BさんもCさんも賛同した。そのとき、Dさんが「僕は屋台で焼きそばを売りたい」と言えば、当然、会議が長引く。そこでDさんは、自分の意見を主張することをあきらめて、「みんながやりたいものでいいよ」と言い始める。つまり、自分の意見を表明することはあえてしなかったけれど、それを決める手続き自体には自分も参加した、という理屈だ。

こうして、話し合いは限りなく儀式に近づいていく。判断そのものの是非よりも、みんなの形式的な合意が重視されるのである。もちろん、多数派の人々で「これがいい」と思った選択が、好ましい結果をもたらす場合もないわけではない。それでも、話し合い当初の目的とは異なり、その場の雰囲気で集団的な思考が働き、個人の意志とは無関係に、全員が賛同したかのような意見の一致が作られていくというのは本末転倒ではないか。遠慮して言いたいことが言えなかったり、多数派や声の

ウ　単語全体の「形」を見て判断する行為

エ　外見上似た単語と混同しているかを推測する行為

問3　――線部(2)「物の本質を表すギリシャ語の「イデア」は、「見る」を意味する動詞イデーンideinに由来し、本来は「見られたもの」「形」を表すことが思い浮かびます」とありますが、この一文から言えることはどのようなことですか。その説明として最も適当なものを次の中から選び、記号で答えなさい。

ア　言葉が持つ意味よりも言葉の外見を重要視することで、本質に近づくということ

イ　目に入るものをとらえることこそが、本質を理解する行為の起点となるということ

ウ　物事の本質を追求するためには、じっくりと「見る」行為が欠かせないということ

エ　表面上の事象に目を奪われると、物事の本質を見失ってしまいがちだということ

問4　空欄 A ・ B に当てはまる語句の組み合わせとして最も適当なものを次の中から選び、記号で答えなさい。

ア　A　「シューベルト」という語
　　B　わたしのなかの「シューベルト」

イ　A　見た情報　　B　知識

ウ　A　語の「形」　　B　判断

エ　A　まったく新しい情報　　B　符合させるべきもの

問5　――線部(3)「感覚さえ知識に誘導されているとしたら、わたしたちはありのままの世界を見ていないことにもなります」とありますが、このことについて次のように説明しました。次の空欄 I ～ IV に当てはまる語句を本文中から抜き出しなさい（句読点や「　」などの記号も一字に数える）。

わたしたちは何かの事象をとらえる際、 I（12字） としてそっくりそのままとらえるのではなく、「わたし」を持ち込み、それと事象を II（2字） してとらえている。

ここで言う「わたし」は、そのときどきに発現する考えや感情というよりは、 III（9字） が大いに影響を与えることにより形作られた、いわば IV（13字） とも呼べるものである。したがってわたしたちは、世界をありのままに忠実にとらえてはいないということになる。

問6　――線部(4)「この現在のわたしが投影される積極的な行為」とありますが、それはどのような行為ですか。その説明として最も適当なものを次の中から選び、記号で答えなさい。

ア　目に入るままに対象物をとらえるのではなく、自身の感覚や判断を入り込ませる行為

イ　未知の情報に出会った際も、自身の知っていることとの類似性を見出そうとする行為

ウ　だれに言われることなく、自身が外部からの情報をすすんで取り入れようとする行為

エ　事象を意味づけするため、自身が日頃より関心を持つものと意識的に結びつける行為

問7　本文の内容と合致するものを次の中から一つ選び、記号で答えなさい。

に出くわすと、アルファベットをひとつひとつ読んでみたりもするでしょう。知っている単語だったら、形を見るだけで判別できたのに、です。こうして、知らない言葉に出会うと、特別な困難さが生じることになります。これはわたしたちが実際は読んではいないこと、形で判断しているために、未知のものには対応できないことの例証でもあります。

別のいい方をしましょう。ここでの困難さは「照合」すべきものがなかったことを意味するに違いありません。とり違えは「誤ったものと符合させてしまったこと」に起因したのでしたが、まったく新しい情報と出会うと、「符合させるべきものがない」状況に立ち至るのです。いわば自分の知識のなかを(c)ケンサクしても、該当するものが見あたらないといった状態です。そうした困難さが特別であるゆえんは、照合すべきものが「ある」という普通の状態に対して、「ない」というまったく別の状況が起きているからです。

（中略）

こうして考えてくると、何かを認識するとか、何かを感じるといったことは、果たして受動的なのかという疑問が浮かんできます。というのも、外からの情報がわたしのなかの知識と照らし合わされることによって初めて認識されるとしたら、明らかに、そこには「わたし」の参与があるからです。わたしと切り離された、純然たる客観的な「事実」の存在など危うくなります。

もっとつきつめると、(3)感覚さえ知識に誘導されているとしたら、わたしたちはありのままの世界を見ていないことにもなります。赤い球体を見て、わたしたちはすぐにそれをリンゴだと判断するでしょう。しかし、セザンヌPaul Cezanne（一八三九～一九〇六）が描きたかったのは、わたしたちが習慣的な判断や「決めつけ」をもちこんでいない、ありのままのリンゴだったかもしれません。それは必ずしも赤くないし、純粋な球体でないかもしれないのです。知識によって、わたしたちは物を明確に見ることができるのだとしたら、そこには必ず現実とはそぐわないものが入り込んでいるはずです。というのも、知識とは一般へと抽象化された概念であるのに対し、現実はあくまでも個別だからです。これはカントのいう「物自体」へ到達できない人間の宿命にほかなりません。

しかしここで観念論を展開する必要はありません。「シューベルト」を「シートベルト」と読み間違えた人にはある傾向が見られるはずです。少なくとも、その人たちは車に関心があるはずです。車に無関心な音楽好きの人が、そう間違えるはずはないでしょう。つまり、この読み間違いは、認識においてわたしが参与することの決定的な現れであり、その「わたし」とは抽象的な人間一般などではなく、まさにこの「わたし」、つまり車に興味があるとか、「シートベルトを締めなさい」などといつもいわれている「わたし」にほかならないのです。認識とは、ほかの誰でもない、(4)この現在のわたしが投影される積極的な行為なのです。

（田村和紀夫『音楽とは何か―ミューズの扉を開く七つの鍵―』より）

問1　――線部(a)～(c)のカタカナを漢字に改めなさい。

問2　――線部(1)「読み間違いは、「読んでいない」ことに起因することになります」とありますが、読み間違いはどのような行為から起きるのですか。その説明として最も適当なものを次の中から選び、記号で答えなさい。

ア　構成している文字を一文字ずつ認識する行為

イ　視覚的に似ている言葉を確認する行為

【国　語】（三〇分）〈満点：五〇点〉

1　次の文章を読んで、後の設問に答えなさい。

たとえば「シューベルト」という文字があるとします。大部分の人々はこれを文字どおり読むでしょうが、ごくわずかの人は読み間違えるかもしれません。「シートベルト」などと。この間違いはどのように生じるのでしょうか。視力の弱い人が、文字を読みそこなうことが考えられます。しかし、視力とは関係なく、うっかりと読み間違いが起きもするのです。この「うっかり」はどこから生じるのでしょうか。そこから認識のメカニズムを垣間見ることができるかもしれません。

もしわたしたちが単語を構成している文字をひとつひとつ読んでいるとしたら、読み間違いは生じないでしょう。「シ」「ュ」「ー」「ベ」「ル」「ト」と、ひと文字ずつ確認していれば、「シ」「ー」「ト」「ベ」「ル」「ト」とは読まないはずです。だとしたら、(1)読み間違いは、「読んでいない」ことに起因することになります。本当のところ、わたしたちは本を「読む」と(a)ショウして、その実「読んでいない」のかもしれません。そしてそこから認識のほころびが生じるのです。

では文字を読む時に、実際には何が起きているのでしょうか。どのように「間違い」は起きたのでしょうか。「シューベルト」を「シートベルト」と読み間違えることがあるとしたら、その理由は、明らかに、二つの言葉が視覚的に似ているからです。そこで、こういう推測が成り立ちます。わたしたちは文字のひとつひとつを「読んでいる」のではなく、ただ「見ている」のだ、と。すなわち「シューベルト」という単語を見ているのです。

さらにいえば、単語を形成しているひとつひとつの文字ではなく、あくまでも全体の「形」を見て、判断しているのです。だからこそ、「シートベルト」という、「形」のよく似た単語との読み間違いが生じるのです。「シ」という単語の頭に、「ー」、それに「ベルト」はまったく同じであり、全体として、両者はあまりによく似ています。重要なのはあくまでも形なのであり、そのために、外見上似たものと混同することがあるのです。とり違えはこうしたつまずきから生じると考えられます。

こうして認識は「形の看取」から始まることになります。(2)物の本質を表すギリシャ語の「イデア」は、「見る」を意味する動詞イデーンideinに由来し、本来は「見られたもの」「形」を表すことが思い浮かびます。

上記の読み間違いの例は、さらに重要な地点へとわたしたちを導きます。誤認は「シューベルト」という情報をわたしのなかにある「シートベルト」という知識と関連づけてしまったことにあったのでした。とり違えは見誤りにあったというより、むしろ誤った「関連づけ」にあったのです。「シューベルト」という語の形を見て、わたしのなかの「シューベルト」（それも「形」で収納されている）と符合させていれば、問題はなかったのです。

すなわち、認識とは「[A]を[B]と照らし合わせること」となります。

誤認はこの「照らし合わせ」の手続きの段階で、誤りが生じたことから起きると考えることができます。だからこんなことも起きます。文章を読んでいて、まったく知らない言葉が出てくると、面くらいます。「何だこれ」と、目を(b)コらすことさえあります。たとえば初めての英単語

推薦

2024年度

解 答 と 解 説

《2024年度の配点は解答欄に掲載してあります。》

＜数学解答＞ 《学校からの正答の発表はありません。》

[1] $10x^2-7x-13$ [2] (問1) 3：2 (問2) 5：5：6 [3] $\frac{1}{3}$

[4] $21\sqrt{3}$ [5] (問1) B(2, 4) (問2) $y=\frac{3}{2}x+1$ (問3) $\left(\frac{3}{4}, \frac{17}{8}\right)$

○推定配点○

[1] 3点 [2] 各2点×2 [3] 3点 [4] 4点 [5] 各2点×3 計20点

＜数学解説＞

基本 [1] (式の計算)

$(2x-3)(5x+1)+(x+1)(x-1)-(x-3)^2=10x^2-13x-3+x^2-1-(x^2-6x+9)=10x^2-7x-13$

基本 [2] (平面図形))

(問1) AF：FC＝△AGF：△FGC＝(2＋4＋6)：8＝3：2

(問2) AE：EG＝△AEF：△EGF＝(2＋4)：6＝1：1 AG：GB＝△AGC：△GBC＝(2＋4＋6＋8)：12＝5：3 よって，AE：EG：GB＝$\frac{5}{2}$：$\frac{5}{2}$：3＝5：5：6

[3] (確率)

カードの数字と$\sqrt{a}-\frac{c}{\sqrt{b}}$の値の組み合わせは右の表のようになるから，求める確率は，$\frac{2}{6}=\frac{1}{3}$

a	b	c	値
2	4	8	$\sqrt{2}-4$
2	8	4	0
4	2	8	$2-4\sqrt{2}$
4	8	2	$2-\frac{\sqrt{2}}{2}$
8	2	4	0
8	4	2	$2\sqrt{2}-1$

重要 [4] (平面図形)

線分ABと直線mとの交点をRとする。AP//BQだから，平行線と比の定理より，PR：RQ＝AR：RB＝AP：BQ＝3：6＝1：2 $\mathrm{RQ}=\frac{2}{1+2}\mathrm{PQ}=\frac{2}{3}\times\sqrt{3}=\frac{2\sqrt{3}}{3}$ $\mathrm{BR}=\sqrt{\mathrm{BQ}^2+\mathrm{QR}^2}=\sqrt{6^2+\left(\frac{2\sqrt{3}}{3}\right)^2}=\sqrt{\frac{112}{3}}=\frac{4\sqrt{21}}{3}$ $\mathrm{AR}=\frac{1}{2}\mathrm{BR}=\frac{2\sqrt{21}}{3}$ よって，$\mathrm{AB}=\frac{4\sqrt{21}}{3}+\frac{2\sqrt{21}}{3}=2\sqrt{21}$ 1辺の長さがaの正三角形の面積は$\frac{\sqrt{3}}{4}a^2$で表せるから，正三角形ABCの面積は，$\frac{\sqrt{3}}{4}\times(2\sqrt{21})^2=21\sqrt{3}$

[5] (図形と関数・グラフの融合問題)

基本 (問1) $y=x^2$と$y=2x$からyを消去して，$x^2=2x$ $x(x-2)=0$ $x=0,\ 2$ よって，B(2, 4)

基本 (問2) $y=x^2$と$y=-\frac{1}{2}x$からyを消去して，$x^2=-\frac{1}{2}x$ $x(2x+1)=0$ $x=0,\ -\frac{1}{2}$ よって，$\mathrm{A}\left(-\frac{1}{2}, \frac{1}{4}\right)$ 直線ABの傾きは，$\left(4-\frac{1}{4}\right)\div\left\{2-\left(-\frac{1}{2}\right)\right\}=\frac{3}{2}$だから，直線ABの式を$y=\frac{3}{2}x+b$とすると，点Bを通るから，$4=3+b$ $b=1$ よって，$y=\frac{3}{2}x+1$

重要 (問3) 直線OAとOBの傾きの積は，$-\frac{1}{2}\times2=-1$だから，$\angle AOB=90°$　よって，3点O，A，Bを通る円の直径はABとなるから，円の中心は線分ABの中点である。円の中心のx座標は，$\left(-\frac{1}{2}+2\right)\div2=\frac{3}{4}$　y座標は，$\left(\frac{1}{4}+4\right)\div2=\frac{17}{8}$　よって，$\left(\frac{3}{4},\ \frac{17}{8}\right)$

★ワンポイントアドバイス★
今年度は大問が5題，小問数8題という出題構成であった。年によって出題分野が変わるが，あらゆる分野の基礎をしっかりと固めておこう。

＜英語解答＞ 《学校からの正答の発表はありません。》

[1] 1 イ　2 ア　3 ウ
[2] 1 コ　2 オ　3 ウ
[3] 1 Will you tell me the meaning of the word?
2 We learned how to use a dictionary at school.
[4] 問1 ア　問2 had markings to show how much water fell　問3 (A) night (B) large　問4 イ，カ

○推定配点○
[1]・[2] 各1点×6　[3] 各2点×2　[4] 問1・問2 各2点×2　問3 各1点×2　問4 各2点×2　計20点

＜英語解説＞

基本 [1] (正誤問題：前置詞，時制，現在完了，単語，進行形，接続詞，仮定法，間接疑問)

1 イ「私は早起きしたので始発の電車に乗り遅れなかった」が正しい英文。
ア ×went Sapporo → ○went to Sapporo　ウ ×of → ○for　エ ×was → ○were

2 ア「誰がアラームのボタンを押したのか」が正しい英文。
イ ×visit → ○have visited　ウ ×hardly → ○hard　エ ×who standing → ○who is standing

3 ウ「私は人生で一度も海外にいたことがない」が正しい英文。
ア ×during → ○while　イ ×will → ○would　エ ×do you live → ○she lived

基本 [2] (対話文完成)

1 A：今日はたくさんの人がいる。何が起きているの？／B：わからない。／A：[1]私はここにこんなにたくさんの人がいるのを今までに見たことがない。

2 A：あなたは夕食のほとんどを残している。お腹が空いていないの？／B：[2]空いていない，昼食にフライドチキンを食べ過ぎたんだ。／A：胃薬がほしい？

3 A：今年の夏，キャンプに行かない？／B：素晴らしいね，待ちきれないよ！／A：[3]私たちは川で泳ぐことができるわ。

重要 [3] (和文英訳：助動詞，不定詞)

1 Will you ～?「～してくれませんか」〈tell＋人＋もの〉「(人」に(もの)を教える)

2　learn「～を学ぶ」〈how to ＋動詞の原形〉「～する方法」 at school「学校で」

4　**(長文読解問題・歴史：内容吟味，語句整序，不定詞，語句補充，内容一致)**

(全訳)　機械式時計ができる前，人々はどのようにして時間を知ったのだろうか。時間を計るには様々な方法があった。

古代エジプト人は時を告げる最古の装置を発明した。それらは①日時計と呼ばれ，太陽の動きを用いた。それらはエジプトでおよそ6,000年前に最初に作られた。エジプト人たちは神殿の入り口に石の柱を立てた。その柱は彼らの神の象徴だった。ある日，エジプト人たちは柱によって作られる影は日の出と日の入りの時に最も長く，正午には最も短いということに気づいた。そうやって彼らは午前と午後がいつなのかわかるようになった。これが日時計の最初の形である。後に彼らは，現在私たちが知っている時計のように，柱の周りに小さい石を置いた。彼らは柱の影を見て時間がわかった。その新しい日時計はとてもうまく機能したが，人々は重い柱を持ち歩くことができなかった。そこで3,500年前頃にエジプト人たちは木製の小さな日時計を作った。それらは軽かったので，職場に持っていくことができた。

もちろん，人々は日没後や雨の日，曇りの日に日時計を使うことができなかったので，彼らは水時計を作るようになった。最古の水時計はおよそ3,500年前に亡くなったエジプト王の墓の中で発見された。後にギリシャ人たちが時を知るのに水時計を使い始めた。水時計には2つの大きなカップがある。上のカップと下のカップだ。上のカップには底に小さな穴が開いている。上のカップに水を入れると，水はゆっくりと下のカップに落ちた。②カップの1つには，カップの中にどのくらい水が落ちたのかを示すための印があった。人々はその印を見ることによって時間がわかった。

しかしながら，水時計にはいくつかの問題があった。人が動かすと，水は水時計のカップからこぼれてしまった。また，水は暑い日には減り，寒い日には凍った。人々にとって水時計では正確な時間を知ることが難しかった。そこで彼らは砂時計と呼ばれる，砂の時計を発明した。およそ700年前に人々がそれを使ったと言われている。砂時計には砂の入った2つのグラスがある。ひっくり返すと，砂はグラスの間の穴を通って上から下へ落ちた。人々は砂の動きによって時間を計ることができた。砂時計は持ち運びに便利で，砂がグラスの外にこぼれることもなかった。そのためそれらは特に船の上の船員たちにとって便利だった。しかしそれらは短い時間を計ることにのみ有効だった。1時間以上計ることのできる砂時計を作ることは難しかった。砂時計は今日でもゆで卵タイマーとして，またボードゲームをする時に使われている。

このようにして，人々は時間と共にこれらの時計を発展させようとした。もちろん，その全てに弱点があったが，それらは実際に，もっと便利な時計である，現在私たちが使っている機械式時計につながった。

問1　ア「最初，それらは時を告げるために神殿の正面に建てられた」(×)　石の柱が神の象徴として神殿の入り口に建てられ，その後，その影の長さを見ることで午前と午後がわかるようになった。

やや難　問2　まず，One of the cups had markings「カップの1つには印があった」とし，to show how much water fell into the cup「どのくらいの水がカップの中に落ちたのかを示すための」と続ける。to show は形容詞的用法の不定詞。how much water は「どのくらいの量の水」を表す。

重要　問3　「3つの時計は全て弱点がある。日時計は(A)夜や悪天候時には機能しなかった。水はコントロールしにくいため水時計は常に正確というわけではなかった。砂時計は(B)多くの時間を計ることができなかった」(A)　at night「夜に」(B)　a large amount of ～「多くの～」

重要　問4　ア「最初の日時計はエジプトで発明され，エジプト王の墓で見つかった」(×)　イ「およそ3,500年前のエジプトでは小さい日時計と水時計が時を知るため使われたようだ」(○)　ウ「水時計には，時を知るために大きいカップと小さいカップの2つがあった」(×)　エ「水時計は時間を計るために発明され，今でも私たちの日常生活で料理やゲームをするために使われている」(×)　オ「水時計は船の上で使われた，なぜなら嵐のような悪条件の時でもとてもよく機能したからだ」(×)　カ「水時計と砂時計の両方が，時間を計るのに穴を通って落ちるものを利用した」(○)　キ「砂時計は常に正確というわけではなかった，なぜなら動かされると砂がグラスから出てしまうからだ」(×)

★ワンポイントアドバイス★

4の長文読解問題は，「日時計」「水時計」「砂時計」のそれぞれの特徴を正確に読み取ろう。

＜理科解答＞ 《学校からの正答の発表はありません。》

1 (1) ア　(2) ア，オ　(3) ウ　2 (1) イ　(2) エ　(3) 3：1
3 (1) 45(%)　(2) 26　4 (1) オ　(2) 衛星　5 (1) イ　(2) 38(g)
6 (1) (名称)　垂直抗力　(2)

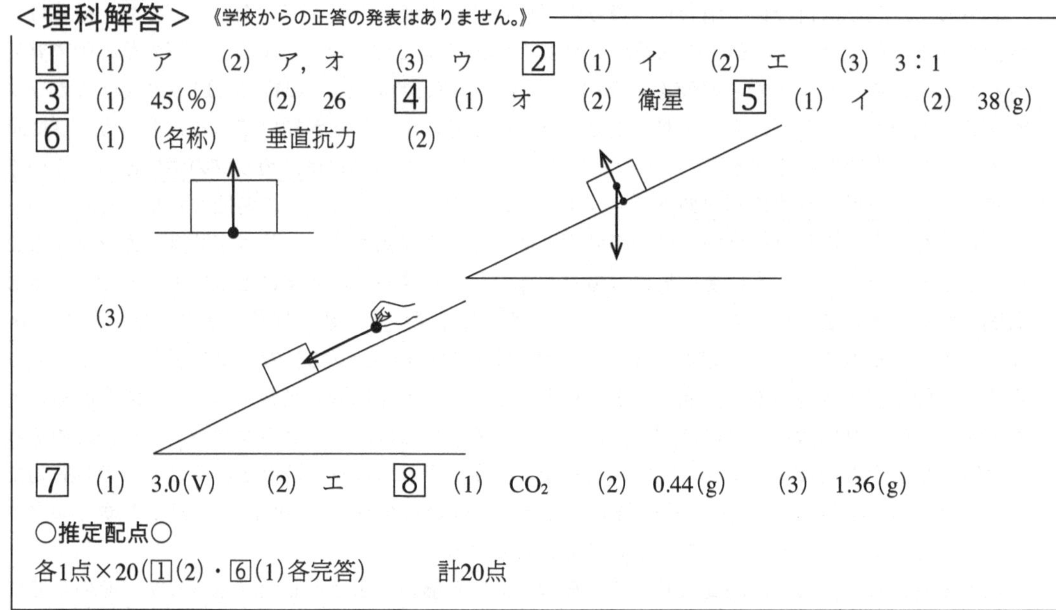

(3)

7 (1) 3.0(V)　(2) エ　8 (1) CO_2　(2) 0.44(g)　(3) 1.36(g)

○推定配点○

各1点×20(1(2)・6(1)各完答)　計20点

＜理科解説＞

1 (動物の総合問題―動物の分類，恒温動物)

重要 (1) 両生類のカエルは幼生の時期はえら呼吸と皮膚呼吸を行い，成体になると肺呼吸と皮膚呼吸を行う。

重要 (2) 哺乳類のカモノハシは卵生であるが，生まれた子を乳で育てる。また，軟体動物のマイマイは陸の貝であり，肺呼吸を行っている。

(3) 哺乳類のネズミや鳥類のスズメは恒温動物の仲間であり，肝臓や筋肉などで発生した熱が血液によってからだ全体に運ばれることで，体温が維持される。

2 (植物の総合問題―植物の分類，光合成，遺伝)

重要 (1) コケ植物の仮根はからだを固定するためであり，水を吸収しているわけではない。

(2) 単子葉類のユリは，光合成によって糖をつくるので，ヨウ素デンプン反応は起きない。

(3) 「丸」は全部で，315(個)＋108(個)＝423(個)，「しわ」は全部で，101(個)＋32(個)＝133(個)

なので,「丸」は「しわ」の,423÷133=3.18…(倍)である。一方,「黄」は全部で,315(個)+101(個)=416(個),「緑」は全部で,108(個)+32(個)=140(個)なので,「黄」は「緑」の,416÷140=2.97…(倍)である。したがって,最も簡単な整数の比は3:1である。

3 (天気の変化―相対湿度と暑さ指数)

重要 (1) 気温が32℃における飽和水蒸気量が33.8g/m³で,水蒸気量が15.2g/m³なので,相対湿度は,$\frac{15.2(\mathrm{g}/\ )}{33.8(\mathrm{g}/\ )}\times100=44.9\cdots(\%)$より,45%である。

(2) 表1より,相対湿度45%と気温32℃の交点の「26」がWBGTの値である。

4 (地球と太陽系―太陽系の惑星,衛星)

(1) 惑星Aは,直径が地球の11.21倍,質量が地球の317.83倍と大きいが,密度は1.33と小さい上に,公転周期が11.86と大きいことから,太陽系最大の惑星で,水素やヘリウムを主成分とする外惑星である木星であることがわかる。また,惑星Bは,直径・質量・密度が地球とほぼ同じであり,公転周期が0.62と小さいことから内惑星の金星であることがわかる。さらに,惑星Cは,直径が0.53,質量が0.11,公転周期が1.88であることから,直径が地球の半分ほどで外惑星の火星であることがわかる。

基本 (2) 惑星である地球のまわりを回る月のような天体を衛星という。

5 (溶液とその性質―中和,再結晶)

(1) 硝酸に水酸化カリウム水溶液を加えると,中和によって,硝酸カリウムと水が生じる。このときに起きた化学変化を化学反応式で表すと,次のようになる。

$HNO_3 + KOH \rightarrow KNO_3 + H_2O$

また,固体を溶かした水溶液から,固体を取り出すことを再結晶という。

(2) 60℃の硝酸カリウム水溶液を25℃に冷やすと23gの硝酸カリウムが出てきたので,25℃の水150gに溶けている硝酸カリウムは,80(g)-23(g)=57(g)であることがわかる。したがって,25℃の水100gに溶ける硝酸カリウムは,$57(\mathrm{g})\times\frac{100(\mathrm{g})}{150(\mathrm{g})}=38(\mathrm{g})$である。

6 (力・圧力―力のつり合い,作用と反作用)

重要 (1) 水平な床の上に置いてある物体にはたらく力は,重力と床から受ける垂直抗力であり,二力はつり合っていて,同一直線上にあり,反対向きで,力の大きさが等しい。

重要 (2) 斜面上に置いてある物体にはたらく重力と斜面に垂直にはたらく抗力は同一直線上にはなく,つり合わず,合力が斜面下向きの力になる。

(3) 「手が糸を引く力」に対して,「糸が手を引く力」が手と糸の間にはたらく作用・反作用の関係にある。

7 (電力と熱―電熱線による発熱)

(1) 2.5Ωの電熱線に1.2Aの電流が流れるので,かかる電圧は,2.5(Ω)×1.2(A)=3.0(V)である。なお,このときの消費電力は,3.0(V)×1.2(A)=3.6(W)である。

(2) 2.5Ωの電熱線に2.4Aの電流を流すのに必要な電圧は,2.5(Ω)×2.4(A)=6.0(V)なので,消費電力は,6.0(V)×2.4(A)=14.4(W)となる。したがって,5分間で上昇する水温は,$1.2(℃)\times\frac{14.4(\mathrm{W})}{3.6(\mathrm{W})}=4.8(℃)$である。

8 (化学変化と質量―酸化銅の還元)

重要 (1) 酸化銅の粉末と炭素の粉末を混ぜて加熱するとき起きた化学変化を化学反応式で表すと,次のようになる。

$2CuO + C \rightarrow 2Cu + CO_2$

(2) 発生した二酸化炭素は，質量保存の法則から，1.6(g)＋0.12－1.28(g)＝0.44(g)である。

(3) 1.6gの酸化銅の粉末と0.09gの炭素の粉末を反応させると，未反応の酸化銅と銅の混合物が残ったので，反応した酸化銅は，$1.6(g)\times\frac{0.09(g)}{0.12(g)}=1.2(g)$である。したがって，銅が，$1.2(g)\times\frac{1.28(g)}{1.6(g)}=0.96(g)$生じて，酸化銅が，1.6(g)－1.2(g)＝0.4(g)残るので，全部で，0.96(g)＋0.4(g)＝1.36(g)の混合物が残る。

★ワンポイントアドバイス★

教科書に基づいた基本問題をしっかり練習しておこう。その上で，計算問題についてもしっかり練習しておこう。

＜社会解答＞ 《学校からの正答の発表はありません。》

1 ウ・オ　2 ア・イ　3 ア・イ　4 イ・オ

5 (原子力発電所) C　(地熱発電所) A

6 問1 ベトナム　問2 1970年 2　1990年 3　2020年 1　7 ウ・エ

8 ウ・オ　9 ア・エ　10 ウ・オ　11 A 弾劾　B 最高

12 A 民主主義　B 直接請求

13 問1 ア　問2 C キ　D イ　問3 エ

○推定配点○

各1点×20(1～4，6問2，7～10各完答)　計20点

＜社会解説＞

1 (日本の地理―国土と自然)

基本　ウ　大井川は江戸時代の東海道の要衝(ようしょう)，天竜川の水源は諏訪湖，信濃は長野の旧国名。　オ　十和田湖は青森と秋田の県境，猪苗代湖は福島中部，田沢湖は秋田東部の日本最深の湖。有珠山は北海道，今治は愛媛，志摩半島は三重。

2 (地理―世界の国々)

ア　赤道はアフリカ中央部からユーラシア大陸南端，南米はアマゾン川近辺を通過。　イ　カンボジアはメコン川，オランダはライン川，オーストリアはドナウ川が流れる。トルコとエジプトはともに地中海に面する国，メキシコは北米に位置する国。

3 (日本の地理―国土と自然・産業)

ア　台風の通り道である南西諸島は様々な風よけ対策が施されている家屋が多い。　イ　日本料理に使われる紅葉などの「葉っぱビジネス」で億単位の年商を上げている村もある。養蚕は激減，北関東自動車道の開通で茨城からの輸出が急増，北洋漁業は衰退。

4 (地理―民族・自然・産業など)

イ　インドの気候は弱い乾季があり熱帯モンスーンとも呼ばれる。　オ　ギニア湾周辺でのカカオ生産は世界の3分の2を占めている。ヨーロッパ北部はゲルマン系，南部はラテン系，アメリカの第1次産業人口は1％以下，オーストラリアの主要輸出品は石炭や鉄鉱石などの資源が中心。

5 (日本の地理ーエネルギー)

原子力発電所:大量の冷却水を使用するため日本では臨海部に設置されている。 地熱発電所:火山の多い東北や九州の一部に集中している。Bは水力発電所,Dは火力発電所。

6 (地理ー水産業と日本の輸入など)

やや難 問1 ベトナムは排他的経済水域も広く水産大国として知られる。近年は日本などへのエビの輸出が増えている。Aは1990年代から内水面養殖が急拡大した中国,Cは北欧のノルウェー。

問2 一般的には社会の成熟に伴い富士山型(2)→釣り鐘型(3)→つぼ型(1)へと変化していく。一人っ子政策を廃止した中国だが,近年出生率が急速に低下,2020年には日本を下回ったといわれる。

7 (日本の歴史ー中世~近代の文化史)

ウ ユーモラスな風神・雷神を描いた俵屋宗達の代表作。 エ 言文一致体で書かれ近代小説の先駆けとなった二葉亭四迷の浮雲。雪舟は水墨画,富嶽三十六景は葛飾北斎,正岡子規は俳句。

8 (日本と世界の歴史ー古代の政治・社会・文化など)

ウ 蘇我氏と物部氏の仏教導入をめぐる対立は6世紀後半→多賀城の設置は8世紀前半の大野東人→承平・天慶の乱は10世紀中頃。 オ シャカは紀元前5世紀ごろ→イエスは紀元前後→ムハンマドは6~7世紀。アはc→b→a,イはb→c→a,エはa→c→bの順。

9 (日本の歴史ー中世~近代の政治・経済史など)

ア 天皇親政を復活させたが足利尊氏と対立して吉野に逃れた。 エ 金銀の交換比率が日本1:5に対して欧米が1:15だったため大量の金が海外に流出した。織田信長は商工業を活発にするため座を廃止,倹約令や出版統制は松平定信,産業革命は軽工業から重工業へと移行する。

10 (日本と世界の歴史ー現代の政治・外交史など)

ウ 十数年の交渉を経てようやく国交回復に成功,これにより日韓併合などの条約は失効することとなったが歴史認識など依然として対立は残っている。 オ 会談直前にはベルリンの壁が崩壊,翌年に東西ドイツが統一され翌々年にはソ連が崩壊した。憲法の施行(1947年5月)はサンフランシスコ平和条約(1951年9月)の前,安保改定に野党は反対,PKOは国連平和維持活動の略。

11 (公民ー日本国憲法)

重要 A 衆参各7名の国会議員を裁判官に公開で審議される。 B 違憲審査権はすべての裁判所が持っている権限であるが,三審制の下では最高裁判所の判断が最終的なものとなる。

12 (公民ー地方自治)

A 身近な問題の解決に参加することを通じて民主主義の本質を学ぶことができるという意味。

B 条例の制定改廃請求と監査請求は有権者の50分の1,解散請求と解職請求は3分の1以上の署名をもって請求する。解散や解職が成立するには住民投票での過半数の同意を必要とする。

13 (公民ー経済・国際政治など)

重要 問1 A 通貨量の増大に伴う貨幣価値の下落。 B インフレの際には増税や財政支出の削減といった財政政策と,金利の引き上げなどの金利政策を通じて通貨量の削減を図る。

問2 C 年齢・性別・価値観など様々な特性の人が集まった状態。 D 文化・人種・年齢・障害の有無などを問わずすべての人を対象とした点でバリアフリーなどより幅広い考え方。アは仕事と生活の調和,ウは人気取りの政策,エは患者が説明を受けて合意すること,オはいじめや嫌がらせの言動,カは暴力や差別をあおる行動,クは生活の安定を支えるしくみ。

問3 国内の避難民を含め様々な難民を保護し,本国への帰還だけでなく第3国への定住なども援助する機関。1990年代には緒方貞子氏が第8代の弁務官を務めた。アは国連児童基金,イは国連貿易開発機構,ウは国連教育科学文化基金の略。

★ワンポイントアドバイス★

地理の学習では地図帳は必須アイテムとなる。頭の中に地図がイメージできるよう，なじみのない国や地名などは必ず自分で調べるといった習慣をつけよう。

＜国語解答＞ 《学校からの正答の発表はありません。》

1 問1 イ　問2 ア　問3 イ　問4 エ　問5 Ⅰ 出来事の連鎖
　Ⅱ 直面するのが通常は怖い　Ⅲ 物語化　問6 ウ　問7 ア

2 問1 イ　問2 にせん　問3 ア・ウ　問4 エ

○推定配点○

1 問5 各1点×3　他 各2点×6　2 問4 2点　他 各1点×3(問3完答)　計20点

＜国語解説＞

1 (論説文―文脈把握，内容吟味，指示語，要旨)

問1 「自由連想法」を行う目的については，「そうやって……」で始まる段落に「即興演奏さながら昔のことを思い出していくと，自分は今，……みたいなことが自覚されてきて，……関係していると気づいたりします」と説明されているので，「可能性を追求する」とあるイはあてはまらない。

やや難 問2 直後に「どう変わるかはわかりません。……何とも言いにくいかたちで，自分のあり方がより『しっかり』していくのだと言えると思います。……精神分析経験とは，ひじょうに時間をかけて自分の記憶の総体を洗い直していく作業なのです」と説明されているので，「記憶やそのつながりを全体的に捉え返す」とするアが適切。

問3 直前の「『自分でコントロールしきれないものが大事だ』という現代思想の基本的な思想」を言い換えているので，「無自覚な思いや，制御しきれない欲望」とするイが適切。

やや難 問4 「その意味」は，直前の「『人間はこういう経験をしたらこういう人間になる』などと一般法則のように言えるものではありません」を指し，直後で「似たような交通事故に遭ったとして，そのことが大きなトラウマになる人もいれば，ならない人もいるでしょう」「つまり，無意識とはいろんな過去の出来事が偶然的にある構造をかたちづくっているもので，自分の人生のわからなさは，過去の諸々のつながりの偶然性なのです」と説明されているので，これらの内容と合致するエが適切。

問5 直後の段落に「我々は意識の表側で必ず意味づけをし，物語化することで生きているわけですが，その裏側には，それ自体でしかない出来事の連鎖があるのです」「ただそのことに直面するのが通常は怖いので，人はさまざまな物語的理由づけをします」とあるので，直前に「特に理由のない」とあるⅠには「出来事の連鎖」，直前に「そのような偶然性に」とあるⅡには「直面するのが通常は怖い」，直前に「偶然の出来事を」とあるⅢには「物語化」が入る。

問6 「固定化」については，「精神分析で……」で始まる段落に「自分の過去のいろんな要素が絡み合い，ところどころ固い結び目ができてしまい，それが今の行動に傾向を与えている」と説明されているので，ウが適切。

やや難 問7 アは，「清算する」という部分が合致しない。「自由連想法」については，「そうやって……」で始まる段落に「即興演奏さながら昔のことを思い出していくと，……みたいなことが自覚されてきて，……関係していると気づいたりします」と説明されている。

2 （古文—文脈把握，指示語，大意）

〈口語訳〉 ある時，徳蔵が北の海を渡る時に，風が激しく吹いて方角もわからないほど吹き付けたので，船中では食べ物がなくなり，飢渇に陥った。どうにか手元にあった新米の入った藁の四，五束を潮にひたして，それをかみしめて口腹を潤して命をつなぐ。船に乗っていた者は三，四人いたが，誰もが声を上げて泣き叫び，徳蔵に「このような大風が船を転覆させ，または船が壊れるようなことがあった時は，髻を手放して(出家して)，帆柱を切るべきだと言われているのだから，さあ，その通りにしましょう」と言ったが，徳蔵は，「私は，それはしたくない。船主として生まれたからには，その職分を大切にして他のことは考えない。また，帆柱は船中の大切な道具で武士の腰に差す物(刀)のようなものである。そもそも侍たる者が，命が惜しいからといって腰に差した刀を打ち捨てる者があるだろうか(いやない)。命は天命である。風は天変である。人の力が及ばないものである。また，髻を手放して出家したとして，どうして仏神がお歓びになるだろう。命を惜しんで仕方なく坊主になったと，結局は笑われないだろうか，私は，戦場で討ち死にする覚悟である。天の助けがあれば助かるだろう。そうでなければ，ここで死んでも本望である」と言って，少しもたじろぐ様子はない。そうしているうちに，風は静まり，波はおさまって，災難はなかったということだ。

問1 直後に「風烈しく方角をもわかたず吹き付けしに，船中食物きれて飢渇に及べり。漸く新米の藁四五束有りしを潮にひたし，かみしめて口腹を潤し命をつなぐ。同船の者三四名有りしが，いづれも声をあげて泣き叫び……」とあるので，イはあてはまらない。船に激しい風が吹きつけて難渋し，食料も尽きてしまったのであって，食料が流されてしまったわけではない。

やや難 問2 引用の助詞「と」に着目すると，「……と申すなれば」「……といふ」の二か所に着目できるが，会話文の直前に「徳蔵にいふは」とあるので，この言葉を受けて，直後に「徳蔵いはく」とある「……にせん(といふ)」を抜き出す。

問3 直前の「かやうなる大風にて船を覆し，あるいは破船などせんとする時は，髻を放ち帆柱を切ることと申すなれば，いざやその通りにせん」という同乗者の言葉を指すので，ア・ウが適切。

やや難 問4 エは，同乗者の「かやうなる大風にて船を覆し，あるいは破船などせんとする時は，髻を放ち帆柱をきることと申すなれば，いざやその通りにせん」という申し出に対し，徳蔵が「我はそのこといやなり。船主と生まれしうへは，ただその職分を大切にして外の心の動くこと更になし」と返していることと合致する。アの「気力で乗り越えられる」，イの「討ち死にする覚悟を固めた」，ウの「侍と船主の両方の顔を持つ」は，本文の内容と合致しない。

★ワンポイントアドバイス★

現代文の読解は，指示内容や言いかえ表現を的確にとらえる練習をしよう！
古文は，古語の基礎知識を押さえて，口語訳できる力と大意を把握する力をつけよう！

一般

2024年度

解　答　と　解　説

《2024年度の配点は解答欄に掲載してあります。》

<数学解答> 《学校からの正答の発表はありません。》

1 (問1) $x=9,\ 16$ (問2) 5 (問3) 78°

2 (問1) $A\left(\frac{\sqrt{2}}{2},\ \sqrt{2}\right)$ (問2) $\frac{3\sqrt{2}}{4}$ (問3) $\frac{3}{2}$ (問4) $\frac{3}{4}$

3 ア $\frac{1}{2}$ イ $\frac{1}{4}$ ウ $\frac{3}{8}$ エ $\frac{11}{32}$

4 (問1) 36° (問2) (い) (問3) $\frac{3-\sqrt{5}}{2}$ (問4) $\frac{7-3\sqrt{5}}{2}$

5 (問1) $\frac{1}{6}$ (問2) $\frac{1}{36}$ (問3) $\frac{1}{18}$

6 (問1) 250ドル (問2) 6000円(式・考え方は解説参照)

○推定配点○

1 各5点×3　2 各5点×4　3 各4点×4　4 各5点×4　5 各5点×3
6 (問1) 4点 (問2) 10点　計100点

<数学解説>

1 (2次方程式,平方根,角度)

基本 (問1) $4(x-7)(x-16)+56=(x-8)(x-9)$　$4(x^2-23x+112)+56=x^2-17x+72$　$3x^2-75x+432=0$　$x^2-25x+144=0$　$(x-9)(x-16)=0$　$x=9,\ 16$

(問2) $\sqrt{\sqrt{90-\sqrt{81}}+\sqrt{240+\sqrt{256}}}=\sqrt{\sqrt{90-9}+\sqrt{240+16}}=\sqrt{\sqrt{81}+\sqrt{256}}=\sqrt{9+16}=\sqrt{25}=5$

基本 (問3) $\angle AOC=360°\times\frac{13}{30}=156°$　OA=OCより,$\angle OAC=(180°-156°)\div 2=12°$　よって,$\angle CAB=90°-12°=78°$

2 (図形と関数・グラフの融合問題)

基本 (問1) $y=\frac{1}{x}$と$y=2x$からyを消去して,$\frac{1}{x}=2x$　$x^2=\frac{1}{2}$　$x>0$より,$x=\frac{1}{\sqrt{2}}=\frac{\sqrt{2}}{2}$　よって,$A\left(\frac{\sqrt{2}}{2},\ \sqrt{2}\right)$

基本 (問2) $y=\frac{1}{x}$と$y=\frac{1}{2}x$からyを消去して,$\frac{1}{x}=\frac{1}{2}x$　$x^2=2$　$x>0$より,$x=\sqrt{2}$　よって,$B\left(\sqrt{2},\ \frac{\sqrt{2}}{2}\right)$　点Cは線分ABの中点だから,そのx座標は,$\left(\frac{\sqrt{2}}{2}+\sqrt{2}\right)\div 2=\frac{3\sqrt{2}}{4}$

基本 (問3) 点Cのy座標は,$\left(\sqrt{2}+\frac{\sqrt{2}}{2}\right)\div 2=\frac{3\sqrt{2}}{4}$　よって,$OC=\sqrt{\left(\frac{3\sqrt{2}}{4}\right)^2+\left(\frac{3\sqrt{2}}{4}\right)^2}=\frac{3}{2}$

重要 (問4) 2点A,Bからそれぞれx軸にひいた垂線をAD,BEとすると,△OAB=△OAD+(台形ADEB)−△OBE=(台形ADEB)$=\frac{1}{2}\times\left(\sqrt{2}+\frac{\sqrt{2}}{2}\right)\times\left(\sqrt{2}-\frac{\sqrt{2}}{2}\right)=\frac{1}{2}\times\left(2-\frac{1}{2}\right)=\frac{3}{4}$

3 (面積の近似値)

$\triangle OAB=\frac{1}{2}\times1\times1=\underline{\frac{1}{2}}$ア より，$S<\frac{1}{2}$　点Dのx座標は$\frac{1}{2}$だから，$y=x^2$に$x=\frac{1}{2}$を代入して，$y=\frac{1}{4}$　よって，$DE=\underline{\frac{1}{4}}$イ より，△ODEと台形DABEの面積の和は，$\frac{1}{2}\times\frac{1}{2}\times\frac{1}{4}+\frac{1}{2}\times\left(\frac{1}{4}+1\right)\times\frac{1}{2}=\underline{\frac{3}{8}}$ウ となり，$S<\frac{3}{8}<\frac{1}{2}$　同様にして，$FG=\left(\frac{1}{4}\right)^2=\frac{1}{16}$，$HI=\left(\frac{3}{4}\right)^2=\frac{9}{16}$より，$\triangle OFG=\frac{1}{2}\times\frac{1}{4}\times\frac{1}{16}=\frac{1}{128}$，(台形FDEG)$=\frac{1}{2}\times\left(\frac{1}{16}+\frac{1}{4}\right)\times\frac{1}{4}=\frac{5}{128}$，(台形DHIE)$=\frac{1}{2}\times\left(\frac{1}{4}+\frac{9}{16}\right)\times\frac{1}{4}=\frac{13}{128}$，(台形HABI)$=\frac{1}{2}\times\left(\frac{9}{16}+1\right)\times\frac{1}{4}=\frac{25}{128}$だから，これらの面積の和は，$\frac{1}{128}+\frac{5}{128}+\frac{13}{128}+\frac{25}{128}=\frac{44}{128}=\underline{\frac{11}{32}}$エ となり，$S<\frac{11}{32}<\frac{3}{8}<\frac{1}{2}$

4 (平面図形)

基本 (問1)　正五角形の1つの内角の大きさは，$180°\times(5-2)\div5=108°$　△BAC，△EADは二等辺三角形だから，$\angle BAC=\angle EAD=(180°-108°)\div2=36°$　よって，$\angle CAD=108°-36°\times2=36°$

基本 (問2)　△CBFは頂角が36°の二等辺三角形だから，$CF=CB=1$　よって，$CG=CF-FG=1-x$　よって，選択肢は(い)

重要 (問3)　△CBFと△BGFにおいて，$\angle BCF=\angle GBF=36°$　共通だから，$\angle CFB=\angle BFG$　2組の角がそれぞれ等しいので，$\triangle CBF\backsim\triangle BGF$　$CB:BG=BF:GF$　ここで，$BG=BF=CG$だから，$1:(1-x)=(1-x):x$　$(1-x)^2=x$　$x^2-3x+1=0$　解の公式を用いて，$x=\frac{-(-3)\pm\sqrt{(-3)^2-4\times1\times1}}{2\times1}=\frac{3\pm\sqrt{5}}{2}$　$1-x>0$より，$x=\frac{3-\sqrt{5}}{2}$

(問4)　2つの正五角形は相似だから，面積比は$1^2:x^2$　よって，$x^2=\left(\frac{3-\sqrt{5}}{2}\right)^2=\frac{9-6\sqrt{5}+5}{4}=\frac{7-3\sqrt{5}}{2}$

5 (確率)

基本 (問1)　さいころの目の出方の総数は，$6\times6=36$(通り)　このうち，AがBに勝つ場合は6通りあるから，求める確率は，$\frac{6}{36}=\frac{1}{6}$

(問2)　さいころの目の出方の総数は，$6\times6\times6=216$(通り)　A，B，Cの出した目の数をそれぞれa，b，cとすると，題意を満たすのは，$(a, b, c)=(6, 5, 4)$，$(5, 4, 3)$，$(4, 3, 2)$，$(3, 2, 1)$，$(2, 1, 6)$，$(1, 6, 5)$の6通りだから，求める確率は，$\frac{6}{216}=\frac{1}{36}$

(問3)　題意を満たすのは，$(a, b, c)=$(6, 5, 2または3)，(5, 4, 1または2)，(4, 3, 1または6)，(3, 2, 5または6)，(2, 1, 4または5)，(1, 6, 3または4)の$6\times2=12$(通り)だから，求める確率は，$\frac{12}{216}=\frac{1}{18}$

6 (為替レート)

基本 (問1)　$30000\div120=250$より，250ドル

(問2)　「1ドル＝120円」のときに交換した日本円をx円とすると，「1ドル＝150円」のときに持っているアメリカドルの合計は，$\frac{x}{120}+\frac{30000-x}{150}=\frac{120000+x}{600}$(ドル)　これを「1ドル＝130円」のときに交換した日本円が27300円だから，$\frac{120000+x}{600}=\frac{27300}{130}$　$200+\frac{x}{600}=210$　$\frac{x}{600}=10$

$x=6000$　　よって，6000円

★ワンポイントアドバイス★

昨年と比べて大問6題となり，独立小問が減り，近似値や為替レートなど見慣れない題材の出題があったが，難易度は変わらない。解けるものから確実に解いていこう。

＜英語解答＞ 《学校からの正答の発表はありません。》

Ⅰ　第1部　A　イ　B　ウ　C　ア　D　エ　E　ア　第2部　F　エ　G　イ　H　ウ　I　ア　J　エ

Ⅱ　A　エ　B　ウ　C　ウ　D　ア　E　ア　F　ア，オ

Ⅲ　問1　ウ　問2　イ　問3　エ　問4　イ　問5　ア　問6　ア　問7　ウ→ア→エ→イ　問8　(A)　ク　(B)　ア　(C)　ウ　(D)　サ　(E)　コ　(F)　オ　問9　イ，カ

Ⅳ　1　ウ　2　ア　3　エ　4　ウ

Ⅴ　1　A　エ　B　ケ　2　C　ケ　D　コ　3　E　ケ　F　キ　4　G　イ　H　カ

Ⅵ　1　I asked my mother for some advice as I didn't know what to buy for my sister's birthday.　2　I have been doing my math homework since this morning, but I have not finished it all yet.

○推定配点○

Ⅰ　各2点×10　Ⅱ　各3点×7　Ⅲ　問8　各1点×6　他　各3点×9(問7完答)
Ⅳ　各2点×4　Ⅴ　各3点×4(各完答)　Ⅵ　各3点×2　計100点

＜英語解説＞

Ⅰ　(聞き取り・書き取り)

第1部　(全訳)

A　A：What's wrong? You don't look good.
　B：I studied hard all night for today's English test.
　A：Today's test? I heard it was changed to next week.
　　ア　Why was it changed to today?
　　イ　When did you know about the change?
　　ウ　Which test was changed to next week?
　　エ　Where are we taking our English test today?

B　A：I heard you are hosting two students from Mexico. I want to meet them.
　B：Of course. Do you have time today? Why don't we go out with them?
　A：Sure. Is there anywhere you want to go with them?
　　ア　Yes, can you ask them where they want to go?
　　イ　Yes, they are both from Mexico.

ウ　No, do you know any good places?
エ　No, you can't meet them today.

C　A：Hello. This is the police station. How can I help you?
B：I'm afraid I have lost my bag. My wallet was in the bag.
A：Could you tell me what your bag looks like?
ア　It's square and covered with brown fur.
イ　My wallet is made of leather.
ウ　I don't know when and where I lost it.
エ　You look like a police officer.

D　A：I'm going to go camping this weekend by myself.
B：Sounds good. Have you prepared everything?
A：I bought a tent, a sleeping bag, and food.
ア　Why don't you buy a sleeping bag?
イ　Who are you going with?
ウ　The food I made by myself was delicious.
エ　A flashlight will also be very convenient.

E　A：(sigh) This English book is too difficult for me.
B：Use a dictionary. It will help you a lot.
A：I know, but I forgot my dictionary today.
ア　Here you are. You can use mine.
イ　Of course. It's good to read English books.
ウ　Oh, no. Do you have your dictionary now?
エ　Did you? I really like reading English books.

A　A：どうしたの？　調子がよくなさそうね。／B：今日の英語のテストのために一晩中一生懸命勉強したんだ。／A：今日のテスト？　来週に変更になったらしいよ。
ア　どうしてそれは今日に変更になったの？
イ　その変更について君はいつ知ったの？
ウ　どのテストが来週に変更されたの？
エ　今日，英語のテストはどこで受けることになっているの？

B　A：あなたはメキシコから2人の学生を受け入れているそうね。私は彼らに会いたいわ。／B：もちろんだよ。君は今日は時間ある？　彼らと一緒に出掛けないか？／A：いいよ。彼らと一緒に行きたい場所はある？
ア　うん，彼らにどこに行きたいか聞いてくれない？
イ　うん，彼らは2人ともメキシコ出身だよ。
ウ　いいや，君はどこか良い場所を知っている？
エ　いいや，君は今日彼らに会えない。

C　A：もしもし。警察署です。どうしましたか。／B：私はかばんを紛失しました。財布がかばんに入っています。／A：あなたのかばんの見た目を教えてくれませんか。
ア　それは正方形で茶色のファーで覆われています。
イ　私の財布は革製です。
ウ　いつどこでなくしたかわかりません。
エ　あなたは警察官のように見えます。

D　A：私は今週末1人でキャンプに行くつもりよ。／B：よさそうだね。全部準備した？／A：テント，寝袋，食料を買ったわ。

　ア　寝袋を買ったらどう？
　イ　誰と一緒に行くつもり？
　ウ　僕が自分で作った食べ物はおいしかった。
　エ　懐中電灯もすごく便利だよ。

E　A：(ため息)この英語の本は僕には難しすぎるよ。／B：辞書を使いなさいよ。すごく役に立つわよ。／A：わかっているよ，でも僕は今日，辞書を忘れたんだ。

　ア　はい，どうぞ。私のを使ってもいいよ。
　イ　もちろん。英語の本を読むのは良いことだ。
　ウ　ああ，しまった。君は今，辞書を持っている？
　エ　そうなの？　私は英語の本を読むのが本当に好きだ。

第2部　(全訳)

A lot of people around the world love eating chocolate made from cacao beans. The question is how eating chocolate affects your health. Here are some facts about chocolate.

Some people say eating chocolate makes you happier. This is not your imagination. Chocolate includes at least 300 chemicals. These chemicals make your brain feel more pleasure. For example, one of these chemicals, caffeine, gives you more energy. Caffeine is also found in coffee and tea. If you drink coffee at night, you can stay up late. Other people say chocolate is good for your heart. Cacao in chocolate contains chemicals which fight against heart disease by lowering blood pressure. Of course, if you really want to reduce the risk of heart disease, eating fruits and vegetables is better than eating chocolate. Fruits and vegetables include more of the chemicals that fight against heart disease than chocolate. But still, it's good to know that chocolate is also good for your heart.

How about the negative effects of eating chocolate? It is said that chocolate makes you fat. In fact, cacao beans are good for your health. However, cacao beans themselves are not sweet. So, a lot of sugar is added to make sweet chocolate. As a result, chocolate contains so much sugar and only a small amount of cacao when you buy it at the store. This sweet chocolate can cause you to gain weight. Also, your parents might say chocolate is not good for your teeth. However, chocolate itself does not damage your teeth. The sugar in chocolate products and bad teeth-brushing habits are bad for your teeth. It is believed that cacao butter forms a coating over your teeth. This might protect your teeth, not damage them.

Of course, chocolate becomes dangerous when you eat too much of it. However, it is important to remember that most of the positive effects of chocolate come from cacao. So choose your chocolate wisely, and you'll be happier and healthier.

F　Why does eating chocolate make you happier?

　ア　Chocolate contains 300 types of caffeine just like coffee and tea.
　イ　Chocolate tastes very good when you eat it with coffee and tea.
　ウ　Buying chocolate is usually less expensive than buying coffee and tea.
　エ　Chocolate has the chemicals which cause your brain to feel pleasure.

G　Which is true about the chemicals in cacao that fight against heart disease?

ア Cacao contains more chemicals that fight against heart disease than fruits and vegetables.

イ Cacao contains less chemicals that fight against heart disease than fruits and vegetables.

ウ Cacao contains almost the same amount of chemicals that fight against heart disease as fruits and vegetables.

エ Cacao does not contain chemicals that fight against heart disease, unlike fruits and vegetables.

H Why does chocolate make you fat?

ア Cacao beans contain a lot of chemicals that make you gain weight.

イ Cacao beans produce a lot of fat when sweet chocolate is made.

ウ A large amount of sugar is used to make the chocolate sold at the store.

エ A lot of sugar in the sweet chocolate damages your sense of taste.

I What is believed about chocolate?

ア Cacao butter is good for your teeth.

イ Cacao beans make your skin beautiful.

ウ Eating chocolate improves your teeth-brushing habits.

エ Chocolate is a kind of medicine for any disease.

J Which is true about chocolate?

ア Caffeine in the chocolate helps you feel relaxed and fall asleep soon.

イ You can lose weight if you eat chocolate with large amounts of cacao.

ウ You cannot say that eating too much chocolate is bad for your health.

エ The healthy part of chocolate comes from cacao.

世界中のたくさんの人がカカオ豆から作られたチョコレートを食べるのが大好きだ。疑問点はチョコレートを食べることがいかに健康に影響するかということだ。チョコレートに関するいくつかの事実がここにある。

チョコレートを食べることがあなたをより幸せにする，と言う人がいる。これは想像ではない。チョコレートは少なくとも300の化学物質を含む。これらの化学物質があなたの脳により多くの喜びを感じさせる。例えば，これらの化学物質の1つであるカフェインはあなたにより多くのエネルギーを与える。カフェインはコーヒーやお茶にもある。夜にコーヒーを飲むと，遅くまで起きていられる。チョコレートは心臓に良いと言う人もいる。チョコレートの中のカカオは，血圧を下げて心臓病と戦う化学物質を含む。もちろん，心臓病のリスクを本当に下げたいなら，チョコレートを食べるよりも果物や野菜を食べるほうが良い。果物や野菜はチョコレートよりも心臓病と戦う化学物質を多く含む。しかしそれでも，チョコレートも心臓に良いと知るのは良いことだ。

チョコレートを食べることの悪影響についてはどうか。チョコレートはあなたを太らせると言われる。実際のところ，カカオ豆は健康に良い。しかしカカオ豆自体は甘くない。そのため甘いチョコレートを作るのにたくさんの砂糖が加えられる。結果として，あなたが店で買う時には，チョコレートには大量の砂糖とほんのわずかのカカオが含まれている。この甘いチョコレートが体重を増やす原因となる。また，あなたの両親はチョコレートは歯に良くないと言うかもしれない。しかしチョコレートそのものは歯を傷めない。チョコレート製品の中の砂糖と悪い歯磨き習慣があなたの歯に悪い。カカオバターは歯にコーティングを形成すると信じられている。これはあなたの歯を傷めるのではなく，保護するかもしれない。

もちろん，チョコレートは食べ過ぎると危険になる。しかし，チョコレートの良い効果のほとんどがカカオから来るものだと覚えておくことは重要だ。だから賢くチョコレートを選びなさい，そうすればより幸せで健康になれるだろう。

F　なぜチョコレートを食べることはあなたをより幸せにするのか。
　ア　チョコレートはコーヒーやお茶のように300種のカフェインを含む。
　イ　チョコレートはコーヒーやお茶と一緒に食べるととてもおいしい。
　ウ　チョコレートを買うことはコーヒーやお茶を買うよりたいてい安い。
　エ　チョコレートはあなたの脳に喜びを感じさせる化学物質を含む。

G　カカオにある心臓病と戦う化学物質について正しいものはどれか。
　ア　カカオは果物や野菜よりも心臓病と戦う化学物質を多く含む。
　イ　カカオは果物や野菜よりも心臓病と戦う化学物質を少なく含む。
　ウ　カカオは果物や野菜とほぼ同じ量の心臓病と戦う化学物質を含む。
　エ　カカオは果物や野菜とは違って，心臓病と戦う化学物質を含まない。

H　なぜチョコレートはあなたを太らせるのか。
　ア　カカオ豆には体重を増やす化学物質がたくさん含まれる。
　イ　甘いチョコレートが作られる時，カカオ豆がたくさんの脂肪を生み出す。
　ウ　店で売られているチョコレートを作るのに大量の砂糖が使われる。
　エ　甘いチョコレートに入っているたくさんの砂糖があなたの味覚を損ねる。

I　チョコレートについて信じられているものはどれか。
　ア　カカオバターは歯に良い。
　イ　カカオ豆は肌を美しくする。
　ウ　チョコレートを食べることが歯磨き習慣を改善する。
　エ　チョコレートはどんな病気に対しても一種の薬である。

J　チョコレートについて正しいものはどれか。
　ア　チョコレートの中のカフェインは，あなたがリラックスしてすぐに眠りにつくのを助ける。
　イ　大量のカカオが入っているチョコレートを食べると体重を減らすことができる。
　ウ　チョコレートを食べ過ぎることは健康に悪いとは言えない。
　エ　チョコレートの健康的な部分はカカオに由来する。

Ⅱ　（長文読解問題・紹介文：英問英答，内容吟味，内容一致）

（全訳）　本の中で砂漠の写真を見つけると，それはたいていとても暑くて乾いた場所で，たくさんの黄色い砂があり動物や人がいない。これは世界中の砂漠の本当のイメージだろうか。答えはイエスとノーだ。

雨がごく少ない（1年に25cm未満）の非常に乾いた場所は砂漠と呼ばれる。いくつかの砂漠では，非常に長い期間雨が全くない。例えばチリのアタカマ砂漠では1971年に雨が降ったが，その前には400年間雨がなかった。砂漠は乾燥しているが，常に暑いのだろうか。アラビアの砂漠では気温が50℃に上がることがあるが，暑い砂漠は夜にとても寒くなることがある。サハラでは日中は38℃以上の気温がよくあるが，夜には急に下がり，いくつかの地域では0℃まで寒くなる。また，いくつかの砂漠では夏だけ暑く冬は非常に寒い。中国とモンゴルのゴビ砂漠の気温は1月にはマイナス30℃まで下がることがあり，そこで雪を見かけることもある。

あなたは「砂丘」について聞いたことあるだろうか。砂漠の風はしばしば砂を動かして丘にし，時には大きな丘を作る。これらの砂漠の大きな丘は砂丘と呼ばれる。アフリカのナミブ砂漠は世界で最も高い砂丘があり，高さ380m以上だ。風は砂丘を作るだけでなく，それを砂漠中に動かすこともできる。毎年20mか30m動く砂丘もある。砂が動くと，ときどき変な音がする。昔は，大きな砂丘の下で人が歌っていると信じられていた！

世界最大の砂丘はサハラだ。それは巨大で900万平方kmあり，北アフリカの10の国に広がり，およそ200万人が暮らしている。サハラは暑い砂漠で気温は日中は非常に暑くなる。1922年9月13日，気温がリビアのエルアジジアで57.8℃に達し，世界で最も暑い気温となった！　サハラという名は「砂漠」を意味するアラビア語に由来する。しかしアフリカのこの部分は常に砂漠というわけではなかった。6500万年前，北アフリカには大きな海があった。もちろん今はそこにあまり水がない。実際，サハラの半分は毎年2cmの降雨量しかない。サハラには雨があまりないが，風は非常に強くなりうる。2008年，風が大量の白い砂をサハラから英国の南ウェールズへ吹き飛ばした。それは1,700km以上も離れている！

砂漠には様々な「宝」がある。その1つは砂漠の最古の宝である塩だ。数千年前，遊牧民たちがサハラに入り塩を探した。彼らは砂漠の近くの町や村でその塩を売ることによってしばしば大金を得た。塩は現在でも重要だ。マリのある村では，人々が砂漠の下から巨大な塩の塊を取り，それをラクダの上に乗せる。それから彼らはそのラクダと共に町の中心まで何百キロも歩き，それを売ってお金にする。次に，最も有名な砂漠の宝は石油だ。サハラやアラビアの砂漠のように世界の様々な砂漠で石油が見つかる。世界の石油のおよそ4分の1がアラビアの砂漠の奥深くから出る。人々はそこで石油を1930年代に初めて発見した。砂漠では，石油はふつう地下深くにあるので，人々は石油を取り出すために砂漠に大きな穴を掘る。最後に，もう1つの砂漠の重要な宝である銅を忘れるべきではない。チリのアタカマ砂漠には世界の銅のほとんどがある。そこには世界で最も大きく最も深い露天掘りの銅山がある。それは巨大で，長さ4.5km，幅3.5km，深さ1kmだ。その鉱山はチリにとって非常に重要だ，なぜなら地元の人々に雇用を創出し，国に大金をもたらすからだ。

砂漠は私たちにたくさんの宝を与えるが，悪い点もある。その1つが砂漠化である。砂漠化はしばしば気候変動によって生じる。世界は毎年どんどん温かくなり，砂漠の気候も急速に変化している。気候の変化は砂漠に隣接する場所でさらに悪い場合がある。非常に暑い天気と温風で，このような場所はとても乾燥する。水がないと砂漠化が始まる。砂漠化により，今は新しい砂漠がルーマニアのオルテニアにある。ゴビ砂漠も毎年急速に拡大していて，今は北京から160kmしか離れていない。砂漠化のため，世界中の多くの人々にとって生活が難しくなってきている。私たちは砂漠化を食い止めるために何かをすべきだ。中国では人々がゴビ砂漠の境にそってたくさんの木を植え始めた。長さ2,800kmだ！　これには長い時間がかかり，木もすぐには育たない。いつかそこには大きくて背の高い木々があるだろうが，2074年以前には実現しない。先は長いが，私たちは最善を尽くし続けなくてはならない。

A 「砂漠について正しくないものはどれか」 エ「砂漠は非常に暑い場所で，昼夜の気温差は大きくない」 第2段落参照。

B 「砂漠の風について正しいものはどれか」 ウ「強い風は砂丘を元の場所から1年で約20～30m動かすことがある」 第3段落参照。

C 「サハラ砂漠について正しくないものはどれか」 ウ「サハラ砂漠は昔，海に覆われていて今でも毎年たくさんの降雨がある」 第4段落第7～9文参照。

D 「砂漠の『宝』について正しいものはどれか」 ア「マリの砂漠の村では，人々が塩をお金と交換するためにラクダを連れて長距離を歩く」 第5段落第6，7文参照。

E 「砂漠化について正しいものはどれか」 ア「砂漠化は，砂漠の気温が非常に高く，風が温かくなり，土地がかなり乾燥して，水がない時に生じることがある」 最終段落第6，7文参照。

重要 F 「砂漠について正しい文を次から2つ選びなさい」 ア「世界中の全ての砂漠が非常に暑くて乾燥

していて黄色の砂だらけだというわけではない」(○)　イ「アラビアの砂漠では常に暑くて1年中気温が50℃ある」(×)　ウ「北アフリカの人々はその巨大な砂漠を『サハラ』と呼ぶようになった，なぜならそれはアラビア語で『熱』を意味するからだ」(×)　エ「数千年間もサハラ砂漠は全く雨がない一面の砂である」(×)　オ「チリのアタカマ砂漠では巨大な露天銅山が国のとって必要不可欠な産業になっている」(○)　カ「北京の人々にとって生活が難しくなってきている，なぜならその都市の一部が砂漠になってしまったからだ」(×)

Ⅲ　(長文読解問題・伝記：内容吟味，語句補充・選択，文整序，要旨把握，内容一致)

(全訳)　1898年，メキシコシティーで，写真家のギレルモ・カーロがマチルデ・カルデロンと結婚し，青い壁の家を買った。この時，この青い家が世界的に有名な画家，フリーダ・カーロの美術館になるとは誰も思っていなかった。フリーダの父，ギレルモはドイツ出身で，マチルデはメキシコで生まれ育った，そのためフリーダは2つのルーツを持っていた。この事実は生涯を通じて彼女の絵画に影響を与えた。フリーダは伝統的なメキシコの服や建物に見られる明るい色をよく使った。

フリーダは1907年に生まれ，とても活動的で賢い子供だった。しかしフリーダが6歳の時，小児麻痺と呼ばれる恐ろしいウィルスに感染し，1年近く寝たきりとなった。彼女の右の足と脚は左よりもずっと細くなってしまったので，彼女は足をひきずり，脚を隠すためにロングスカートやズボンを履いた。彼女の脚についてひどいことを言う友達もいたので，彼女は学校で孤独に感じた。しかし①彼女の父親は彼女を大いに支えた。彼は彼女の力を回復させようと，彼女を励ましてサッカー，水泳，レスリングのようなスポーツをさせた。さらに，彼が外で写真を撮る時，よく彼女を助手として連れて行った。彼は彼女に自分のカメラを使わせ，写真の撮り方も教えた。

1922年，彼女はメキシコシティーの有名な高校である，②国立大学進学校に入学した。1年生は300人いたが，そのうちわずか5人が女性だった。彼女はたくさんの友人がいて，アレハンドロという名のボーイフレンドもいた。彼女は絵を描くことが好きだったが，科学のほうに興味を持っていた。その当時，有名な画家，ディエゴ・リヴェラがその学校の壁に巨大な絵を描いていた。フリーダはその素晴らしい絵に非常に感銘を受けたが，ディエゴが将来自分の夫になるとは思ってもみなかった。

1925年，③恐ろしい事故が起きた。不幸にもフリーダがバスで学校の旅行に行く途中，そのバスが路面電車に衝突したのだ。フリーダの背骨と骨盤は深刻な怪我を負い，彼女は数週間入院しなくてはならなかった。フリーダがようやく自宅に戻れる時，彼女は大変な痛みを感じ，全身にギプスを3か月間も装着しなくてはならなかった。医師は，彼女は2度と1人で歩けるようにならないだろう，と言った。アレハンドロも同じバスに乗っていたが，幸運にも彼は無事だった。最初，彼は頻繁にフリーダに会いに来たが，フランスの大学に通うためにメキシコを離れた。フリーダは当時，未来への希望がなかった。この怪我のため，彼女は生涯で30回以上も手術を受けなくてはならなかった。

④フリーダの両親は彼女を励ますために何でもした。そこで彼らは彼女に美しい天蓋付きのベッドを買った。そのベッドには天井に大きな鏡があったので，彼女はベッドに寝ている間，常に自分の顔を見ていた。彼女はなぜだかわからなかったが，自分自身の絵を描きたいと思った。彼女の両親は特別なイーゼルを買い，それで彼女はベッドの中で絵を描いたり塗ったりできた。彼女はたくさんの自画像を描き，それを彼女は生涯にわたって描き続けた。彼女の両親は，彼女がブラシや油絵具などの画材を十分に持っているように常に取り計らった。絵を描くことは彼女の体と心が回復するのに役立った，なぜならそれは彼女に毎日することを与えたからだ。絵を描くことは次第に彼女の人生における目的になった。長いリハビリの後に彼女はついに1人で歩けるようになった。

フリーダは絵を描くことが好きで，彼女の家族は彼女の絵は美しいと言った。彼女はプロの画家になりたかったが，自分の絵にあまり自信がなかった。そこで彼女は体が完全に治っていないにも関わらず，自分の最も尊敬する画家である，ディエゴ・リヴェラに会いに行った。フリーダは自分の絵をディエゴに見せ，⑤彼はそれらに非常に感銘を受けた。ディエゴは，彼女は非常に才能があり，絵を描くことを続けるべきだと言った。最初彼らは教師と教え子だったが，恋に落ち，フリーダはディエゴと1929年に結婚した。

ディエゴは巨大な壁画で有名だった。彼らは多くのアメリカの都市で仕事をしたので，フリーダも彼と一緒にサンフランシスコ，ニューヨーク，デトロイトを旅した。彼女はその時でも痛みに苦しんでいたので，ディエゴはアメリカで良い医師を見つけ，彼女は何回か手術を受けた。アメリカでフリーダはたくさんの有名な芸術家に会い，そのうちの何人かは彼女の絵は素晴らしいと言ったが，彼女はそれでももっと自信が必要だった。⑥ウフリーダとディエゴがメキシコに戻った時，フランス人の詩人であるアンドレ・ブレトンがディエゴに会いに来た。アディエゴの家で，アンドレはフリーダの絵を見て，彼女は絵の展覧会を開くべきだと言った。エ最初フリーダは断ったが，アンドレは何度も何度もフリーダに頼んだ。イとうとう，1938年，フリーダはニューヨークで展覧会を成功させた。彼女はパリでも展覧会を開き，パブロ・ピカソやジョアン・ミロのような偉大な芸術家が彼女の絵を見に来た。彼らは彼女の作品を非常にほめ，彼女の絵には独特なスタイルがあると言った。彼女は驚き，自分の作品は独特なのだと初めて気づいた。

その後，フリーダの絵は人気になるが，彼女の健康は年を取るにつれて悪化した。彼女はさらに手術を受けなくてはならなかった。彼女が47歳になってからおよそ1週間で，フリーダは彼女の青い家で亡くなった。その家は数年後に美術館になった。彼女の絵のいくつかは，彼女の痛みや苦しみを表しているため，つらくて見ていられない。しかしそれらは私たちに人生の困難を乗り越える勇気を与えてくれる。

問1　第1段落第1，3文よりウが適切。

問2　イ「フリーダの父は彼女の右脚を隠すために特別なスカートやズボンを作った」(×)

問3　エ「フリーダはディエゴ・リヴェラがこの学校の壁に絵を描いているのを見て，それをとても気に入った」(○)

問4　イ「フリーダの体のいくつかの場所がその事故でひどく損傷を受け，彼女は数週間入院しなくてはならなかった」(○)

問5　ア「フリーダの両親は彼女に絵を描くように言った，特に自画像を」(×)　フリーダは自ら自画像を描きたいと思ったのでアは誤り。

問6　全訳下線部参照。

重要　問7　全訳下線部参照。

重要　問8「フリーダ・カーロの絵にはよく明るい(A)色がある。フリーダは古いメキシコの(B)服や建物に刺激を受けてこのような(A)色を使った。彼女は大きな交通(C)事故の後，ベッドの上で自画像を描き始めた。絵を描くことは彼女を精神的にも肉体的にも癒し，彼女の人生の(D)目的になった。その当時の偉大な芸術家の何人かが，彼女の絵は独特だと思ったが，彼女はそれ以前にそのように考えたことが(E)なかった。彼女の(F)痛みが彼女の絵に表現されているが，それらは私たちに困難な人生を生きる勇気を与えてくれる」

重要　問9　ア「フリーダの父が結婚後に買った家は，後にフリーダ・カーロの美術館になった」(○)
イ「フリーダが子供時代にかかった恐ろしい病気のため，彼女は残りの人生においてたくさんの手術を受けなくてはならなかった」(×)　彼女は事故による怪我のためにたくさんの手術をうけなくてはならなかった。　ウ「国立大学進学校で，フリーダは女子生徒がほとんどいなかったにも関わらずたくさんの友人がいた」(○)　エ「アレハンドロはその事故で怪我をせず，その事故の直後は頻繁にフリーダを訪問したが，大学に入学するためにメキシコを出た」(○)　オ「フリーダは事故の後にベッドで寝ていた時，自分が鏡で見た自分自身の絵を描くようになった」(○)　カ「彼女は1人で歩けるようになった後に，自分の絵の展覧会をニューヨークで開催してくれるよう頼むため，ディエゴ・リヴェラに会いに行った」(×)　キ「アメリカでフリーダの健康はまだ良くなかったので，彼女はディエゴ・リヴェラが見つけた医師に治療を受け，何回か手術を受けた」(○)　ク「フリーダが47歳の時，彼女はメキシコシティーにある青い壁の建物で死亡し，それは今は彼女の絵の有名な美術館になっている」(○)

基本 Ⅳ　**(語句補充・選択：単語，仮定法，疑問詞)**

1 「私の子供たちはそのゲームが大好きだ。次に彼らにプレーさせてくれませんか」〈let ＋人＋動詞の原形〉「(人)に～させてやる，(人)が～するのを許す」

2 「お茶をもう1杯いかがですか」「お茶1杯」は a cup of tea で，「さらにもう1杯」は another cup of tea とする。

3 「雨が降っていなければ良かったなあ。私は本当にピクニックに行きたかった」〈I wish ＋主語＋動詞の過去形〉は現在の事実に反することを願う時の言い方。

4 「大みそかは英語でどう言いますか」「New Year's Eve です」 How do you say ~ in English?「英語で～はどう言いますか」 日本語では「何と言いますか」となるので what を選びがちだが，how を用いるのが正しい。

重要 Ⅴ　**(語句整序：関係代名詞，分詞，助動詞，接続詞，不定詞，比較)**

1 The dinner my brother made <u>with</u> the food left <u>in</u> the fridge was (so delicious.)　dinner の後ろに目的格の関係代名詞が省略されている。形容詞的用法の過去分詞句 left in the fridge「冷蔵庫に残された」が food を後ろから修飾する。

2 Shall I lend you <u>some</u> of my books if <u>it</u> is (necessary?)　Shall I ～?「～しましょうか」〈lend ＋人＋もの〉「(人)に(もの)を貸す」 if it is necessary「もし必要なら」

3 (I was surprised) to know <u>that</u> Chile is about <u>twice</u> as large as (Japan.)　〈be surprised to ＋動詞の原形〉「～して驚く」 that は「～ということ」を表す接続詞。twice as … as ～「～の2倍…」 about は「約，およそ」の意味。

4 Is this <u>the key</u> that you lost <u>on</u> your way home (yesterday?)　that は目的格の関係代名詞で先行詞は key である。on your way home「帰り道で」

重要 Ⅵ　**(和文英訳：熟語，接続詞，不定詞，現在完了，進行形)**

1 「助言を求める」は ask for some advice とする。理由を表す接続詞は because, as, since を用いる。〈what to ＋動詞の原形〉「何を～するべきか」

2 「―からずっと～している」は現在完了進行形で表し，「まだ全部終わりません」は現在完了で表す。

★ワンポイントアドバイス★

Ⅱ・Ⅲの長文読解は，文章が長く設問数も多いので，先にⅣ以下の問題を解き，その後にじっくり取り組むとよいだろう。

<国語解答> 《学校からの正答の発表はありません。》

〔問題一〕 (a) ひめん (b) 請願 (c) 我慢 (d) 慕(って) (e) かんば(しい)
(f) 憤る (g) 維持 (h) 勧告

〔問題二〕 問1 オ 問2 ウ

〔問題三〕 問1 蛇含草 問2 Ⅰ 石垣 Ⅱ 木の卵 問3 イ・オ 問4 エ
問5 ア

〔問題四〕 (例) 人々の健康志向はますます高まり，企業での健康診断は義務化されている。しかし，政府が国民の健康管理をするのは医療費の抑制のためである。つまり，私たちの健康は日本の社会全体の利益につながっているのである。(100字)

〔問題五〕 問1 Ⅰ 人は何をするべきか，何をしてはいけないか Ⅱ 複数
Ⅲ ジレンマ 問2 エ 問3 ウ 問4 イ 問5 イ 問6 エ
問7 エ 問8 オ

○推定配点○
〔問題一〕 各2点×8 〔問題二〕 各5点×2 〔問題三〕 問2・問4 各3点×3
他 各4点×3(問3完答) 〔問題四〕 10点 〔問題五〕 問1 各3点×3 問4 4点
他 各5点×6 計100点

<国語解説>

〔問題一〕 (漢字の読み書き)

1 (a) 役目や務めをやめさせること。「罷」を使った熟語はほかに「罷業」。 (b) 国民が国や地方公共団体などに希望を文書で願い出ること。「請」を使った熟語はほかに「請求」「申請」など。音読みはほかに「シン」。熟語は「普請」。訓読みは「う(ける)」「こ(う)」。 2 (c) 「慢」を使った熟語はほかに「慢心」「自慢」など。 (d) 「慕」の音読みは「ボ」。熟語は「慕情」「思慕」など。 3 (e) 「芳」の音読みは「ホウ」。熟語は「芳香」「芳名」など。 4 (f) 「憤」の音読みは「フン」。熟語は「憤慨」「義憤」など。 5 (g) 「維」を使った熟語はほかに「維新」「繊維」など。 6 (h) 「勧」を使った熟語はほかに「勧善懲悪」「勧進」など。訓読みは「すす(める)」。

〔問題二〕 (資料読み取り一文脈把握，内容吟味，要旨)

問1 アは，※4に「スーツケースは，(140サイズ)以上のサイズは重さ30kg以内であれば★の料金(2500円)が適用」とあるので，「3100円」はあてはまらない。イは，サイズは120サイズになるが，重さは140サイズが適用され，料金は2200円になるのであてはまらない。ウは，60サイズの3個分は1000円×3＝3000円，200サイズは3100円で料金は60サイズ3個分よりも高くなるのであてはまらない。エは，70＋80＋90＝240となり，200サイズの料金「3100円」は適用されないのであてはまらない。オは，40＋50＋30＝120となり，重さが3kg程度であれば120サイズの「1900円」が適用されるのであてはまる。

やや難 問2 アは，(1)に「発症した後5日を経過し，かつ，症状が軽快した後1日を経過」とあることと合致しない。イは，(1)に「軽快した後1日を経過するまで」とあることと合致しない。ウは，「発症した後5日を経過」にあてはまり，症状がすでに軽快していれば「1日経過」も含まれるので適切。エは，(4)に「発症から10日を経過するまでは，当該児童生徒等に対してマスクの着用を推奨する」とあることと合致しない。オは，(5)に「同居している家族が新型コロナウイルスに感染した児童生徒等であっても，新型コロナウイルスの感染が確認されていない者については，直ちに出席停止の対象とはしない」とあることと合致しない。

〔問題三〕(古文─文脈把握，内容吟味，口語訳，指示語，脱語補充，要旨)

〈口語訳〉 同じ国の羽咋の七郎右衛門という人は暮らし向きがよく，そして，医術にすぐれていた。その治療法は，まず，病の原因となるところを見つけて，絹織物に包んだ不思議なもので撫でると(いうもので)，どのような長年の病でも，一，二度(の治療)で治らないものはなかった。周囲の人が言うことには，七郎右衛門は若い頃玉子問屋であったが，夏の頃になると，夜ごとに卵を盗む者があった。七郎右衛門がさまざまに気をつけていると，ある夜，三尺ほどの蛇が梁の上からやって来て，卵の箱をおしわけて，(卵を)十四，五個ほど呑んで帰った。七郎右衛門は怒って，翌日，木を削って卵のような形にして三，四十個ほど卵の箱に入れておき，いよいよ夜になってどうするかと見ていると，果たして蛇はまたやって来て，昨日のように(卵を)呑んだ。どうするのかと見ていると，外へ出て石垣の間に入ろうとても，木の卵は消化しないので，身をもんでいたが，そこから庭の中を這い回り，何かを探しているようである。すぐに一本の草にたずねあたり，これをくわえて，その卵のところを撫で，しゃぶり，とうとうその草を飲み込んだところ，たちまち木の卵は消えていつもの腹のように細くなり，石垣へ入っていった。七郎右衛門は不思議に思って，その草を取りおいて，食あたりなどした人の胃のあたりを撫でると，すぐに効き目があった。それからは，あらゆる病を治療したが，その草を使って癒えないということはなかった。その草は蛇含草というそうだ。

問1 「絹に包みたるもの」は，後で「かの草」と言い換えられ，最後に「かの草は蛇含草といふ」とあるので，「蛇含草」が適切。

問2 直後に「外へ出て石垣の内へ入らんとして，木の卵消えざれば，身をもみけるが」とあるので，Ⅰには「石垣」，Ⅱには「木の卵」が入る。

問3 蛇の一連の行為は，直前に「庭の内を這ひまはり，何やら求める体なり。ほどなく一本の草に尋ねあたり，これを啣へて，かの卵の所を撫でねぶり，終にその草を呑みたりしが」と説明されているので，ア・ウ・エは適切。イ・オは適切でない。

問4 直後に「まづ病の根本を求めて……治せずといふことなし」とあるので，「医に妙なり(医術にすぐれていた)」とするのが適切。

問5 アは，「七郎右衛門若き時，玉子問屋なりしが……」とあることと合致する。イは，「七郎右衛門怒つて，明くる日，木を削りて卵のごとくにし三四十ばかり卵箱の上に入れ置き」とあることと合致しない。ウは，「いかなる年久しき病にても一両度にて治せずといふことなし」とあることと合致しない。エは，「七郎右衛門は怪しく思ひ，かの草取り置きて，食傷などしたる人の胃の辺りを撫でつるに，たちどころに効あり」とあることと合致しない。オは，木の卵を呑んだ蛇の様子を見ていたら，「ほどなく一本の草に尋ねあたり，……」とあることと合致しない。

やや難 〔問題四〕(論説文─要約)

本文の要旨は，人びとの「心身ともに健康で過ごしたい」というニーズは，コロナ禍を経てますます高まっている，健康志向をつき動かすきっかけとなっているのは企業での健康診断であり，健康診断は義務化されている，政府が健康診断を義務化して国民の健康管理をするのは，医療費抑制のためである，医療費の抑制は日本の大きな課題であり，国民が健康でいることは社会全体の利益につながる，というものである。これらを三文に要約し，「しかし」「つまり」という接続詞でつなぐので，健康診断が義務化されている，しかし，それは医療費抑制のためである，つまり，私たちの健康は日本の社会全体の利益につながっているということだ，という構成で要約すればよい。

〔問題五〕(論説文─文脈把握，内容吟味，要旨，脱語補充)

やや難 問1 「倫理学の中心課題」は，本文冒頭に「倫理学とは，人は何をするべきか，何をしてはいけないかといった『善悪』『正義／不正』といった問題を追求する哲学の一部門である」と説明されているので，Ⅰには「人は何をするべきか，何をしてはいけないか(20字)」が入る。「直観主義では解決できないこと」については，直後の「複数の……」で始まる段落に「複数の規範を同時に満足できず，そのどちらかを選ばなければならない状況を『モラルジレンマ』とよぶ。複数の倫理規範があるからジレンマは生じるのだから，それを回避するためには〈唯一の倫理原理〉を見いださなければならない」と説明されているので，Ⅱには「複数」，Ⅲには「ジレンマ」が入る。

問2　直後の段落に「功利主義とは，〈『できるだけ多くのひとができるだけ幸福になる』(『最大多数の最大幸福』)ような行為はおこなうべきであり，それに反する行為はおこなうべきではない〉というもの」とあり，さらに「功利主義には人格的関係が顧みられない」とあるので，これらの内容と合致するエが適切。

問3　直前に「それぞれの行為を正当化する」とあり，直後に「行為を正当化し，もしくは選択するための一般的行為原則」とあるので，同じ意味のものとしては，ウの「行動主体の構造」が適切。

問4　「功利主義」については，「功利主義とは……」で始まる段落に「功利主義とは，〈『できるだけ多くのひとができるだけ幸福になる』(『最大多数の最大幸福』)ような行為はおこなうべきであり，それに反する行為はおこなうべきではない〉とうもの」と説明されており，「しかし功利主義は……」で始まる段落には「功利主義には人格的関係が顧みられないという欠陥がある」とあるので，この考え方に合致するものとして，「公平性・有効性」とあるイが適切。

問5　「功利主義とは，〈『できるだけ多くのひとができるだけ幸福になる』(『最大多数の最大幸福』)ような行為をおこなうべきであり，それに反する行為はおこなうべきではない〉というもの」とあり，「しかし功利主義は……」で始まる段落に「功利主義には人格的関係が顧みられないという欠陥がある」とある。次の段落では「一方，カントの考えを理解するには，……，母親を救うのは『愛情』『人情』によって行為する結果であり，医師を救うのは『公共の福祉』を優先する結果といえる」と，「人格的関係」を重視する考えが示されているので，イが適切。

問6　直前に「それぞれが各人なりの目的を持って暮らしていることをお互いに認知し，配慮しあって行為することにより，自ずから共同体の秩序は成立する」と説明されているので，aには「共同体」，bには「目的」，cには「配慮」，dには「秩序」が入る。

問7　「成熟」については，同段落初めに「自分の判断に基づいて行為を選択し，その結果に対する責を負うことにおいて，各自は責任ある人格(『理性的人格』)たりうる。カントによれば，それが精神の成熟にほかならない」と説明されているので，エが適切。

問8　オは，最終段落に「やがてすべてを自分で判断しなければならなくなるときが来る。……これが達成されることをカントは『啓蒙』といった」とあることと合致しない。

★ワンポイントアドバイス★

やや難解な文章にも読み慣れ，文脈を追って要旨をとらえる練習をしよう！
文章の内容を要約する練習を重ね，高度な読解力を身につけよう！

帰国生

2024年度

解 答 と 解 説

《2024年度の配点は解答欄に掲載してあります。》

＜数学解答＞ 《学校からの正答の発表はありません。》

1 $x=\frac{25}{14}$, $y=\frac{15}{7}$　2 $x=30, -14$　3 $x=100°$

4 (問1) (う)　(問2) $\frac{9\sqrt{15}}{2}$　(問3) $8\sqrt{5}$

5 (問1) $64t^2+4t$　(問2) $t=\frac{15}{16}$

○推定配点○

1～4 各6点×6　5 各7点×2　計50点

＜数学解説＞

基本 1 (連立方程式)

$2x+3y=10$…①, $4x-y=5$…②　①+②×3より, $14x=25$　$x=\frac{25}{14}$　これを②に代入して, $4\times\frac{25}{14}-y=5$　$y=\frac{15}{7}$

基本 2 (2次方程式)

$(x-6)(x-10)=20\times24$　$x^2-16x+60-480=0$　$x^2-16x-420=0$　$(x-30)(x+14)=0$　$x=30, -14$

基本 3 (平面図形―角度)

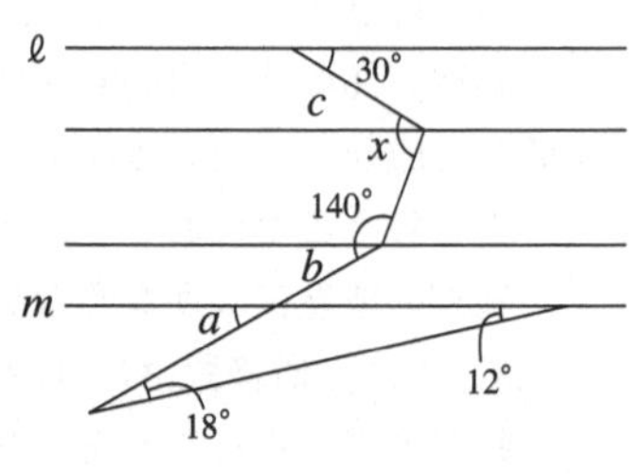

右の図で, 三角形の内角と外角の関係より, $\angle a=12°+18°=30°$　平行線の同位角は等しいから, $\angle b=\angle a=30°$　平行線の錯角は等しいから, $\angle c=30°$　よって, $(\angle x-\angle c)+(140°-\angle b)=180°$より, $\angle x=180°+30°-140°+30°=100°$

4 (平面図形)

基本 (問1) △ABCと△DCBにおいて, 仮定より, AB=DC…①, AC=DB…② BC共通…③ ①, ②, ③より, 対応する3辺の長さが等しい(う)から, △ABC≡△DCB

重要 (問2) BA=BPより, ∠BAP=∠BPA　対頂角は等しいから, ∠BPA=∠CPD　△ABC≡△DCBより, ∠BAP=∠CDP　よって, ∠CPD=∠CDPより, CP=CD　したがって, AP=AC−CP=6−4=2　BからAPにひいた垂線をBHとすると, $AH=\frac{1}{2}AP=1$だから, $BH=\sqrt{4^2-1^2}=\sqrt{15}$　よって, $\triangle BAP=\frac{1}{2}\times2\times\sqrt{15}=\sqrt{15}$　△ABC：△BAP=AC：AP=6：2=3：1より, $\triangle ABC=3\times\sqrt{15}=3\sqrt{15}$　△ABC：△ACD=BP：PD=4：(6−4)=2：1より, $\triangle ACD=\frac{3\sqrt{15}}{2}$　したがって, 四角形ABCDの面積は, $3\sqrt{15}+\frac{3\sqrt{15}}{2}=\frac{9\sqrt{15}}{2}$

重要 (問3) AP＝BPより，CP＝DP　△PABと△PCDは頂角が等しい二等辺三角形だから，底角も等しく，∠BAC＝∠DCA　よって，錯角が等しいから，AB//DCとなり，AB＝DCだから，1組の対辺が平行で等しいので，四角形ABCDは平行四辺形となる。また，対角線が等しいから，四角形ABCDは長方形である。よって，∠ABC＝90°より，$BC=\sqrt{AC^2-AB^2}=\sqrt{6^2-4^2}=2\sqrt{5}$　したがって，四角形ABCDの面積は，$4\times2\sqrt{5}=8\sqrt{5}$

5 **(図形と関数・グラフの融合問題)**

(問1) $y=x^2$に$x=\sqrt{t}$，$3\sqrt{t}$をそれぞれ代入して，$y=t$，$9t$　よって，A$(\sqrt{t},\ t)$，B$(3\sqrt{t},\ 9t)$　2点間の距離の公式を用いて，$AB^2=(3\sqrt{t}-\sqrt{t})^2+(9t-t)^2=64t^2+4t$　よって，正方形ABCDの面積は，$64t^2+4t$

(問2) $64t^2+4t=60$　$16t^2+t-15=0$　解の公式を用いて，$t=\dfrac{-1\pm\sqrt{1^2-4\times16\times(-15)}}{2\times16}=\dfrac{-1\pm\sqrt{961}}{32}=\dfrac{-1\pm31}{32}=\dfrac{15}{16}$，$-1$　$t>0$より，$t=\dfrac{15}{16}$

★ワンポイントアドバイス★

本年度は大問が5題，小問数8題という出題構成であった。関数や図形の大問では各小問は関連しているので，前問をミスなく解いていきたい。

＜英語解答＞ 《学校からの正答の発表はありません。》

Ⅰ 問1 given　問2 エ　問3 ウ→ア→エ→イ　問4 ウ　問5 (A) ウ　(B) ケ　(C) ス　(D) エ　(E) コ　(F) カ　(G) サ　(H) ア
問6 エ　問7 ア　問8 may not look so attractive as other popular fields like
問9 イ　問10 種に名前を付けて分類することが種を理解することになり，生態系の働きの解明につながるから。(44字)　問11 イ

Ⅱ ① The horse known as Clever Hans showed the answers to simple math problems by stepping.　② Though his skill was not real, researchers have discovered that many animals have the skill of counting since then.　③ If you take one of the treats and remove the screen, the dog will notice that one is missing.

○推定配点○

Ⅰ 問1 3点　問3・問8・問10 各4点×3(問3完答)　問5 各1点×8　他 各2点×6
Ⅱ 各5点×3　計50点

＜英語解説＞

Ⅰ **(長文読解問題・論説文：英問英答，内容吟味，文整序，語句補充・選択，語句整序，助動詞，比較，前置詞，要旨把握)**

(大意) キノコ採集者のテリ・クレメンツはアリゾナの自宅近くで独特なキノコを見つけた時，それが新種かどうかわからなかった。そこで彼女はそのキノコを研究所に持っていき，プロの研究者にDNAを抽出して結果を調べるよう依頼した。その後，科学者によってそれが新種であることが確認され，彼女の新しいキノコは科学論文にモルケラ・カイバベンシスと記載された。

クレメンツはかつてレストランのオーナーで不動産経営者だった。彼女は2012年に引退した後，

従来の分類学，つまり地球上の生物を描写し，名前を付け，分類する学問を使い，キノコの種を記録することに夢中になった。「私は科学的訓練を受けていませんが，今はそれに何時間も費やしています」と彼女は言う。「フルタイムの仕事のようです，お給料はもらっていませんが」

クレメンツの状況は特別ではない。①ウ他にも自分の好きな分野で同じことをしている人たちが大勢いる。ア彼らの多くはキノコ，昆虫，その他の小動物など珍しい種を研究する。エそのような種は鳥，蝶，花よりも人気がない。イそのため，それらを研究するプロの研究者は十分ではない。ここ30年間ほどは，このようなプロではない人々が自らの研究能力を高め，今ではプロの科学者たちがこれらボランティアの人々を歓迎するようになっている。

2012年の研究によると，プロではない分類家たちが1998年から2007年の新種の60％以上を記録した。海洋では，新種の海洋軟体動物の40％がプロではない人々によって発見されている。ニュージーランドの研究者たちは，プロの科学者たちへの助成金は減っているが，分類学の分野はこのようなプロではない科学者たちによって強化されている，と言う。分類学者になりたい学生は減っているが，この分野に興味があるプロでない人々は増えている，なぜなら近頃はオンラインでずっと容易に情報が得られるからだ。

いくつかの分野ではプロではない分類家たちによる仕事がプロの科学者と同じくらい正確である。フィリップ・ブシェはフランス国立自然史博物館の学芸員で，海洋軟体動物の専門家だ。彼は自分が海から集める物体について研究するために，しばしばボランティアの人々に質問する。ボランティアの1人，エミリオ・ロランはこれまでのところ，誰よりも多くの海洋生物を記載してきた。彼は1980年，小児科医として働いている時に，初めて新種を発見した。彼はその巻貝を妻の名からコヌス・ジョセフィネと名付けた。その後10年間に彼は分類学に興味を持ち，自分が発見した種を研究する技術を学んだ。彼は1992年に博士号を取り，1999年に引退後，ブシェのようなプロの科学者の協力を得てたくさんの科学論文を発行した。彼は自分の研究に対し給料をもらっていない。彼の息子は「彼は空いた時間に楽しみのために研究をしています。お金のためじゃありません。彼は座ってテレビを見て時間を過ごすということができないんです」

プロではない分類家たちは技術的な技量や道具がさらに必要なこともある。ジム・マクローリンは甲虫を愛する人々のオンライングループに，しばしば自分の発見を投稿する。彼はニューハンプシャー州の大工だったが，今は甲虫を研究し写真を撮るためにエクアドルに住んでいる。彼は新しい甲虫を発見してそれが何かわからなかった時，写真をプロの科学者の友人たちにメールで送る。「私はそれが自分にとって初めてのものだとわかりますが，それが本当に新種なのかを専門家に尋ねなくてはなりません。彼らはよく，それは今までに見たことがないものだと言います」と彼は言う。彼は今までにたくさんの新種を発見している。

世界中にたくさんの情熱的なプロではない人々がいるが，プロの研究者になるために分類学を学ぶ学生はあまり多くない。昆虫を見つけるためにジャングルに入ったり，深いサンゴ礁で巻貝を探したりした後，彼らはそれが本当に新種なのかを知るために何時間も研究して過ごさなくてはならない。たとえそれが新種でも，新種の巻貝の発見は世界にとってはそれほどおもしろくないだろう。②伝統的な分類学は，遺伝子学や生物多様性のような他の人気のある分野ほど魅力的に見えないかもしれない。

しかしながら，キノコの分類の分野におけるクレメンツの経験からわかるように，プロではない科学者たちも今はDNA調査を使うことができる。実際に昨年，北米微小植物プロジェクトは国中のプロではないキノコ研究者にDNA調査のために資金提供をし始めた。科学者たちはそのような仕事をすべて行う時間がないため，プロジェクトはプロではない者たちにサンプルを収集してプロに送るだけでなく，DNA調査を用いてサンプルを研究し，その結果について理解する方法を学んでほしいと思っている。

③「新種を分類することは生態系が急速に生物多様性を失っている時に非常に重要です」とプロジェクト長であるビル・シーハンは言う。「ある種に名前がなければ，それを保護することやそれが危機に瀕しているのかを知ることは不可能です。生物学はある種が何なのかを理解することで始まり，分類学的研究はどのように進化が行われるのかについて重要な疑問を導くことがよくあるのです」

問1　質問「モルケラ・カイバベンシスとは何か」 答え「それは，テリ・クレメンツが発見したキノコの種に与えられた名前である」 A given to B「Bに与えられたA」

問2「テリ・クレメンツについて正しいものはどれか」 エ「彼女はその分のお金を支払われていないにも関わらず，キノコの種を記録するのにたくさんの時間を費やす」 第2段落最後の2文参照。

重要　問3　全訳下線部参照。

問4「なぜニュージーランドの研究者たちは分類学の分野がどんどん強化されていると言うのか」 ウ「分類学に興味を持つプロではない人々の数が増えている」 第4段落第4文参照。

重要　問5「エミリオ・ロランはフィリップ・ブシェを助ける(A)プロではない人々の1人だ。エミリオはときどき，フィリップが海洋から(B)発見する生物を研究するように依頼される。エミリオ自身も新種の海洋生物を記載する。彼の最初の(C)発見は1980年だった。彼は新種の巻貝を見つけそれに自分の(D)妻の名前を与えた。その後彼は(E)分類学と新種を研究する技術を学んだ。1999年に(F)医師として引退した後，さらに熱心に新種の海洋生物を研究した。(G)プロの科学者たちが，彼がたくさんの学術論文を発行するのを手伝った。彼が記載した新種の(H)合計数は約1,500だ。彼は自分の研究に対して給料を得ていない，なぜなら楽しみのためにやっているだけだからだ」

問6「ジム・マクローリンについて正しいものはどれか」エ「彼は新種についての質問に答えてくれるプロの科学者の友人がいる」 第6段落第4,5文参照。

問7「分類学を学んでプロの研究者になる学生が減っている理由として正しくないものはどれか」 ア「すでに世界中に熱心なプロの研究者が大勢いる」 第7段落参照。

やや難　問8　may「～かもしれない」〈look ＋形容詞〉「～に見える」 not so … as ～「～ほど…ではない」 like ～「～のような」 この文は look like ～「～のように見える」を使った文ではないので注意する。

問9「北米微小植物プロジェクトはプロではない人々に何をしてほしいと思っているか」 イ「プロジェクトはプロではない人々にDNA調査を用いたキノコの研究を自分で行ってほしいと思っている」 最後から2番目の段落の最終文参照。

やや難　問10　最終段落の内容をまとめる。

重要　問11　イ「アマチュア科学者が発見の新たな高まりを引きおこす」 この文章は，プロではない分類家の活躍とその貢献について述べたものである。本文中の non-professionals を amateur と言い換えている。

重要　Ⅱ　**(和文英訳：分詞，接続詞，現在完了，助動詞，単語)**

(全訳) 1800年代の後半，ヴィルヘルム・フォン・オステンという名の教師は，彼の馬の優れた能力を人々に示して有名になった。①クレバー・ハンスとして知られるその馬は，足踏みによって，簡単な数学の問題に対する答えを示したのだ。

観客はそのパフォーマンスを信じたが，ある賢い研究者がこの利口な馬のトリックに気づいた。クレバー・ハンスは飼い主と観客の両方の反応を見て，いつ足踏みを止めるか知った，と彼は説明した。彼は賢い馬だったが，数を数えることは彼の能力の1つではなかった。

②彼の能力は本物ではなかったものの，それ以来，研究者たちは多くの動物に数を数える能力があることを発見してきた。例えば，研究によって，犬はおやつの数を数えることができ，4か5まで数え上げることができると明らかになっている。想像してみよう，あなたは犬の前に4つのおやつを置き，それらを仕切りの後ろに隠す。③もしそのおやつの中の1つを取って仕切りを外すと，犬はおやつが1つ消えたことに気付くだろう。

① A known as B「BとしてA知られるA」「足踏み」は第2段落第2文中の stepping とする。

② 「能力」は本文で用いられている skill とする。「～ものの」は接続詞 though[although] を用いる。「それ以来～してきた」は現在完了で表す。「研究者」「発見する」はⅠの長文より researchers, discover を用いる。「数を数える能力」は本文中の単語を合わせて the skill of counting とする。

③ 「もし～」の if 節中の主語は you とする。「仕切り」は下線部③の直前の screen とする。「消えた」は「見当たらない，なくなっている」という意味で be missing とする。be gone も可。

★ワンポイントアドバイス★

Ⅱの和文英訳問題は，本文中で用いられている単語や表現をうまく使うことがポイントである。

＜国語解答＞ 《学校からの正答の発表はありません。》

1 問1 (a) 称(して)　(b) 凝(らす)　(c) 検索　問2 ウ　問3 イ　問4 イ
問5 Ⅰ 純然たる客観的な「事実」　Ⅱ 照合　Ⅲ わたしのなかの知識　Ⅳ 習慣的な判断や「決めつけ」　問6 エ　問7 エ

2 (例) 多数決ではなく全員一致こそが本来的には望ましい。しかし，全員一致でなければ決まらないとなると反対意見を表明しにくくなる。つまり，みんなの結束を乱したくないという感情から賛同者が増えてしまうのである。(99字)

○推定配点○

1 問1 各2点×3　問5 各3点×4　他 各4点×5　2 12点　計50点

＜国語解説＞

1 (論説文―漢字，文脈把握，内容吟味，脱語補充，要旨)

問1 (a) 「称する」は，～という，という意味。「称」を使った熟語はほかに「人称」「名称」など。訓読みは「たた(える)」。 (b) 「凝」の訓読みは「こ(らす)」「こ(る)」。音読みは「ギョウ」。熟語は「凝固」「凝視」など。 (c) 「検」を使った熟語はほかに「検算」「検診」など。

問2 直後の段落に「どのように間違いは起きたのでしょうか」とあり，「わたしたちは文字のひとつひとつを『読んでいる』のではなく，ただ『見ている』のだ」「さらにいえば，単語を形成しているひとつひとつの文字ではなく，あくまでも全体の『形』を見て，判断しているのです」とあるので，ウが適切。

やや難 問3 直前に「こうして認識は『形の看取』から始まることになります」とあるので，イが適切。

問4 A・Bの直前に「認識は」とあり，直後には「照らし合わせる」とある。「認識」については，直前の段落に「誤認は……という情報をわたしのなかにある……という知識と関連づけてしまったことにあったのでした」とある。「関連づける」を「照らし合わせる」と言い換えているので，Aに「見た情報」，Bに「知識」とあるイが適切。

やや難 問5　I　直後に「そっくりそのままとらえる」とあるので，同様の意味になる表現として，Iには直前の「純然たる客観的な『事実』(12字)」が入る。　II　直前に「『わたし』を持ち込み，それと事象を」とあり，直前の「外からの情報がわたしのなかの知識と照らし合わされることによってはじめて認識される」を言い換えているので，IIには「照らし合わせる」と同じ意味の「照合(2字)」が入る。　III　「わたし」については，「外からの情報がわたしのなかの知識と照らし合わされることによって初めて認識される」とあるので，IIIには「わたしのなかの知識(9字)」が入る。　IV　直後に「世界をありのままに忠実にとらえていない」とある。同様のことは，直後で「習慣的な判断や『決めつけ』」と表現されているので，IVには「習慣的な判断や『決めつけ』(13字)」が入る。

問6　直前に「つまり，この読み違いは，認識においてわたしが参与することの決定的な現れであり，その『わたし』とは抽象的な人間一般などではなく，まさにこの『わたし』，つまり，車に興味があるとか……などといつもいわれている『わたし』にほかならないのです」と説明されているので，「自身が日頃より関心を持つものと意識的に結びつける行為」とするエが適切。

やや難 問7　エは，「もっとつきつめると……」で始まる段落に「知識によって，わたしたちは物を明確に見ることができるのだとしたら，そこには必ず現実とはそぐわないものが入り込んでいるはずです」とあることと合致する。アの「徐々に内奥に迫っていく」，イの「看取することこそが『読む』ということ」，ウの「二通りの誤認が存在する」は，本文の内容と合致しない。

やや難 2 (論説文―要約)

テーマは「全員一致」で，本文には，「話し合ってものごとを決める場合は，多数決ではなく全員一致こそが本来的には望ましい」「しかし，はじめから全員一致でなければ決まらないということになっていると，とたんに反対意見を表明しにくくなる」「あえて反対すれば議論に時間がかかって，他の人に迷惑がかかる。みんなの結束を乱したくないという感情が自主的な規制を呼び起こし，自己検閲をかける」「賛同者がいたずらに増えてしまうこともある」という流れで論が展開してることをおさえ，これらを端的に要約すればよい。「たとえば……」以降は，論旨を補強するための補足説明になっているので，この部分にとらわれないよう注意しよう。

★ワンポイントアドバイス★

現代文の読解は，指示内容や言い換え表現に着目して文脈を把握する力をつけよう！　本文の内容を条件に従って要約する練習をしておこう！

大切なことはメモしておこうネ！

2023年度

★★★★★★★★★★★★★★★★★★★★★★★★

入　試　問　題

2023年度

中央大学杉並高等学校入試問題（推薦）

【数　学】（20分）　＜満点：20点＞

1　$x=1+4\sqrt{5}$，$y=2-3\sqrt{5}$のとき，次の式の値を求めなさい。

$$\frac{4x+y}{2}-\frac{3x-y+1}{3}-\frac{3x+2y}{4}$$

2　図において，A(2, 4)，B(1, 0)，C(6, 0)，D(4, 5) のとき，次の問に答えなさい。

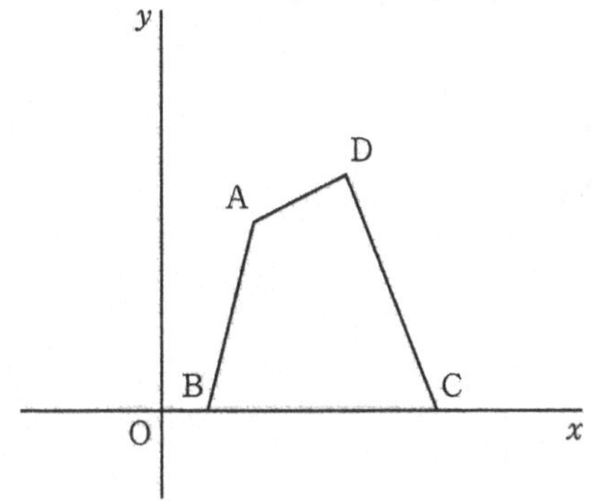

（問１）　四角形ABCDの面積を求めなさい。

（問２）　点Aを通り，四角形ABCDの面積を２等分する直線の方程式を求めなさい。

3　定点A(−2, 4)と関数$y=x^2$のグラフ上を動く点Bがあり，２点A，Bを結ぶ直線をℓとします。このとき，次の問に答えなさい。

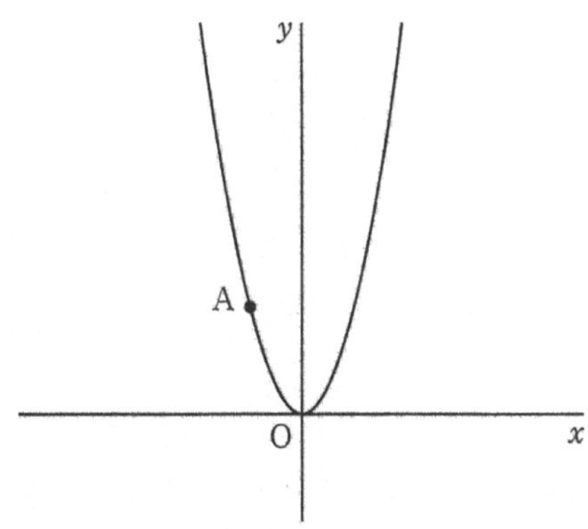

（問１）　点Bのx座標が１のとき，直線ℓの式を求めなさい。

（問２）　直線ℓの傾きが３になるとき，点Bの座標を求めなさい。

（問３）　点Bのx座標は２以外の正の値で，直線ℓがx軸と交わる点をCとします。点Aが線分BCの中点となるとき，点Bの座標を求めなさい。

4　下の図は底面の半径が r，高さが９の円錐から，高さが３の円錐を切り取った立体です。図の線分ACは高さが９の円錐の母線で，線分ABは高さが３の円錐の母線であり，ＢはAC上の点であるとします。この立体の体積が130πであるとき，次の問に答えなさい。ただし，円周率はπとします。

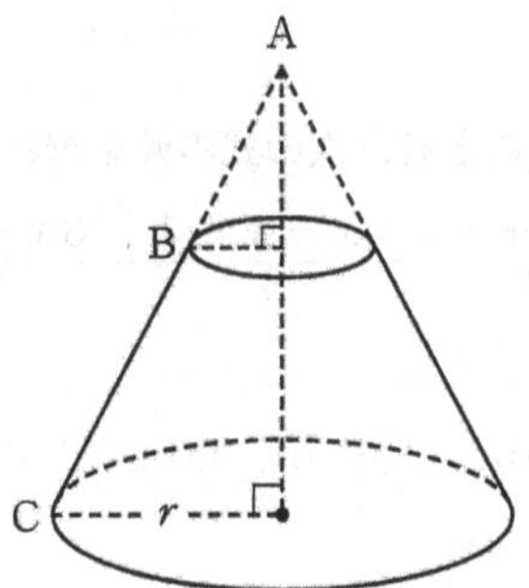

（問１）　r の長さを求めなさい。

（問２）　BCの長さを求めなさい。

【英　語】（20分）　＜満点：20点＞

1　次の各組から正しい英文を一つずつ選び，記号で答えなさい。

1．ア　I went to bed early last night because of I was sick.
　　イ　It is said that Germany is a good country to live in.
　　ウ　I wish I can speak English as well as you.
　　エ　Every student weren't able to finish their homework in a day.

2．ア　The news that I watched on TV this morning was very shocking.
　　イ　The woman with her dog I met at the park was very kindly.
　　ウ　I wanted to play basketball, but my father made me to study at home.
　　エ　My cousin moved to France and lived there since she was 10 years old.

3．ア　My father visited to India when he was a university student.
　　イ　The teacher is having lunch now in the school cafeteria.
　　ウ　How many soccer fans did they go to the stadium last night?
　　エ　The graph on the blackboard was drew by our math teacher.

2　次の会話文の空欄 1 ～ 3 を補うのに最もふさわしい文を下のア～コからそれぞれ選び，記号で答えなさい。

1．A：What are you going to do next summer vacation?
　　B：I am going to New Zealand.
　　A：Oh, really? 1

2．A：I heard you are a big soccer fan.
　　B：Yeah, 2
　　A：Wow! I really want to go because I have never been there.

3．A：Dad! Could you help me with my math homework?
　　B：No, you have to do it by yourself.
　　A： 3

ア　What is your favorite soccer team?
イ　How was your trip?
ウ　I can't. I'm so good at math.
エ　When are you going to leave Japan?
オ　Thanks a lot for your help.
カ　You went to a park to play soccer yesterday, right?
キ　I know, but I don't understand anything.
ク　You have to do it by tomorrow morning.
ケ　I often watch soccer games at Tokyo Stadium.
コ　What country are you going to visit?

3 次の日本語を英語にしなさい。

1．健太は，その映画がどれほど素晴らしいか私に教えてくれた。

2．もし今日晴れていたら，公園に行くのに。

4 次の文章を読み，後の問に答えなさい。(* のついた語句には本文の最後に注があります。)

Last night at the dinner table, my little brother kept asking questions about recycling and making paper. He always asks so many questions. Then, Dad started to talk about his work. He works for the city and one of his jobs is to tell our community about the *benefits of recycling. I thought I knew everything about recycling, but when Dad talked about his work, I got excited. ①<u>【 some / let / the information / learned / me / of / I / share 】</u> around the dinner table.

Did you know there are ②<u>many important benefits to making recycled paper</u>? It takes 64% less energy to make paper from used paper than from trees. Recycling one ton of paper saves about 3 barrels of oil. This amount of oil is enough energy to heat a house for a year in many *developed countries. Also, making recycled paper takes 61% less water and results in 70% fewer *pollutants than making paper from trees. Recycling just half of the world's paper would protect 20 million *acres of forestland. Thanks to these benefits, some countries are now recycling at least half of all the paper products that are used there.

I think it is almost impossible to imagine how much paper is used every day in the world. However, there may be something we can do for the environment in our daily lives.

Then, Dad suggested making our own recycled paper. We gathered the necessary materials to make it. These are the materials we found around the house:

a *blender / a *plastic pan / warm water / a *screen frame / newspapers / *scrap paper / one large jar

This is ③<u>the process we followed to make paper</u>:

1．Cut scrap paper into small pieces. Place it in a jar with warm water. Let the paper *soak for half an hour.
2．Pour water into a blender until it is 1/2 full and put the soaked paper into it. Mix until it is smooth. This is called paper pulp.
3．Pour the pulp into a plastic pan and add warm water to the pan.
4．Put the screen frame into the plastic pan. When the pulp is on top of the screen, lift the screen frame out of the plastic pan.
5．Place the screen frame on some newspapers to dry.
6．After the new paper is dry, *peel it from the screen. Now you have your own recycled paper!

Well, it all started with my little brother's question around the dinner table. I understood more about the process of making recycled paper and its benefits for the environment. Also, guess what? I had an idea to use the new paper to wrap Dad's birthday present. Dad will never forget the recycled paper we made in the kitchen. Now, I wonder what my little brother will ask next at dinner.

注） benefit(s)：利点　developed country(ies)：先進国　pollutant(s)：汚染物質
acre(s)：エーカー（土地面積の単位）　blender：ミキサー　plastic pan：洗面器
screen frame：網を張った枠　scrap paper：くず紙　soak：～を浸す　peel：～をはがす

問１　下線部①が「私が学んだいくつかの情報を共有させてください」という意味になるように，【　】内の語(句)を並べ替えなさい。ただし，文頭に来るべき語も小文字で表してあります。

問２　下線部②について，本文の内容と一致するものをア～エから一つ選び，記号で答えなさい。

ア　Making paper from trees saves 64% more energy than making paper from used paper.

イ　Making recycled paper gives us some opportunities to plant trees in developed countries.

ウ　If we recycle one ton of paper, we can save enough energy to heat a house for a year in many developed countries.

エ　If we save 61% more water by recycling paper, half of the world's countries can reduce the amount of paper products.

問３　下線部③に関して，以下の問の答えになるように，（A）と（B）に入る一語を答えなさい。

Q：How do you make paper pulp?

A：You put small pieces of scrap paper in warm water and wait for (　A　) minutes. By (　B　) it with water in a blender until it becomes smooth, you will get paper pulp.

問４　本文の内容と一致するものをア～キから二つ選び，記号で答えなさい。

ア　The writer's father works for the recycling company which is responsible for making paper from recycled materials.

イ　The writer already knew everything about recycling, because his/her little brother always asked questions about it.

ウ　The writer's father said it was almost impossible to imagine how much recycled paper was produced in the world.

エ　The family couldn't gather all the necessary materials to make recycled paper at home.

オ　In the paper recycling process, before you lift the screen frame out of the plastic pan, the pulp has to be on top of the screen.

カ　When you make recycled paper, you place the screen frame on some newspapers to remove the pulp from the screen,

キ　The writer is planning to use the new paper made in the kitchen to wrap his/her father's birthday present.

【理　科】（20分）　＜満点：20点＞

1　次の(1)～(3)に答えなさい。

(1)　ヒトの消化管内で，消化酵素のはたらきによりデンプンが小さい分子である糖に分解されることを調べるために，以下の実験をしました。

５本の試験管Ａ～Ｅを用意し，Ａ～Ｄにデンプン溶液を，Ｅに麦芽糖溶液を入れた（図１）。麦芽糖は，ブドウ糖２分子がつながった物質である。

次に試験管ＡとＢには水を加え，試験管ＣとＤにはだ液を加えた。この５本の試験管を20分間，40℃に保った。

試験管ＡとＣにはヨウ素液を加えた。試験管Ｂ，ＤおよびＥにはベネジクト液を加えて加熱した。その結果，試験管Ａは溶液が青紫色に変化し，試験管Ｅは溶液が青色から赤褐色に変化した（表１）。

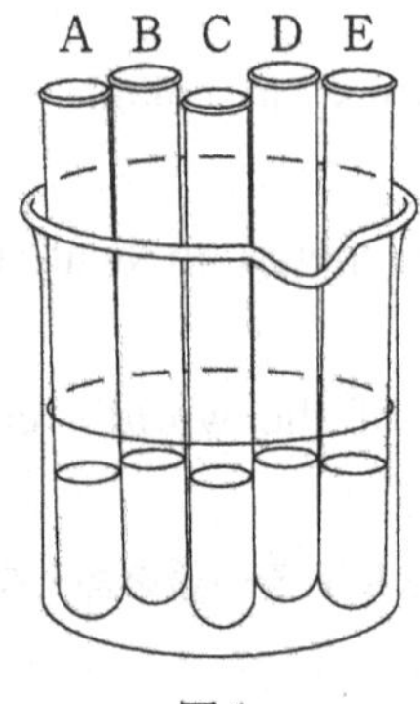

図１

表１

	試験管の溶液	加えた試薬	溶液の色
A	デンプン溶液と水	ヨウ素液	青紫色
B	デンプン溶液と水	ベネジクト液	
C	デンプン溶液とだ液	ヨウ素液	
D	デンプン溶液とだ液	ベネジクト液	
E	麦芽糖溶液	ベネジクト液	赤褐色

デンプンがだ液によって糖に分解されたことを示すには，試験管Ｂ～Ｄの溶液がどのような結果になればよいですか。正しい組み合わせを，次のア～カのうちから一つ選び，記号で答えなさい。

	試験管Ｂ	試験管Ｃ	試験管Ｄ
ア	赤褐色に変化する	青紫色に変化する	変化しない
イ	赤褐色に変化する	変化しない	赤褐色に変化する
ウ	赤褐色に変化する	変化しない	変化しない
エ	変化しない	青紫色に変化する	赤褐色に変化する
オ	変化しない	青紫色に変化する	変化しない
カ	変化しない	変化しない	赤褐色に変化する

(2)　図２（次のページ）は，ヒトの心臓の模式図であり，Ａは右心室，Ｂは左心室，Ｃ～Ｆは４つの弁です。あとの文中の空欄［１］～［４］に入る語，記号の組み合わせとに正しいものを，次のページのア～エのうちから一つ選び，記号で答えなさい。

［１］に含まれる血液は酸素が少なく，肺動脈を経て肺に送られる。［２］に含まれる血液は酸素を多く含み，大動脈を経て肺以外の器官に送られる。左心室と右心室から血液が押し出さ

れるときには，[3]の弁が開き，[4]の弁が閉じる。

	1	2	3	4
ア	左心室	右心室	C，F	D，E
イ	左心室	右心室	D，E	C，F
ウ	右心室	左心室	C，F	D，E
エ	右心室	左心室	D，E	C，F

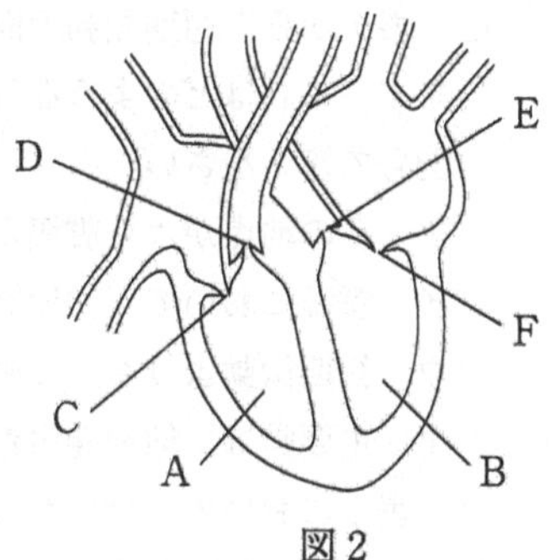

図2

⑶　次の文中の空欄[X]・[Y]に入る数値をそれぞれ答えなさい。

体重60kgのヒトの体内には4800cm³の血液があり，1分間の心拍数が100，1回の拍動で左心室と右心室からそれぞれ80cm³の血液が押し出されるものとする。

血液の循環にかかる時間は，左心室から出た血液が再び左心室に到達するまでにかかる時間を求めればよい。4800cm³の血液は，[X]回の拍動で1周する。1分間に100回拍動するので，[Y]秒で左心室から出た血液が再び左心室に到達することになる。

[2]　表1は2011年3月15日の夜に発生した最大震度6強の地震の観測データです。下の⑴～⑶に答えなさい。

表1

観測地点	初期微動開始時刻	主要動開始時刻
東京都　国分寺市　戸倉	22時32分 0秒	22時32分10秒
山梨県　大月市　大月	22時31分53秒	22時31分58秒
長野県　諏訪市　湖岸通り	22時32分 3秒	22時32分15秒
静岡県　静岡市　駿河区曲金	22時31分54秒	22時32分 0秒
千葉県　館山市　長須賀	22時32分 5秒	22時32分18秒
神奈川県　小田原市　久野	22時31分52秒	22時31分57秒

（気象庁 HP より作成）

⑴　表1から，推定される震源の位置として最も適当な場所を，次の地図上のA～Eのうちから一つ選び，記号で答えなさい。ただし，地図上の点は，表1の観測地点を示しています。

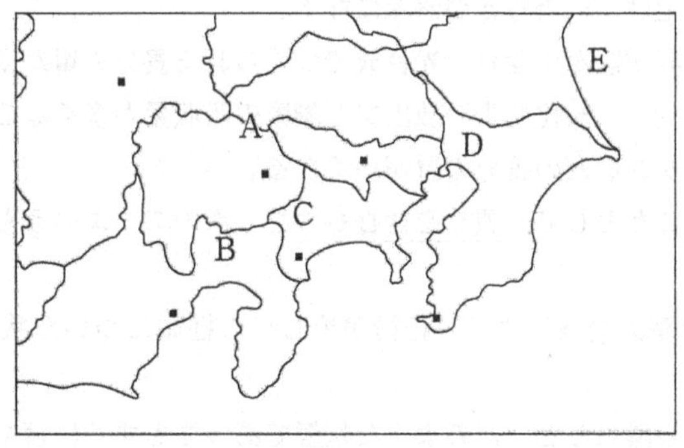

⑵　表１から，初期微動の開始が遅い地点ほど，初期微動継続時間が長くなっていることが分かります。これはどのような理由によるものですか。正しいものを次のア～エのうちから二つ選び，記号で答えなさい。

ア　その地点がより震源から遠いため

イ　震源において，初期微動よりも主要動の方がより遅く発生するため

ウ　初期微動よりも主要動の方が伝わる速さが遅いため

エ　主要動は，地震発生から時間がたつと伝わる速さが徐々に遅くなるため

⑶　表１において，震央から観測地点までの距離は，それぞれ国分寺市が80㎞，大月市が40㎞でした。震源が浅いとすると，この地震の発生時刻はいつと予想できますか。最も適当なものを，次のア～オのうちから一つ選び，記号で答えなさい。

ア　22時31分34秒　　イ　22時31分37秒　　ウ　22時31分40秒

エ　22時31分43秒　　オ　22時31分46秒

3　次の文章を読み，下の⑴・⑵に答えなさい。

観察１　ツバキの葉の断面のプレパラートをつくり，顕微鏡で観察した。図１は，高倍率の対物レンズで一度に見える範囲をスケッチしたものである。

観察２　砂糖を溶かした寒天溶液をスライドガラスにたらして固めた。その上にホウセンカの花粉を落とし，顕微鏡で観察した。図２は，１分後，10分後，20分後の花粉の様子をスケッチしたものである。

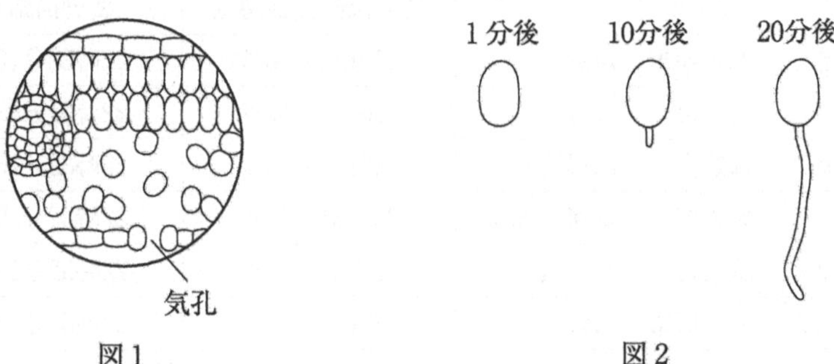

図１　　図２

⑴　観察１で見られた気孔に関して，気孔からの蒸散が盛んになることによって植物にどのようなことが起こりますか。最も適当なものを，次のア～エのうちから一つ選び，記号で答えなさい。

ア　根から水を吸い上げるはたらきが盛んになる。

イ　二酸化炭素の吸収が盛んになり，光合成でつくられる養分の量が多くなる。

ウ　呼吸が盛んになり，二酸化炭素の放出量と酸素の吸収量が多くなる。

エ　師管を通るデンプンなどの養分の量が多くなる。

⑵　観察２に関連することとして，誤りを含むものを，次のア～エのうちから一つ選び，記号で答えなさい。

ア　砂糖を溶かした寒天溶液により，花粉がめしべの柱頭についた状態に近い環境になっている。

イ　花粉はおしべから離れると，どのような状態であってもすぐに管をのばし始める。

ウ　花粉からのびてきた管は，精細胞と胚珠の中にある卵細胞が受精するために重要なはたらきをする。

エ　花粉内の精細胞が卵細胞と受精することにより，遺伝子の組み合わせが多様になる。

4　次の文章を読み，下の(1)・(2)に答えなさい。

天然ガスの多くを占めるメタンは，1013hPa（以下，標準的な圧力と呼ぶ）のもとでは，融点が−182℃，沸点が−162℃であり，気体の状態になる。国内で使われるメタンの大部分は輸入によってまかなわれているが，気体のメタンでは１ｇあたり1.4L（標準的な圧力のもと）も必要なため，液体にしてから運搬されている。日常生活でも時折耳にするLNGとは，この液化天然ガス（Liquefied Natural Gas）のことである。

輸入されたLNGの約30％は都市ガスに，残りの約70％は火力発電に用いられる。火力発電では燃焼によって得た熱で蒸気をつくり，蒸気の力でタービンを回すことにより電気エネルギーをつくり出す。しかし，熱や運動エネルギーを経由するため，火力発電のエネルギー変換効率は低い。一方，メタンや水素などを酸化させる化学変化から，直接電気エネルギーを取り出すことも可能になった。この装置を［ X ］電池と呼ぶ。［ X ］電池は火力発電などに比べてエネルギー変換効率が高く，都営バス等にも一部導入される期待の新技術である。

(1)　下線部について，同じ体積で比較すると，液体のメタンは気体のメタンの何倍の質量になりますか。整数で答えなさい。ただし，液体のメタン１Ｌあたり460ｇであると仮定します。

(2)　文章中の空欄［ X ］に入る語を漢字で答えなさい。

5　電熱線ａ，ｂの性質を調べるために，加える電圧と流れる電流の関係を調べました。図１はその結果をグラフに表したものです。あとの(1)・(2)に答えなさい。

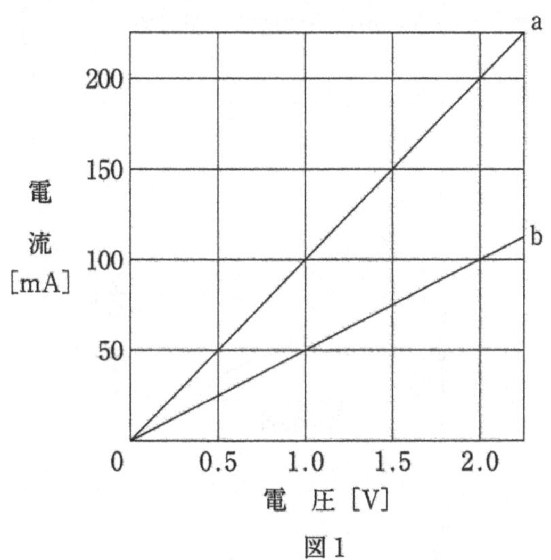

図１

(1)　電熱線ａとｂを直列につなぐと，全体の抵抗は何Ωになりますか。また，並列につなぐと全体の抵抗は何Ωになりますか。最も適当なものを，次のア～カのうちからそれぞれ一つずつ選び，記号で答えなさい。

ア　0.2Ω　　イ　0.38Ω　　ウ　6.7Ω　　エ　30Ω　　オ　33Ω　　カ　150Ω

⑵ 次の文中の空欄 X ・ Y に入る最も適当な数を，下のア～オのうちからそれぞれ一つずつ選び，記号で答えなさい。

電熱線aとbにそれぞれ同じ時間だけ同じ電圧を加え，発生する熱量を比べると，aはbの X 倍である。また，電熱線aとbに同じ時間だけ同じ電流を流し，発生する熱量を比べると，aはbの Y 倍である。

ア $\frac{1}{4}$　イ $\frac{1}{2}$　ウ 1　エ 2　オ 4

6 図1は振り子の運動で，A点ではなしたおもりがB点を通り，A点と同じ高さのC点まで上がる様子を表したものです。この振り子の運動で，おもりの位置とおもりが持つエネルギーの関係を考えます。あとの⑴～⑶に答えなさい。

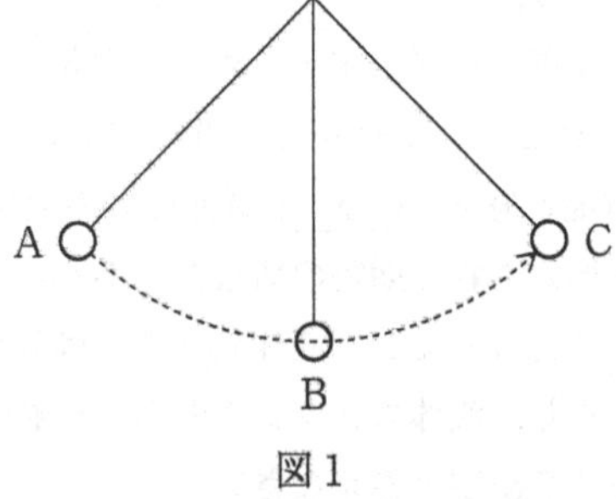

図1

⑴ 図2に示すように，A点を基準としたおもりの位置までの水平距離と，その位置における運動エネルギーの関係をグラフに表すと，グラフの形はどのようになりますか。最も適当なものを，下のア～オのうちから一つ選び，記号で答えなさい。

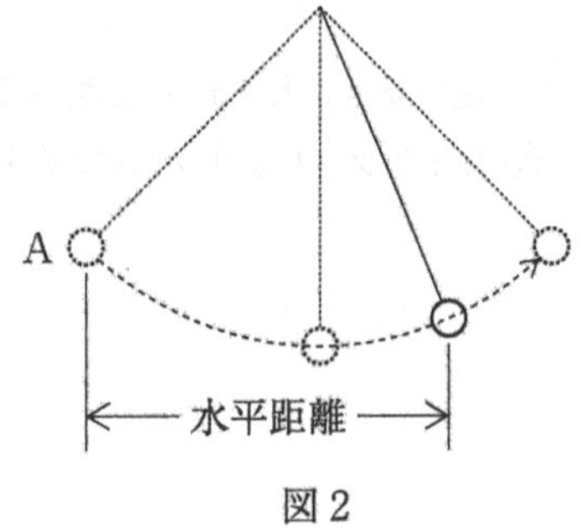

図2

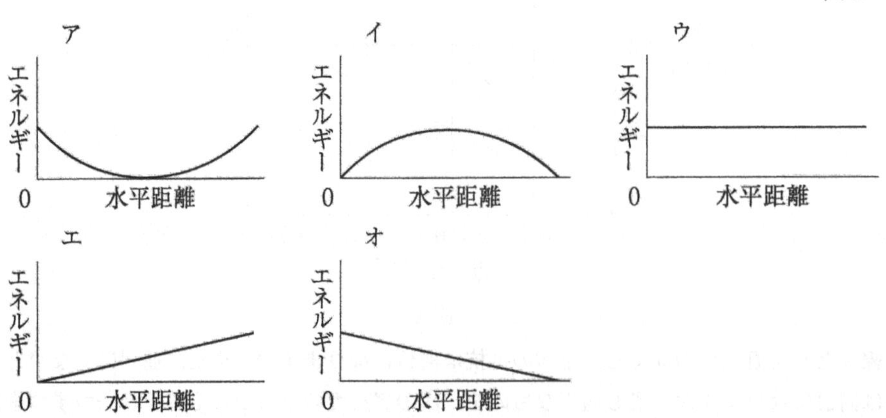

⑵ ⑴と同様に，水平距離と力学的エネルギーの関係をグラフに表すと，グラフの形はどのようになりますか。最も適当なものを，⑴のア～オのうちから一つ選び，記号で答えなさい。

⑶　図３に示すように，Ｂ点を基準としたおもりの位置までの高さと，その位置における運動エネルギーの関係をグラフに表すと，グラフの形はどのようになりますか。最も適当なものを，下のア～ウのうちから一つ選び，記号で答えなさい。

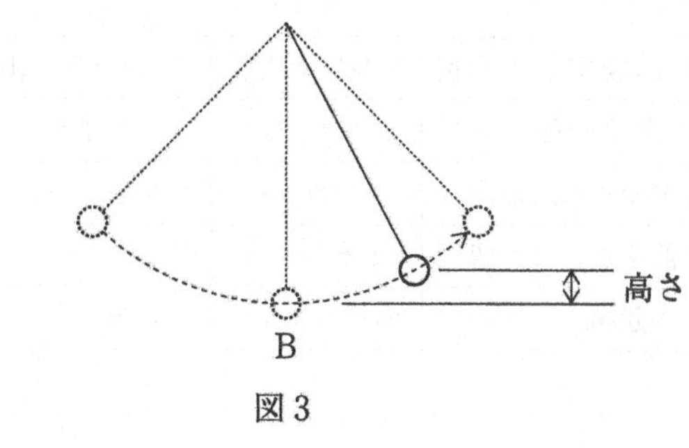

図３

ア
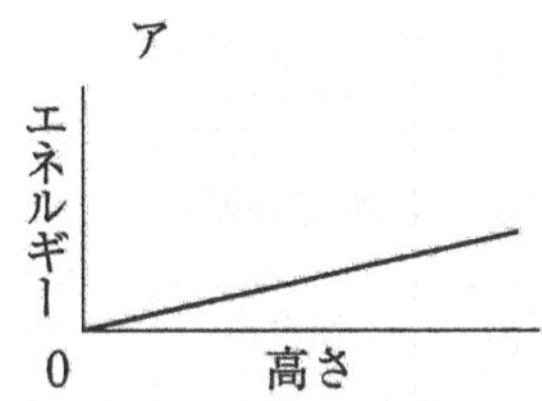

イ
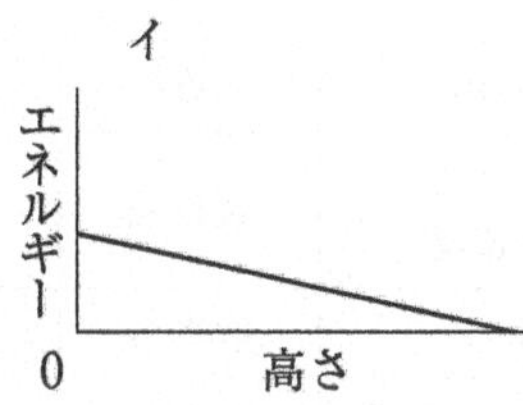

ウ
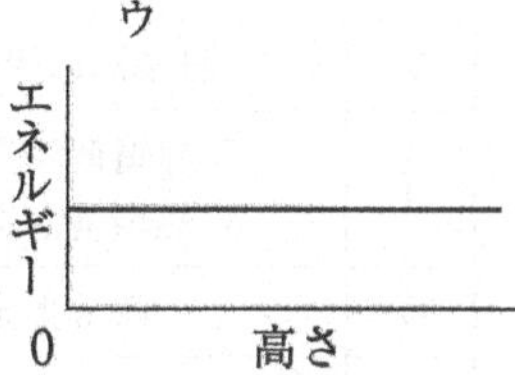

7　次の⑴・⑵に答えなさい。

⑴　ロウの成分の一種である有機物のパルミチン酸$C_{16}H_{32}O_2$について，正しい記述を，次のア～ウのうちからすべて選び，記号で答えなさい。

ア　パルミチン酸は単体ではなく，化合物である。

イ　パルミチン酸１分子が完全に燃焼すると，最大で32分子の水が生じる。

ウ　パルミチン酸が燃焼したときに生じる気体を石灰水に通すと，白くにごる。

⑵　パルミチン酸の融点を調べるために，図１のようにガスバーナーで加熱しました。正しい記述を，下のア～ウのうちからすべて選び，記号で答えなさい。

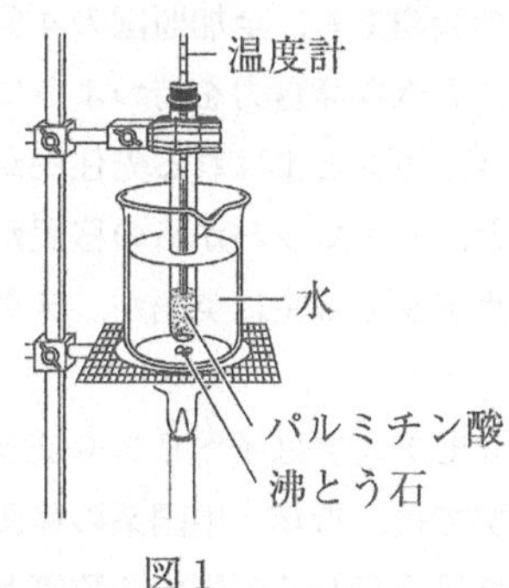

図１

ア　沸とう石は，水の温度を上昇しやすくするために入れている。

イ　パルミチン酸を湯せんするのは，ゆっくり加熱するためである。

ウ　ガスバーナーに点火するときは，先にガス調節ねじを開いてからマッチに火をつけるのが正しい手順である。

【社　会】（20分）　＜満点：20点＞

1　次のア～オのうち，正しい組み合わせを二つ選んで記号で答えなさい。

ア	南北アメリカ大陸にある山脈	アルプス山脈	アパラチア山脈	アンデス山脈
イ	ユーラシア大陸を流れる川	メコン川	ナイル川	ボルガ川
ウ	フィヨルドがみられる国	ノルウェー	ニュージーランド	キューバ
エ	東南アジア諸国連合の加盟国	ミャンマー	ベトナム	フィリピン
オ	内陸国	オーストリア	モンゴル	アフガニスタン

2　次のア～オのうち，正しい組み合わせを二つ選んで記号で答えなさい。

ア	日本海に流れ出る川	信濃川	最上川	北上川
イ	世界遺産に登録された 自然環境がある都道県	東京都	北海道	鹿児島県
ウ	政令指定都市	熊本市	神戸市	仙台市
エ	東京都より面積が小さい府県	島根県	香川県	大阪府
オ	北方領土の島	択捉島	魚釣島	色丹島

3　次のア～オのうち，正しいものを一つ選んで記号で答えなさい。

ア　中央アジアは天然ガスやレアメタルなどの鉱産資源に乏しく，世界市場向けに輸出できる物資が少ないため，産業が発達しておらず，民主的な政治がおこなわれていない国が多い。

イ　ヨーロッパ西部の沿岸部は，北大西洋から南下する寒流と偏西風の影響を受けるため，東ヨーロッパの内陸の地域と比べて，冬の寒さが厳しい。

ウ　アフリカの国々はアフリカ連合（ＡＵ）をはじめとする国際機関をつくり，政治的・経済的な団結を強めている。国際連合の会議でも，全加盟国の４分の１以上を占めるＡＵ加盟国がまとまった意見を発信することで，大きな発言力を持つようになっている。

エ　北アメリカにはネイティブアメリカンとよばれる先住民が住んでいたが，17世紀以降イギリスやフランスが植民地をつくると，ヨーロッパからの移民が人口の多数を占めるようになった。その結果，アメリカ合衆国やカナダでは主に英語が，メキシコやキューバでは主にフランス語が使われている。

オ　18世紀から20世紀にかけて，オセアニアはイギリスやフランスなどの植民地となった。イギリスから独立したオーストラリアでは，近年，中国系の移民が急増し，イギリス系移民との対立が深まった結果，中国からの移民を厳しく制限する政策がとられている。

4　あとのア～オのうち，正しいものを一つ選んで記号で答えなさい。

ア　大きな河川がなく，夏に晴天の日が続き降水量が少ない沖縄県は，水不足になりやすく，古くから農業用のため池や用水路が整備されてきた。

イ　火山活動で生じる地熱は，電力を生み出すエネルギー産業にも利用されている。中国地方には火山が多く，日本最大級の地熱発電所である鳥取県の八丁原地熱発電所をはじめ，多くの地熱発電所がある。

ウ　中部地方の八ヶ岳や浅間山のふもとでは，日当たりのよい南向きの斜面を利用して，レモンやメロンなどの果樹栽培がさかんにおこなわれている。

エ　三陸海岸では，やませとよばれる北東の風の影響により波が高くうちつけるため，養殖漁業や栽培漁業はほとんどおこなわれていないが，沖には魚が多く集まる潮目があるため，水揚げ量の多い漁港が点在している。

オ　泥炭地が広がっていた石狩平野は稲作に向かない地域だったが，稲作に適した土を運び入れる客土を繰り返して土地を改良したり，排水施設を整備したりすることで稲作が発展し，現在では日本有数の米の生産地となっている。

5　次の表は，うなぎの養殖収獲量，茶の収穫量，豚の飼養頭数，みかんの収穫量について，それぞれ上位5位の都道府県をまとめたものである。各表のA・Bにはそれぞれ同じ都道府県が入る。A・Bに当てはまる都道府県の名前を答えなさい。

うなぎの養殖収獲量（2019年）

	都道府県	収獲量（t）
1位	A	7,086
2位	愛知県	4,357
3位	宮崎県	3,070
4位	B	1,534
5位	高知県	296

茶の収穫量（2020年）

	都道府県	収穫量（百t）
1位	A	1,184
2位	B	1,126
3位	三重県	240
4位	宮崎県	146
5位	京都府	112

豚の飼養頭数（2021年）

	都道府県	飼養頭数（千頭）
1位	A	1,234
2位	宮崎県	797
3位	北海道	725
4位	群馬県	644
5位	千葉県	615

みかんの収穫量（2019年）

	都道府県	収穫量（千t）
1位	和歌山県	157
2位	愛媛県	125
3位	B	86
4位	熊本県	81
5位	長崎県	54

『地理統計要覧　2022年版』（二宮書店）より作成

6　次のページの表は，ヨーロッパ連合（ＥＵ）加盟国のうち，国土面積が上位8位までの国について，面積，人口，国民総所得，国際観光客数，ＥＵ加盟年，主な宗教をまとめたものである。次のページの【1】【2】に答えなさい。

国	面積（千km²）	人口（千人）（2020）	国民総所得（億ドル）（2019）	国際観光客数（千人）（2019）	ＥＵ加盟年(3)	主な宗教（%）
A	552(1)	65,274(1)	27,718	89,322(2)	1952年	カトリック64、イスラム教8 プロテスタント3
B	506	46,755	13,956	83,509	1986年	カトリック77、イスラム教3
スウェーデン	439	10,099	5,468	7,616	1995年	福音ルーテル派(4) 71
C	358	83,784	39,661	39,563	1952年	カトリック31、プロテスタント30、 イスラム教5
フィンランド	337	5,541	2,702	3,290	1995年	福音ルーテル派(4) 78、正教1
ポーランド	313	37,847	5,721	21,158	2004年	カトリック89、正教1
イタリア	302	60,462	20,224	64,513	1952年	カトリック83、イスラム教2
D	238	19,238	2,461	12,815	2007年	正教87、プロテスタント6、 カトリック5

(1) 海外県を除く。
(2) 2018年。
(3) 1993年のＥＵ発足以前は、ＥＵの前身であるヨーロッパ石炭鉄鋼共同体（ＥＣＳＣ）・ヨーロッパ共同体（ＥＣ）加盟年。ドイツは1990年以前は西ドイツ。
(4) プロテスタントの一つで、ルター派ともよばれる。

『地理統計要覧　2022年版』（二宮書店）他より作成

【1】 Ｂに当てはまる国の名前を答えなさい。

【2】 次のア～オのうち，Ｄが国境を接している国を一つ選んで記号で答えなさい。

ア ブルガリア　イ スウェーデン　ウ スイス　エ オランダ　オ ポルトガル

7 次のア～オのうち，正しい組み合わせを一つ選んで記号で答えなさい。

ア	奈良時代	『源氏物語』が著された	正倉院が建てられた
イ	平安時代	『東海道中膝栗毛』が著された	鹿鳴館が建てられた
ウ	鎌倉時代	『徒然草』が著された	五稜郭が築かれた
エ	室町時代	『平家物語』が著された	金閣が建てられた
オ	江戸時代	『奥の細道』が著された	日光東照宮が建てられた

8 あとのア～オのうち，Ａ・Ｂ・Ｃが時代順に正しく並んでいるものを二つ選んで記号で答えなさい。

ア Ａ 平泉を拠点に奥州藤原氏が力を持つようになった。
　Ｂ 朝廷を監視するために京都に六波羅探題が設置された。
　Ｃ 琉球王国の那覇が国際貿易港として栄えた。

イ Ａ 菅原道真が遣唐使の派遣停止を訴えて認められた。
　Ｂ 中国の長安にならって平城京が造営された。

　C　日本が唐と新羅の連合軍に白村江の戦いで敗北した。
ウ　A　スペインがコロンブスの大西洋横断の計画を支援した。
　B　プロイセンがドイツ諸国を統一してドイツ帝国が成立した。
　C　フランス革命の終結を宣言したナポレオンが皇帝に即位した。
エ　A　律と令からなる大宝律令が定められた。
　B　武家社会の慣習にもとづく御成敗式目が定められた。
　C　天皇・朝廷を統制する禁中並公家諸法度が定められた。
オ　A　鑑真が苦難の末に来日した。
　B　法然が浄土宗を開いた。
　C　最澄が天台宗を伝えた。

9　次のア～オのうち，正しいものを二つ選んで記号で答えなさい。
ア　1980年代後半に始まったバブル経済が2008年の世界金融危機により終了すると，日本経済は長期にわたり不況におちいった。
イ　田中角栄内閣のときに日中共同声明が調印され，日本と中華人民共和国との国交が正常化した。
ウ　ポツダム宣言にもとづき，ＧＨＱは日本の非軍事化と民主化を基本方針として日本の占領統治をはじめた。
エ　自由民主党と日本社会党による連立内閣である細川護熙内閣が成立し，自由民主党を与党，日本社会党を野党とする55年体制が終了した。
オ　アメリカ合衆国がベトナム戦争に勝利し，ベトナムの社会主義体制は崩壊した。

10　次のア～オのうち，正しいものを二つ選んで記号で答えなさい。
ア　平塚らいてうらが青鞜社をつくり，女性の差別からの解放をめざす活動をおこなった。
イ　日清修好条規は，日本にのみ領事裁判権を認め清には認めない不平等なものであった。
ウ　大正時代には吉野作造が社会主義を基本とする民本主義を唱えて，政党政治を批判した。
エ　明治政府は蝦夷地を北海道と改称し，開拓使をおいて開拓とロシアに対する防備に力を入れた。
オ　日本が南満州鉄道株式会社を設立したことをきっかけとして日露戦争が始まった。

11　次の①～③は日本国憲法の一部である。空欄［Ａ］～［Ｃ］に当てはまる語句をそれぞれ漢字で答えなさい。
①　公務員の選挙については，成年者による［Ａ］選挙を保障する。
②　何人も，公共の福祉に反しない限り，居住，移転及び［Ｂ］の自由を有する。
③　婚姻は，両性の［Ｃ］のみに基いて成立し，夫婦が同等の権利を有することを基本として，相互の協力により，維持されなければならない。

12　あとの①～③に関する次のページの各問いに答えなさい。
①　企業は利潤を求めるだけでなく，従業員のための働きやすい職場環境整備，消費者の安全確保

など，「企業の［A］」（ＣＳＲ）を果たすべき存在だと考えられている。

② 日本では，所得税・相続税・贈与税に対して，所得が高い人ほど所得に占める税金の割合が高くなる［B］制度が採用されている。

③ 為替相場は各国の経済の状況などによって変動し，貿易に大きな影響を与える。例えば１ドル＝100円が１ドル＝90円になる［C］のとき，輸出が中心の企業は［D］になる。

問１ 空欄［A］に当てはまる語句を漢字で答えなさい。

問２ 空欄［B］に当てはまる語句を漢字で答えなさい。

問３ 空欄［C］と［D］に当てはまる語句の組み合わせのうち，正しいものをア～エから一つ選んで記号で答えなさい。

	C	D
ア	円高	有利
イ	円高	不利
ウ	円安	有利
エ	円安	不利

※2　娑婆…人間が現実に住んでいるこの世界・現世
※3　足下…あなた
※4　ものし給ふ…いらっしゃる（お生まれになる）
※5　いとほし…ふびんだ。気の毒だ。
※6　むくろ…胴体

問1　――線部⑴「拷問を休みゐたりけるに」とありますが、どうして拷問の手を休めたのですか、最も適当なものを次の中から選び、記号で答えなさい。

ア　拷問が長時間に及んだから
イ　罪人が気の毒だと思ったから
ウ　罪人がなかなか罪状を白状しなかったから
エ　この罪人はもともと自分たちの親だと気づいたから

問2　――線部⑵「いといといぶかしきこと」とありますが、何をいぶかしく感じているのですか。その説明として最も適当なものを次の中から選び、記号で答えなさい。

ア　拷問が続くと思っていたのに、どうして鬼たちはその手を止めたのかということ
イ　拷問しているのは鬼なのに、どうしてその鬼が泣きながら拷問しているのかということ
ウ　自分が犯した罪よりも、鬼の方が罪深いのにどうして鬼は責められないのかということ
エ　自分は罪を犯して地獄にいるが、この鬼たちはどんな理由があって地獄にいるのかということ

問3　――線部⑶「おのれら」・⑷「ぬし」とありますが、具体的に誰のことを指しますか。それぞれ本文中の語句で答えなさい。

問4　次のア～エのうち本文の内容と合致しないものを一つ選び、記号で答えなさい。

ア　罪人は現世では子供を授かることはなかった。
イ　現世で人が罪を犯すと地獄で鬼が少しずつできあがっていく。
ウ　罪人は鬼たちの告白を聞いて衝撃のあまり泣きだした。
エ　地獄で責め苦を受けていた罪人は自分の子供たちから拷問を受けていたことになる。

格好の手段であった」とありますが、どういうことですか。最も適当なものを次の中から選び、記号で答えなさい。

ア　音楽は言葉を使うことなく人を興奮させることが出来るために、民族の団結力を高めることが容易だということ

イ　言語性を見逃されがちな音楽の言語性を見直すことが、自国の文化ひいては他国の文化をも見直すことにつながるということ

ウ　自分たちが昔から脈々と受け継いできた音楽と、他の民族の持つ音楽の統一こそが世界を一つにする効果的な方法だということ

エ　音楽は国民のアイデンティティーを確立する手段となる一方で、言語理解が不要だと思われるがゆえに他国にも浸透しやすいということ

問6　――線部(4)「からくり」とありますが、筆者がショパン・コンクールを「からくり」と呼ぶのはなぜですか。その理由として最も適当なものを次の中から選び、記号で答えなさい。

ア　ポーランド人はショパンの音楽を「ポーランドの魂」と呼び、国民としてのアイデンティティーを堅固なものにしたと思っていたが、ショパン・コンクールによって他国にも門戸を開いてしまったから

イ　ショパンを弾く日本人たちは、ポーランド文化を理解出来ない自分たちにもショパンの音楽が理解出来るつもりでショパン・コンクールに参加するが、結局ポーランド中心主義に荷担させられているにすぎないから

ウ　ショパン・コンクールという国際的な場で演奏されるショパンの音楽は「国境を越えている」ことを証明するかのように思われているが、ワルシャワに集まった世界中のピアニストに画一的な演奏を求めることになるから

エ　ポーランドで生まれ、フランスで活躍したショパンの曲を、アルゼンチン人や中国人に弾かせることで、ショパンの音楽がどのような言語体系を持つ世界でも通用するかのように見せながら、実際はショパン・コンクールではポーランド人が優遇されるから

2　次の文章は江戸時代の『野乃舎随筆』の一節です。本文を読んで後の設問に答えなさい。

ある仏者[※1]言ふ。地獄にて鬼ども罪人を責めけるに、この罪人いと怖き者にて、娑婆（しゃば）[※2]にて犯せし罪咎（つみとが）をただちに言はざりければ、鬼ども責めあぐみて、しばらく(1)拷問を休みゐたりけるに、罪人鬼どもの面（おもて）をつくづくと見て言ふやう、「我は娑婆にて罪ありしによりて、この地獄へ堕ちたるはもつとも理（ことわり）なれど、足下[※3]たちはいかなる罪の深きによりてかくここにはものし[※4]給ふぞ、(2)いといといぶかしきこと」と言ひければ、赤鬼青鬼涙をはらはらと流して、「(3)おのれらは(4)ぬしの子なり」と答ふ。罪人いよいよいぶかりて、「我は娑婆にて子持たずして失せたり。さるを我が子と言ふはいかなるゆゑにか」と言ひければ、「知らせ給はぬこそいとほし[※5]けれ。ぬしのはじめて罪犯し給へりし時、一つの鬼の首（かしら）出で来ぬ。その後罪おかし給へりし時むくろ[※6]出で来ぬ。また罪作り給へりし時、手足出で来て、一匹・二匹の鬼となりしぞかし。その後たびたび罪犯し給へりし時、三匹・四匹と大勢になりぬ。皆ぬしの罪より生まれし子どもなり」と言ひて、鬼ども足ずりをしつつよよと泣きたるとぞ。

※1　仏者…僧侶

ティーを与えたとすれば、言語による分割を再び無効にして、感動の坩堝の中で世界を再統一するのが音楽というわけである。「いざ抱き合え、幾百万の人々よ！」――ベートーヴェンの《第九》が描いたのは、まさにこうしたユートピアであったと、私には思える。

もう少しうがった言い方をするなら、(3)音楽は自国中心文化のグローバル化を図るための、格好の手段であったとも考えられよう。周知のように一九世紀になると、数多くの民族が独立した国家を作ることを希求すると同時に、自分たちの国民アイデンティティーとしての音楽を持つことを熱望するようになる。ウェーバーやヴェルディやショパンといった、国民楽派の作曲家たちは、こうした背景から登場してきた。そして国民音楽は民族を結集させるアイデンティティーの核であると同時に、その民族文化を国境を越えて普遍化する役割を与えられていた。それに最も成功したのはドイツであったわけだが、自国の音楽を世界基準として流通させる際の標語が、「音楽は言葉ではない／国境を越えている」だった可能性は、それが潜在意識的なものであったとしても、かなり高いはずだ。本当はその文化に精通しなければ理解のかなわぬ「言語」であるかもしれない音楽を、自国の中心性は隠したまま、「国境を越えている」と言い立てて世界に広めるわけである。

例えばショパンの音楽を「ポーランドの魂」と呼び、それがポーランド人以外には理解不能であることを言外に匂わせつつ、それを「国境を越えた言葉」と信じる日本人や中国人やアルゼンチン人に弾かせ、そして「世界言語としてのショパンの音楽」の中心地であるワルシャワのショパン・コンクールへと(c)モウでさせるといった(4)からくりには、「国境を越えた音楽」イデオロギーの二重性が端的に現れているように思う。

（岡田暁生『音楽の聴き方』による）

問1 ＝＝線部(a)～(c)の漢字をひらがなに、カタカナを漢字に直しなさい。

問2 ――線部(1)「音楽は聴くものであると同時に、読んで理解するもの」とありますが、次のように言い換えました。次の空欄にあてはまる語句を本文中から抜き出しなさい。

音楽は［Ⅰ（4字）］であると同時に［Ⅱ（2字）］でもある。

問3 空欄［①］にあてはまる文として最も適当なものを次の中から選び、記号で答えなさい。

ア　邦楽は外国語のようになっている
イ　邦楽に使用される楽器を知らない
ウ　邦楽の演奏風景を直接見たことがない
エ　邦楽が違和感のある音階で出来ている

問4 ――線部(2)「それが一九世紀の産物であることは、まず間違いなかろう」とありますが、なぜそのように言えるのか、次のように説明しました。次の空欄にあてはまる語句を本文中から抜き出しなさい。

一九世紀までは、［Ⅰ（5字）］のような統治者が領土を治めており、その統治の範囲は近代的な国境とは異なるものだった。しかし、一九世紀以降、［Ⅱ（8字）］を同じくする人々を「国民」と考えるようになり、「国家」という［Ⅲ（4字）］が誕生したのである。このように、言語が人々を統一するということは、同時に［Ⅳ（2字）］するということでもある。それによって一九世紀になってから初めて「越えるべき「国境」という概念が生まれたと言えるのである。

問5 ――線部(3)「音楽は自国中心文化のグローバル化を図るための、

【国　語】（二〇分）〈満点：二〇点〉

1 次の文章を読んで後の設問に答えなさい。

(1)音楽は聴くものであると同時に、読んで理解するものである。そして音楽を正しく読むためには、「学習」が必要となってくる。文法規則を知り、単語を覚えなければならない。音楽には語学と同じように学習が必要な面がある――これが意味するところはつまり、「音楽にも国境はある」ということにほかならない。サウンドとしての音楽は国境を越えるだろう。甘い囁き（ささや）や苦悶（くもん）の絶叫は、細かい意味内容を知らずとも、万人に理解出来る。だが言語としての音楽は、文法と単語をある程度知らなければ、決して踏み込んだ理解はかなわない。例えば記号的な音の使い方は西洋音楽に限ったことではなく、中国の京劇だとか日本の歌舞伎や近世邦楽にも無数に例があるはずだが、私にはそうした知識がない。だからいつまで経ってもそれらを「サウンド」としてしか聴くことが出来ない。理解が深まっていかない。国境の壁（邦楽に国境の壁を感じるというのも変な話だが、近代の日本人にとって［　①　］ということだろう）を越えることが出来ないのである。

確かに文学の場合、国境によって囲い込まれてしまう傾向は、音楽よりさらに強いのかもしれない。音声的にまったく異なる言語体系に移し変えられてしまうと、響きと意味とイメージがないまぜになった言葉の体感のようなものが、決定的に失われてしまうわけだから。そこへ行くと音楽は、少なくともそのサウンドでもって、直接すべての人々に訴えかけている幻影を演出することは出来る。文学と比べれば音楽は、「ある程度は」国境を越えている。それでもなお、音楽にもまた「語学の壁」が存在していることは、右に見た通りである。

にもかかわらず、それでは一体なぜかくも頻繁に「音楽は国境を越えた言葉だ」という表現を人が口にするのかと考えたとき、これと密接に関わっていたと想像されるのが、「音楽は語れない」のイデオロギーである。音楽は言語では語れないサウンドだからこそ、国境を越えて誰にでも直接訴えるのだ。もし音楽がそれ自体言語であるなら、人はそれを理解するために学ばねばならない。それでは分かる人と分からない人が選別されてしまう。「音楽は語れない」と「音楽は国境を越えた言葉だ」は、ともに音楽の言語性格の否定であるという点で、根は同じなのである。音楽は誰にでも分からなくてはならないという呪縛である。

「音楽は国境を越えた言葉だ」という言い方がいつ生まれてきたものなのか、(a)寡聞にして私は知らない。だが「語れない」というイデオロギーと同じく、(2)それが一九世紀の産物であることは、まず間違いなかろう。そもそも近代的な意味での国境の概念が生まれてきたのが、まさにこの頃なのである。一九世紀は国民国家の時代であった。言語と民族と歴史を共有する「国民」が一つの独立国家を形成するという考え方は、この時代に初めて誕生した。一九世紀になって初めて、民族／言語が国家の統一単位（イタリア語、ドイツ語、ポーランド語、チェコ語等々）だと考える人が出て来たのである。

だが同時に民族独立運動の一九世紀は、人々が全人類の(b)ユウワの夢を見始めた時代でもある。かつての教会や国王のような、超国境的な統治者がいなくなった世界に、いかにして再び統一を与えるか？　こうした状況の中で特別な使命を与えられたのが、音楽ではなかったか。つまり、言語が世界を構成する「国家／国民」という単位にアイデンティ

2023年度

中央大学杉並高等学校入試問題（一般）

【数　学】（50分）　＜満点：100点＞

【注意】 定規，コンパス等の作図道具および計算機の使用は禁止です。

1　次の問に答えなさい。

（問１）　2021×2020－2020×2019＋2021×2022－2022×2023を計算しなさい。

（問２）　方程式 $x^2-6x+4=0$ の解と方程式 $y^2-14y+44=0$ の解を適当に組み合わせて，$x-y$ の値を計算します。その計算した値が有理数になるときの $x-y$ の値を求めなさい。

（問３）　大小２個のさいころを同時に投げるとき，出る目の積が６の倍数にならない確率を求めなさい。

（問４）　図のように，△ABCに内接する円が辺AB，BC，CAと接する点をそれぞれD，E，Fとします。∠Aの大きさを $x°$ とするとき，∠DEFの大きさを x を用いて表しなさい。

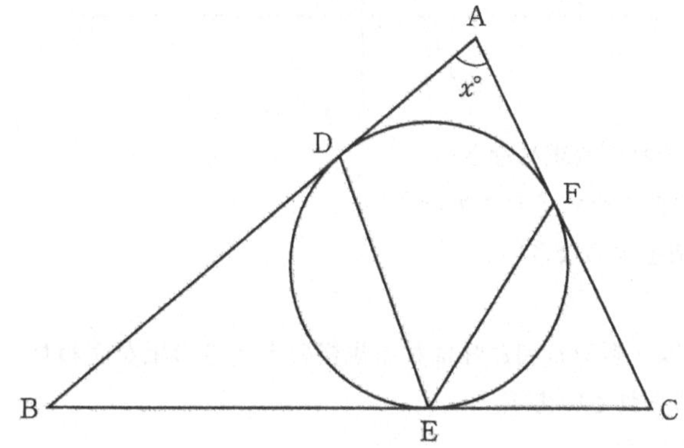

2　図のような１辺の長さが２である正八角形ABCDEFGHについて，あとの問に答えなさい。

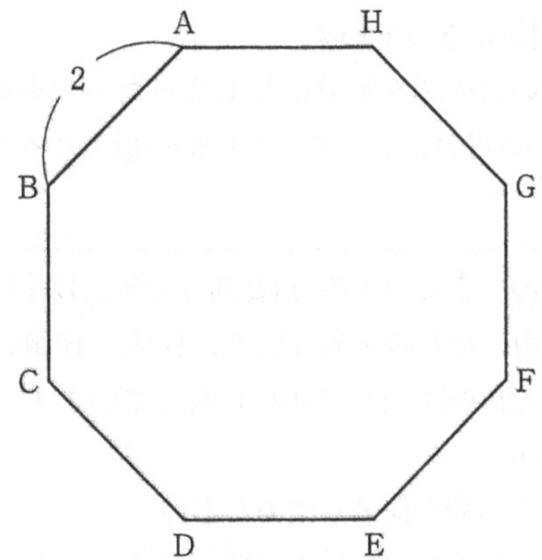

（問１）　ADの長さを求めなさい。

（問２） 正八角形ABCDEFGHの面積を求めなさい。

（問３） 正八角形ABCDEFGHの外接円の面積を求めなさい。ただし，円周率はπとします。

3 図において，点A$(-1,\ 1)$，点B$(3,\ 9)$は関数$y=x^2$のグラフと直線ℓ：$y=ax+b$の交点です。点C，Dは関数$y=x^2$のグラフと直線m：$y=\dfrac{a}{4}x+b$の交点で，Cのx座標は負，Dのx座標は正です。２直線ℓとmの交点をPとするとき，次の問に答えなさい。

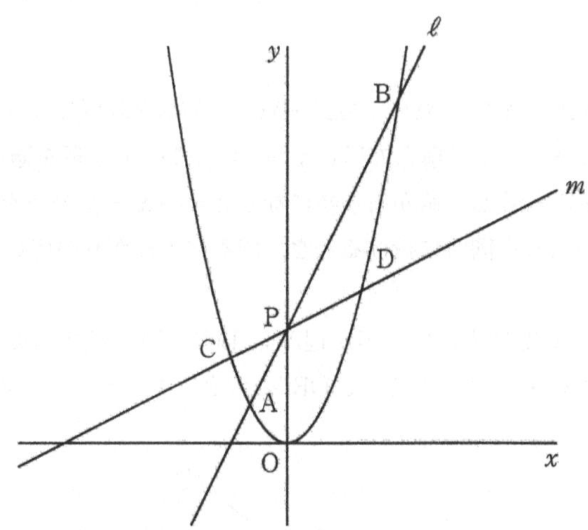

（問１） a，bの値をそれぞれ求めなさい。

（問２） 点C，Dの座標をそれぞれ求めなさい。

（問３） △PDBの面積を求めなさい。

4 教科書やノートにはＡ判やＢ判と呼ばれる規格の大きさの紙が使われています。Ａ判の紙の大きさは次のように決められています。

Ａ判の紙の大きさの決め方

① A0判の紙は面積が$1\ \mathrm{m}^2$の長方形である。

② A0判の紙を，長い方の辺を半分にして切ったものをA1判と呼び，A0判とA1判の紙は相似になっている。

③ 同様にして，次々と長い方の辺を半分にして切ったものを順にA2判，A3判，A4判，…と呼び，これらは互いに相似になっている。

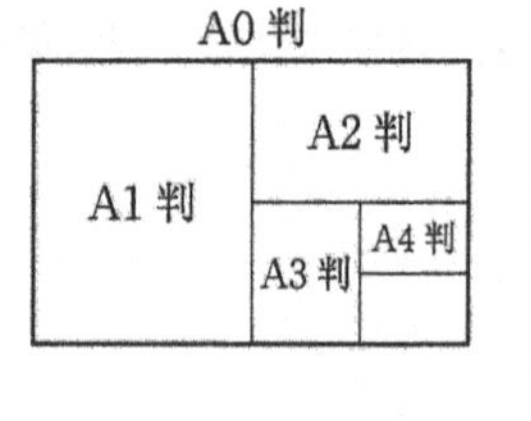

なお，Ｂ判の場合も「Ａ判の紙の大きさの決め方」と同様です。B0判の紙は面積が$1.5\mathrm{m}^2$の長方形で，以降長い方の辺を半分にして切ったものを順にB1判，B2判，B3判，B4判，…と呼び，これらは互いに相似になっていて，A0判とB0判も互いに相似になっています。

このとき，次の問に答えなさい。

（問１） A0判の面積はＡ５判の面積の何倍か求めなさい。

（問２） A0判の（短い方の辺の長さ）：（長い方の辺の長さ）＝１：aとします。

このとき，「Ａ判の紙の大きさの決め方」の②の性質を用いてaの値を求めなさい。

次に，コピー機で原稿用紙を拡大，縮小することを考えます。
また，コピー機の「倍率（%）」とは，

（出力用紙の短い方の辺の長さ）÷（原稿用紙の短い方の辺の長さ）×100

とします。例えば，A1判を50%の倍率でコピーすると，A3判になります。このとき，次の問に答えなさい。ただし，$\sqrt{2}=1.41$，$\sqrt{3}=1.73$，$\sqrt{6}=2.44$としなさい。

（問３） B４判の原稿用紙をB5判に縮小してコピーする場合の倍率として，もっとも近い数値を下の(あ)～(お)から選び，記号で答えなさい。

(あ) 87%　(い) 82%　(う) 71%　(え) 58%　(お) 50%

（問４） A4判の原稿用紙をB5判に縮小してコピーする場合の倍率と等しい倍率で，A3判の原稿用紙を縮小します。このときの出力用紙の大きさとして，もっとも適切なものを下の(か)～(け)から１つ選び，記号で答えなさい。

(か) A4判　(き) A5判　(く) B4判　(け) B5判

5 図のように２つの円があり，点（１，１）および点$\left(-\frac{7}{3},\ \frac{7}{3}\right)$を中心とし，それぞれが$x$軸と$y$軸の両方に接しています。直線$\ell$はこの２つの円に接していて，$x$軸との交点をP，$y$軸との交点をQとします。このとき，次の問に答えなさい。

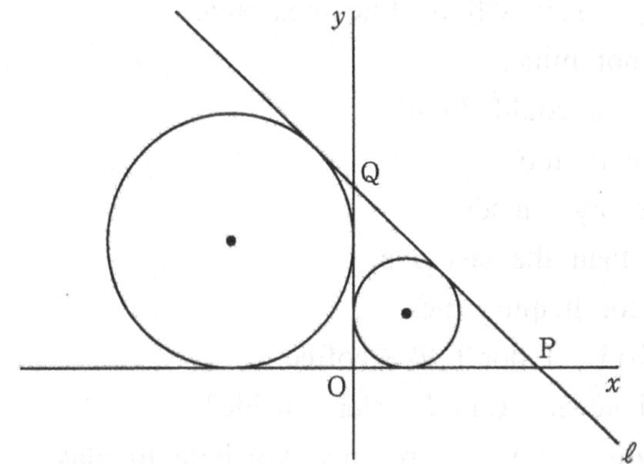

（問１） ２つの円の中心を通る直線の方程式を求めなさい。（答えのみ解答）

（問２） 点Pの座標を求めなさい。（答えのみ解答）

（問３） 点Qの座標を求めなさい。（式や考え方も書きなさい。）

【英　語】（50分）　＜満点：100点＞　　**※リスニングテストの音声は弊社HPにアクセスの上，音声データをダウンロードしてご利用ください。**

I　リスニングテスト

第１部　英語の短い対話を聞き，それに続く対応として最も適切なものを１～４から一つ選び，番号を答えなさい。次の問題に進むまでに５秒の休止が設けられています。対話を聞くのはそれぞれ一度だけです。問題はA，B，C，D，Eの五題です。

A．１．At first I thought so, but I didn't like the ending.
　２．Yes, you are right. It wasn't interesting.
　３．Was it? Can I borrow the book?
　４．No, I didn't say so. It was interesting.

B．１．How many desserts will you eat?
　２．Why did you choose this plate?
　３．Which one would you like?
　４．What did you order?

C．１．I didn't do well, either.
　２．Don't worry. You will be fine next time.
　３．Wait! It's not mine.
　４．I was sure you could do it!

D．１．Did you like it, too?
　２．Can I invite my friends?
　３．It is bigger than the last one.
　４．Thank you for helping me.

E．１．That's too bad. I don't like coffee.
　２．That's good news. Can I order outside?
　３．That's amazing. I will leave my dog here to play.
　４．That's all right. Can I eat inside with my dog?

第２部　放送で流れる英文とその内容に関する五つの質問を聞き，その質問に対する答えとして最も適切なものを１～４から一つ選び，番号で答えなさい。聞きながらメモを取ってもかまいません。各質問の後には７秒の休止が設けられています。英文と質問は二度放送されます。

F．１．In the book, we can learn which is the most expensive hot dog we can buy.
　２．The book is published once a year.
　３．About 50,000 new records are usually put in the book every year.
　４．About 1,000 people try to set a new record every week.

G．１．He started a new beer company called the Guinness Brewery in 1951.
　２．He went hunting in the forest and caught the bird he wanted.
　３．He tried to find out which bird flies the fastest in Europe.
　４．He checked through many books to learn about the bird he caught.

H. 1. Hugh Beaver wanted a book of interesting facts because no books gave him the answer to his question.
2. Hugh Beaver decided to make the book because people usually forgot interesting facts.
3. Twin brothers Norris and Ross asked Hugh Beaver to publish a book of interesting facts.
4. Twin brothers Norris and Ross wanted Hugh Beaver to make a book that they couldn't make before.

I. 1. Hugh Beaver wanted more people to know about his beer company.
2. There were not so many interesting facts in the first book.
3. People who came to restaurants asked Hugh Beaver to make it free.
4. Hugh Beaver knew that the book would be a best-seller in the future.

J. 1. Its first edition was published in the summer of 1955.
2. It became a best-seller in Britain.
3. More than 143 million copies were sold in America.
4. It was translated into 22 languages.

Ⅱ 次の英文を読み，A～Fの質問に対する最も適切な答えを選び，記号で答えなさい。
（*のついた語句には本文の最後に注があります。）

What is black in London, yellow in New York, and many colors in Tokyo? Do you know what the answer is? It is a taxi, also known as a cab. There are about 19,000 black cabs in London, and local people are proud that those black cabs are a part of the city sights. When you visit Britain's capital, taking a London taxi is a must-do experience, something that many people have continued to do for a long time.

The history of taxis goes back to the 17th century — at first they were *coaches pulled by two horses. Originally, taxis were called 'hackneys.' The word 'hackney' comes from French and means a horse *for hire. They became very popular, but they made the traffic busy, and it was quite expensive to ride them. So, in 1823, a coach with two seats and two wheels, a 'cabriolet' was introduced into London from France. It was faster and less expensive, so it soon became more popular than hackney coaches. The name 'cab' actually came from the word 'cabriolet' Then, London's first horseless cabs appeared in 1897, and they were powered by electricity. However, they broke down easily and it was difficult to keep them in a good condition. That's why they disappeared by 1900. Then, in 1903, London's first *petrol-powered cab was introduced. The number of these cabs on London streets grew rapidly, and these cabs became a symbol of the city of London.

There are many things that make London taxis special. The most unusual thing is that you can get to your *destination much more quickly than in many other cities. The reason is that London taxi drivers are some of the most *knowledgeable people in the world.

To drive a black cab in London, you have to have “The Knowledge.” That means that you have to know everything within 6 miles (about 9.7km) from Charing Cross, one of the main railway stations in the center of London. Imagine you are standing at Charing Cross, the center of a circle. There are so many streets, parks, and buildings in all directions up until you reach the edge of the circle 6 miles away. You have to know all of them. You might think that this is not too hard, but there are about 25,000 streets in that circle. To be a taxi driver in London, you have to know each restaurant, hospital, police station and pub in that area as well as all the other popular places. London taxi drivers need this special ability.

It is very difficult to pass the driving test. For most people, it takes about two years to become a London taxi driver. First, you will get the Blue Book, the textbook for the driving test, and prepare for it. In this Blue Book, 320 different *routes all over the city are shown. You take a written test first. In the written test, two points A and B are shown, and you are asked to draw the shortest route between A and B on a blank map. If you pass the written test, you can go on to an interview test. Two different points are shown again, and you need to say the names of every street and intersection based on the shortest distance accurately and quickly. To pass this driving test, taking a motorbike or a bicycle is the best way. You can actually get around the city and remember the quickest route between destinations and all the interesting places in the city. There are even schools for becoming London taxi drivers. “It took me 14 months and it was very hard, but it is very important that taxi drivers have special knowledge,” said James Trenholm, who has been driving a London cab for 29 years. “As you use ‘The Knowledge’ better, it will become easier to drive the cab.”

Taxi drivers have to remember a lot, and all that knowledge actually makes them clever. In fact, scientists have *proved that learning to drive a London cab actually makes your brain grow — at least the part that deals with memory and *spatial awareness (your sense of distance and how you judge the spaces between things).

London taxi drivers are doing a great job in getting around the city so quickly. Since the city is so old, the streets are often narrow. It is always very crowded with a population of around 9 million people. The public transport system such as the bus and the train is sometimes in real trouble. So, it is good to have something you can always depend on to take you home.

“I don’t think we are cleverer than other people,” said Jonny Fitzpatrick, a taxi driver in London for two years. "But because we know where we are going, it means we don't give the customer any trouble." So long live the black London taxi cab!

注） coach(es)：大型馬車　for hire：有料で貸すための　petrol：ガソリン　destination(s)：目的地　knowledgeable：知識のある　route(s)：ルート・経路　prove(d)：～を証明する　spatial awareness：空間認識

A. Which is NOT true about London taxis?

ア One of the things you have to experience when you come to London is to take a taxi because it's very famous.

イ London cabs are an important part of London city sights and many people have used them for a long time.

ウ Local people are proud of London cabs because they think London cabs represent the city of London.

エ London has not only black cabs but also yellow ones, and the number of black cabs is almost the same as that of yellow ones.

B. Which is true about the history of London taxis?

ア The first London taxi driver came from France, and he invented a French style coach called a hackney coach in the 17th century.

イ People started using petrol-powered cabs instead of electric ones because they were easier to keep in a good condition.

ウ Many people were surprised that the first motor cabs introduced from France were electrically powered.

エ Cabriolet coaches were not as popular as hackney coaches because they were more expensive.

C. What does "The Knowledge" mean? Choose the best one.

ア The ability to measure the exact distance from Charing Cross to the edge of the circle

イ The ability to take a passenger to each railway station in England very quickly

ウ The ability to choose the best way for a passenger among about 25,000 streets in London

エ The ability to go to any streets more than 6 miles away from the center of London

D. Why is it very difficult to pass the driving test to become a London taxi driver?

ア You have to answer the names of every street to the destination based on the shortest distance as quickly as possible,

イ You need to show the best way to reach the destination by motorbike or bicycle as accurately as possible.

ウ You need at least 14 months to study the Blue Book at school before taking a written test and then an interview test,

エ You have to know all the different 320 routes from Charing Cross to each destination.

E. Which is NOT related to the result that scientists got?

ア London cab drivers can choose the quickest way to reach the destination.

イ London cab drivers can remember many famous places in London.

ウ London cab drivers can drive fast and safely on narrow and crowded streets.

エ London cab drivers can deal with mechanical problems when their cars are broken down.

F. According to the article, choose two correct sentences from the following.

ア Horses were used as taxis to take passengers to their destinations until the 16th century.

イ You can depend on London taxis because the drivers have a lot of knowledge about the London area.

ウ It takes two years for London taxi drivers to remember the names of all historical places in the London area,

エ Riding around on motorbikes in the London area is a part of the driving test to become a London taxi driver.

オ The city of London is so old and the streets are often narrow, but it's not a big problem for London taxi drivers because they are very knowledgeable.

カ London taxis have recently become less popular because there is a good transport system in the London area.

Ⅲ 次の英文を読み，設問に答えなさい。
(* のついた語句には本文の最後に注があります。)

Colors can bring back powerful emotions and memories. They can sometimes affect your mood and behavior. In fact, scientists agree that color has a great influence on how attractive or unattractive a food is to you. As you can imagine, that's important news for restaurants, food brands and fast-food chains. Which colors make us hungry or push our plates away? Let's examine the impact of colors on *appetite and eating habits.

Red is a color that increases our appetite. In fact, people often find that red-colored foods are the most attractive. The color red is also *associated with emotion and passion. It is a very strong color that increases our *blood pressure, heart rate and energy. By *stimulating many senses in our body, this bright color makes us hungry. Yes, there is a reason why many popular fast-food chains such as McDonald's, Pizza Hut and KFC (Kentucky Fried Chicken) all use red in their logos. Food chains use red not only in their logos but also for their interior, such as walls, tables and so on. It is said that red makes you feel that time passes quickly. As a result, customers eat faster and restaurants are able to have more customers a day.

Yellow is another color that stimulates our appetite. When we see yellow, our brain releases more serotonin, a feel-good hormone that makes us happier and more relaxed. When you feel happy and relaxed, you feel safe and feel like eating more. Have you ever been to a restaurant that has yellow flowers on the table? If you feel very hungry and you are ordering a lot of food there, these yellow flowers may be ①<u>the reason</u>! Just like yellow, it is said that the color orange gives us warm and comfortable feelings.

Have you ever heard of ②<u>"the Ketchup and Mustard Theory"</u>? As I said above, red and yellow are the colors that increase our appetite. When you combine these two colors in a logo for a restaurant or food brand, it will be even more effective! I'm sure you can easily think of some famous food chains that use red-and-yellow logos, such as McDonald's, Burger King, and *Sukiya* — a famous beef bowl chain in Japan. There may be "the Ketchup and Mustard Theory" behind their success.

Green is also a popular color among restaurants and fast-food chains. As green foods look fresh and natural, people often think that all green foods are healthy. Throughout, history, humans have looked for green foods because [③]— they have no poison and are good to eat. In this way, the color green makes us feel relaxed and increases our appetite. It is not surprising that major brands like Starbucks and MOS BURGER use green logos with great success.

Some people find white foods such as popcorn, whipped cream and white bread are very attractive. However, white foods may cause over-eating, especially when you are eating snacks. You may forget that white foods contain calories, and this sometimes makes you eat too much. Also, many people feel that white foods and foods on white plates are less satisfying—even if you eat so much, you can't feel satisfied and keep on eating. ④<u>When you are on a diet, you should *avoid white foods!</u>

On the other hand, there are some colors that don't make us hungry. Blue is the top color you shouldn't use in food packages or restaurant logos. Research suggests that the color blue decreases our appetite because there are not many blue-colored foods in nature except blueberries. [⑤] That is why many weight-loss programs and diet companies use blue in their marketing. However, when you are thirsty on a hot day, which color of drink looks more attractive to you, a brown one or blue one? Blue is associated with fresh water, the ocean and swimming pools, so it may be a very attractive color when we are thirsty.

Pink doesn't stimulate our appetite, either, because it seems like an unnatural color. Pink often makes people think of raw meat or *artificial preservatives. That's one of the reasons why you don't see many pink logos.

Gray is another color that decreases our appetite. Have you ever seen a gray food and thought, "Wow, that looks delicious!"? You don't generally see gray food growing in a garden. The *dullness of gray is associated with old, bad food that you cannot eat anymore.

⑥Brown [　　　　　　]. If you want to open a restaurant, you should be careful about using this color. Brown foods don't usually make us hungry because the color brown is associated with foods that are burned or overcooked. However, brown can sometimes be a good choice for certain foods and drinks such as coffee, chocolate or baked goods.

When you step into a restaurant next time, why don't you look around you and take a look at the color of the walls, the plates or even the chairs? You may be able to find some interesting facts about the color and appetite. As people often say, we eat with our eyes.

注） appetite：食欲　(be) associated with ～：～を連想させる　blood pressure：血圧
stimulate：～を刺激する　avoid：～を避ける　artificial preservatives：人工保存料
dullness：(色の) にぶさ・くすんだ色

問１　赤色の持つ効果としてふさわしくないものをア～エから一つ選び，記号で答えなさい。

ア　赤は食欲を増進する色であり，赤い食べ物を最も魅力的に感じる人が多い。

イ　赤は感情や情熱を連想させる色であり，血圧や心拍数を上昇させる効果がある。

ウ　お腹をすかせる効果があるので，店名のロゴに赤色を使用する飲食店が多い。

エ　内装に赤色を使うことにより，客は店内でゆっくり食事を楽しむことができる。

問２　下線部①の内容としてふさわしくないものをア～エから一つ選び，記号で答えなさい。

ア　You feel hungry because the color yellow has the power to make us feel good.

イ　Certain hormones that make you happy are produced when you see yellow flowers.

ウ　Beautiful flowers with any color make your brain relaxed and make you hungry.

エ　Yellow and orange flowers on the table give you warm and comfortable feelings.

問３　下線部②に関して，本文の内容と一致するものをア～エから一つ選び，記号で答えなさい。

ア　Restaurants should use red and yellow in their logos because both colors make us happy and healthy.

イ　Fast-food chains should use red and yellow because ketchup and mustard make hamburgers more delicious.

ウ　If you use red and yellow together, the effect of colors to make us hungry will be greater,

エ　Famous fast-food chains such as McDonald's, KFC and Starbucks have all used this theory and become successful.

問４　空欄［③］に入る最も適切なものをあとのア～エから一つ選び，記号で答えなさい。

ア　green foods usually make them excited

イ　green foods in nature are often safe
ウ　green foods can be found anywhere
エ　green foods give them a lot of energy

問5　下線部④の理由としてふさわしくないものをア～エから一つ選び，記号で答えなさい。
ア　白い食べ物，とくに白いスナックは，高カロリーのものが多いから。
イ　白い食べ物は，食べ過ぎを引き起こす可能性があるから。
ウ　白い食べ物にカロリーが含まれていることを忘れてしまうことがあるから。
エ　白い食べ物や，白い皿にのっている食べ物からは，満足感があまり得られないから。

問6　空欄 ⑤ には以下の４つの英文が入ります。本文の内容に合うように正しい順番に並べ替えなさい。
ア　This behavior of avoiding those colors in food may still be with us.
イ　It is even suggested that you should put a blue light in your fridge to decrease your appetite if you want to lose weight.
ウ　A long time ago when our ancestors were looking for food, blue, black and purple were the signs that the food contained poison and was not safe to eat.
エ　In fact, people lose appetite when they see blue foods, even if they taste good.

問7　下線部⑥の［　］に入るものとして最も適切なものをア～エから一つ選び，記号で答えなさい。
ア　is a perfect color for many restaurants
イ　can be a good color for most food chains
ウ　is a difficult color for restaurants
エ　always decreases customers' appetite

問8　本文の内容をまとめた文となるように，空欄（A）～（E）に入る適切な語を下から選び，記号で答えなさい。同じ記号の空欄には同じ語が入ります。また，同じ語を繰り返し選んではいけません。

Colors sometimes play an important part in our lives. They can affect our appetite and our eating habits. For example, red, yellow and (A) are known to increase our appetite. You have to be careful when you eat (B) foods because they sometimes cause overeating. On the other hand, it is said that (C) and gray are the colors that decrease our appetite.

(D) and (E) are the two colors that have both a good and bad side. Although most (D) foods decrease our appetite, (D) can be an attractive color for drink on a hot day.

ア blue	イ pink	ウ green	エ brown	オ white

問9　本文の内容と一致しないものをあとのア～クから二つ選び，記号で答えなさい。
ア　According to some scientists, colors can affect our feelings and actions, and sometimes change our appetite.
イ　It is natural for many fast-food chains to use red in their logos because red

is a color that makes you hungry.

ウ Some fast-food chains use red for their interiors to make the customers feel that they want to come back again.

エ Many popular food chains use the color green because it makes people feel relaxed and hungry.

オ It is said that pink often decreases our appetite because pink foods don't look natural or healthy.

カ Gray is not a very good color for restaurants' logos, although it can be a perfect color that makes some foods look delicious.

キ Brown doesn't usually increase our appetite because brown makes people think of overcooked foods.

ク It might be a good idea to pay attention to the colors used in restaurants to see the relationship between colors and appetite.

Ⅳ 空欄に入る最も適切なものをそれぞれア～エから一つ選び，記号で答えなさい。

1．You have met my wife, (　　) you?

ア did　イ didn't　ウ have　エ haven't

2．Tom (　　) me his phone number yesterday.

ア said　イ told　ウ spoke　エ talked

3．There aren't (　　) supermarkets in this area.

ア no　イ some　ウ any　エ much

4．New computers (　　) in that company.

ア are used　イ are using　ウ can use　エ have used

Ⅴ 日本語の意味を表す英文になるように下の語(句)を並び替え，(A)～(H)に入る語(句)の記号を答えなさい。ただし，文頭に来る語(句)も小文字で書かれています。

1．私は彼に自転車で学校に行くときは気をつけるように言った。

I (　　)(　　)(　　)(A)(　　)(　　)(B)(　　)(　　) to school.

ア be　イ told　ウ rides　エ careful　オ a bicycle

カ him　キ he　ク to　ケ when

2．私が今着ているコートは，去年の冬に着ていたものほど高価ではない。

(　　)(　　)(　　)(C)(　　)(　　)(　　)(　　)(D)(　　) last winter.

ア now　イ expensive　ウ I wore　エ I'm wearing　オ is

カ the coat　キ not　ク the one　ケ as　コ as

3．青いドレスを着た少女と踊っている男性はだれですか。

(　　)(　　)(　　)(E)(　　)(　　)(F)(　　)?

ア with　イ the man　ウ the girl　エ who

オ the blue dress　カ dancing　キ in　ク is

4．忙しいときに自分の部屋をきれいに保つことは容易ではない。

(　　)(　　)(　　)(　　)(G)(　　)(　　)(H)(　　) you are busy.

ア keep　イ easy　ウ is　エ your room　オ it　カ when

キ not　ク clean　ケ to

Ⅵ 次の日本文を英文にしなさい。

1．猫は，何か食べているときに触られると，怒るかもしれません。

2．レポートを書くために，私は興味のない本を読まなければならない。

遍的人権に近い権利は掲げられてはいたが、実際にはそれは実現されていなかった。

ウ　一般的に人間は外集団に対しては、無関心であるか、友好関係を保つか、脅威として敵対するかであり、現在もそれは解消されていない。

エ　二十世紀半ばまでは普遍的人権思想は浸透しなかったのに、人権を侵害した国の政治的・宗教的事情に対して、国際社会による干渉がしばしば起きた。

オ　普遍的人権思想が普及した世界においては、直接の利害関係のない国をも含めた国際社会によって、内政干渉が行われることがよくある。

て来たから

エ　普遍的人権の行き渡った現代であっても、外集団が内集団の脅威となる場合には、外集団で行われている人権侵害に問題意識を持つことが正しいとされるから

オ　普遍的人権の行き渡った現代においては、外集団の人々が人権侵害をされたのであっても、内集団にある者はそれを自分のこととして捉える想像力が要求されるから

問5　――線部⑸「支配者にとって相互に都合の良いシステム」とありますが、どのようなシステムですか。その説明として最も適当なものを次から選び、記号で答えなさい。

ア　国家の主権を尊重し、国家間で内政干渉が起きた場合は当事者国同士で問題の解決を図るようにするシステム

イ　国家の主権には配慮するが、大国が勢力を拡大していくことによって国際秩序の安定を図ろうとするシステム

ウ　国家の主権は不安定なものなので、既存の国家の数がこれ以上増減しないように国際的な組織が調整を図るシステム

エ　国家の主権を不可侵であるとし、たとえある国に人権侵害があったとしても批判や行動することを避けようとするシステム

オ　国家の主権を抑制し、ある国で人権侵害が起きたときには国際社会が連帯してその状況を改善するよう圧力をかけるシステム

問6　――線部⑹「この二つの原理は、それぞれに不都合な要素を含んでいる」とありますが、「不都合な要素」について次のようにまとめました。空欄に当てはまる適当な語句を本文中からそれぞれ抜き出しなさい（句読点や「　」などの記号も一字に数える）。

普遍的人権思想の下では、外集団で人権侵害が起きた場合であっても、［A（16字）］集団は、リスクとコストの高い［B（3字）］な行動を取らなければならなくなる。また、為政者は、外集団で起きた人権侵害に干渉すれば、自らの［C（4字）］を外集団、すなわち外国から妨げられることになってしまう。

問7　――線部⑺「歴史の不思議」とありますが、その「不思議」さを説明したものとして最も適当なものを次から選び、記号で答えなさい。

ア　普遍的人権が確立したにもかかわらず、それが国際社会に十分に行き渡らないこと

イ　普遍的人権が確立するには時期尚早なはずなのに、時代を先取りして世界中に普及してしまったこと

ウ　普遍的人権の確立は、むしろそれが普及すると支障のある立場の人たちによって進められてきたこと

エ　普遍的人権の確立によって解消されたはずの内集団と外集団の区別が、まだ社会の根底に残っていること

オ　普遍的人権の確立は人間にとって理想の実現であるはずだが、依然として理論的な可能性に留まったままであること

問8　本文の内容と合致しないものを次から一つ選び、記号で答えなさい。

ア　普遍的人権の理念はそれまでの人道主義を超えたものであり、二十世紀半ばの世界人権宣言において、初めて国際社会で規定された。

イ　フランス革命後の人権宣言やアメリカの独立宣言においても、普

問1　――線部⑴「人道主義的な価値観」とありますが、これについて説明したものとして最も適当なものを次から選び、記号で答えなさい。

ア　古代にも中世にも存在しており、現代の人権理念にも通じる考え方

イ　古代や中世そして現代においても共通する、人権の定義となる考え方

ウ　古い時代に流行したが、現代の人権理念においては刷新された考え方

エ　古い時代には注目されなかったが、人権を重視する現代になって見出された考え方

オ　古代から中世にかけて各国で見受けられ、現代の人権理念においても重要度が増している考え方

問2　――線部⑵「普遍的人権（universal human rights）は、相当に革命的な思想で、人類の歴史の中でも画期的なものであった」とありますが、「普遍的人権」は、どのような点が「革命的」で「画期的」なのですか。その説明として最も適当なものを次から選び、記号で答えなさい。

ア　自然権の考えを発展させて、生来的な権利をすべての人間に適用した点

イ　自然権の考えにとらわれずに、すべての人間に自由に生きる権利を認めた点

ウ　自然権の考えに則って、すべての人間に専制君主を罪に問う権利を与えた点

エ　自然権の考えに従って、すべての人間に法律や政治に守られる権利があるとした点

オ　自然権の考えを超えて、すべての人間に時代の常識にとらわれず生きる権利があるとした点

問3　――線部⑶「ロックは、国家が構成員の生命、自由、財産などに関する自然権を守ることを理想としていたが」とありますが、これ以降、その「理想」通りにはいかなかったことが述べられています。それについて説明した次の文の空欄に当てはまる適当な語句を、本文中からそれぞれ抜き出しなさい（句読点や「　」などの記号も一字に数える）。

人は社会集団を［A（7字）］に分け、自分の所属する集団の生活や権利を守りがちである。ロックが唱えた自然権の場合も、現実には社会を構成する［B（6字）］が限定的に想定されていた。特に［C（11字）］が優遇されていたのである。

問4　――線部⑷「これらの外集団の人権問題に直接関係を持たない日本人でも、関心や意見を持ち、何らかの行動を起こすことが求められている」とありますが、それはどうしてですか。最も適当なものを次から選び、記号で答えなさい。

ア　普遍的人権の行き渡った現代においては、遠い国で起きた人権侵害でも、内集団のこととして捉えないと批判されるから

イ　普遍的人権の行き渡った現代においては、内集団と外集団の違いに関係なく、人権侵害はあってはならないこととされるから

ウ　普遍的人権の行き渡らない人道主義の時代から、外集団で起きた人権侵害は内集団で起きたのと本質的には変わらない、と理解され

とも変わりはないが、普遍的人権思想の普及した現代では、外集団の構成員に甚大な人権侵害が行われている場合には、それに無関心であったり、それを許容することは、道徳的に許されないこととされている。ウガンダで同性愛者が迫害されていることやカザフスタンで反政府勢力が弾圧されていることなどは、普遍的人権思想が確立される前の時代であれば、遠い国の出来事として無視されていたことであろう。しかし、今日の世界では、(4)これらの外集団の人権問題に直接関係を持たない日本人でも、関心や意見を持ち、何らかの行動を起こすことが求められているのである。

この外から干渉する必要があるという点が普遍的人権思想の第二の革新である。二十世紀半ばまでの世界では、一六四八年のウェストファリア条約で定式化された国家主権の原則の下で、国内での政治的・宗教的な事案について、外からとやかく批判したり、何らかのアクションを起こすことは、内政干渉であるとして多くの場合、避けられてきた。これは(5)支配者にとって相互に都合の良いシステムであり、自国がその規範を破って他国の国内政治に干渉すれば、後から他国が自国の内政に干渉してくる事態を招く恐れがあるので、なるべくこれを忌避するのが得策であった。それでもフランスのようなカトリックの国が、他国でのカトリック信徒の弾圧に抗議するとか、ドイツが東欧の国にいるドイツ人の権益を保護するなどの、自国の利益を守る形での干渉は以前からあった。しかし、普遍的人権思想の下での内政への干渉は、しばしば国際社会の連帯の中で、直接の利益を持たない国も巻き込んで行われるのである。

もちろん、このような人権侵害を止めるための内政への干渉や国際的な制裁は、あくまでも理論的な可能性であり、実際には国際政治の現実の前に、実効性のある行動が取られないことが多い。多くの国家が今も国家の主権を聖域と考え、それを冒すことには、反対したり躊躇（ちゅうちょ）したりするのが現実である。しかし、普遍的人権思想の下では、少なくとも理論上は、国家の主権の名の下に国内で人権を侵し続けることは許されないのであり、この考え方自体が画期的なものなのだ。

以上をまとめると、自分の属する集団に限らず全ての人間に人権が保障されるという普遍性原理と、他国での見知らぬ人々に対する人権侵害であっても、内政問題であるとして無視してはならないという内政干渉肯定の原理が、現代の国際人権をそれまでの人道主義と区別する二つの柱である。(6)この二つの原理は、それぞれに不都合な要素を含んでいる。普遍性原理は、内集団の利益を優先するはずの人間にとっては必ずしも望ましいものではなく、特に政治的・経済的に優位な立場にある集団が利他的にこれを受け入れるのは、合理的な判断には思えない。強い立場にある集団にとっては、遠くの見知らぬ集団の窮状のために立ち上がるというのはリスクとコストが高い行動であり、みすみす自分たちに火の粉がかかるような状況に飛び込んでいくよりは、自分たちの権益を守ることに注力し無関心でいる方が得策であることが多い。また、内政干渉肯定の原理にしても、為政者の権力行使を外から抑制するものであり、国家や権力者にとっては不都合極まりないものであるはずである。にもかかわらず、国家の代表者で構成される国際組織を中心に、普遍的人権が確立され、人権に関する問題で内政干渉が可能なシステムが作り上げられてきたのは、(7)歴史の不思議であると言わざるを得ない。

（筒井清輝『人権と国家』より　作問のため本文を改めた箇所がある）

〔問題五〕 次の文章を読んで後の設問に答えなさい。

人権の起源について考えるにあたっては、まず人権の定義を考えなくてはならない。弱者救済や平等、正義、自由、尊厳などの人権とも通底する(1)人道主義的な価値観であれば、人間社会に古くから見られたものが多くある。例えばメソポタミア文明のハンムラビ法典などのように、相手を自分と同様の存在と見て、自分がされたいのと同等の対応を相手にもするという発想は、紀元前から見られるものである。また、権力者の力を制限し、法の下で弱い立場にある者の権利を守るという考え方は、一二一五年のマグナ・カルタなどに見られるように中世の社会でも存在していた。

しかし、現在の人権理念は、これらの人道主義的な観念を超えたものである。そしてこの理念を国際社会で最初に規定したのは、一九四八年の世界人権宣言（Universal Declaration of Human Rights）である。この時生まれた(2)普遍的人権（universal human rights）は、相当に革命的な思想で、人類の歴史の中でも画期的なものであった。では、それはどのようにそれまでの人道主義的な思想と違うのか？

まず第一の大きな違いは、普遍的人権は誰もが人間であるというだけで持っている権利であるという点である。人が人であるだけで、宗教、人種、民族、ジェンダー、階層、信条などに関わりなく、基本的な人権を保障されるという思想は、今では当たり前に思われるかもしれないが、これまでの長い人間社会の歴史の中で、二十世紀半ばになって初めて世界中で受け入れられた考え方である。人は生まれながらにして固有の権利を持つという、自然権（natural rights）の考え方は、古代ギリシャ以来存在しており、ホッブズやロックなどの啓蒙（けいもう）思想家によって発展を遂げた。その普遍的な方向性から、自然権はその後の人権および民主主義の発展にも大きな影響を及ぼした。自然権は、主に社会の中での構成員と政府との関係、すなわち社会契約を考える中で、法制度や政府の存在以前の自然状態で人に保障された権利に言及する概念であった。そして、専制政治を行う君主は社会の構成員の自然権を侵害しているのであり、人々は自然権を根拠に君主に対抗できるという考え方が革命の時代に大きな影響を与えた。(3)ロックは、国家が構成員の生命、自由、財産などに関する自然権を守ることを理想としていたが、その場合に想定されていた社会の構成員は限定的に理解され、主に男性、しかもキリスト教徒の白人男性を指していた。すなわち、人は誰しも生まれながらに権利を持つとはいうものの、「人」の範囲が内集団に限定されて理解されていたのである。

自分が所属する社会集団である内集団とその外にある外集団の区別は人間社会に普遍的なものであり、内集団を優先し、その構成員の生活や権利を守るのが社会集団の役目であった。しかし普遍的人権の考え方は、内集団と外集団の区別に関わらず、一定の人権は誰にでも保障されなければならないとするものである。フランス革命後の人権宣言やアメリカの独立宣言などでもこれに近い普遍的な権利が謳（うた）われてはいたが、実際の権利主体は白人男性などの一部の人々に限定されており、その内集団に入っていない者の権利は恣意的に扱われてきた。普遍的人権観念の下では、このような区別はもはや許されなくなるのである。

人間は多くの場合、外集団に対しては無関心であるか、一定の友好関係を保つか、あるいは脅威として敵対心を持つかであった。内集団と外集団の区別は現在でも当然残っており、内集団を優先する場面が多いこ

られているスポットである。にもかかわらず、日本の旅行案内書では、一級の観光地扱いを受けている。村はライン河畔に位置し、ブドウ酒製造を主要産業とする。ブドウ酒産業と牧草地は通常両立せず、「ハイジ」で出てくる、一面に広がる緑の牧草地とは風景を異にする村だ。しかし、観光客は、「ハイジ」ゆかりの地だと喜び、村のあれこれを見て感動し、ブドウ酒を飲むためにお金を払う。作品で描かれる光景とややかけ離れていようが、そこは気にしない。村の人と片言で会話をし、「ハイジ」の世界で繰り広げられるやさしい人々との会話を追体験した気になる。いったんその地が作品とつながっていると認めたら、そこで愉しみを享受するのだ。現地に赴くことは、あくまでこちらが勝手に作った世界像を求めている行為にすぎない。だが、観光はこうして作られていくのである。

　さらに、「ハイジ」に出てくるようなアッペンツェル地方の、牧草地の周辺（あくまで「周辺」）に立ち寄るコースもある。アッペンツェル地方は、まさに私達が求めている、ほどよい自然と部分的に舗装された道、適度に放し飼いされた牛で成り立っている「理想の牧草地」である。実際の牧草地そのものは、おびただしい糞尿にハエが群がっていて、決して愉快な場所とは言い難い。伸びた草が足にまとわりつき、ぬかるんだ場所も多く、歩きにくくて散策には向かない。観光客は、牧草地そのものには踏み込まず一歩手前の場所に身を置き、ハイジが暮らしていたであろう世界を味わえたことに胸を熱くする。山々を眺めながら澄んだ空気を吸い、歩きやすい丈の草を踏み、これぞアルプスだと心躍らせるのだ。

　この感動を支えるものは、作品から抽出された「自然＝美」「やさしさ」などのイメージが投影されたメルヘンチックな世界像である。人間と自然が織り成す「ハイジ」のやさしい世界を自分達なりに感じられれば、それで充分だ。

　私達は、その地の実態から遠ざかることで、観光を成立させているのだ。現地の実態を正確に把握することに何の意味があるのだろうか。ロラン・バルトが言うように、「もう何も見えなくても、そんなことは問題ではない」（『神話作用』）のである。

（本文は加太宏邦「そして観光のまなざしだけが残った」を元に本校が作成した）

（下書き欄1）

（下書き欄2）

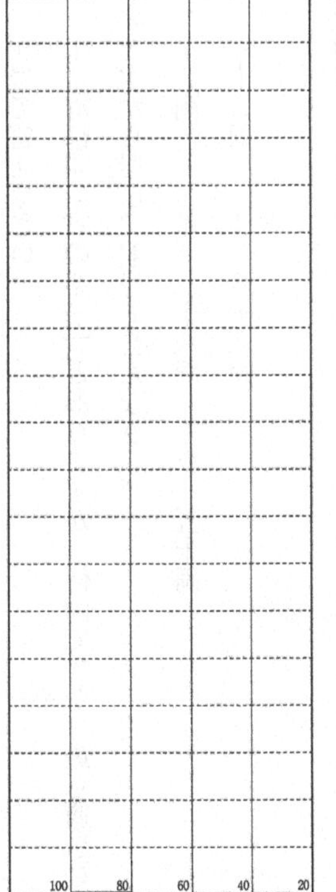

しつけたのですか。最も適当なものを次から選び、記号で答えなさい。

ア　正直な人が門奈助左衛門に
イ　遠藤吉七郎が家来の一人に
ウ　門奈助左衛門が家来の一人に
エ　門奈助左衛門が遠藤吉七郎に
オ　遠藤吉七郎が門奈助左衛門に

問2　――線部⑵「仰天なし」とありますが、その説明として最も適当なものを次から選び、記号で答えなさい。

ア　雪で転んだ時に仰向けにひっくり返った。
イ　侍の魂である脇差を失くしたと思い慌てた。
ウ　預かった五十両を失くしたと思いびっくりした。
エ　蔵宿に金子を忘れてきたことに気づいて肝をつぶした。
オ　財布を鴨居にかけたままであることを思い出し天を仰いだ。

問3　――線部⑶「これにて申し分けあるべし」の意味として最も適当なものを次から選び、記号で答えなさい。

ア　十二両不足しているが何とかこれで許しを乞おう。
イ　雪が解ければあと十二両は見つかるにちがいない。
ウ　三十八両だけでも戻ってくれば主人もうれしく思うだろう。
エ　どうして十二両だけなくなるなんてことを信じてもらえるだろうか。
オ　十二両失くしてしまった責任をとって切腹しなくてはならないだろう。

問4　══線部A「正直なる者」とありますが、この人物の「正直さ」を示す行動として最も適当なものを本文中の〰〰線部ア～オから選び、記号で答えなさい。

問5　――線部⑷「右の金子」とありますが、何両ですか。最も適当なものを次から選び、記号で答えなさい。

ア　十二両　　イ　三十八両　　ウ　五十両
エ　六十二両　　オ　八十八両

〔問題四〕　次の文章を①～③の条件にしたがって、八十字以上百字以内で要約しなさい。

①　三文で要約すること ②　第二文の書き出しを「しかし」、第三文の書き出しを「つまり」で始めること （………。しかし………。つまり………。） ③　解答欄の一マス目から書き始め、句読点も一字に数えること

アニメやテレビドラマ、小説等に触れ、その作品の舞台となった地を実際に訪れたいと旅する人は多い。お気に入りの作品の舞台を訪れることは、ファンにとって大変胸が躍る行為だ。このような行為は、人々にとって観光の一つのスタイルとして定着している。

日本人にとって、スイス旅行の中でとりわけ人気が高いのは、「アルプスの少女ハイジの里を巡るコース」だそうだ。「ハイジ」の作者が夏の休暇に滞在していたことがあるという村、マイエンフェルトを訪れるコースは、訪問客のほとんどが日本人だという。このマイエンフェルト村は、フランスのガイドブック『ミシュラン』ではたった一行で片付け

【資料】米飯給食の着実な実施に向けた取組

米飯給食は、子供が伝統的な食生活の根幹である米飯に関する望ましい食習慣を身に付けることや、地域の食文化を通じて郷土への関心を深めることなどの教育的意義を持つものです。平成30（2018）年度には、完全給食[1]を実施している学校の100％に当たる29,553校で米飯給食が実施されており、約911万人が米飯給食を食べています。また、週当たりの米飯給食の回数は3.5回となっています（図表）。

図表　**米飯給食実施状況（国公私立）**

	平成20年度（2008）	平成25年度（2013）	平成30年度（2018）
学校数	31,094校	30,198校	29,553校
実施率	99.9%	100%	100%
実施回数（週当たり）	3.1回	3.3回	3.5回

出典：文部科学省「米飯給食実施状況調査」

農林水産省では、次世代の米消費の主体となる子供たちに、米飯を中心とした「日本型食生活[2]」を受け継いでもらうため、米飯給食のより一層の推進を図っています。令和3（2021）年度は、前年度に引き続き米飯給食の拡大に向けた取組への支援として、各学校が米飯給食の実施回数を増加させる場合に、政府備蓄米の無償交付を実施しました。

なお、献立の作成に当たっては、多様な食品を適切に組み合わせて、児童生徒が各栄養素をバランスよく摂取しつつ様々な食に触れることができるように配慮することが大切です。

1　給食の内容が、パンまたは米飯（これらに準ずる小麦粉食品、米加工食品その他の食品を含む）、牛乳及びおかずである給食のこと

2　ごはん（主食）を中心に、魚、肉、牛乳・乳製品、野菜、海藻、豆類、果物、お茶など多様な副食（主菜・副菜）等を組み合わせた、栄養バランスに優れた食生活

〔問題三〕　次の文章は江戸時代の随筆『半日閑話』の一節です。本文を読んで後の設問に答えなさい。

往古青山若松町に門奈助左衛門といふ者、遠藤吉七郎とならびし富家なり。ある暮二十八日のことなるに、助左衛門家来にいたつてA正直なる者これあり。⑴右の者に申しつけ、蔵宿※1へ金子※2五十両取りに遣はしける。折節雪にて道悪きゆゑ、ア財布を首にかけもどりしが、近所の玉竜寺前にてすべり倒れイやうやう宿へ帰り、足も汚れしゆゑ、まず財布を玄関の鴨居※3（かもゐ）へ引きかけおき、まず手足を洗ひ、それより旦那の前へ出で、ウ蔵宿の口上※4を相述べ、財布を出さんとせしが、以前鴨居へ引きかけおきしことを忘れ、⑵仰天なし、脇差※5もささず駆け出だし、玉竜寺の前にて倒れし所へまかりこし探せしが、金子三十八両を得たり。これはこれ、初め倒れしは、右の金子に滑り倒れしなり。それより三十八両を拾ひ集め、あとは不足すれども、⑶これにて申し分けあるべしとよしなく※6立ち帰る道にて、以前かけ置けるを思ひ出し、早々まかり帰り、主人へエ委細申しければ、すぐさま右の次第公儀※7へうかがひければ、落とせし主出でざるゆゑ、右の者へ下され、⑷右の金子を元手として、主人も世話いたし遣はし、末には同心の株※8にありつき、当子年までにオ三代相続すと、遠藤直物語なり。

※1　蔵宿…札差（年貢を両替する店）の店舗
※2　金子…貨幣
※3　鴨居…ふすま・障子などの上部に触れる横木
※4　口上…口頭で述べる内容、挨拶
※5　脇差…長い刀に添えて脇に差す小刀
※6　よしなく…しかたなく
※7　公儀…役所
※8　同心の株…下級役人になるための権利。売買の対象になっていた。

問1　――線部⑴「右の者に申しつけ」とありますが、だれがだれに申

ア　**アイヌ施策の推進は、**アイヌの人々の民族としての誇りが尊重されるよう、**アイヌの人々の誇りの源泉である**アイヌの伝統等並びに我が国を含む国際社会において重要な課題である多様な民族の共生及び多様な文化の発展についての国民の理解を深めることを旨として、行われなければならない。

イ　アイヌ施策の推進は、アイヌの人々の**民族としての誇りが**尊重されるよう、アイヌの人々の誇りの源泉であるアイヌの伝統等並びに我が国を含む国際社会において**重要な課題である**多様な民族の共生及び多様な文化の発展についての国民の理解を深めることを旨として、行われなければならない。

ウ　アイヌ施策の推進は、アイヌの人々の民族としての**誇りが尊重されるよう、**アイヌの人々の誇りの源泉であるアイヌの伝統等並びに我が国を含む国際社会において重要な課題である多様な民族の共生及び多様な文化の発展についての国民の理解を深めることを旨として、**行われなければならない。**

エ　アイヌ施策の推進は、アイヌの人々の民族としての誇りが尊重されるよう、アイヌの人々の誇りの源泉であるアイヌの伝統等並びに我が国を含む**国際社会において**重要な課題である多様な民族の共生及び多様な文化の発展についての**国民の理解を深めること**を旨として、行われなければならない。

オ　アイヌ施策の推進は、アイヌの人々の民族としての誇りが尊重されるよう、アイヌの人々の誇りの源泉であるアイヌの伝統等並びに我が国を含む国際社会において**重要な課題である**多様な民族の共生及び多様な文化の発展についての**国民の理解**を深めることを旨として、行われなければならない。

（「アイヌの人々の誇りが尊重される社会を実現するための施策の推進に関する法律　第一章総則　第三条基本理念」より）

問2　次のページの【資料】は『令和3年度　食育白書』（農林水産省）「第2章　学校、保育所等における食育の推進」の一部です。ここから読み取れることとして、正しいものをア～オから選び、記号で答えなさい。

ア　学校は、米飯給食を通じて郷土への関心を深めるための教育を行わなければならない。

イ　完全給食を実施している学校は、全体として米飯給食の実施回数が増加傾向にある。

ウ　日本の米消費は、米飯給食を軸とした「日本型食生活」によって支えられている。

エ　農林水産省は、米飯給食を実施する全ての学校に政府備蓄米の無償交付を実施することにした。

オ　米飯食の普及のためには、パンや麺以上に米飯を中心とした給食を優先すべきである。

（作問のため【資料】を改めた箇所がある）

【国　語】（五〇分）〈満点：一〇〇点〉

【問題一】　次の1～6の文中の――線部(a)～(h)について、漢字はひらがなで読み方を示し、カタカナは漢字に改めなさい。

1　公金その他の公の財産は、宗教上の組織若しくは団体の使用、(a)ベンエキ若しくは維持のため、又は公の支配に属しない(b)ジゼン、教育若しくは博愛の事業に対し、これを支出し、又はその利用に供してはならない。

（日本国憲法第八十九条より）

2　時計を出して見れば、まだ八時三十分にしかならない。まだなかなか大石の目の醒（さ）める時刻にはならないので、好（い）い加減な横町を、上野の山の方へ曲った。(c)セマい町の両側は穢（きた）ない長屋で、塩煎餅（しおせんべい）を焼いている店や、小さい荒物屋がある。

（森鷗外『青年』より）

3　このような、曖昧かつポジティブな特性は自己高揚動機の対象となりやすくなります。自分に都合のいいように考えても客観的な測定で(d)クツガエされることがなく、かつポジティブな特性なら「自分には(e)ソナわっている」と考えたくなるからです。

（藤田政博『バイアスとは何か』より）

4　兄はその大広間に仮の仕切として立ててあった六枚折の屏風（びょうぶ）を黙って見ていた。彼はこういうものに対して、父の(f)薫陶から来た一種の鑑賞力を有（も）っていた。その屏風には妙にべろべろした葉の竹が巧（たくみ）に描かれていた。兄は突然後を向いて「おい二郎」と云った。

（夏目漱石『行人』より）

5　温暖化による海面上昇が海岸を浸食し、世界中で大規模な被害が起きている。国連が日本のメディアと立ち上げた「1.5度の約束」（気温上昇を産業革命前と比較し、1.5度に抑える）はあらゆる手段を(g)コウじて守らなければならない。

（新聞記事より）

6　総務省消防庁は、感染症の患者数が高い水準で推移しているために、救急車の到着後も、患者の(h)ハンソウ先が決まらない事案が多く発生していると発表した。

（新聞記事より）

【問題二】　次の問1、問2に答えなさい。

問1　【例】を参考にして、文章内の語句と語句のつながりを正しく示したものを次のページのア～オから選び、記号で答えなさい。

【例】

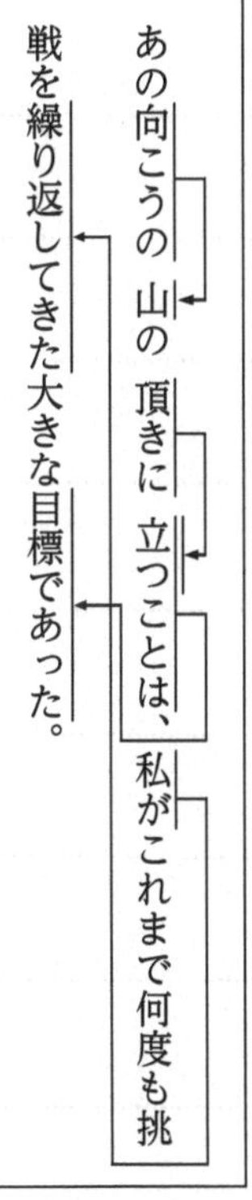

あの　向こうの　山の　頂きに　立つことは、　私が　これまで　何度も　挑戦を　繰り返してきた　大きな　目標であった。
※すべてのつながりを図示しているわけではありません。

大切なことはメモしておこうネ！

T.G

2023年度

中央大学杉並高等学校入試問題（帰国生）

【数　学】（30分）　＜満点：50点＞

【注意】 定規，コンパス等の作図道具および計算機の使用は禁止です。

1　$x=\sqrt{3}$，$y=\sqrt{5}$のとき，次の式の値を求めなさい。

$$(x-y)(x+1)(y+\sqrt{3})(x+y)(x-1)(y-\sqrt{3})$$

2　表1は東京の1907年と2007年の月ごとの最高気温の平均値を表したものです。

表1　（単位：℃）

	1月	2月	3月	4月	5月	6月	7月	8月	9月	10月	11月	12月
1907年	8.4	8.0	10.6	17.3	21.9	22.9	26.6	29.6	24.7	20.1	15.3	9.9
2007年	10.9	12.8	15.0	17.9	24.0	27.1	27.4	33.0	28.5	22.2	16.6	12.6

＊気象庁統計情報より

次の問は，表1を表2の度数分布表に整理した上で考えなさい。

表2　度数分布表

		1907年	2007年
気温(℃)	階級値(℃)	度数	度数
以上　未満 8.0～13.0	10.5		
13.0～18.0	15.5		
18.0～23.0	20.5		
23.0～28.0	25.5		
28.0～33.0	30.5		
33.0～38.0	35.5		
	合計	12	12

（問1）　表2から2007年の13.0℃以上18.0℃未満の度数と相対度数をそれぞれ求めなさい。ただし，相対度数は四捨五入することなく小数第2位までを記述しなさい。

（問2）　表2から1907年の最頻値を求めなさい。

3　次のページの図のように，円Oの周上に4点A，B，C，Dがあり，∠ABD=30°，∠CBD=35°，直線COと辺ABとの交点をEとします。∠BCE=15°のとき，次の問に答えなさい。

（問1）　∠CDOの値を求めなさい。

（問2）　∠EOAの値を求めなさい。

（問3）　∠EAOの値を求めなさい。

（問４） ∠EDOの値を求めなさい。

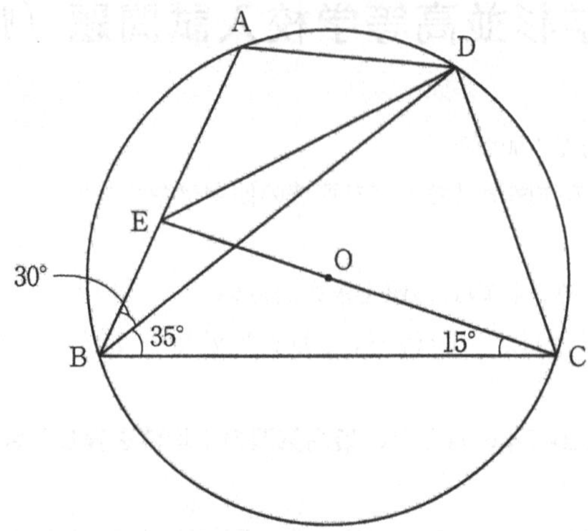

4 図のように，関数$y=\frac{8}{x}$のグラフ上に点A(1, 8) をとり，関数$y=x$のグラフ上に２点B(−4, −4) とC(4, 4) をとります。また，$y=x$と$y=-8x+16$の交点をDとします。このとき，次の問に答えなさい。

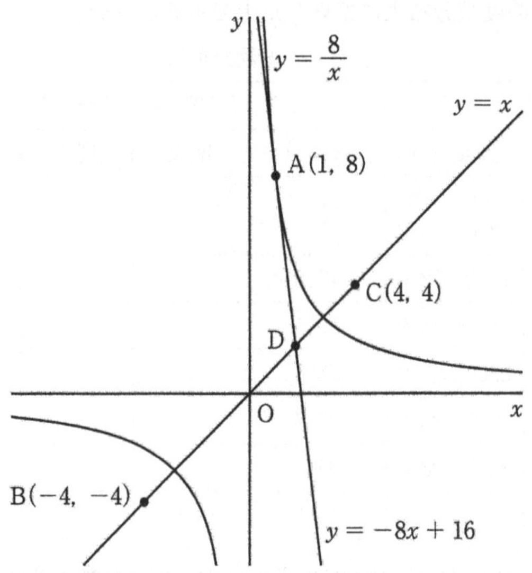

（問１） ２点A，B間の距離をAB，２点A，C間の距離をACとするとき，AB−ACの値を求めなさい。

（問２） Dの座標を求めなさい。

（問３） ２点B，D間の距離をBD，２点D，C間の距離をDCとするとき，BD：DCをもっとも簡単な整数の比で答えなさい。

5 次のページの図のような∠A＝60°の△ABCにおいて，頂点Aから辺BCにおろした垂線と辺BCとの交点をD，頂点Bから辺ACにおろした垂線と辺ACとの交点をEとします。さらに，線分AD

と線分BEの交点をFとします。BD＝$5\sqrt{3}$，DC＝$2\sqrt{3}$のとき，次の問に答えなさい。

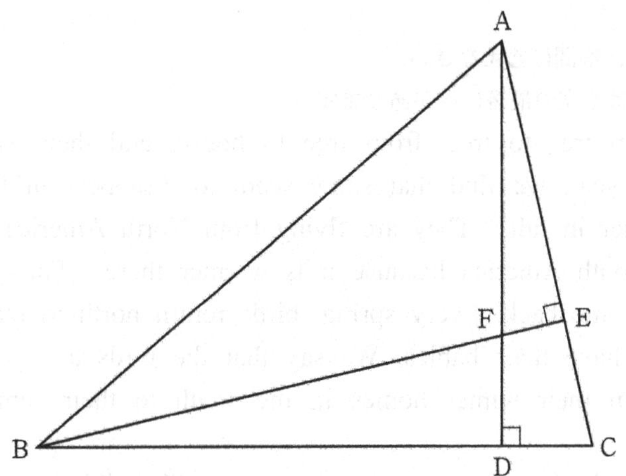

（問１）$\dfrac{BE}{AE}$の値を求めなさい。

（問２）AFの長さを求めなさい。

（問３）DFの長さを求めなさい。

【英　語】（30分）　＜満点：50点＞

I　次の英文を読み，設問に答えなさい。
（＊のついた語句には本文の最後に注があります。）

Birds fly from tree to tree, from tree to house, and then back again. ①If we watch birds all year, we find that some seem to disappear in fall. The days get shorter and colder in fall. They are flying from North America to the south, such as Central or South America because it is warmer there. Early in spring the first birds begin to come back. Every spring, birds return north to make their nests, lay their eggs, and have their babies. We say that the birds are ②"migrating." They are moving from their winter homes in the south to their summer homes in the north.

Once they reach their northern homes, they will build their nests. They may build nests in trees, or *shrubs, or on porch *ledges. *Woodpeckers may *bore holes into trees and make their nests inside. Some go to the same nesting area or even to the exact same nest that they used the summer before.

③Long ago people did not know that some birds migrate. They thought the birds hid in holes in the ground and slept all winter. Some people guessed that birds spent the winter in the mud on the bottoms of ponds. Now we know where these birds go. When birds start to migrate, ornithologists — scientists who study birds — use traps and nets to catch a few of them. They put bands on their legs and then let the birds go. The bands do not hurt the birds. Each band has a word on it that tells where and when the bird was banded. Some birds migrate for weeks because they stop along the way. Other birds fly for only a few days. Some birds fly thousands of miles when they migrate. We know that *orioles fly south to Panama and *barn swallows fly to Central and South America. *Hummingbirds weigh only as much as a coin, but when they migrate, they fly over the sea for 500 miles without stopping. *Arctic terns fly more than 10,000 miles—all the way from North America to the South Pole.

How do the birds know where to go and how do they find their way? That's ④the big mystery. Some birds may follow rivers, mountains, or seashores, but many birds find their way over the ocean. There seems to be nothing to guide the birds flying over the ocean.

⑤Ornithologists have some ideas【 is / birds / how / which / know / about / way 】north or south. Birds migrate both in the daytime and at night. When birds fly in the daytime, they use the sun to guide them. Birds seem to know what time of day it is and can use the sun's position to find north and south. They know that when they fly south in the morning, they must have the sun on the 　⑥　. It is because the sun is in the east in the morning. When birds fly south in the [⑦], the sun must be on the right.

When birds fly at night, the stars help them to find their way. Scientists have tested this idea. Birds were put in a big planetarium. The staff in the planetarium placed the stars in the sky as we see them. The birds flew in one direction. When the pattern of the stars was changed, the birds flew in a different direction. It was clear that the birds noticed that the position of the stars changed.

However, birds can also find their way when it is cloudy. They fly when they cannot see the sun during the day or the stars at night. How do they know which way to go? ⑧<u>One idea is that birds are able to use the earth's *magnetic field to guide them.</u> The magnetic field is a force that surrounds the earth. It is strongest near the North and South Poles. The magnetic field makes the needle on a *compass point north. Ornithologists think that some birds may have inner "compasses" in their bodies.

*Homing pigeons are especially good at finding their way. When they are taken far away from home, they are usually able to find their way back. Scientists have experimented with these pigeons. They put special covers over the birds' eyes, so the pigeons cannot see clearly. Even when the pigeons cannot see, they are often able to return home.

[⑨] Scientists know that birds have an inner yearly calendar. This calendar tells the birds that when the days become shorter, it is fall and it is time to migrate south. When the days become longer, it is spring and time to migrate north.

When fall approaches, birds eat a lot of food to store energy for their flight. Suddenly they are gone. They have started to migrate. Several months later, the birds are getting ready to migrate again. They must make their long journey to the north. It is time to build nests, lay eggs, and raise babies.

Even though people have watched birds for thousands of years, we still do not have all the answers about bird migration. Ornithologists keep studying and studying. If you become one, maybe you can find the answers to some of the mysteries.

注） shrub(s)：茂み　ledge(s)：軒下（のきした）　woodpecker(s)：キツツキ　bore：（穴を）あける
oriole(s)：ムクドリモドキ　barn swallow(s)：ツバメ　hummingbird(s)：ハチドリ
arctic tern(s)：キョクアジサシ　magnetic field：磁場　compass(es)：方位磁石
homing pigeon(s)：伝書バト

問1　下線部①について，次の質問の答えとして最も適切なものを後のア～エから一つ選び，記号で答えなさい。

If we watch birds all year, what do we find?

ア　The kinds of birds around us are the same every season.

イ　Some birds around us disappear into the ground in fall.

ウ　We don't see some kinds of birds in certain seasons.

エ　All the birds have both summer and winter homes.

問２　下線部②について，本文の内容と一致しないものをア～エから一つ選び，記号で答えなさい。

ア　Some birds travel very long distances from south to north and others don't.

イ　In summer, some birds move south to make their nests and have babies.

ウ　Some birds go south to spend their winter days in warmer places.

エ　When spring comes, some birds come back north to their summer homes.

問３　下線部③について，次の質問の答えとして最も適切なものをア～エから一つ選び，記号で答えなさい。

How did people discover that some birds migrate?

ア　It was found that the birds slept in holes in the ground all winter.

イ　Some scientists discovered the birds spending the winter in the mud of ponds.

ウ　Ornithologists caught birds in different places by using special bands.

エ　The birds with special bands on their legs were found in a far-away place.

問４　下線部④について，本文で述べられていないものをア～エから一つ選び，記号で答えなさい。

ア　When some birds migrate, they may find their way by using landscapes.

イ　When birds fly in the daytime, they fly toward the sun to find north or south.

ウ　Birds which travel during night find their way by the places of the stars in the sky.

エ　Birds seem to feel some power from the earth, so they can find their way even if they cannot see.

問５　本文の内容に合うように下線部⑤の【　　】内の語（句）を並べ替えなさい。

問６　⑥ ⑦ に当てはまる最も適切な１語をそれぞれ書きなさい。

問７　下線部⑧を確かめるために科学者が行った実験とその結果について，40字以上50字以内の日本語で書きなさい。（句読点を含む。）

<下書き用>

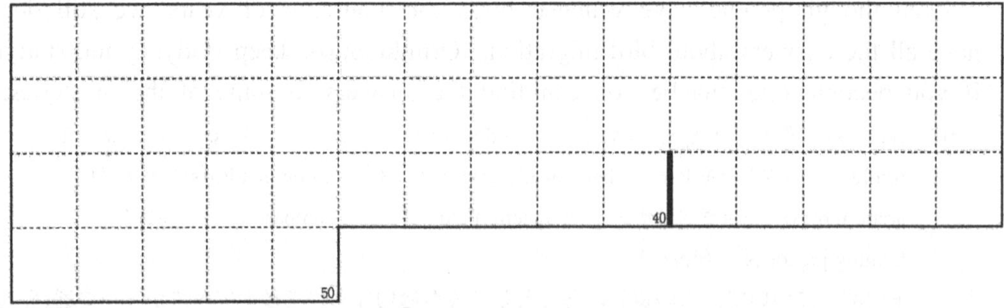

問８　⑨ に入る最も適切なものをア～エから一つ選び，記号で答えなさい。

ア　How do birds know it's time to leave for the south or the north?

イ　When do birds know the day is getting shorter or longer?

ウ　Which season is the best for birds to fly to the south or the north?

エ　Where do birds fly when they migrate in fall or spring?

問９　本文の内容と一致するものをア～カから二つ選び，記号で答えなさい。

ア　Sometimes migrating birds return to the same nest that they built almost one year ago.

イ　Ornithologists put bands on birds' legs to count the number of migrating birds in the world.

ウ　Very light and small birds like hummingbirds fly quite long distances without stopping when they migrate.

エ　The birds put in a big planetarium kept flying in the same direction even when the position of the stars was changed.

オ　The magnetic field is stronger near the North Pole than near the South Pole.

カ　Ornithologists have found that the magnetic field makes a needle of a compass point north.

Ⅱ　次の英文を読み，下線部①～③の日本語を英語に直しなさい。

Switzerland is well known for its quality chocolate. The nation has gained international popularity for its premium brands. ①2020年８月の終わり頃，スイスのある町に住む人々は，非常に奇妙なものを見て驚いた。 It started "snowing chocolate." The local people thought that the chocolate dust was a strange result of climate change.

However, all became clear after the local chocolate maker said the brown shower was caused by an error in its cooling systems. ②強い風のせいで，そのエラーによってできたチョコレートのほこりが町中に広がった。

The town was covered with light brown dust, which had the flavor of milk chocolate. The company offered to pay for any cleaning services required as a result of the accident. ③その会社の社長は，その工場の近くに住む人たちに，チョコレートのほこりは健康や環境にとって危険ではないと言った。 The president also said engineers were working on repairing the machine that didn't work well. Many people wrote jokes about the cocoa-dust accident on social media. A Twitter user wrote: "Chocolate snowflakes falling from the sky, dreams come true!" Another tweeter commented, "I am dreaming of a brown Christmas."

（佐宗邦威『模倣と創造』を元に本校が作成した）

（下書き欄1）

（下書き欄2）

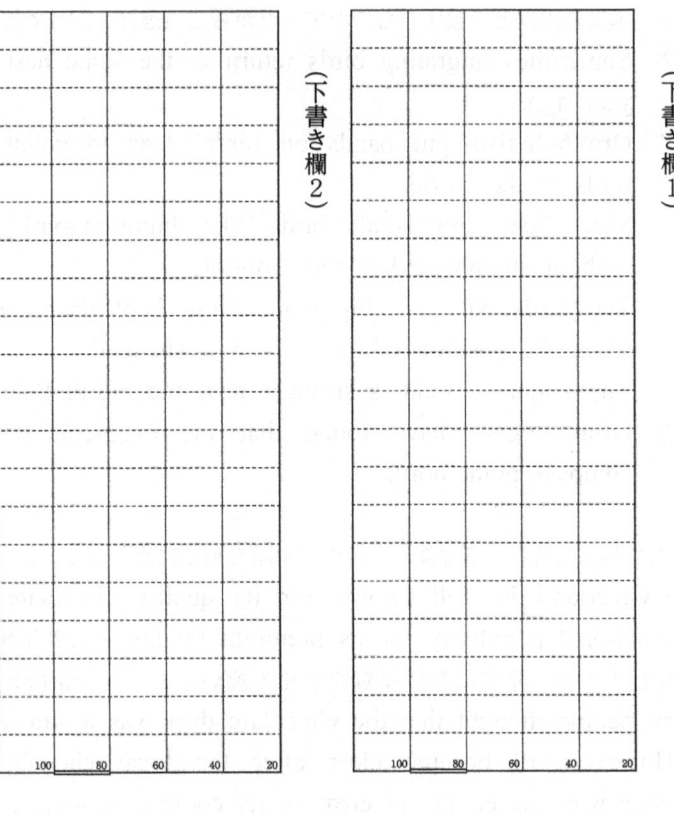

エ　人間の形をしたロボットを開発するのは、ロボットにとっての他者である人間に対する理解を容易にするためでもある。

2　次の文章を①～③の条件にしたがって、八十字以上百字以内で要約しなさい。

① 三文で要約すること
② 第二文の書き出しを「しかし」、第三文の書き出しを「つまり」で始めること
（………。しかし………。つまり………。）
③ 解答欄の一マス目から書き始め、句読点も一字に数えること

「模倣」の対義語は何ですか？――漢字や熟語の勉強を重ねてきた受験生の皆さんならすぐに「創造」だと答えられるだろう。「模倣」は「他のものを真似すること」という意味を持ち、「創造」は「何もないところから新しいものを生み出すこと」という意味を持つ。「模倣」は「創造」に比べて非生産的で良くないイメージを伴いがちであり、逆に「創造」は何ものにも囚われずに自由に考えた末の産物を世に出す尊い行為だというイメージが付随しがちである。

しかし、「新しいもの」は、果たして「何もないところから」生み出されるのだろうか。否、決してそうではない。日本は一九六〇年代の高度経済成長期には、ものづくり大国と呼ばれたが、その途上では「モノマネが得意な国」だといわれていた。まずは既製の完成品を分解し、そっくり再現するという真似によって技術を学ぶ。構造が分かると、ちょっとずつ組み換えて、だんだん新しい発想ができるようになる。このような過程を経て、独自の発明品をつくるまでに成長していったのだ。つまり、卓越したモノマネ力があったからこそ日本は新しい技術や発想が得られたのである。「模倣」は優れた観察力を必要とし、技術力や発想力を磨く行為なのである。

「二十世紀最大の画家」「不世出の天才」と呼ばれたパブロ・ピカソも、「模倣」する能力は秀逸であったと言える。彼は幼い頃から美術教師の父親からドローイングや油彩画を学び、絵画の伝統的な技法や表現法を徹底的に叩き込まれた。こうして十五才で描いた「科学と慈愛」は、伝統的な絵画技法に従って安定した構図を取り、光と影を巧みに使いながら遠近法を用いた作品である。ベッドに横たわる母親に焦点が集まるように描き上げ、神童ぶりを世に知らしめた。のちに彼はそれまでの技法の枠を飛び越えた革新的なキュビスムを創出し、さらにシュルレアリスムに影響を受け、「鏡の前の少女」等、斬新な手法の作品を制作する。だが、人々に衝撃を与え続けたその鮮烈な画風は、圧倒的な写実性を持っているピカソだからこそ描ける絵であると評論家は述べる。〝ピカソは「模倣」を徹底的に行ったことによって、従来の画法の随所に施された工夫、一見しただけではわからない細部へのこだわり等、さまざまなことに気づき、それが新しい画法を生み出す発想と技術につながったのだ〟〝数々の彼の傑作は、高度な「模倣」の技術なくしては生まれなかったのだ〟と。

「模倣」を経て初めて「創造」が可能になるのだ。「模倣」は「創造」に至るまでの、いわば守破離の第一段階である「守」にあたる部分だと言ってよいであろう。対義語だと捉えてこの二語を受験勉強の中で暗記してしまうのは、あまりに安直な行為とは言えまいか。

題のこと

問1　――線部(a)～(c)のカタカナを漢字に改めなさい。

問2　――線部(1)「ミラー・ニューロン」とありますが、なぜこのニューロンは「ミラー・ニューロン」と呼ばれるのですか。その説明として最も適当なものを次の中から選び、記号で答えなさい。

ア　脊髄ではなく脳からの指令によって発火するから

イ　アカゲザルが鏡を見て運動を行おうとする時に発火するから

ウ　他者の動作を見た際に自分が動く時と同じように発火するから

エ　ヒトが言語の発声を行おうとする時に発火するから

問3　――線部(2)「非常に興味深いのは、このミラー・ニューロンがヒトの脳のブローカ野という部分に相当する場所に見つかったということです」とありますが、なぜ「興味深い」のかを次のように説明してみました。空欄にあてはまる語句を本文中より抜き出しなさい。

　ミラー・ニューロンが［A（6字）］という運動にかかわる場所で見つかったということは、他者の［B（7字）］ためには、その主体も相手と同じような構造と運動をする［C（2字）］が必要であるということを示唆しており、その点が非常に興味深いのである。

問4　空欄［I］にあてはまる文として最も適当なものを次の中から選び、記号で答えなさい。

ア　つまり、〈心の理論〉はたしかに必要ですが、それをもっているからといって、必ずしも視点動詞がうまく使えるわけではないということです。

イ　要するに、〈心の理論〉が重要であることには変わりなく、〈心の理論〉をもつことでほとんどの生徒が視点動詞をうまく使えるようになるのです。

ウ　すなわち、〈誤った信念課題〉をパスすることは、視点動詞を獲得したことになると考えられます。

エ　したがって、〈心の理論〉をもっていることは「行く」と「来る」や、「あげる」と「もらう」などの言葉を適切に使えるということになります。

問5　［7］段落で述べられている正高の実験と［3］段落で述べられているミラー・ニューロンについての研究との共通点を説明したものとして最も適当なものを次の中から選び、記号で答えなさい。

ア　どちらも、言語の獲得には〈心の理論〉が必要であると述べている。

イ　どちらも、身体の動きにはニューロンが重要であると述べている。

ウ　どちらも、相手の動作を知るには視点の切り替えが必要であると述べている。

エ　どちらも、他者を理解するには身体が重要であると述べている。

問6　本文の内容と合致しないものを次の中から一つ選び、記号で答えなさい。

ア　相手の意図を推測するためには、相手の視点に立って物事を見ることが前提になっている。

イ　他者の意図を推測するという点において、従来の人工知能は必ずしも効率的であるというわけではない。

ウ　視点動詞の適切な使用ができないということは、他者の心を類推し、理解することができないということである。

視点動詞の適切な使用ができたグループとできなかったグループのそれぞれに、〈誤った信念課題〉[※2]についてのテストを行ってみました。そうすると、適切な使用ができたグループではひとりしか間違えなかったのに対し、適切な使用ができなかったグループでは四五名のうち二九名しかパスしませんでした。適切な使用ができたグループではほとんど全員が〈誤った信念課題〉をパスしたわけですが、適切な使用ができなかったグループでも二九名はパスしたことから、〈心の理論〉が備わっていることは視点動詞を獲得するうえでの必要条件であり、十分条件ではないことが考えられます。［Ｉ］

7 では、視点動詞はどのように獲得されていくのでしょうか。正高は次に、視点動詞を使う際の子供の身体の動きに着目しました。テストを記録したビデオを見てみると、適切な使用ができる子供は、「行く」という語を使うときには身体の中心から外側に動きがあるのに対し、「来る」という語を発したときには逆に外側から中心に向けた動きが見られたそうです。ところが適切な使用ができないグループでは、身体の動きの向きと視点動詞が一致していませんでした。ただ、視点動詞の使用は正しくないにしても、質問をする実験者が外側へ向けた動きをするとそれに対し中心へ向けた動きを伴って発話するといった、実験者の動きと正しく対応した動きを示す場合と、必ずしもそうではない場合が混在していたのです。

8 このことから、視点動詞の正しい使い方を習得する前段階として、身体運動の適切な使用ができなければならないのではないかということが考えられます。そこで、適切な使用ができなかったグループのうち視点動詞と動きが一致していた生徒と、視点動詞の使用は間違っていたものの動きは実験者と対応していた生徒を約一年後に追跡調査すると、視点動詞の使用を獲得していた率が高かったのは動きが実験者と対応していた生徒の方だったのです。

9 正高の研究は、〈心の理論〉が言語によるコミュニケーションに反映されるためには、身体を(c)カイザイさせなければならないのではないかということを示唆しています。その場合、互いに同じようなつくりの身体を共有していた方が、はるかに相手の意図の理解が容易になるでしょう。話をしている相手が自分とはまったく異なったかたちをもっていたのでは、相手の動きを自分に照らし合わせて理解するということができないからです。ヒューマノイド・ロボットを開発することの意義は、おそらくこのようなところにもあります。

10 こう考えていくと、ＳＦ映画『２００１年宇宙の旅』に登場する宇宙船ディスカバリー号の船体に組み込まれ、人間とは全く異なる構造と動作をもったＨＡＬ９０００という人工知能が、映画に出てくるような洗練された会話を乗組員とこなせるとは思えません。しかし実は、原作者であるアーサー・Ｃ・クラークの映画製作裏話によると、ＨＡＬはいちばん最初に構想されたときには「ソクラテス」という名前の手足のついたロボットだったそうです。進化生物学からの視点は、人間並みの知能を備え、人間との会話をこなせる人工知能が実現するとしたら、それはソクラテスのような身体をもったロボットの延長にあることを示唆しています。

（小田亮『約束するサル』より　作問のため本文を改めた箇所がある）

※１　〈心の理論〉…他者の心を類推し、理解する能力のこと
※２　〈誤った信念課題〉…〈心の理論〉を持っているかどうかを確認する課

【国　語】（三〇分）〈満点：五〇点〉

1 次の文章を読んで、後の設問に答えなさい。

[1] そもそも、相手の意図を推測するというのはどういうことでしょうか。まず前提となるのは、相手の視点に立って物事を(a)ナガめてみるということです。わたしたちはこれを、おそらく身体を用いて行っているのだろうということが最近分かってきました。その(b)カギのひとつが、(1)「ミラー・ニューロン」というものです。

[2] わたしたちが何らかの運動を行う場合、それが脊髄反射でなければ、脳からの指令によって行われています。ということは、運動を行っているときには脳内のある部分のニューロンが発火しているわけです。神経学者のジアコーモ・リゾラッテイらはアカゲザルを使って、目の前で人がある動作をしてみせている場合と、同じ動作をサル自身がする場合のそれぞれでどのニューロンが発火しているかを調べました。すると、どちらの場合も同じように発火するニューロンがあることが分かったのです。まるで相手の動作を脳のなかで鏡に映しているようだというので、このニューロンは「ミラー・ニューロン」と名付けられました。

[3] (2)非常に興味深いのは、このミラー・ニューロンがヒトの脳のブローカ野という部分に相当する場所に見つかったということです。ヒトの脳は機能局在といい、部分によって果たしている機能が異なります。それぞれの部分をなんとか野と呼んでいるわけですが、ブローカ野は言語の発声にかかわっていると考えられており、そのため運動性言語野などと呼ばれることもあります。おそらくはミラー・ニューロンにおいて他者の行動と自分の行動が照らし合わせられることにより、他者の動きについてのシミュレーションを脳のなかで行うことができているのでしょう。ということは、意図を推測する主体には、相手と同じような構造と動きをもった身体がなければなりません。そのときどきの状況に応じて、相手の意図を自分の身体と照らし合わせることによって推測することができれば、従来の人工知能のような、しらみつぶしの膨大な計算は必要なくなるでしょう。

[4] 言語獲得のプロセスを研究している正高信男は、言葉の理解における身体の重要性を、視点動詞の使用を子供がどのように獲得していくかということから示しています。

[5] 視点動詞とは、行く／来る、あげる／もらう、売る／買うなどのように、言葉が指示する対象が、話者やそのときの状況において変化する動詞のことです。例えば、あなたの話している相手が「明日君のところに相談に行くよ」と言ったとき、あなたにとっては相手が相談に「来る」ことになります。ですから、何時に来るのか聞きたいときには、「明日の何時ごろ来るの?」と言わなければなりません。「明日の何時ごろ行くの?」と言ったのでは頓珍漢な答えになってしまいます。このようなやりとりが成立するためには、相手の視点に立って自分の立場をナガめるという能力が必要になるのです。視点動詞を適切に使うことは難しく、小学生でもまだ誤用がみられるそうです。

[6] 正高は小学一年生を対象として、この視点動詞が正しく使えるかどうかをテストしてみました。一〇〇名を対象にテストを行うと、八割以上正しく使用できた生徒が三九名おり、逆に二割以下しか正しく使えなかった生徒は四五名いたそうです。相手の視点に立って考えることができる、というのは、〈心の理論〉[※1]をもっているということです。正高は、

推薦

2023年度

解　答　と　解　説

《2023年度の配点は解答欄に掲載してあります。》

＜数学解答＞

《学校からの正答の発表はありません。》

1　$\frac{7}{12}$　2　（問1）　16　（問2）　$y=-\frac{4}{3}x+\frac{20}{3}$

3　（問1）　$y=-x+2$　（問2）　B(5，25)　（問3）　B$(2\sqrt{2}$，8)

4　（問1）　$3\sqrt{5}$　（問2）　$2\sqrt{14}$

○推定配点○

1　2点　2　各3点×2　3　各2点×3　4　各3点×2　計20点

＜数学解説＞

1　（式の値）

$$\frac{4x+y}{2}-\frac{3x-y+1}{3}-\frac{3x+2y}{4}=\frac{6(4x+y)-4(3x-y+1)-3(3x+2y)}{12}=$$

$$\frac{24x+6y-12x+4y-4-9x-6y}{12}=\frac{3x+4y-4}{12}=\frac{3(1+4\sqrt{5})+4(2-3\sqrt{5})-4}{12}=$$

$$\frac{3+12\sqrt{5}+8-12\sqrt{5}-4}{12}=\frac{7}{12}$$

2　（図形と関数・グラフの融合問題）

基本　（問1）　2点A，Dからそれぞれx軸にひいた垂線とx軸との交点をE，Fとする。四角形ABCDの面積は，△ABE＋(台形AEFD)＋△DFC$=\frac{1}{2}\times(2-1)\times4+\frac{1}{2}\times(4+5)\times(4-2)+\frac{1}{2}\times(6-4)\times5=2+9+5=16$

重要　（問2）　△ABC$=\frac{1}{2}\times(6-1)\times4=10>\frac{1}{2}$(四角形ABCD)より，求める直線は線分BCと点Gで交わる。△ABG$=\frac{1}{2}\times$BG$\times4=2$BG　2BG$=\frac{16}{2}$　BG＝4　よって，G(5，0)直線AGの傾きは，$\frac{0-4}{5-2}=-\frac{4}{3}$だから，直線AGの式を$y=-\frac{4}{3}x+b$とすると，点Gを通るから，$0=-\frac{4}{3}\times5+b$　$b=\frac{20}{3}$　よって，$y=-\frac{4}{3}x+\frac{20}{3}$

3　（図形と関数・グラフの融合問題）

基本　（問1）　$y=x^2$に$x=1$を代入して，$y=1$　よって，B(1，1)　直線ℓの傾きは，$\frac{1-4}{1-(-2)}=-1$だから，直線ℓの式を$y=-x+b$とすると，点Bを通るから，$1=-1+b$　$b=2$　よって，$y=-x+2$

基本　（問2）　直線ℓの式を$y=3x+c$とすると，点Aを通るから，$4=3\times(-2)+c$　$c=10$　よって，$y=3x+10$　$y=x^2$と$y=3x+10$からyを消去して，$x^2=3x+10$　$x^2-3x-10=0$　$(x+2)(x-5)=0$　$x=-2$，5　$y=x^2$に$x=5$を代入して，$y=25$　よって，B(5，25)

重要 (問3) 点Cのy座標は0で，点Aが線分BCの中点だから，点Bのy座標をtとすると，$\frac{0+t}{2}=4$ $t=8$ $y=x^2$に$y=8$を代入して，$8=x^2$ $x>0$より，$x=2\sqrt{2}$ よって，$B(2\sqrt{2},\ 8)$

基本 4 (空間図形の計量)

(問1) 高さが3の円錐の底面の半径は$\frac{1}{3}r$だから，円錐台の体積は，$\frac{1}{3}\pi r^2\times 9-\frac{1}{3}\pi\times\left(\frac{1}{3}r\right)^2\times 3=\frac{26}{9}\pi r^2$ よって，$\frac{26}{9}\pi r^2=130\pi$ $r^2=45$ $r>0$より，$r=3\sqrt{5}$

(問2) 高さが9の円錐の底面の中心をOとする。点Bから線分OCにひいた垂線とOCとの交点をHとすると，$BH=9-3=6$，$CH=3\sqrt{5}-\frac{1}{3}\times 3\sqrt{5}=2\sqrt{5}$ よって，$BC=\sqrt{6^2+(2\sqrt{5})^2}=2\sqrt{14}$

★ワンポイントアドバイス★

今年度は大問が4題，小問数8題という出題構成であった。年によって出題分野が変わるが，あらゆる分野の基礎をしっかりと固めておこう。

＜英語解答＞ 《学校からの正答の発表はありません。》

1 1 イ 2 ア 3 イ

2 1 エ 2 ケ 3 キ

3 1 Kenta told[taught / showed] me how wonderful the movie was.

2 If it were fine today, I would go to the park.

4 問1 Let me share some of the information I learned 問2 ウ

問3 (A) thirty (B) mixing 問4 オ，キ

○推定配点○

1・2 各1点×6 3 各2点×2 4 問1・問2 各2点×2 問3 各1点×2 問4 各2点×2 計20点

＜英語解説＞

基本 1 (正誤問題：接続詞，仮定法，品詞，構文，現在完了，進行形，受動態)

1 イ「ドイツは住むのに良い国だと言われている」が正しい英文。

ア × because of → ○ because ウ × can → ○ could エ × Every student weren't → ○ Not every student was

2 ア「私が今朝テレビで見たニュースはとても衝撃的だった」が正しい英文。

イ × kindly → ○ kind ウ × to study → ○ study エ × lived → ○ has lived

3 イ「その先生は今，学校のカフェテリアで昼食を食べている」が正しい英文。

ア × visited to → ○ visited ウ × did they go → ○ went エ × drew → ○ drawn

基本 2 (対話文完成)

1 A：次の夏休みには何をするつもり？／B：ニュージーランドに行くよ。／A：本当？ [1]いつ日本を出発するの？

2 A：あなたはサッカーの大ファンらしいね。／B：うん，[2]東京スタジアムでよくサッカーの試

合を見るよ。／A：わあ！　私は一度もそこへ行ったことがないから本当に行きたい。

3　A：お父さん！　数学の宿題を手伝ってくれる？／B：だめだ，自分でやらなくてはいけないよ！／A：[3]わかっているけれど，全く理解できないの。

重要 [3]（和文英訳：間接疑問，仮定法）

1　まず，「健太は私に教えてくれた」の部分を作り，「その映画がどれほど素晴らしいか」は間接疑問〈疑問詞＋主語＋動詞〉の語順にする。

2　現実に反する現在の願望は，仮定法過去の文で表す。〈If ＋主語＋動詞の過去形～，主語＋助動詞の過去形＋動詞の原形…〉「もし～なら，…のに」 if節中にbe動詞を用いる場合は，主語が何でも were とする。

[4]（長文読解問題・エッセイ：語句整序，構文，関係代名詞，内容吟味，動名詞，内容一致）

（大意） 昨晩，夕食時に弟がリサイクルと紙を作ることについて質問をし続けた。彼はいつもたくさんの質問をする。父は市役所で働いていて，父の仕事の1つはリサイクルの利点について市民に伝えることだ。私はリサイクルについて何でも知っていると思っていたが，父が自分の仕事について話した時，私はワクワクした。①私が学んだいくつかの情報を共有させてください。

あなたは②再生紙を作ることにたくさんの重要な利点があることを知っていましたか。古紙から紙を作ることは木から作るよりエネルギーが64％少なく済む。紙1トンをリサイクルすると石油3バレルを節約し，これは多くの先進国で家1件の1年の暖房分である。また，再生紙を作ることは木から紙を作るよりも水が61％少なく，汚染物質も70％少ない。世界の紙の半分をリサイクルすると2000万エーカーの森を守ることになる。いくつかの国では，そこで使われる全ての紙の少なくとも半分をリサイクルしている。

世界でどのくらいの紙が毎日使われているかを想像することはほぼ不可能だと思うが，毎日の生活で環境を守るために私たちができることがあるかもしれない。

すると父が自分たちで再生紙をつくることを提案した。私たちは必要な材料を集めた。これらは私たちが家の周りで見つけた材料だ。

ミキサー／洗面器／お湯／網を張った枠／新聞紙／くず紙／大きな瓶

これが③紙を作るために私たちが従った手順だ。

1　くず紙を小さく切り，お湯と一緒に瓶に入れる。30分間紙を浸す。
2　ミキサーに水を2分の1入れ，浸した紙も入れる。なめらかになるまで混ぜる。これは紙パルプと呼ばれる。
3　パルプを洗面器に注ぎ，お湯を加える。
4　網を張った枠を洗面器に入れる。パルプが網の上に乗ったら，網を張った枠を洗面器から持ち上げる。
5　網を張った枠を新聞紙の上に置いて乾かす。
6　新しい紙が乾燥したら，網からはがす。あなた自身の再生紙ができた！

私は再生紙を作る工程や環境への利点を理解した。それに，新しい紙を使って父の誕生日プレゼントを包むというアイデアも浮かんだ。父は私たちがキッチンで作った再生紙を決して忘れないだろう。

問1　「私に～させてください」は〈Let me ＋動詞の原形〉で表す。Some of the information「いくつかの情報」の後ろに I learned「私が学んだ」と続ける。I の前には目的格の関係代名詞が省略されている。

問2　ウ「もし紙1トンをリサイクルしたら，多くの先進国で家1件を1年間暖房するのに十分なエネ

ルギーを節約できる」 第2段落第3，4文参照。

重要 問3 「どのようにして紙パルプを作るか」「細かいくず紙をお湯に入れて(A)30分間待つ。それをなめらかになるまでミキサーで水と(B)混ぜることで，紙パルプが得られる」 手順の1と2を参照する。(A) half an hour を thirty minutes と言い換える。 (B) 前置詞 by の後なので動名詞~ing にする。

重要 問4 ア「筆者の父はリサイクル素材から紙を作るリサイクル企業で働いている」(×) イ「筆者はリサイクルについて既に何でも知っていた，なぜなら弟がいつもそれについて質問するからだ」(×) ウ「筆者の父は，世界でどのくらいの再生紙が生産されているか想像することはほぼ不可能だと言った」(×) エ「その家族は家庭で再生紙を作るのに必要な材料を全て集めることはできなかった」(×) オ「紙を再生する過程では，洗面器から網を張った枠を持ち上げる前にパルプが網の上に乗っていなければならない」(○) カ「再生紙を作る時，パルプを網から取り除くために，網を新聞紙の上に載せる」(×) キ「筆者はキッチンで作った新しい紙を父の誕生日プレゼントを包むのに使うつもりだ」(○)

★ワンポイントアドバイス★

4の長文読解問題は，「紙をリサイクルする利点」と「家庭での再生紙の作り方」という2つの内容についての文章である。

<理科解答> 《学校からの正答の発表はありません。》

1 (1) カ (2) エ (3) X 60 Y 36

2 (1) B (2) ア，ウ (3) オ

3 (1) ア (2) イ 4 (1) 644(倍) (2) 燃料

5 (1) 直列 エ 並列 ウ (2) X エ Y イ

6 (1) イ (2) ウ (3) イ 7 (1) ア，ウ (2) イ

○推定配点○

各1点×20(2(2)，7(1)各完答) 計20点

<理科解説>

1 (人の体のしくみ―だ液のはたらきと心臓と血液循環)

重要 (1) 試験管AとBでは，デンプンが残っているので，ヨウ素液を加えると，青紫色になるが，ベネジクト液を加えて加熱しても変化は見られない。また，試験管CとDでは，デンプンが糖に変わるので，ヨウ素液は反応しないが，ベネジクト液は反応して，赤褐色になる。

(2) 右心房・右心室には酸素が少ない静脈血が流れていて，左心房・左心室には酸素が多い動脈血が流れている。さらに，心室が収縮すると，動脈とつながっている弁が開き，心房とつながっている弁が閉じる。

(3) X 4800cm^{3}の血液が1周するのに必要な心拍数は，$\frac{4800(\text{cm}^3)}{80}=60$(回)である。 Y 左心室から出た血液が1周するのにかかる時間は，$60(\text{秒})\times\frac{60(\text{回})}{100(\text{回})}=36$(秒)である。

2 (大地の動き・地震―地震)

(1) 表1で，初期微動開始時刻が早い時刻である，山梨県大月市大月，静岡県静岡市駿河区曲金，神奈川県小田原市久野の3地点に最も近い地点はBの静岡県の東部である。(図a参考)

重要 (2) P波による初期微動が始まる時刻とS波による主要動が始まる時刻の差である初期微動継続時間は，震源からの距離に比例する。

(3) 国分寺市と大月市の震源からの距離の差が，80(km)−40(km)=40(km)であり，初期微動開始時刻の差が，22時32分0秒−22時31分53秒=7秒である。したがって，この地震の発生時刻は，22時31分53秒−7秒=22時31分46秒である。

図a

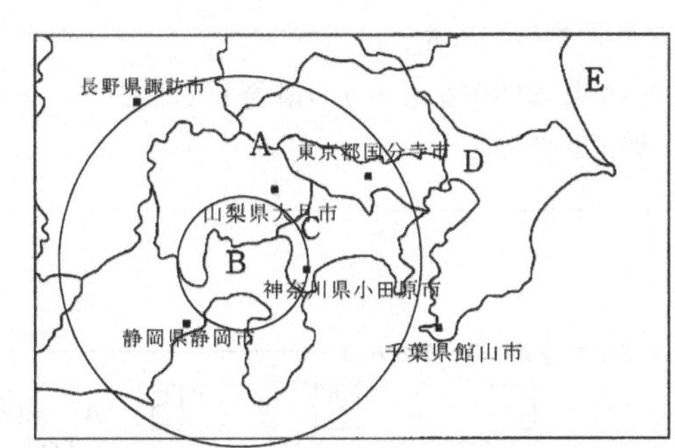

3 (植物の体のしくみ，生殖と遺伝―蒸散，花粉管)

重要 (1) 蒸散には次のような役割がある。①根からの水や水に溶けた無機養分の吸収をさかんにする。②体温調節をする。③体内の水分を調節する。

(2) 花粉は同じ花の雌しべの柱頭につくことで，花粉管を伸ばす。花粉管は，雌しべの胚珠に届くと，精細胞と卵細胞が受精する。その後，受精卵は胚になり，胚珠は種子になる。

4 (物質とその変化，電気分解とイオン―メタン，燃料電池)

(1) 気体のメタンは，1gが1.4Lであり，液体のメタンは，1Lが460gである。したがって，1gの気体の体積と同じ1.4Lの液体のメタンの質量は，460(g)×1.4=644(g)である。

重要 (2) 燃料電池は，水素と酸素を反応させて，電気を発生させる。

5 (電流と電圧，電力と熱―オームの法則，電熱線の発熱)

(1) 図1より，電熱線aの抵抗は，$\frac{1.0(\mathrm{V})}{0.1(\mathrm{A})}=10(\Omega)$，電熱線bの抵抗は$\frac{2.0(\mathrm{V})}{0.1(\mathrm{A})}=20(\Omega)$である。したがって，直列回路の抵抗は，10(Ω)+20(Ω)=30(Ω)である。また，並列回路の抵抗をRΩとすると，$\frac{1}{\mathrm{R}}=\frac{1}{10}+\frac{1}{20}$より，$\mathrm{R}=\frac{20}{3}(\Omega)=6.66\cdots(\Omega)$より，6.7Ωである。

(2) 図1より，同じ電圧を加えると，電熱線aに電熱線bの2倍の電流が流れるので，消費する電力も2倍になり，発生する熱量も2倍になる。一方，同じ電流を流すと，電熱線aに加わる電圧は，電熱線bに加わる電圧の$\frac{1}{2}$倍になるので，消費する電力も$\frac{1}{2}$倍になり，発生する熱量も$\frac{1}{2}$倍になる。

6 (運動とエネルギー―ふりこ)

重要 (1) おもりの運動エネルギーは，A点とC点で0であり，B点で最高になる。なお，位置エネルギーは，A点とC点で最高であり，B点で0になる。

重要 (2) 力学的エネルギーは，運動エネルギーと位置エネルギーの和なので，大きさが一定である。

(3) 運動エネルギーは，おもりの高さが0のB点で最高であり，おもりが高くなるほど減っていき，おもりの高さが最高のA点とC点で0になる。

7 (化学変化と質量，物質とその変化―パルミチン酸，融点の測定)

やや難 (1) パルミチン酸は，炭素・水素・酸素の化合物である。また，次のように，1分子のパルミチン酸が燃焼するとき，23分子の酸素と結びつき，16分子の二酸化炭素と16分子の水が生じる。

$C_{16}H_{32}O_2 + 23O_2 \rightarrow 16CO_2 + 16H_2O$

重要 (2) ア 沸騰石は，突沸を防ぐために入れる。 イ 湯せんすることで，パルミチン酸をゆっくり加熱することができる。(正しい) ウ ガスバーナーに点火するときは，先にマッチに火をつけて，ガスバーナーの先に近づけておき，ガス調節ねじを開けることでガスに点火する。

★ワンポイントアドバイス★

教科書に基づいた基本問題をしっかり練習しておこう。その上で，計算問題についてもしっかり練習しておこう。

＜社会解答＞ 《学校からの正答の発表はありません。》

1 エ・オ　2 イ・ウ　3 ウ　4 オ　5 A 鹿児島(県)　B 静岡(県)

6 【1】 スペイン　【2】 ア　7 オ　8 ア・エ　9 イ・ウ　10 ア・エ

11 A 普通　B 職業選択　C 合意

12 問1 社会的責任　問2 累進課税　問3 イ

○推定配点○

12 問1・問2 各2点×2　他 各1点×16(1・2・8～10各完答)　計20点

＜社会解説＞

重要 1 (地理―自然)

アルプス山脈はヨーロッパ，世界最長のナイル川はアフリカ，フィヨルドは氷河が形成した地形であるが，カリブ海に浮かぶ島国・キューバはサバナ気候。

2 (日本の地理―国土と自然)

東京は小笠原と国立西洋美術館，北海道は知床と北海道と北東北の縄文遺跡，鹿児島は屋久島と明治日本の産業革命遺跡(イ)。政令指定都市は人口70万をめどに指定(ウ)。北上川は太平洋，東京より小さいのは香川・大阪，魚釣島は尖閣諸島。

3 (地理―世界の国々)

AUには55か国が加盟。中央アジアは鉱産資源が豊富，西ヨーロッパは暖流と偏西風の影響で温和な気候，メキシコやキューバはスペイン語，オーストラリアは多民族社会を目指している。

重要 4 (日本の地理―産業・エネルギー問題など)

石狩平野は排水路の整備や客土で土壌を改良して豊かな農地に変身。沖縄は雨が多いがサンゴ礁の土壌のため保水力が弱い，八丁原は大分，八ヶ岳や浅間山麓はキャベツなどの高原野菜，リアス海岸は波が穏やかで養殖には向いているが津波には弱い。

5 (日本の地理―農業)

鹿児島は畜産王国で豚や肉用牛，養鶏など全国トップクラス。また，茶は静岡が半世紀以上トップであったが，近年積極的に機械化を進めている鹿児島が急激に追い上げている。

やや難 6 (地理―EUの国々)

【1】 コロンブスの新大陸発見以降南米に広大な植民地を獲得，16世紀には「太陽の沈まない国」として世界の覇権を握った国。 【2】 Dは隣国ブルガリアと同時に加盟したルーマニア。黒海に面しウクライナとも国境を接する。Aはフランス，Cはドイツ。

重要 7 (日本の歴史―古代～近世の文化史)

1689年3月～8月，門人曽良との旅を記した芭蕉の紀行文。源氏物語は平安中期の長編小説，東海道中膝栗毛は江戸後期の滑稽本(こっけいぼん)，鹿鳴館は明治，徒然草は鎌倉末期の随筆，五稜郭は幕末，平家物語は鎌倉前期の軍紀物。

8 (日本と世界の歴史―古代～近代の政治・文化史など)

ア Aは11世紀～12世紀，Bは1221年，Cは1429年。 エ Aは701年，Bは1232年，Cは1615年。イはC→B→A，ウはA→C→B，オはA→C→B。

9 (日本と世界の歴史―戦後の政治・経済史)

1972年，田中角栄首相が訪中し国交を回復，78年には日中平和友好条約を締結。戦後はGHQが日本政府を指導する間接統治で民主化が進められた。バブル経済の崩壊は1990年代初頭，細川護熙内閣は非自民の8党派連立政権，ベトナム戦争でアメリカは敗北。

10 (日本の歴史―近代の政治・社会史など)

青鞜社は女性の解放を目指す文学団体。開拓使は北海道開発・経営の行政機関で1882年に廃止された。日清修好条規は日本と清との対等な条約，吉野作造はデモクラシーを民本主義と翻訳，南満州鉄道は日露戦争後に設立された半官半民の国策会社。

重要 11 (公民―日本国憲法)

① 選挙権や被選挙権を性別や身分，財産などで区別しない制度(15条)。 ② 財産権の不可侵とともに資本主義経済の基本となる経済活動の自由(22条)。 ③ 婚姻の自由を保障する規定であるが，同性婚などをめぐり意見が分かれる(24条)。

12 (公民―企業・税・為替)

やや難 問1 企業は利益を追求するだけでなく雇用や納税など社会貢献もしている。最近では文化活動や環境保護，地域貢献などその社会的責任が求められている。

問2 所得が増えるほど税率そのものが高くなっていく制度。所得税は5～45%の7段階，相続・贈与税は10～55%の8段階で課税され所得の再分配機能を果たしている。

問3 1ドル100円が90円になると100万円の自動車は1万ドルから約1万1111ドルになるため輸出企業には苦しくなる。しかし円の購買力が上がるため輸入や海外旅行には有利に働く。

★ワンポイントアドバイス★

時代順の並び替えはなかなかてこずるものである。つねに歴史的事象の起こった原因・結果・その影響といった視点を忘れないようにしよう。

<国語解答> 《学校からの正答の発表はありません。》

1 問1 (A) かぶん (B) 融和 (c) 詣(で) 問2 Ⅰ サウンド Ⅱ 言語
問3 ア 問4 Ⅰ 教会や国王 Ⅱ 言語と民族と歴史 Ⅲ 統一単位 Ⅳ 分割
問5 エ 問6 イ

2 問1 ウ 問2 エ 問3 (3) 鬼ども (4) 罪人 問4 ウ

○推定配点○

1 問1・問2・問4 各1点×9 他 各2点×3 2 各1点×5 計20点

<国語解説>

1 (論説文―内容吟味,文脈把握,脱文・脱語補充,漢字の読み書き)

問1 (A) 見識が狭いこと。「寡」を使った熟語には,他に「寡黙」「多寡」などがある。
(B) うちとけて互いに親しくすること。「融」を使った熟語には,他に「融点」「金融」などがある。 (C) 音読みは「ケイ」で,「造詣」「参詣」などの熟語がある。

問2 ——線部(1)の「音楽は聴くもの」をふまえて,同じ段落に「サウンドとしての音楽」という表現がある。また,——線部(1)の「音楽は……読んで理解するもの」をふまえて,同じ段落に「言語としての音楽」という表現がある。ここから空欄にあてはまる語句をそれぞれ抜き出す。

問3 同じ段落に「言語としての音楽は,文法と単語をある程度知らなければ,決して踏み込んだ理解はかなわない」とある。筆者には「中国の京劇だとか日本の歌舞伎や近世邦楽」の「知識がない」ので,邦楽は文法と単語を知らない「外国語のようになっている」ということになる。「文法と単語」に,イの「楽器」やウの「演奏風景」はそぐわない。筆者は邦楽の「文法と単語」を知らないと言っているが,エ「違和感のある」とは言っていない。

問4 Ⅰ 前後の文脈から,「十九世紀まで」の「統治者」にあたる具体的な立場のものを探す。直後の段落に「かつての教会や国王のような,超国境的な統治者」とある。 Ⅱ 「国民」は何を同じくするのか。——線部(2)と同じ段落に「言語と民族と歴史を共有する『国民』」とある。
Ⅲ Ⅱの「言語と民族と歴史」が同じ人々による「国家」について,同じ段落で「民族/言語が国家の統一単位」と説明している。「国家」は「統一単位」となる。 Ⅳ 前の「言語が人々を統一する」は,見方を変えるとどう言えるのか。「だが同時に」で始まる段落に「言語による分割」という表現がある。

重要 問5 ——線部(3)の「音楽」の「グローバル化」について,同じ段落で「国民音楽は……その民族文化を国境を越えて普遍化する役割を与えられていた」と「役割」を述べ,さらに「本当はその文化に精通しなければ理解のかなわぬ『言語』であるかもしれない音楽を,自国の中心性は隠したまま,『国境を越えている』と言い立てて世界に広める」と「手段」を述べている。この内容を「言語理解が不要だと思われるがゆえに他国にも浸透しやすい」と言い換えているエが最も適当。アの「人を興奮させること」で「団結力を高める」,イの「他国の文化をも見直す」,ウの「音楽の統一」については本文では述べていない。

やや難 問6 ここでの「からくり」は,巧みに仕組まれた計略という意味。最終段落の冒頭に「例えば」とあるので,最終段落で挙げられているショパン・コンクールは,直前の段落の「本当はその文化に精通しなければ理解のかなわぬ『言語』であるかもしれない音楽を,自国の中心性を隠したまま,『国境を越えている』と言い立てて世界に広める」例となる。ポーランドの文化に精通しなければ理解できないショパンの音楽を,日本人や中国人やアルゼンチン人に弾かせて自国中心主義を広めようとしていることを「からくり」としている。この内容を述べているのはイ。アの

「他国に門戸を開いてしまった」ことは「からくり」ではない。ウの「画一的な演奏を求める」,エの「ポーランド人が優遇される」に通じる描写はない。

2 **(古文―大意・要旨,文脈把握,指示語の問題)**

〈口語訳〉 ある僧侶が言う。地獄で鬼どもが罪人を責めたところ,この罪人がたいそう強情な者で,現世で犯した罪や過ちをなかなか言わなかったので,鬼どもは責めあぐねて,しばらく拷問を休んでいたところ,罪人が鬼どもの顔をつくづくと見て言うには,「私は現世で罪があったために,この地獄へ落ちたのは当然道理にかなっているが,あなたたちはどういう罪が深くてこのようにここにいらっしゃるのか,まったくまったくどうしたことだろう」と言ったので,赤鬼や青鬼は涙をはらはらと流して,「私たちはあなたの子どもなのだ」と答える。罪人はますます不審に思って,「私は現世で子どもを持たずに亡くなった。それなのに我が子というのはどういうわけか」と言ったので,「お知らせ申し上げないのはたいそう気の毒だ。あなたが初めて罪を犯しなさった時,一つの鬼の首が出来たのだ。その後罪を犯しなさった時に胴体が出来た。また罪をお作りなさった時,手足が出来て,一匹・二匹の鬼となったのだ。その後たびたび罪を犯しなさった時に,三匹・四匹と大勢になったのだ。みなあなたの罪から生まれた子どもなのだ」と言って,鬼どもは足をすり合わせながらよよよよと泣いたということだ。

基本 問1 直前の「この罪人いと怖き者にて,娑婆にて犯せし罪咎をただちに言はざりければ,鬼ども責めあぐみて」から理由を読み取る。罪人が「罪咎をただちに言は」なかったとあるウが最も適当。アの「長時間」,イの「気の毒だ」,エ「自分たちの親だと気づいた」に通じる描写はない。

問2 同じ会話の「我は娑婆にて罪ありしによりて,この地獄へ堕ちたるはもつとも理なれど,足下たちはいかなる罪の深きによりてかくここにものし給ふぞ」が,「いといといぶかしきこと」と思った内容にあたる。自分は罪があるから地獄にいるのは当然だが,鬼たちはどんな理由があって地獄にいるのかと尋ねている。アは,この会話の内容に適当でない。拷問している時に鬼たちは泣いていないので,イも適当でない。ウ「鬼の方が罪深い」とは言っていない。

問3 傍線部(3)・(4)を含む会話は,赤鬼青鬼が,罪人に答えるものであることから判断する。(3)の「おのれら」は自分たちの意味なので鬼たち,(4)の「ぬし」は相手を指すので罪人を指す。

重要 問4 最終文で,「よよよよと泣」いたのは鬼どもで,罪人が泣いたという描写はない。したがって,合致しないものはウ。アは「我は娑婆にて子持たずして失せたり」と,イは「ぬしのはじめて罪犯し給へりし時,一つの鬼の首出で来ぬ……手足出で来て,一匹・二匹の鬼となりしぞかし」と合致する。鬼たちは罪人の子どもなので,エも合致する。

★ワンポイントアドバイス★

選択肢は長文であるが,本文で述べていない内容を含むものはすばやく外し,時間短縮を心がけよう。

一般

2023年度

解　答　と　解　説

《2023年度の配点は解答欄に掲載してあります。》

＜数学解答＞ 《学校からの正答の発表はありません。》

1　(問1)　-4　(問2)　-4　(問3)　$\frac{7}{12}$　(問4)　$90°-\frac{x°}{2}$

2　(問1)　$2+2\sqrt{2}$　(問2)　$8+8\sqrt{2}$　(問3)　$(4+2\sqrt{2})\pi$

3　(問1)　$a=2,\ b=3$　(問2)　$C\left(-\frac{3}{2},\ \frac{9}{4}\right)$，$D(2,\ 4)$　(問3)　$\frac{9}{2}$

4　(問1)　32倍　(問2)　$a=\sqrt{2}$　(問3)　(う)　(問4)　(く)

5　(問1)　$y=-\frac{2}{5}x+\frac{7}{5}$　(問2)　$P\left(\frac{7}{2},\ 0\right)$

(問3)　$Q\left(0,\ \frac{10}{3}\right)$(式・考え方は解説参照)

○推定配点○

1　各6点×4　2　各6点×3　3　各6点×3　4　各5点×4

5　(問1)　6点　(問2)　6点　(問3)　8点　計100点

＜数学解説＞

1　(計算の工夫，式の値，確率，角度因数分解，数の性質，資料の整理)

(問1)　$2021\times2020-2020\times2019+2021\times2022-2022\times2023=2020\times(2021-2019)+2022\times(2021-2023)=2020\times2-2022\times2=(2020-2022)\times2=-2\times2=-4$

(問2)　$x^2-6x+4=0$　$(x-3)^2=-4+9$　$x-3=\pm\sqrt{5}$　$x=3\pm\sqrt{5}$　$y^2-14y+44=0$　$(y-7)^2=-44+49$　$y-7=\pm\sqrt{5}$　$y=7\pm\sqrt{5}$　よって，$x-y=3\pm\sqrt{5}-(7\pm\sqrt{5})=-4$

重要　(問3)　さいころの目の出方の総数は，$6\times6=36$(通り)　このうち，出る目の数の積が6の倍数になるのは，(大，小)＝(1，6)，(2，3)，(2，6)，(3，2)，(3，4)，(3，6)，(4，3)，(4，6)，(5，6)，(6，1)，(6，2)，(6，3)，(6，4)，(6，5)，(6，6)の15通りだから，求める確率は，$1-\frac{15}{36}=\frac{7}{12}$

重要　(問4)　円外の1点からひいた接線の長さは等しいから，AD＝AF　よって，$\angle ADF=(180°-x°)\div2=90°-\frac{x°}{2}$　よって，接弦定理より，$\angle DEF=\angle ADF=90°-\frac{x°}{2}$

重要　2　(平面図形の計量)

(問1)　正八角形ABCDEFGHはDHを直径とする円に内接するから，$\angle DAH=90°$　正八角形の1つの内角の大きさは，$180°\times(8-2)\div8=135°$より，$\angle ABG=\angle BAD=\angle BAH-\angle DAH=135°-90°=45°$　線分ADとBG，CFとの交点をそれぞれI，Jとすると，△ABI，△CDJは直角二等辺三角形だから，$DJ=AI=BI=\frac{1}{\sqrt{2}}AB=\frac{2}{\sqrt{2}}=\sqrt{2}$　よって，$AD=AI+IJ+JD=\sqrt{2}+2+\sqrt{2}=2+2\sqrt{2}$

(問2)　正八角形ABCDEFGHの面積は，1辺の長さが$(2+2\sqrt{2})$の正方形から△ABIと合同な直角二等辺三角形を4個分ひいた面積に等しい。よって，その面積は，$(2+2\sqrt{2})^2-\frac{1}{2}\times(\sqrt{2})^2\times4=4+8\sqrt{2}+8-4=8+8\sqrt{2}$

(問3) 求める外接円の半径をrとすると，DH$=2r$となる。△DAHに三平方の定理を用いて，$(2r)^2=(2+2\sqrt{2})^2+2^2$　$4r^2=16+8\sqrt{2}$　$r^2=4+2\sqrt{2}$　よって，求める外接円の面積は，$\pi r^2=(4+2\sqrt{2})\pi$

3 (図形と関数・グラフの融合問題)

基本 (問1) 直線ℓは2点A，Bを通るから，$1=-a+b$，$9=3a+b$　この連立方程式を解いて，$a=2$，$b=3$

基本 (問2) $a=2$，$b=3$より，直線mの式は$y=\frac{1}{2}x+3$　$y=x^2$と$y=\frac{1}{2}x+3$からyを消去して，$x^2=\frac{1}{2}x+3$　$\left(x-\frac{1}{4}\right)^2=3+\frac{1}{16}$　$x-\frac{1}{4}=\pm\frac{7}{4}$　$x=\frac{1}{4}\pm\frac{7}{4}=2,\ -\frac{3}{2}$　よって，C$\left(-\frac{3}{2},\ \frac{9}{4}\right)$，D$(2,\ 4)$

重要 (問3) 点Dを通りy軸に平行な直線と直線ℓとの交点をEとすると，$y=2x+3$に$x=2$を代入して，$y=2\times2+3=7$　よって，E$(2,\ 7)$　$\triangle PDB=\triangle PDE+\triangle BDE=\frac{1}{2}\times(7-4)\times(2-0)+\frac{1}{2}\times(7-4)\times(3-2)=\frac{9}{2}$

基本 4 (相似の利用)

(問1) A0判の面積はA5判の面積の$2^5=32$(倍)

(問2) A1判の(短い方の辺の長さ)：(長い方の辺の長さ)$=\frac{a}{2}:1=a:2$と表せるから，$1:a=a:2$　$a^2=2$　$a>0$より，$a=\sqrt{2}$

(問3) 倍率の定義より，$1\div\sqrt{2}\times100=\frac{100}{\sqrt{2}}=50\sqrt{2}=50\times1.41=70.5$(%)　よって，(う)

(問4) A4判をB5判に縮小する倍率は，A3判をB4判に縮小する倍率に等しいから，(く)

5 (座標平面上の図形)

基本 (問1) 求める直線の式を$y=ax+b$とすると，2点$(1,\ 1)$，$\left(-\frac{7}{3},\ \frac{7}{3}\right)$を通るから，$1=a+b$，$\frac{7}{3}=-\frac{7}{3}a+b$　この連立方程式を解いて，$a=-\frac{2}{5}$，$b=\frac{7}{5}$　よって，$y=-\frac{2}{5}x+\frac{7}{5}$

基本 (問2) 直線ℓとx軸は2つの円の共通外接線だから，2つの円の中心を通る直線は点Pを通る。$y=-\frac{2}{5}x+\frac{7}{5}$に$y=0$を代入して，$0=-\frac{2}{5}x+\frac{7}{5}$　$x=\frac{7}{2}$　よって，P$\left(\frac{7}{2},\ 0\right)$

重要 (問3) 大きい円と直線ℓ，x軸，y軸との接点をそれぞれR，S，Tとし，QR$=$QT$=a$とする。PR$=$PS$=\frac{7}{2}-\left(-\frac{7}{3}\right)=\frac{35}{6}$より，PQ$=\frac{35}{6}-a$　OQ$=$OT$+$TQ$=$OS$+$TQ$=\frac{7}{3}+a$　△OPQに三平方の定理を用いて，$OP^2+OQ^2=PQ^2$　$\left(\frac{7}{2}\right)^2+\left(\frac{7}{3}+a\right)^2=\left(\frac{35}{6}-a\right)^2$　$\frac{49}{4}+\frac{49}{9}+\frac{14}{3}a+a^2=\frac{35^2}{36}-\frac{35}{3}a+a^2$　$\frac{49}{3}a=\frac{49}{3}$　$a=1$　よって，OQ$=\frac{7}{3}+1=\frac{10}{3}$より，Q$\left(0,\ \frac{10}{3}\right)$

★ワンポイントアドバイス★

昨年と同様に，大問5題で，図形分野からの出題が多かった。5も図形の性質を利用して解くが，難しくはない。図形の定理や公式を正しく理解し，使いこなせるようにしておこう。

＜英語解答＞ 《学校からの正答の発表はありません。》

I　第1部　A　1　B　3　C　4　D　3　E　2　第2部　F　3　G　3　H　1　I　1　J　3

II　A　エ　B　イ　C　ウ　D　ア　E　エ　F　イ，オ

III　問1　エ　問2　ウ　問3　ウ　問4　イ　問5　ア　問6　ウ→ア→エ→イ
問7　ウ　問8　(A)　ウ　(B)　オ　(C)　イ　(D)　ア　(E)　エ
問9　ウ，カ

IV　1　エ　2　イ　3　ウ　4　ア

V　1　A　ア　B　キ　2　C　オ　D　ク　3　E　カ　F　キ
4　G　ケ　H　ク

VI　1　Cats may get angry if you touch them while they are eating something.
2　I have to read the book (which) I am not interested in to write a report.

○推定配点○

I　各2点×10　II　各3点×7　III　問6　4点(完答)　問8　各1点×5　他　各3点×8
IV　各2点×4　V　各3点×4　VI　各3点×2　計100点

＜英語解説＞

I　(聞き取り・書き取り)

第1部　(全訳)

A　A：I loved this book!
B：Really? I didn't like it at all.
A：Oh, why? You said it was interesting.
A.　1.　At first I thought so, but I didn't like the ending.
2.　Yes, you are right. It wasn't interesting.
3.　Was it? Can I borrow the book?
4.　No, I didn't say so. It was interesting.

B　A：I would like this special plate with a Hamburg steak and pasta.
B：It looks nice! I'll order the same one. Wow, it says we can choose one dessert from these three.
A：That's why I chose this plate.
B.　1.　How many desserts will you eat?
2.　Why did you choose this plate?
3.　Which one would you like?
4.　What did you order?

C　A：Look! I got a perfect score on the last math exam.
　B：Wow…you did great!
　A：It feels like a dream. I can't believe it!
　C.　1.　I didn't do well, either.
　　2.　Don't worry. You will be fine next time.
　　3.　Wait! It's not mine.
　　4.　I was sure you could do it!

D　A：What's wrong? You look tired.
　B：I moved to a new house yesterday. I had to carry so many things.
　A：That sounds hard. What is your new house like?
　D.　1.　Did you like it, too?
　　2.　Can I invite my friends?
　　3.　It is bigger than the last one.
　　4.　Thank you for helping me.

E　A：Could you please leave your dog outside?
　B：Oh, sorry I didn't know pets are not allowed in this café.
　A：I am very sorry, but you can eat outside with your pets.
　E.　1.　That's too bad. I don't like coffee.
　　2.　That's good news. Can I order outside?
　　3.　That's amazing. I will leave my dog here to play.
　　4.　That's all right. Can I eat inside with my dog?

A　A：私はこの本が大好きだった！／B：本当？　僕は全く気に入らなかった。／A：どうして？おもしろいって言っていたよね。
　1　最初はそう思ったけれど，エンディングが気に入らなかった。
　2　そう，君の言う通りだよ。それはおもしろくなかった。
　3　そうだった？　その本を借りてもいい？
　4　いや，僕はそう言っていない。それはおもしろかった。

B　A：私はこのハンバーグとパスタのスペシャルプレートがいいわ。／B：良さそうだね！　僕も同じものを注文するよ。わあ，デザートをこの3つの中から1つ選べるって書いてある。／A：だから私はこのプレートを選んだのよ。
　1　君はデザートをいくつ食べるつもり？
　2　君はどうしてこのプレートを選んだの？
　3　君はどれがいい？
　4　君は何を注文したの？

C　A：見て！　前回の数学のテストで満点を取ったの。／B：わあ，すごいね！／A：夢みたい。信じられないわ。
　1　僕もよくできなかったよ。
　2　心配しないで。次回は大丈夫だよ。
　3　待って！　それは僕のものじゃない。
　4　君ならできると僕は思っていたよ！

D　A：どうしたの？　疲れているみたい。／B：僕は昨日新しい家に引っ越したんだよ。すごくたくさんのものを運ばなくてはならなかった。／A：それは大変そう。新しい家はどう？

1　君もそれが気に入った？
2　友人を招待してもいい？
3　前のよりも大きいよ。
4　手伝ってくれてありがとう。

E　A：犬を外に置いていただけませんか？／B：ああ，すみません，このカフェはペット禁止だと知りませんでした。／A：大変申し訳ございません。外でしたらペットと一緒にお食事できます。

1　それはとても残念だ。僕はコーヒーが好きではない。
2　それはいい知らせだ。外で注文できますか。
3　それはすばらしい。僕は犬を遊ばせるためにここに放っておきます。
4　大丈夫ですよ。中で犬と一緒に食事できますか。

第2部　(全訳)

Do you know "Guinness World Records"? It is a book full of all types of records from around the world. Some examples are the youngest professional video gamer, the longest snake, the most expensive hot dog we can buy, the largest number of people dressed in a superman costume, and so many more! It is published once a year and about 50,000 people try to set new records every year. That means about 1,000 people challenge a new record every week!

Nowadays, people from all over the world know "Guinness World Records" and get excited about the unbelievable records every year. However, when was the first one published? Actually, it all started in Britain in the mid-twentieth century.

A British man named Hugh Beaver was an owner of a famous beer company, the Guinness Brewery. One day in 1951, he went hunting for birds with his friends in the forest. However, he couldn't get the bird he wanted. Later when he was having dinner with his friends, he wanted to know which bird flew the fastest in Europe, but no one knew the answer. They checked through a lot of books, but they couldn't find the answer in any of them. So, Hugh Beaver decided to make his own book of interesting facts. He asked twin brothers, Norris and Ross, to collect various interesting facts from around the world and put them all in a book, "the Guinness Book of Records." At first, he was going to give the book for free to people who came to restaurants that sold his beer, because he thought it would help his beer company become more famous. However, the book became very popular among British people. So he decided to sell it. The first edition of "the Guinness Book of Records" was published on August 27, 1955. It soon became a best-seller in Britain and the American edition was published the next year. Since then, it has sold more than 143 million copies in over 100 countries, and has been translated into 22 languages. Today, we all know it as a global brand called Guinness World Records.

F　What is NOT said about "Guinness World Records"?

F.　1.　In the book, we can learn which is the most expensive hot dog we can buy.
2.　The book is published once a year.
3.　About 50,000 new records are usually put in the book every year.
4.　About 1,000 people try to set a new record every week.

G　What did Hugh Beaver do?

G.　1.　He started a new beer company called the Guinness Brewery in 1951.

2. He went hunting in the forest and caught the bird he wanted.
3. He tried to find out which bird flies the fastest in Europe.
4. He checked through many books to learn about the bird he caught.

H How did "the Guinness Book of Records" start?

H. 1. Hugh Beaver wanted a book of interesting facts because no books gave him the answer to his question.
2. Hugh Beaver decided to make the book because people usually forgot interesting facts.
3. Twin brothers Norris and Ross asked Hugh Beaver to publish a book of interesting facts.
4. Twin brothers Norris and Ross wanted Hugh Beaver to make a book that they couldn't make before.

I Why was "the Guinness Book of Records" free at first?

I. 1. Hugh Beaver wanted more people to know about his beer company.
2. There were not so many interesting facts in the first book.
3. People who came to restaurants asked Hugh Beaver to make it free.
4. Hugh Beaver knew that the book would be a best-seller in the future.

J What did NOT happen to "the Guinness Book of Records"?

J. 1. Its first edition was published in the summer of 1955.
2. It became a best-seller in Britain.
3. More than 143 million copies were sold in America.
4. It was translated into 22 languages.

あなたは「ギネス世界記録」を知っていますか。それは世界中のあらゆる種類の記録が満載の本だ。例として，最年少のプロゲーマー，最長のヘビ，最も値段が高いホットドッグ，スーパーマンの衣装を着た最大人数など，非常にたくさんある！　それは1年に1回発行され，約5万人が毎年新記録を達成しようと試みる。それは，毎週およそ千人が新記録に挑戦するということだ。

近頃，世界中の人々が『ギネス世界記録』を知っており，毎年，信じられない記録にわくわくする。しかし初版はいつ発行されたのか。実は，20世紀中頃，英国ですべてが始まった。

ヒュー・ビーバーという英国の男性は，有名なビール会社「ギネス醸造所」のオーナーだった。1951年のある日，彼は友人たちと森に鳥を狩りに出かけた。しかし彼は自分が望んだ鳥を手に入れることができなかった。その後，友人たちと夕食を食べている時，彼はどの鳥がヨーロッパで最も速く飛ぶのか知りたかったが，誰も答えを知らなかった。彼らはたくさんの本を調べたが，そのどれにも答えが見つからなかった。そこでヒュー・ビーバーは興味深い事実を集めた自分自身の本を作ることにした。彼は双子の兄弟，ノリスとロスに世界中から興味深い事実を集めるように頼み，『ギネス記録本』という本に全て載せた。最初彼は，自分のビールを売るレストランの客にその本を無料で配るつもりだった，なぜなら，そうすれば自分のビール会社がもっと有名になるだろうと考えたからだ。しかしその本は英国人の間で非常に人気になった。そこで彼はそれを売ることにした。『ギネス記録本』の初版は1955年8月27日に発行された。それはすぐに英国でベストセラーになり，アメリカ版が翌年に発行された。それ以来，それは100か国以上で1億4300万冊以上売り，22の言語に翻訳されている。今日，私たちはそれがギネス世界記録と呼ばれる世界的なブランドだと知っている。

F 「ギネス世界記録」について述べられていないものは何か。

1　その本の中で，私たちはどれが最も高いホットドッグか知ることができる。
2　その本は1年に1回発行される。
3　およそ5万の新記録が毎年その本に載せられる。
4　毎週およそ1000人が新記録を打ち立てようと試みる。

G　ヒュー・ビーバーは何をしたか。
1　彼は1951年にギネス醸造所と呼ばれる新しいビール会社を始めた。
2　彼は森に狩りに行き，自分が望む鳥を捕まえた。
3　彼はどの鳥がヨーロッパで最も速く飛ぶのか知ろうとした。
4　彼は自分が捕まえた鳥について知るために多くの本を調べた。

H　『ギネス記録本』はどのようにして始まったか。
1　ヒュー・ビーバーは興味深い事実が書かれた本がほしかった，なぜなら彼の疑問に対して答えを与えた本がなかったからだ。
2　ヒュー・ビーバーはその本を作ることにした，なぜならたいてい人々は興味深い事実を忘れてしまうからだ。
3　双子の兄弟ノリスとロスはヒュー・ビーバーに興味深い事実が書かれた本を発行するように頼んだ。
4　双子の兄弟ノリスとロスは自分たちが以前に作れなかった本をヒュー・ビーバーに作ってほしいと思った。

I　『ギネス記録本』は最初，どうして無料だったのか。
1　ヒュー・ビーバーはもっと多くの人に自分のビール会社を知ってほしいと思った。
2　最初の本には興味深い事実がそれほど多くなかった。
3　レストランに来た人々がヒュー・ビーバーにそれを無料にするよう頼んだ。
4　ヒュー・ビーバーはその本が将来ベストセラーになることを知っていた。

J　『ギネス記録本』に対して，起きなかったことは何か。
1　その初版本は1955年の夏に発行された。
2　それは英国でベストセラーになった。
3　1億4300万冊以上がアメリカで売れた。
4　22の言語に翻訳された。

Ⅱ　(長文読解問題・紹介文：英問英答，内容吟味，内容一致)

(全訳)　ロンドンでは黒くて，ニューヨークでは黄色で，東京では様々な色のものは何か。その答えが何かわかるだろうか。それはタクシーで，キャブとしても知られている。ロンドンには約19,000台のブラックキャブがあり，地元の人々はそれらのブラックキャブが街の景観の一部であることを誇りに思っている。英国の首都を訪れる時，ロンドンのタクシーに乗ることは絶対に外せない経験であり，多くの人が長い間やってきたことだ。

タクシーの歴史は17世紀にさかのぼる。最初，それらは2頭の馬に引かれた大型馬車だった。もともと，タクシーは「ハクニー」と呼ばれていた。「ハクニー」という単語はフランス語から来ていて，有料で貸す馬という意味だ。それらはとても人気になったが，そのために道路が混雑し，それらに乗るのはかなり高額だった。そこで1823年に，2つの座席と2つの車輪のついた大型馬車である「カブリオレ」がフランスからロンドンに導入された。それは速く，値段も安かったのですぐにハクニーの馬車よりも人気になった。「キャブ」という名は実は，「カブリオレ」から生じたのだ。その後，ロンドンの最初の馬なしキャブは1897年に登場し，それらは電動だった。しかしそれらは壊れやすく，良い状態に保つのが難しかった。そのため1900年までに消えてしまった。その後，

1903年に，ロンドンで最初のガソリンで動くキャブが導入された。ロンドンの通りにおいて，これらのキャブの数は急速に増え，これらのキャブがロンドンの街のシンボルになった。

ロンドンのタクシーを特別にするものはたくさんある。最も特別なことは，他の多くの都市よりも目的地にずっと早く到着できることだ。その理由は，ロンドンのタクシー運転手たちは世界で最も知識のある人々だからだ。

ロンドンでブラックキャブを運転するには，「ナリッジ」」(知識)を持っていなくてはならない。それは，ロンドン中心部の主要な鉄道駅の1つである，チャリング・クロス駅から6マイル(およそ9.7km)以内にある全てのものを知っていなくてはならない，という意味だ。想像してみよう，あなたは円の中心であるチャリング・クロスに立っている。6マイル先の円の端にたどり着くまで，全ての方向に多数の通り，公園，建物がある。あなたはそれら全てを知っていなくてはならない。あなたは，これはそんなに大変ではない，と思うかもしれないが，その円の中には約25,000の通りがある。ロンドンでタクシー運転手になるには，その区域内の各レストラン，病院，警察署，パブ，その他の人気の場所全てを知っていなくてはならない。ロンドンのタクシー運転手はこの特別な能力が必要である。

その運転試験に合格するのは非常に難しい。ほとんどの人にとって，ロンドンのタクシー運転手になるにはおよそ2年かかる。まず，運転試験のための教本である「ブルーブック」を入手して，準備する。このブルーブックには，街中の320の異なるルートが示されている。最初に筆記試験を受ける。筆記試験では，AとBの2か所が示され，AB間の最短ルートを白地図の上に書くよう求められる。筆記試験に合格すると，面接試験に進む。再び，異なる2か所が示され，最短距離に基づく全ての通りと交差点の名前を正確かつ素早く言う必要がある。この運転試験に合格するには，バイクや自転車に乗ることが最善の方法だ。実際に街を周り，目的地間の最速ルートや市内の全ての興味深い場所について覚えることができる。ロンドンのタクシー運転手になるための学校もある。ロンドンキャブ運転歴29年のジェイムズ・トレンホルムは「私は14か月かかりましたし，とても難しかったですが，タクシー運転手が特別な知識を持っているのは非常に重要なことです」と語った。「ナリッジをうまく使えば，キャブを運転するのが簡単になります」

タクシー運転手はたくさん覚えなくてはならない，そしてその全ての知識は彼らを賢くする。実際に科学者たちは，ロンドンキャブを運転するために学ぶことは，脳を成長させると証明した。少なくとも記憶と空間認識(距離感および物と物の間の空間を判断する方法)をつかさどる部分を。

ロンドンのタクシー運転手は市内を素早く回ることにおいて，優れた仕事をしている。その街はとても古いので，通りは狭いことが多い。900万人近くの人口があり，いつも非常に混雑している。バスや電車のような公共交通機関はひどいトラブルになることがある。そのため，いつも信頼して家に連れて行ってもらえるものがあるのは良いことだ。

「私たちが他の人より賢いと私は思いません」とロンドンのタクシー運転手歴2年のジョニー・フィッツパトリックは言った。「しかし，私たちは自分たちがどこへ向かっているのか知っていますから，お客さまには何も心配いりません」 ロンドンのブラックキャブよ，永遠なれ！

A 「ロンドンのタクシーについて正しくないものは次のうちどれか」 エ「ロンドンにはブラックキャブだけでなくイエローキャブもあり，ブラックキャブの数はイエローキャブの数とほぼ同じだ」 第1段落参照。ロンドンのタクシーはブラックキャブで，ニューヨークのタクシーがイエローキャブである。

B 「ロンドンのタクシーの歴史について正しいものはどれか」 イ「人々はガソリンで動くキャブを電動のキャブの代わりに使い始めた，なぜならそれらは良い状態に保つのが容易だったからだ」 第2段落第8～11文参照。電動のキャブは壊れやすくてすぐに使われなくなり，その後ガソリンで動くキャブが広まった。

C 「『ナリッジ』(知識)とはどんな意味か。最適なものを選びなさい」 ウ「ロンドンのおよそ25,000の通りの中から乗客に最適な行き方を選ぶ能力」 第4段落参照。knowledge は「知識」という意味の名詞だが,ロンドンのタクシー運転手になるにはロンドンのチャリング・クロス駅を中心にした半径6マイルの円の中の全てのものを覚えなければならず,この知識を The Knowledge と呼ぶ。なお,第5段落にロンドンのタクシー運転手になるための試験について説明がある。この試験の名称は本文で述べられていないが,The Knowledge of London という。

D 「ロンドンのタクシー運転手になるための運転試験に合格するのは,なぜ非常にむずかしいのか」 ア「最短距離に基づいて,目的地までの全ての通りの名前をできるだけ早く答えなくてはならないから」 第5段落第8文参照。

E 「科学者たちが得た結果と関係がないのはどれか」 エ「ロンドンキャブの運転手たちは自分の車が壊れた時,機械的なトラブルに対処することができる」 ロンドンキャブの運転手たちが車の故障を修理できるとは書かれていない。

重要 F 「記事に従って,次から正しい文を2つ選びなさい」 ア「16世紀まで乗客を目的地まで連れて行くのに馬がタクシーとして使われた」(×) イ「ロンドンのタクシーは信頼できる,なぜなら運転手がロンドン地区についてたくさんの知識を持っているからだ」(○) ウ「ロンドンのタクシー運転手にとってロンドン地域の歴史的な場所の全ての名称を覚えるのに2年かかる」(×) エ「ロンドン地区をバイクに乗って回ることは,ロンドンのタクシー運転手になるためのテストの一部だ」(×) オ「ロンドンの街はとても古くて通りが狭いことが多い,しかしロンドンのタクシー運転手にとってそれは大きな問題ではない,なぜなら彼らはとても知識が豊富だからだ」(○) カ「ロンドンタクシーは近頃人気が落ちている,なぜならロンドン地区に良い移動システムがあるからだ」(×)

Ⅲ (長文読解問題・論説文:内容吟味,語句解釈,文整序,語句補充,要旨把握,内容一致)

(全訳) 色は強い感情や記憶を呼び戻すことができる。それらはあなたの気分や行動に影響を与えることもある。実際,科学者たちは,ある食べ物があなたにとって魅力的か魅力的でないかということに対して色が大きな影響を与える,ということに同意している。あなたが想像する通り,それはレストラン,食品ブランド,ファストフードチェーンにとって重要なニュースだ。どの色が私たちのお腹を空かせ,どの色がお皿を遠ざけるのか。食欲と食習慣に対する色の影響について検証しよう。

赤は食欲を増す色だ。実は,人は赤い色の食品を最も魅力的だと思うことが多い。赤はまた,感情や情熱を連想させる。それは私たちの血圧,心拍数,エネルギーを上げる非常に強い色である。私たちの体の多くの感覚を刺激することにより,この鮮やかな色は私たちのお腹を空かせる。そう,マクドナルド,ピザハット,ケンタッキー・フライド・チキンなどの多くの人気ファストフードチェーンがなぜロゴの中に赤を使うのか,理由があるのだ。フードチェーンは赤をロゴだけでなく,壁やテーブルなどインテリアにも使う。赤は時間が過ぎるのを早く感じさせると言われている。結果として,客はより速く食べ,店はより多くの客を迎えることができる。

黄色は食欲を刺激するもう1つの色だ。黄色を見ると,脳はセロトニンという,私たちを幸せにしてリラックスさせる快感ホルモンをより多く放出する。幸せでリラックスした気分の時は,安全に感じてもっとたくさん食べたくなる。あなたはテーブルに黄色の花があるレストランに行ったことがあるだろうか。そこでとても空腹に感じ,たくさんの食べ物を注文していたら,この黄色い花が①その理由かもしれない! 黄色と同じように,オレンジも温かく快適な気持ちを与えると言われている。

あなたは②「ケチャップ・マスタード理論」という言葉を聞いたことがあるだろうか。上述の通り，赤と黄色は食欲を増す色だ。この2色をレストランや食品ブランドのロゴに組み合わせると，さらに効果的になる！　あなたはきっと，赤と黄色のロゴを使う有名なフードチェーンを簡単に思い出せるだろう。マクドナルド，バーガーキング，日本の有名牛丼チェーンのすき家など。彼らの成功の裏には「ケチャップ・マスタード理論」があるのかもしれない。

緑もレストランやファストフードチェーンで人気のある色だ。緑色の食品は新鮮で自然に見えるため，人は緑色の食品は全て健康的だと考えがちである。歴史を通じ，人間は緑色の食品を探してきた，なぜなら③自然界の緑色の食べ物は安全なことが多いからだ。それらは毒がなく，食べてよい。このようにして，緑色は私たちをリラックスさせ，食欲を増す。スターバックスやモスバーガーのようなメジャーブランドが緑色のロゴを使って大成功していることは，驚きではない。

ポップコーン，ホイップクリーム，食パンなど白い食品を非常に魅力的に思う人もいる。しかし，白い食品は食べ過ぎを引き起こすことがある，特にスナックを食べている時には。あなたは，白い食品にカロリーが含まれていることを忘れてしまい，これが食べすぎを引き起こすことがある。また，多くの人は白い食品や白い皿に載せられた食品を物足りなく感じる。たとえたくさん食べていても，満足感を得られず食べ続けてしまう。④ダイエットしている時は，白い食品を避けたほうがよい！

他方，私たちのお腹を空かせない色もある。青は食品のパッケージやレストランのロゴに使うべきではない色の筆頭だ。調査によると，自然界にはブルーベリーを除き青い色の食品はあまりないため，青色は食欲を減退させるらしい。⑤ウ大昔，我々の祖先が食料を探していた時，青，黒，紫はその食品が毒を含んでいて食べるのに安全ではないという印だった。アこれらの色を避けるという行動は，今でも私たちに備わっているかもしれない。エ実際に，人は青い食品を見ると，たとえそれがおいしくても，食欲を失うのだ。イさらには，体重を減らしたければ，食欲を減らすために冷蔵庫に青いライトを置くべきだと提案されている。そういうわけで，多くの減量プログラムやダイエット企業が販売促進に青を使う。しかし暑い日に喉が渇いている時，茶色と青のどちらの色の飲物が魅力的に見えるだろうか。青はきれいな水，海，プールを連想させるので，のどが渇いている時にはとても魅力的な色かもしれない。

ピンクも不自然な色に見えるので食欲を刺激しない。ピンクはしばしば生肉や人工保存料を思い起こさせる。それがピンクのロゴをあまり見ない理由の1つである。

グレーは食欲を減退させるもう1つの色だ。あなたはグレーの食品を見て「わあ，おいしそう！」と思ったことがあるだろうか。ふつう，庭でグレーの食材が育っているのを見ることはない。グレーのくすんだ感じが，もう食べられない古くて傷んだ食品を連想させる。

⑥茶色はレストランにとっては難しい色だ。あなたはレストランをオープンしたいなら，この色を使うことに注意すべきである。茶色の食品はふつう私たちを空腹にしない，なぜなら茶色は焦げていたり焼きすぎたりしている食品を連想せるからだ。しかし，コーヒー，チョコレート，焼き菓子など特定の食品や飲み物には茶色が良い選択になる。

次回レストランに足を踏み入れる時には，辺りを見回し，壁や皿，イスの色を見てはどうか。色と食欲について，興味深い事実を見つけることができるかもしれない。よく言われるように，私たちは目で食べるのだ。

問1　第2段落最後の2文参照。内装に赤を使うと，客は速く食べるのでエは誤り。

問2　文脈から，黄色の持つ効果・影響に関するものが適切なので，ウ「美しい花はどの色でもあなたの脳をリラックスさせお腹を空かせる」は不適切。

問3　ウ「赤と黄色を一緒に使うと，私たちのお腹を空かせる色の効果が強まる」(○)

問4　空所③の直後に「毒がなく，食べてよい」とあるのでイの「安全であることが多い」が適切。

問5　下線部④を含む段落参照。アについては記述がない。

問6　全訳下線部参照。

問7　茶色は「焦げている，焼きすぎ」という悪いイメージがある一方，コーヒーやチョコレートには良い色なので，ウの「レストランには難しい色」が適切。

問8「色は私たちの生活において重要な役割を果たすことがある。それらは私たちの食欲や食習慣に影響を与える。例えば，赤，黄色，(A)緑は食欲を増すことで知られている。(B)白い食品を食べる時は気を付けなくてはならない，なぜならそれらは食べ過ぎを引き起こすことがあるからだ。他方，(C)ピンクとグレーは食欲を減退させる色だと言われている。(D)青と(E)茶色は良い点と悪い点の両方を持つ2色だ。ほとんどの(D)青い食品は食欲を減退させるが，暑い日の飲物にとって(D)青は魅力的な色になりうる」

問9　ア「科学者たちによると，色は私たちの感情や行動に影響を与え，時には食欲を変えることがある」(○)　イ「多くのファストフードチェーンがロゴに赤を使うのは当然だ，なぜなら赤はお腹を空かせる色だからだ」(○)　ウ「客に再度来店したいと感じさせるため，インテリアに赤を使うファストフードチェーンもある」(×)　インテリアに赤を使う理由は，客に速く食べさせて客の入れ替わりを速め，なるべく多くの客を入れるためである。　エ「多くの人気のフードチェーンは緑色を使う，なぜならそれは人にリラックスして空腹だと感じさせるからだ」(○)　オ「ピンクの食品は自然にも健康的にも見えないので，ピンクは食欲を減退させると言われる」(○)　カ「グレーは，いくつかの食品をおいしく見せる完璧な色になるにも関わらず，レストランのロゴにはあまり良い色ではない」(×)　キ「茶色は人に焼きすぎた食品を思い起こさせるため，ふつうは食欲を増進しない」(○)　ク「色と食欲の関係を見るために，レストランで使われている色に注目するのは良い考えかもしれない」(○)

Ⅳ　(語句補充・選択：付加疑問，現在完了，単語，受動態)

1「あなたは私の妻に会ったことがありますね？」 肯定文には否定の付加疑問を付ける。現在完了の文なので，否定は haven't you? となる。

2「トムは昨日私に携帯番号を教えてくれた」〈tell ＋人＋もの〉「(人)に(もの)を言う，教える」say，speak，talk はこの構文を取ることができない。

3「この地域にはスーパーがまったくない」 not any は「全く～ない」を表す。

4「あの会社では新しいコンピュータが使われている」 受動態〈be動詞＋過去分詞〉の文。

Ⅴ　(語句整序：不定詞，接続詞，関係代名詞，比較，代名詞，分詞，前置詞)

1 (I) told him to be careful when he rides a bicycle (to school.)　〈tell ＋人＋ to ＋動詞の原形〉「(人)に～するように言う」 be careful「気を付ける」 ride a bicycle to ～「自転車に乗って～に行く」

2 The coat I'm wearing now is not as expensive as the one I wore (last winter.)　not as … as ～「～ほど…ではない」の構文。The coat I'm wearing now「私が今着ているコート」と the one I wore last winter「私が去年の冬に着ていたもの」を比較している。それぞれの I の前に目的格の関係代名詞が省略されている。one は coat の繰り返しを避けるために用いられた代名詞。

3 Who is the man dancing with the girl in the blue dress?　まず Who is the man?「その男性は誰ですか」とし，man の後ろに形容詞的用法の現在分詞句を続ける。in ～「～を着た」

4 It is not easy to keep your room clean when (you are busy.)　〈It is … to ＋動詞の原形〉「～することは…だ」〈keep ＋目的語＋形容詞〉「～を…に保つ」 when は時を表す接続詞。

VI (和文英訳：助動詞，接続詞，進行形，関係代名詞，熟語，不定詞)

1 まず Cats may get angry「猫は怒るかもしれない」とし，「触られると」は if you touch them「もしあなたが彼らを触れば」とする。

2 初めに I have to read the book「私は本を読まなくてはならない」とし，関係代名詞 which を使って which I am not interested in「私は興味がない」が book を後ろから修飾する形にする。この which は省略可。「レポートを書くために」は目的を表す不定詞句で表す。

★ワンポイントアドバイス★

IIの長文読解は，ロンドンのタクシーの歴史と，ロンドンのタクシー運転手に求められる The Knowledge について紹介する文章である。運転試験の内容を正確に読み取ろう。

＜国語解答＞《学校からの正答の発表はありません。》

〔問題一〕 (a) 便益　(b) 慈善　(c) 狭(い)　(d) 覆(される)
(e) 備(わって)　(f) くんとう　(g) 講(じて)　(h) 搬送

〔問題二〕 問1 ウ　問2 イ

〔問題三〕 問1 ウ　問2 ウ　問3 ア　問4 エ　問5 イ

〔問題四〕 (例) 作品の舞台を訪れることは，観光の一つのスタイルとして定着している。しかし，現地に赴くことは，人々が勝手に作った世界像を求めているにすぎない。つまり，現地の実態を正確に把握しようとしない観光なのである。(100字)

〔問題五〕 問1 ア　問2 ア　問3 A 内集団と外集団　B 「人」の範囲
C キリスト教徒の白人男性　問4 イ　問5 エ　問6 A 政治的・経済的に優位な立場にある　B 利他的　C 権力行使　問7 ウ　問8 ウ

○推定配点○

〔問題一〕 各2点×8　〔問題二〕 各5点×2　〔問題三〕 各4点×5　〔問題四〕 12点
〔問題五〕 問3・問6 各2点×6　他 各5点×6　計100点

＜国語解説＞

〔問題一〕(漢字の読み書き)

(a) 便宜と利益。「益」の他の音読みは「ヤク」で，「御利益」などの熟語がある。 (b) 恵まれない人々に経済的な援助をすること。「慈」の訓読みは「いつく(しむ)」。 (c) 音読みは「キョウ」で，「狭義」「偏狭」などの熟語がある。 (d) 他の訓読みは「おお(う)」。音読みは「フク」で，「覆面」「転覆」などの熟語がある。 (e) 音読みは「ビ」で，「備考」「装備」などの熟語がある。 (f) すぐれた徳で人を感化し，教育すること。 (g) 「講じる」は，いろいろ考え，適切な手段を取ること。 (h) 運んで送ること。

〔問題二〕(内容吟味，文と文節)

問1 アは「アイヌ施策の推進は」「行わなければならない」，イは「民族としての誇りが」「尊重されるよう」，エは「国際社会において」「重要な課題である」，オは「重要な課題である」「多様な民族の共生及び多様な文化の発展」とつながる。

やや難 問2 「米飯給食は」で始まる段落に「郷土への関心を深めることなどの教育的意義を持つ」とあるが，アの「行わなければならない」とは言っていない。イは「図表　米飯給食実施状況」から読み取れるので正しい。「農林水産省では」で始まる段落に，米飯給食は「米飯を中心とした『日本型食生活』を受け継いでもらうため」とあるが，ウ「『日本型食生活』によって支えられている」や，オ「米飯食の普及のため」とは読み取れない。「農林水産省では」で始まる段落に「各学校が米飯給食の実施回数を増加させる場合に，政府備蓄米の無償交付を実施」とあるので，「全ての学校」とあるエも正しくない。

〔問題三〕（古文―内容吟味，文脈把握，文と文節，古文の口語訳）

〈口語訳〉　昔青山若松町に門奈助左衛門という者が(いて)，遠藤吉七郎と並ぶ金持ちであった。ある年末の二十八日のことであったが，助左衛門の家来に非常に正直な者がいた。(助左衛門は)前に記した(正直な)者に申し付けて，札差へ五十両を取りにやった。ちょうどその時雪で道が悪いため，財布を首にかけて帰ったのだが，近所の玉竜寺の前ですべって転んでやっとのことで家へ帰り，足も汚れていたので，まず財布を玄関の鴨居にかけておいて，まず手足を洗い，それから主人の前へ出て，札差(から帰った)挨拶を述べ，財布を出そうとしたところが，前に鴨居へかけておいたことを忘れ，驚き，脇差もささずに駆け出し，玉竜寺の前で転んだ所へ行って探したが，三十八両を得た。これというのも，初めに転んだのは，このお金に滑って転んだのだった。それで三十八両を拾い集めて，残りは不足しているが，何とかこれで許しを乞おうとしかたなく帰る途中で，前に(財布を鴨居に)かけておいたのを思い出し，急いで帰って，主人へ詳しい事情を申したので，すぐにいままでの次第を役所へお尋ねしたところ，落とし主は出てこなかったので，前に記した(正直な)者へ(三十八両のお金を)与え，(正直な者は)そのお金を元手とし，主人も世話をしてやって，ついに下級役人になるための権利も得て，この子年までに三代続いていると，遠藤直の話である。

問1 「右」は前に記した，という意味なので，直前の文の「助左衛門家来にいたつて正直なる者これあり」に着目する。助左衛門が正直な家来に「申しつけ」たとわかる。

問2 「仰天なし」はびっくりして，という意味。正直な家来が，主人に預かった五十両のお金を渡そうとしたところ，財布を鴨居にかけたことを忘れ，に続く部分であることから，ウが最も適当。アの「ひっくり返った」ことやイの「脇差を失くした」ことに驚いたわけではない。エは読み取れない。直前に「以前鴨居へ引きかけおきしことを忘れ」とあるので，オも適当ではない。

問3 正直な家来が，雪で転んだ時に預かっていた五十両を落としたと思って探し，三十八両を見つけたときの考えである。「申し分け」は，弁解，なんとか形だけは保つ，という意味がある。

重要 問4 正直な家来は，雪道で三十八両を見つけ出した後，鴨居に五十両が入った財布をかけたことも思い出している。三十八両を黙って自分のものとせずに，主人へ詳しい事情を話していることが「正直さ」を示している。エの「委細申しければ」を選ぶ。

やや難 問5 「右の」とあるので，前の「落とせし主出でざるゆゑ，右の者へ下され」に着目する。落とし主が現れなかったのは，正直な家来が雪道で拾った三十八両なので，イが最も適当。「五十両」はもともと主人のお金なので，「右の金子」には含まれない。

〔問題四〕（説明文―大意・要旨，作文）

文章は，アニメやテレビドラマ，小説のファンが，作品の舞台となった場所を訪れる，いわゆる「聖地巡礼」について述べるものである。文章の中の具体例と筆者の考えを区別し，筆者の考えをつないで，要約とする。第一文は，冒頭の段落の「作品の舞台となった地を実際に訪れたいと旅する」ことは「観光の一つのスタイルとして定着している」という内容を簡潔にまとめる。第二文の書き出しが「しかし」なので，第一文とは相反する内容を探す。直後の段落の「現地に赴くことは，あくまでこちらが勝手に作った世界像を求めている行為にすぎない。」という内容を続ける。第三文の書き出しが「つまり」なので，最終段落の筆者の考えを加えてまとめる。「私達は，その地の実態から遠ざかることで，観光を成立させているのだ。現地の実態を正確に把握することに何の意味があるのだろうか。」に着目し，筆者が，作品の舞台となった地を実際に訪れるという観光スタイルは，現地の実態を正確に把握しようとしないものだと否定的に見ていることを述べる。

〔問題五〕 (論説文―大意・要旨，内容吟味，文脈把握)

問1　直前の「通底」は，基本的なところで通じているという意味。「弱者救済や平等，正義，自由，尊厳などの人権」という現代の人権理念と，同じ段落の古代のハンムラビ法典と中世のマグナ・カルタが「通底」していると説明しているアが適当。「通底」は，イの「共通」やウの「刷新」に合わない。エの「古い時代には注目されなかった」は，冒頭の段落の内容に適当ではない。オの「現代の人権理念においても重要度が増している」とは述べていない。

やや難　問2　直後の段落に「第一の大きな違いは，普遍的人権は誰もが人間であるというだけで持っている権利」とあり，この内容にアが最も適当。直後の段落の「自然権」は「法制度や政府の存在以前の自然状態で人に保障された権利に言及する概念」に，エは合わない。「自然権はその後の人権および民主主義の発展にも大きな影響を及ぼした」に，「自然権の考えにとらわれずに」とあるイや，「自然権の考えを超えて」とあるオは適当ではない。ウの「専制君主を罪に問う権利を与えた」ことが「画期的」なのではない。

問3　A　人は社会集団を何と何に「分け」るのか。直後の段落に「自分が所属する社会集団である内集団とその外にある外集団の区別」とある。この後から同じ内容の(7字)の語句を抜き出す。
B　直後の「限定的に想定」と同じ意味の言葉を含む表現が，――線部(3)と同じ段落に「『人』の範囲が内集団に限定されて理解されていた」とある。　C　「優遇されていた」のは何か。――線部(3)と同じ文に「キリスト教徒の白人男性」とある。

問4　普遍的人権において，外集団に干渉する必要があるとする根拠を述べている部分を探す。直前の段落に「普遍的人権の考え方は，内集団と外集団の区別に関わらず，一定の人権は誰にでも保障されなければならない」とあるので，イが適当。――線部(4)に，エの「脅威となる場合」は合わない。ア「批判されるから」，ウ「本質的には変わらない」，オ「想像力が要求される」とは述べていない。

問5　直前の「これ」は，直前の文の「国内での政治的・宗教的な事案について，外からとやかく批判したり，何らかのアクションを起こすことは，内政干渉であるとして……避けられてきた」ことを指示している。この内容を言い換えているエが適当。他の選択肢は，直前の文の「避けられてきた」をふまえていない。

問6　A　「外集団で人権侵害が起きた場合」について述べている部分を探す。直後の文に「強い立場にある集団にとっては，遠くの見知らぬ集団の窮状のために立ち上がるというのはリスクとコストが高い行動」とあり，この「強い立場」を具体的に言い換えた「政治的・経済的に優位な立場」を抜き出す。　B　「遠くの見知らぬ集団の窮状のために立ち上がる」と同じ意味を表す言葉を探す。　C　「為政者」が「外集団で起きた人権侵害に干渉」すると，自らの何を「外国から妨げられる」のか。同じ段落の「為政者の権力行使を外から抑制する」に着目する。

重要　問7　「普遍的人権」の二つの原理について，「普遍性原理」は「政治的・経済的に優位な立場にある集団が利他的にこれを受け入れるのは，合理的な判断には思えない」，「内政干渉肯定の原理」も「国家や権力者にとっては不都合極まりない」と述べている。――線部(7)と同じ文「にもかかわらず，国家の代表者で構成される国際組織を中心に……システムが作り上げられてきた」ことを「不思議」としているので，ウが適当。

重要　問8　「人間は多くの場合」で始まる段落に「普遍的人権の普及した現代では……無関心であったり，

それを許容することは，道徳的に許されないこととされている」という内容に，「現在もそれは解消されていない」とあるウは合致しない。「しかし，現在の」で始まる段落の内容にアが，「自分が所属する」で始まる段落の内容にイが，「この外から」で始まる段落の内容にエが，「もちろん」で始まる段落と最終段落の内容にオが合致する。

★ワンポイントアドバイス★

論理的文章の読解では，指示語の内容を丁寧に追うことで，文脈を読み取ろう。

帰国生

2023年度

解　答　と　解　説

《2023年度の配点は解答欄に掲載してあります。》

＜数学解答＞《学校からの正答の発表はありません。》

1　-8　　2　（問1）　度数　3　　相対度数　0.25　　（問2）　10.5℃

3　（問1）　55°　　（問2）　50°　　（問3）　50°　　（問4）　30°

4　（問1）　8　　（問2）　$D\left(\frac{16}{9}, \frac{16}{9}\right)$　　（問3）　13：5

5　（問1）　$\sqrt{3}$　　（問2）　7　　（問3）　3

○推定配点○

1　3点　　2　（問1）　各2点×2　　（問2）　3点　　3　各4点×4　　4　各4点×3

5　各4点×3　　計50点

＜数学解説＞

1　（式の値）

$(x-y)(x+1)(y+\sqrt{3})(x+y)(x-1)(y-\sqrt{3})=(x^2-y^2)(x^2-1)(y^2-3)=\{(\sqrt{3})^2-(\sqrt{5})^2\}\{(\sqrt{3})^2-1\}\{(\sqrt{5})^2-3\}=(3-5)(3-1)(5-3)=-2\times2\times2=-8$

基本　### 2　（データの整理）

（問1）　2007年の度数は階級値の低い順に，3，3，1，3，1，1となるから，13.0℃以上18.0℃未満の階級の度数は3で，相対度数は$\frac{3}{12}=0.25$

（問2）　1907年の度数は階級値の低い順に，4，2，3，2，1，0となるから，最頻値は度数4の階級の階級値の10.5℃

3　（平面図形―角度）

基本　（問1）　円周角の定理より，$\angle COD=2\angle CBD=2\times35^\circ=70^\circ$　　OC＝ODだから，$\angle CDO=(180^\circ-70^\circ)\div2=55^\circ$

基本　（問2）　円周角の定理より，$\angle AOD=2\angle ABD=2\times30^\circ=60^\circ$　　よって，$\angle EOA=\angle COE-\angle COD-\angle AOD=180^\circ-70^\circ-60^\circ=50^\circ$

基本　（問3）　△BCEの内角と外角の関係より，$\angle CEA=\angle BCE+\angle CBE=15^\circ+(30^\circ+35^\circ)=80^\circ$　　よって，△EAOの内角の和は180°だから，$\angle EAO=180^\circ-80^\circ-50^\circ=50^\circ$

重要　（問4）　△ODEと△ADEにおいて，DEは共通…①　　∠EOA＝∠EAOより，EO＝EA…②　　△OADは正三角形だから，OD＝AD…③　　①，②，③より，3組の辺がそれぞれ等しいので，△ODE≡△ADE　　よって，$\angle EDO=\angle EDA=\frac{1}{2}\angle ODA=\frac{1}{2}\times60^\circ=30^\circ$

4　（いろいろな関数）

基本　（問1）　2点間の距離の公式を用いて，$AB=\sqrt{\{1-(-4)\}^2+\{8-(-4)\}^2}=\sqrt{5^2+12^2}=13$　　$AC=\sqrt{(1-4)^2+(8-4)^2}=\sqrt{3^2+4^2}=5$　　よって，AB－AC＝13－5＝8

基本　（問2）　$y=x$と$y=-8x+16$からyを消去して，$x=-8x+16$　　$9x=16$　　$x=\frac{16}{9}$　　よって，

$D\left(\frac{16}{9}, \frac{16}{9}\right)$

重要 (問3) 3点B, C, Dからx軸にひいた垂線をそれぞれBB′, CC′, DD′とすると, 平行線と比の定理より, BD：DC＝B′D′：D′C′＝$\left\{\frac{16}{9}-(-4)\right\}:\left(4-\frac{16}{9}\right)=\frac{52}{9}:\frac{20}{9}=13:5$

5 (平面図形の計量)

基本 (問1) △ABEは内角が30°, 60°, 90°の直角三角形だから, $\frac{BE}{AE}=\frac{\sqrt{3}}{1}=\sqrt{3}$

重要 (問2) △BCEと△AFEにおいて, ∠BEC＝∠AEF＝90°…① 三角形の内角の和は180°だから, ∠CBE＝180°－∠BEC－∠BCE＝90°－∠BCE ∠FAE＝180°－∠ADC－∠BCE＝90°－∠BCE よって, ∠CBE＝∠FAE…② ①, ②より, 2組の角がそれぞれ等しいから, △BCE∽△AFE BC：AF＝BE：AE $(5\sqrt{3}+2\sqrt{3}):AF=\sqrt{3}:1$ よって, AF＝7

重要 (問3) 2組の角がそれぞれ等しいから, △BDF∽△ADC BD：AD＝DF：DC DF＝xとすると, $5\sqrt{3}:(7+x)=x:2\sqrt{3}$ $x^2+7x=30$ $x^2+7x-30=0$ $(x+10)(x-3)=0$ $x>0$より, $x=3$

★ワンポイントアドバイス★

本年度は大問が5題, 小問数13題という出題構成であった。関数や図形の大問では各小問は関連しているので, 前問をミスなく解いていきたい。

＜英語解答＞ 《学校からの正答の発表はありません。》

I 問1 ウ 問2 イ 問3 エ 問4 イ 問5 about how birds know which way is 問6 ⑥ left ⑦ afternoon 問7 科学者たちが伝書バトの目にカバーをつける実験をすると, ハトたちは目が見えなくても家に戻ってきた。(48字) 問8 ア 問9 ア, ウ

II ① Around the end of August in 2020, the people living in a town in Switzerland were surprised to see something very strange. ② The chocolate dust made by the error spread all over the town because of the strong wind. ③ The company president told the people living near the factory that the chocolate dust was not dangerous for the health and the environment.

○推定配点○

I 問5・問7 各4点×2 他 各3点×9 II 各5点×3 計50点

＜英語解説＞

I (長文読解問題・論説文：英問英答, 内容吟味, 語句整序, 前置詞, 間接疑問, 語句補充, 文補充・選択, 内容一致)

(大意) ①鳥を1年中観察すると, いくつかの鳥は秋にいなくなるようだと気づく。彼らは北米から中米または南米へ飛んでいく, なぜならそこのほうが暖かいからだ。春, 鳥たちは北に戻り, 巣を作って卵を産む。それらの鳥たちは②「渡りをする」。彼らは南にある冬のすみかから北にある夏のすみかに移動する。

彼らは北のすみかに到着すると，巣を作る。同じ巣作り場所に行くものもいれば，去年の夏に使ったのと同じ巣に行くものもいる。

③昔，人々は渡りをする鳥がいることを知らなかった。彼らは鳥たちが地面の穴に隠れて冬中寝ていると考えた。鳥は池の底の泥の中で冬を過ごす，と考えた者もいた。鳥類学者は罠と網を使って鳥を捕まえ，脚にバンドをつけて放す。各バンドにはいつどこでその鳥がバンドを付けられたか記載がある。途中で止まるので何週間も渡りをする鳥もいるし，ほんの数日しか飛行しない鳥もいる。数千マイルも飛行する鳥もいる。ハチドリはわずか硬貨1枚ほどの重さだが，渡りをする時には止まらずに海を越えて500マイル飛行する。キョクアジサシは北米から南極まで，1万マイル以上飛行する。

鳥はどのようにしてどこへ行くべきかを知り，どのように進路を見つけるのか。それは④大きな謎だ。川，山，海岸に沿って進む鳥もいるかもしれないが，多くの鳥は海を越えて進む。海を越えて飛行する鳥たちを案内するものは何もないように思われる。

⑤鳥類学者たちは，鳥がどちらの方向が北か南かを知る方法について，いくつかの考えがある。鳥が日中に飛行する時は，自分たちを導くために太陽を使う。午前中に南に向かって飛ぶ時，太陽は⑥左側になければならない。なぜなら太陽は午前中，東にあるからだ。⑦午後，南に向かって飛ぶ時は，太陽は右側になければならない。

鳥が夜に飛行する場合には，星が進路を見つけるのに役立つ。科学者たちはこの考えを試した。鳥たちが大きなプラネタリウムに入れられた。星のパターンが変わると，鳥たちは違う方角に進んだ。鳥は星の位置の変化に気づくということが明らかとなった。

しかし，鳥は曇っている時にも進路を見つけることができる。どうやってわかるのか。⑧鳥は地球の磁場を利用することができるというのが1つの考えだ。磁場は地球を取り囲む力で，北極と南極の付近で最も強い。磁場は方位磁針の針を北に向かせる。鳥類学者たちは，鳥の体内には「方位磁針」があると考えている。

科学者たちは伝書バトを使って実験した。彼らはその鳥の目に特別なカバーをつけた。ハトたちは見えなくても，しばしば家に戻ることができる。

⑨鳥は南または北に向かって出発する時期だと，どうしてわかるのか。科学者たちは鳥の体内に年間カレンダーがあることを知っている。このカレンダーは鳥に，日が短くなってきたら秋で，南に渡る時期だと教える。日が長くなれば春で，北に渡る時期だ。

秋が近づくと鳥は渡りのためにエネルギーを蓄えようと，たくさん食べる。

人々は何千年も鳥を観察してきたが，いまだに渡り鳥について全てわかっているわけではない。

問1 「鳥を1年中観察していると何がわかるか」 ウ「特定の季節にいくつかの種類の鳥を見かけない」

問2 イ「夏，南に移動して巣を作り子供を持つ鳥がいる」(×) 下線部②の直前の文参照。渡り鳥は春に北に戻り，巣を作って子を持つ。

問3 「人々はどのようにして渡りをする鳥がいると発見したのか」 エ「脚に特別なバンドを付けた鳥たちが遠くの場所で発見された」

やや難 問4 イ「鳥は日中に飛行する時，北や南を見つけるために太陽に向かって飛ぶ」(×) 第5段落参照。鳥は太陽の位置を利用して方角を知る，と書かれており，太陽に向かって飛ぶわけではない。

やや難 問5 some ideas のうしろに about「～について」を置き，その後ろに間接疑問〈疑問詞＋主語＋動詞〉で how birds know「鳥はどのようにして知るのか(鳥が知る方法)」とする。さらに know の目的語として which way is north or south「どちらの方向が北か南か」と続ける。

重要 問6 ⑥ 南に向かって飛ぶ時，午前中は太陽が東にあるから，太陽は進行方向の左にある。

⑦　午後は太陽が西にあるから，南に向かって飛ぶと，太陽は進行方向の右側にある。

問7　空所⑨の直前の段落参照。伝書バトの目を覆い，目が見えなくても家に帰れるか実験した。

問8　空所⑨の直後の文参照。鳥は体内カレンダーを持っていて，渡りの時期がわかる。

やや難 問9　ア「渡り鳥は，ほぼ1年前に自分が作った同じ巣に帰ることがある」(○)　イ「鳥類学者たちは世界の渡り鳥の数を数えるために鳥の脚にバンドを付ける」(×)　ウ「ハチドリのように非常に軽くて小さい鳥は，渡りをする時に休まずにかなりの長距離を飛ぶ」(○)　エ「大きなプラネタリウムに入れられた鳥は，星の位置が変わっても同じ方角へ飛び続けた」(×)　オ「北極近くの磁場のほうが南極近くよりも強い」(×)　カ「鳥類学者たちは磁場が方位磁針の針を北に向かせることを発見した」(×)「磁場が方位磁針の針を北に向かせる」ことは事実であり文章中にも書かれているが，それを鳥類学者が発見したわけではない。

重要 **Ⅱ　(和文英訳：分詞，不定詞，熟語，接続詞)**

(大意)　スイスは高品質のチョコレートで良く知られている。①2020年8月の終わり頃，スイスのある町に住む人々は，非常に奇妙なものを見て驚いた。「チョコレートの雪」が降り始めたのだ。地元のチョコレート製造会社が，その茶色のシャワーは冷却システムのエラーによって引き起こされたと言った。②強い風のせいで，そのエラーによってできたチョコレートのほこりが町中に広がった。町は茶色のほこりで覆われ，その会社は清掃費用を払うと申し出た。③その会社の社長は，その工場の近くに住む人たちに，チョコレートのほこりは健康や環境にとって危険ではないと言った。多くの人はソーシャルメディアにそのチョコレートのほこりの事故について冗談を書いた。

①　around the end of ～「～の終わり頃に」 The people の後ろに形容詞的用法の現在分詞句 living in a town in Switzerland「スイスのある町に住む」を置いて，これを文全体の主語とする。動詞部分「～して驚く」は〈be surprised to ＋動詞の原形〉とする。

②　The chocolate dust の後ろに形容詞的用法の過去分詞句 made by the error「そのエラーよって作られた」を置いて，これを文全体の主語とする。spread around ～「～中に広がる」 because of ～「～のせいで」

③　「(人)に～と言う」は〈tell ＋人＋ that ～〉または〈say to ＋人＋ that ～〉の構文にする。「その工場の近くに住む人たちに」は①と同様に形容詞的用法の現在分詞句を使って表現する。「～にとって危険ではない」は時制の一致を受けて was not dangerous for ～ とする。

★ワンポイントアドバイス★

Ⅰは渡り鳥についての理科的論説文。渡り鳥が進路を見つける方法(太陽の位置，星の位置，体内コンパス)について，段落ごとに内容を整理しよう。

＜国語解答＞ 《学校からの正答の発表はありません。》

1　問1　(a)　眺(め)　(b)　鍵　(c)　介在　問2　ウ　問3　A　運動性言語野　B　意図を推測する　C　身体　問4　ア　問5　エ　問6　ウ

2　(例)「模倣」には「創造」に比べて非生産的で良くないイメージがある。しかし,「模倣」は優れた観察力を必要とし，技術力や発想力を磨く行為である。つまり,「模倣」を経て初めて「創造」が可能になるのだ。(95字)

○推定配点○

1　問1・問3　各2点×6　問6　6点　他　各4点×3　2　20点　計50点

<国語解説>

1 (論説文—大意・要旨，内容吟味，文脈把握，脱文・脱語補充，漢字の読み書き)

問1 (a) 音読みは「チョウ」で，「眺望」という熟語がある。 (b) ここでは，わからない問題を解き明かす手がかりと比喩的な意味で用いられている。音読みは「ケン」で，「鍵盤」「黒鍵」などの熟語がある。 (c) 間にはさまって存在すること。「介」を使った熟語には，他に「紹介」「介抱」などがある。

問2 直後の段落で「どちらの場合も同じように発火するニューロンがある……まるで相手の動作を脳のなかで鏡に映しているようだというので，このニューロンは『ミラー・ニューロン』と名付けられました」と説明している。この内容にウが最も適当。他の選択肢は，この説明に合わない。

問3 A 「ミラー・ニューロン」が見つかった場所はどこか。——線部(2)「ブローカ野」とあるが，指定字数に合わない。同じ段落に「ブローカ野は……運動性言語野などと呼ばれる」とあるのに着目する。 B 直前の「他者の」に着目する。同じ段落に「他者の動き」とあり，その後に「意図を推測する」と具体的に述べている。 C 同じ段落の「相手と同じような構造と動きをもった身体がなければなりません」と照合し，C(二字) に重なる部分を抜き出す。

やや難 問4 直前の文の「〈心の理論〉が備わっていることは視点動詞を獲得するうえでの必要条件であり，十分条件ではない」の意味を読み解く。視点動詞を獲得するために〈心の理論〉は必要だが，〈心の理論〉があるからといって必ず視点動詞を獲得できるわけではない，という内容を述べているアを選ぶ。直前の文の「十分条件ではない」に，イの「ほとんどの生徒が……使えるようになる」や，ウの「視点動詞を獲得したことになる」，エの「適切に使える」は合わない。

問5 7段落で述べられている「正高の実験」から得られた結果を，9段落で「〈心の理論〉が言語によるコミュニケーションに反映されるためには，身体をカイザイさせなければならないのではないか」と述べている。また，3段落の「ミラー・ニューロンについての研究」からは，「意図を推測する主体には，相手と同じような構造と動きをもった身体がなければなりません」という考えが導かれている。したがって，両者の共通点は，他者の理解には身体が必要だということになる。アとウは「正高の実験」から得られた考えで，イは「ミラー・ニューロンについての研究」から得られた考えになるので，適当ではない。

やや難 問6 6段落の「〈誤った信念課題〉」は，後の注釈から，〈心の理論〉を持っているかどうかを確認する課題という意味であることを確認する。その上で，6段落で「〈誤った信念課題〉についてのテスト」で，視点動詞の「適切な使用ができなかったグループでは四五名のうち二九名しかパスしませんでした」とあるのに着目する。視点動詞の適切な使用ができなくても，〈心の理論〉を持つ生徒もいるということになるので，ウは合致しない。アは1段落の内容と，イは3段落の内容と，エは10段落の内容と合致する。

2 (説明文—大意・要旨，作文)

文章は，一般的に良くないイメージを持つ「模倣」が，実は「創造」に必要であることを述べるものである。文章の中の具体例と筆者の考えを区別し，筆者の考えをつないで，要約とする。第一文は，冒頭の段落の「『模倣』は『創造』に比べて非生産的で良くないイメージを伴いがち」という一般的に考えられている内容を簡潔にまとめる。第二文の書き出しが「しかし」なので，「しかし」で始まる段落の内容に着目し，「模倣」について述べた「『模倣』は優れた観察力を必要とし，技術力や発想力を磨く行為なのである。」という内容を続ける。第三文の書き出しが「つまり」なので，筆者の考えを述べた最終段落の「『模倣』を経て初めて『創造』が可能になる」という内容を加えてまとめる。

★ワンポイントアドバイス★

要約の問題では，それぞれの文の文末表現にも注意を払いたい。下書きを書いた後，読み返してみて文末に重複がないか確認してから清書に入ろう。

2022年度

★★★★★★★★★★★★★★★★★★★★★★★

入　試　問　題

2022年度

中央大学杉並高等学校入試問題（推薦）

【数　学】（20分）　＜満点：20点＞

1　$x=\sqrt{20}+3$，$y=\sqrt{5}+1$のとき，$(x-1)y-x+1$の値を求めなさい。

2　図において，点A，B，C，M，Nは同一円周上にあり，$\overset{\frown}{AM}=\overset{\frown}{MB}$，$\overset{\frown}{AN}=\overset{\frown}{NC}$です。
∠BAC＝52°のとき，∠MBNの大きさを求めなさい。

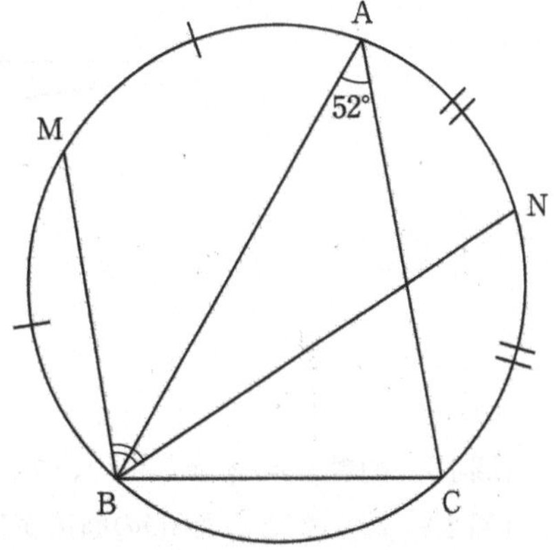

3　図のようなAB＝４，BC＝３の直角三角形ABCがあります。直角三角形ABCを線分QRを折り目として折ったとき，点Aは辺BC上の点Pに移りました。∠RPCが直角のとき，次の問に答えなさい。

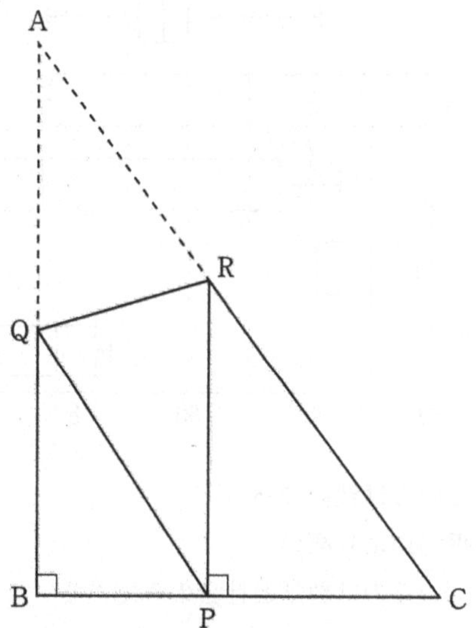

（問１）　ARの長さを求めなさい。

（問２）　四角形AQPRの面積を求めなさい。

4　図のように，関数 $y=\frac{1}{2}x^2$ と $y=\frac{4}{x}$ のグラフが点Aで交わっていて，点Aの x 座標は2です。また，関数 $y=\frac{4}{x}$ のグラフ上に x 座標が－3である点Bを，x 軸上に x 座標が6である点Cを，y 軸上に y 座標が負である点Dをとります。このとき，次の問に答えなさい。

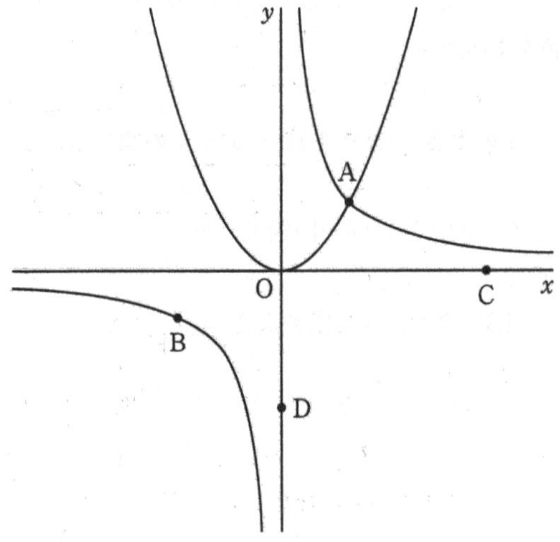

（問1）　関数 $y=\frac{1}{2}x^2$ について，x の変域が $-3 \leqq x \leqq 2$ のとき，y の変域を求めなさい。

（問2）　△ABCと△ABDの面積が等しいとき，点Dの座標を求めなさい。

5　下の図はあるクラスで行った国語・数学・理科・社会・英語の5教科のテストについて，生徒40人の得点を箱ひげ図に表したものです。このとき，箱ひげ図から読み取れることとして正しいものを(ア)～(カ)の中から2つ選び，記号で答えなさい。

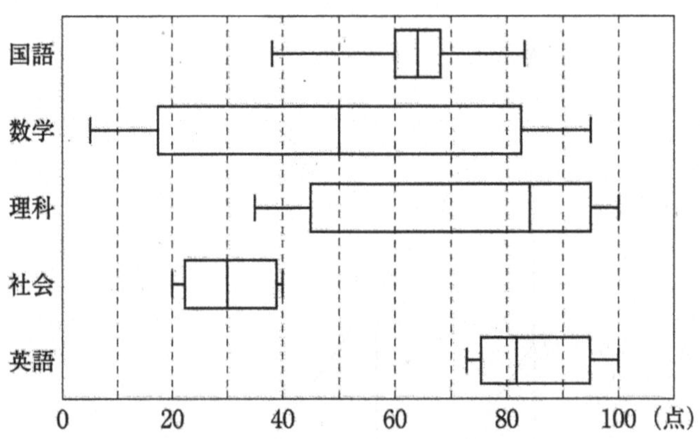

(ア)　四分位範囲がもっとも小さいのは社会である

(イ)　理科の平均点は，英語の平均点より高い

(ウ)　60点以下の生徒が20人以上いるのは数学と社会のみである

(エ)　各教科のテストで100点をとった人は少なくとも2人いる

(オ)　数学は20点以下の生徒が10人以上いる

(カ)　数学以外の4教科では，20点以下の生徒はいない

【英　語】（20分）　＜満点：20点＞

1　次の各組から正しい英文を一つずつ選び，記号で答えなさい。

1．ア　What club you belong to?
　　イ　I have never been a foreign country.
　　ウ　When did the email send to me?
　　エ　His dog is named John.

2．ア　I often enjoy to cook with my mother.
　　イ　What time is your brother finish school every day?
　　ウ　He is old enough to have a smartphone.
　　エ　The people which we met were very friendly.

3．ア　Have you started your homework yet?
　　イ　I was talked by an old woman.
　　ウ　You should speak more slower.
　　エ　There are not much chairs in this room.

2　次の会話文の空欄 1 ～ 3 を補うのに最もふさわしい文を下のア～コからそれぞれ選び，記号で答えなさい。

1．A：What did you do last weekend?
　　B：I went to the hospital because I was sick.
　　A： 1

2．A：Do you know the new Chinese restaurant “Bamboo Panda”?
　　B：No, I don’t, but I love Chinese food.
　　A： 2

3．A：Excuse me, could you tell me the way to the station?
　　B： 3
　　A：Thank you so much. You are so kind.

ア　I’m sorry, but I can’t. Is it far from here?
イ　How long have you been there?
ウ　Yes, you can. Let me tell you how to take a taxi.
エ　I have never heard of the restaurant’s name.
オ　Why don’t we eat there together this afternoon?
カ　Yes. I’m going that way, too. Let’s go together.
キ　Sure. Here you are.
ク　I should take medicine.
ケ　That’s too bad. Are you all right?
コ　I don’t know the doctor well.

3 次の日本語を英語にしなさい。

1．私は兄ほど賢くない。

2．これが昨日あなたが買った本ですか。

4 次の文章を読み，後の問に答えなさい。

（＊のついた語句には本文の最後に注があります。）

A bowl of white rice, miso soup, and grilled fish with *pickled vegetables. It looks simple but tastes special—salty, sour, sweet, a little bitter and full of *umami*.

When *washoku* became a *UNESCO Intangible Cultural Heritage of Humanity in 2013, many people didn't understand what it meant. Japanese dishes such as *sushi* or *tempura* were already popular around the world, but *washoku* was not.

"*Wa*" of *washoku* means Japan or Japanese, and "*shoku*" means food or to eat. This word was created in the Meiji period to separate Japanese food from foreign dishes. However, the origin of *washoku* goes back to the Heian period. Kyoto was the capital of Japan in those days, and it was a great place for getting different *ingredients. People had wild plants from mountains, fresh green vegetables, mushrooms, and *root vegetables. They cooked a variety of dishes by using different ingredients. Also, they cooked fish in various ways and developed a soup stock called *dashi*. *Dashi* became very popular because they were able to cook delicious dishes with it.

The key flavor of *washoku* is called *umami*. The word *umami* is difficult to translate. ①【 the special flavor / used / many delicious dishes / this Japanese word / in / express / found / is / to 】. *Umami* is thought to be one of the main flavors, together with other flavors such as sweet, sour, bitter, and salty. It is said that *umami* adds deliciousness to dishes. It is actually the taste of *glutamate, and we can taste it in many Japanese traditional ingredients like *dried fish flakes, *miso*, soy sauce and more. The important thing in *washoku* is the balance of ②these five flavors. We can find this balance especially in *osechi*, the traditional New Year's dishes. The dishes are packed in a box like jewels and we can enjoy all the five flavors.

When *washoku* was listed as a UNESCO Intangible Cultural Heritage of Humanity, some people said that this tradition was dying because Japanese people today prefer westernized food. However, ③it is too early to say *washoku* is dying. It is said that many Japanese people are more interested in good food than people from other countries. Of course, there are many popular international fast-food restaurants in Japan, but they still love going to Japanese restaurants to eat local dishes. Also, they love Japanese home cooking. Cookbooks are best-sellers and Japanese home cooking websites have become very popular. At school, children learn about their traditional food and how to eat it in the right way. Elderly people travel around the country to enjoy the local food.

Japanese people will continue to enjoy new foreign dishes, but will not forget the basic goodness of their traditional dishes. They will keep eating *washoku*. It is probably because their stomachs want it after all.

注） pickled：漬物の　UNESCO Intangible Cultural Heritage of Humanity：ユネスコ無形文化遺産
ingredient(s)：食材　root vegetable(s)：根菜　glutamate：グルタミン酸
dried fish flake(s)：（乾燥した魚の）削り節

問１　下線部①が「この日本語は，多くの美味しい料理で見つかる特別な味を表現するのに使われる。」という意味になるように，【　】内の語（句）を並べ替えなさい。ただし，文頭に来るべき語も小文字で表してある。

問２　下線部②が指すものを日本語で五つ答えなさい。

問３　下線部③のように筆者が思う理由としてふさわしくないものをア～エから一つ選び，記号で答えなさい。

ア　More Japanese people care about the quality of food than foreign people.

イ　Japanese people enjoy going to many popular international fast-food restaurants.

ウ　Many Japanese people buy cookbooks and make their traditional food at home.

エ　It is popular for elderly people in Japan to try various local food around the country.

問４　本文の内容と一致するものをア～キから二つ選び，記号で答えなさい。

ア　The taste of washoku is so simple that many foreign people don't like it.

イ　One of the reasons *washoku* became a UNESCO Intagible Cultural Heritage of Humanity was that *sushi* and *tempura* were well known as *washoku*.

ウ　People in the Meiji period originally made the word *washoku* for expressing the difference between Japanese food and other country's dishes.

エ　When you try dried fish flakes, *miso*, and soy sauce, you'll be able to taste *umami* including glutamate in your mouth.

オ　Japanese people usually enjoy *osechi*, a jewelry box with a variety of expensive stones on New Year's day.

カ　Japanese schools don't usually teach their children about their traditional food.

キ　Japanese people can eat a lot of delicious *washoku* because their stomachs are very strong.

【理　科】（20分）　＜満点：20点＞

1　次の文章を読み，下の(1)・(2)に答えなさい。

地球上には多様な樹木が存在している。

サクラの花には子房があり，その中には胚珠といわれる小さな粒がある。受粉した後，胚珠は種子となり，やがて種子が発芽して次世代となる。一方，スギやヒノキ，イチョウは胚珠がむき出しになっており，胚珠に直接受粉する。

また，スギやヒノキはヒトに花粉症を発症させる植物としてよく知られているが，サクラはごくまれにしか花粉症を発症させない。

(1)　イチョウの雌株には「ぎんなん」がつき（図１），サクラ（セイヨウミザクラ）の木には「さくらんぼ」がつきます（図２）。これらはよく似た形をしていますが，大きく異なる点があります。次のに ☐ 入る共通の語を漢字２文字で答えなさい。

「ぎんなん」にはもともと子房がないので，☐ はなく種子の分厚い皮に包まれている。「さくらんぼ」は，めしべの下部にある子房が ☐ となったもので，種子は ☐ に包まれている。

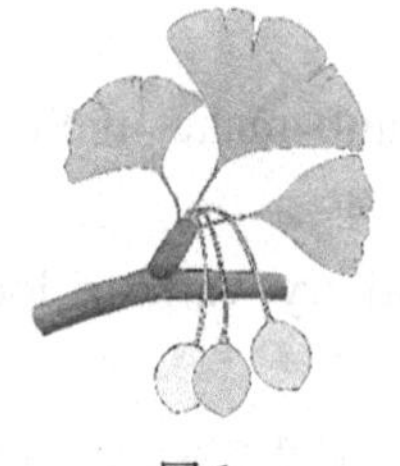

図１

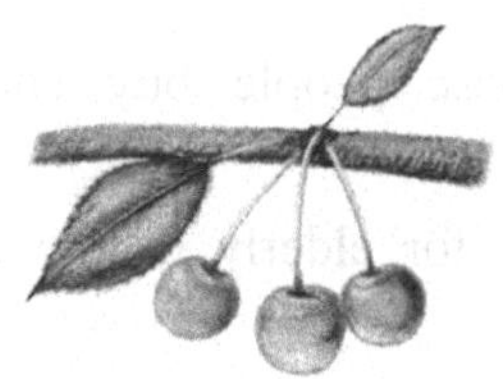

図２

(2)　スギの花粉症はその木に近づかなくても発症しますが，サクラの花粉症はその木に近づかないと発症しません。その理由として最も適当なものを，次のア～エのうちから一つ選び，記号で答えなさい。

ア　スギは裸子植物であり，サクラは被子植物であるためである。

イ　スギは花粉をつくるが，サクラは花粉をつくらないためである。

ウ　スギの花粉は風で飛ばされるが，サクラの花粉は虫に運ばれるためである。

エ　スギの種子は風で飛ばされるが，サクラの種子は鳥に食べられて運ばれるためである。

2　次の文章を読み，下の(1)～(4)に答えなさい。

(a)受精卵から多細胞生物のからだがつくられる途中の段階には，さまざまな種類の細胞になることができる細胞があり，これらは幹細胞（かんさいぼう）といわれる。成長したからだの中にも幹細胞が残っている。例えば，(b)骨の内部にある造血幹細胞（ぞうけつかんさいぼう）が細胞分裂することにより，常に新しい赤血球や白血球などがつくられている。

人工多能性幹細胞（じんこうたのうせいかんさいぼう）（iPS細胞）は，細胞が一度失ったさまざまな細胞になる能力を，(c)遺伝子を扱う技術によって復活させたものである。

(1)　下線部(a)に関して，受精卵は分裂を繰り返して親と同じような形へ成長します。この成長過程を何といいますか。漢字２文字で答えなさい。

(2) ヒトにおいて，受精をする細胞ができるときに行う細胞分裂（Aとする）と，造血幹細胞が行う細胞分裂（Bとする）について，正しい記述を次のア～エのうちから一つ選び，記号で答えなさい。

ア　Aは分裂前後で染色体数が変化せず，Bは分裂後に染色体数が半分になる。

イ　Aは分裂前後で染色体数が変化せず，Bは分裂後に染色体数が増加する。

ウ　Aは分裂後に染色体数が増加し，Bは分裂前後で染色体数が変化しない。

エ　Aは分裂後に染色体数が半分になり，Bは分裂前後で染色体数が変化しない。

(3) 下線部(b)に関して，次のア～エの記述のうちから最も適当なものを一つ選び，記号で答えなさい。

ア　赤血球には，肺で取り入れた酸素をからだのすみずみに運ぶはたらきがある。

イ　白血球の主なはたらきは，出血したときに血液を固めることである。

ウ　体内に入った細菌などをとらえるのは，主に血小板である。

エ　血しょうは，血管の外に出ることなく循環し，造血幹細胞からつくられる細胞をからだのすみずみに運んでいる。

(4) 下線部(c)について，遺伝子の本体は染色体に含まれる何という物質ですか。アルファベット3文字で答えなさい。

3　次の文章を読み，下の(1)・(2)に答えなさい。

図1はある地域の地形を表したものである。図中の曲線は等高線を，数値は標高を示している。図2はボーリング調査の結果から作成した柱状図で，図1のA～Cの各地点の試料をもとにしている。

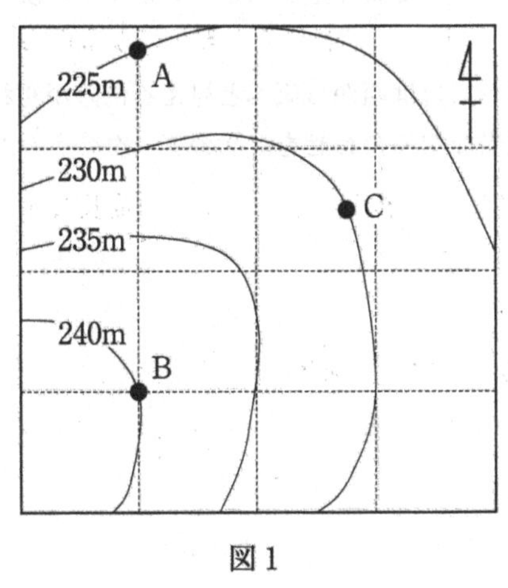

図1

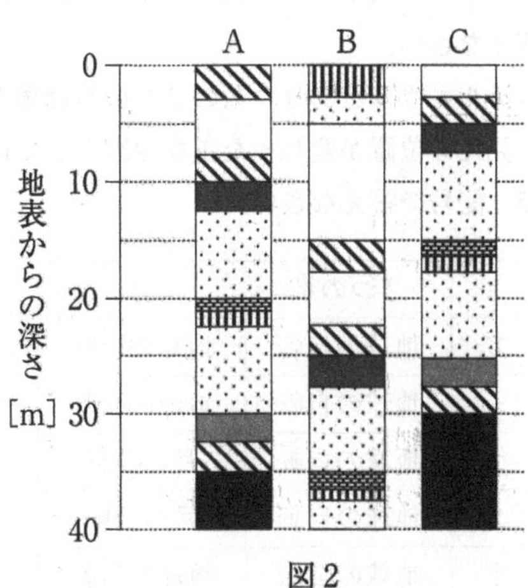

図2

(1) 砂岩やチャートなど，土砂の粒や，生物の遺がい（死がい）が固まってできた岩石をまとめて何といいますか。その名称を漢字3文字で答えなさい。

(2) 図1および図2から，この地域の地層はある方向に傾いていることがわかります。地層の傾きとして最も適当なものを，次のページのア～カのうちから一つ選び，記号で答えなさい。ただし，この地域の地層は各層とも平行に重なっており，断層やしゅう曲はないものとします。

ア　東から西に向かって下がっている。
イ　西から東に向かって下がっている。
ウ　南から北に向かって下がっている。
エ　北から南に向かって下がっている。
オ　北西から南東に向かって下がっている。
カ　北東から南西に向かって下がっている。

4　次の文章を読み，下の(1)・(2)に答えなさい.

図1は日本のある地点で，ベテルギウス・シリウス・月の様子を観測し，スケッチしたものである。図2は，図1の観測日から数日後の同じ時刻に観測したときのスケッチである。

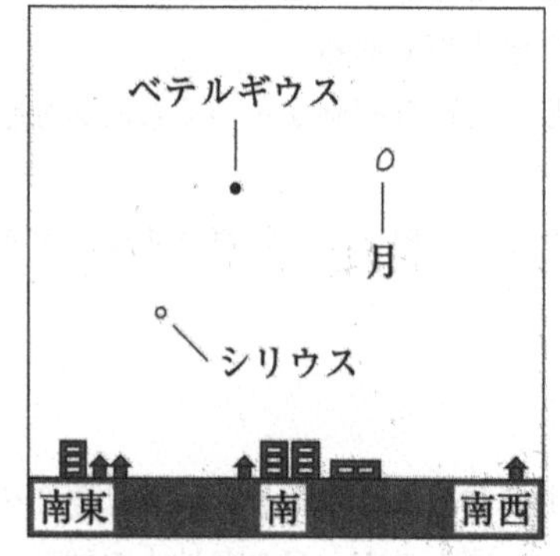

図1　ある日の星の位置

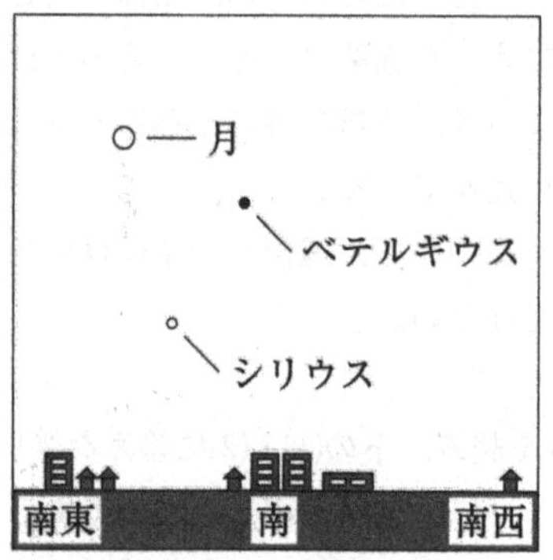

図2　数日後の星の位置

(1)　ベテルギウスやシリウスのように，自らのエネルギーで輝く星を何といいますか。漢字2文字で答えなさい。

(2)　ベテルギウスとシリウスの2つの星は東から西へ，月は西から東へと見える位置が変わりました。見える位置が変わった主な原因として最も適当な組み合わせを，次のア～クのうちから一つ選び，記号で答えなさい。

	2つの星	月
ア	地球の自転	地球の自転
イ	地球の自転	地球の公転
ウ	地球の自転	月の自転
エ	地球の自転	月の公転
オ	地球の公転	地球の自転
カ	地球の公転	地球の公転
キ	地球の公転	月の自転
ク	地球の公転	月の公転

5 次の文章を読み，下の(1)・(2)に答えなさい。

金属製の円柱をばねに取り付け，水の入った容器を用いて図1のような装置をつくった。円柱をつり下げたばねをゆっくり下ろし，円柱の深さとそのときのばねの長さを計測した。ただし，円柱の深さは水面から円柱の底面までの長さを測るものとする。

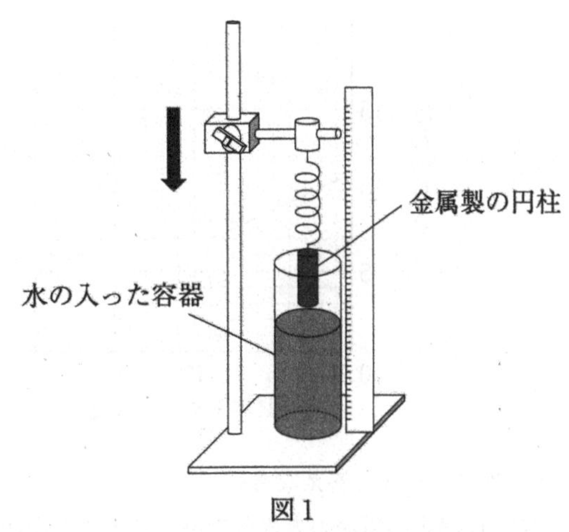

図1

(1) 円柱の深さとばねの長さの関係を表すグラフとして最も適切なものを，下のア～カのうちから一つ選び，記号で答えなさい。（オ，カは次のページにあります。）

(2) 円柱の高さは何cmですか。グラフから読み取り，整数で答えなさい。

ア

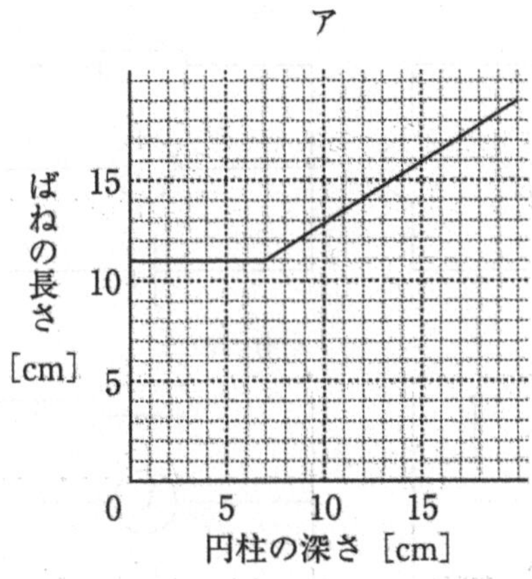

イ

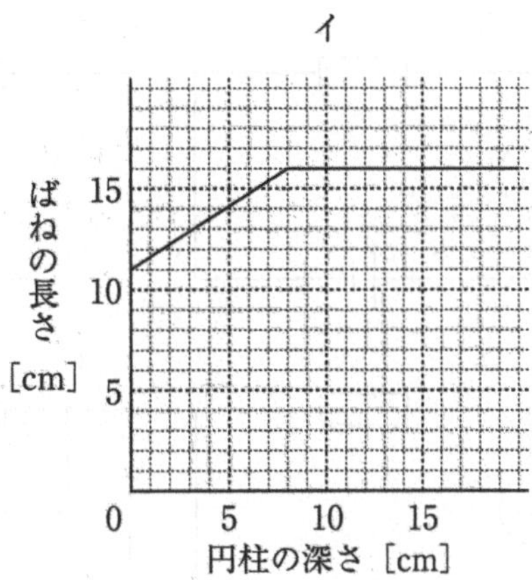

ウ

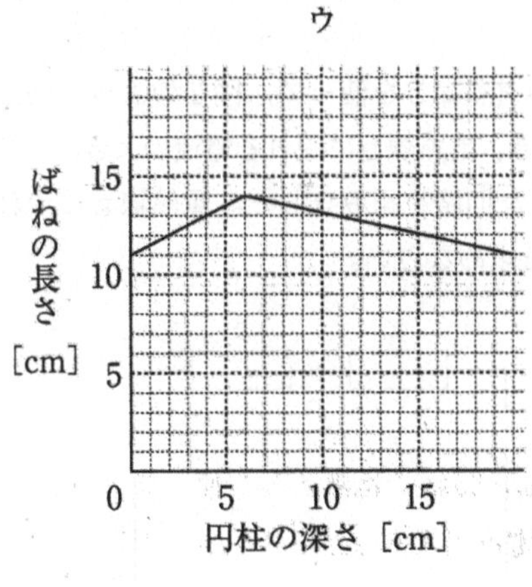

エ

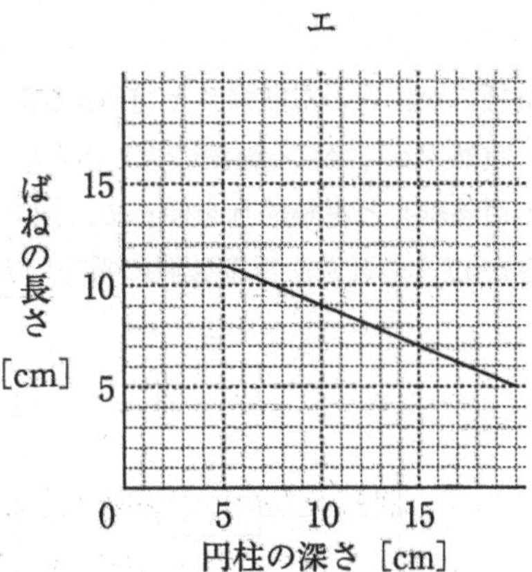

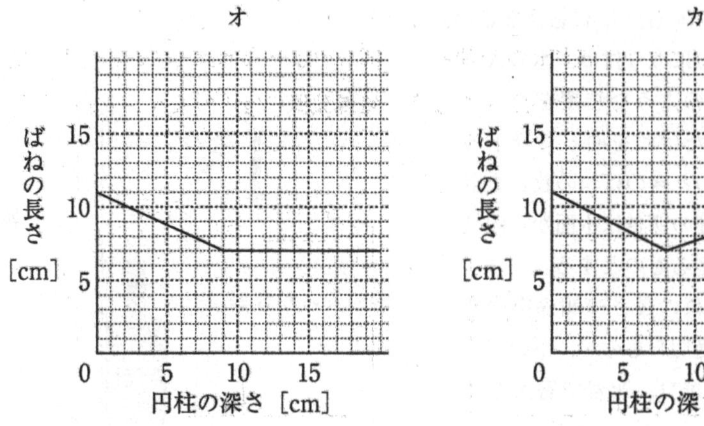

6 次の(1)~(3)に答えなさい。

(1) 回路中の電流の大きさや電圧の大きさを測るとき，電流計や電圧計のつなぎ方として<u>不適切なものを</u>，図1のア～カのうちからすべて選び，記号で答えなさい。

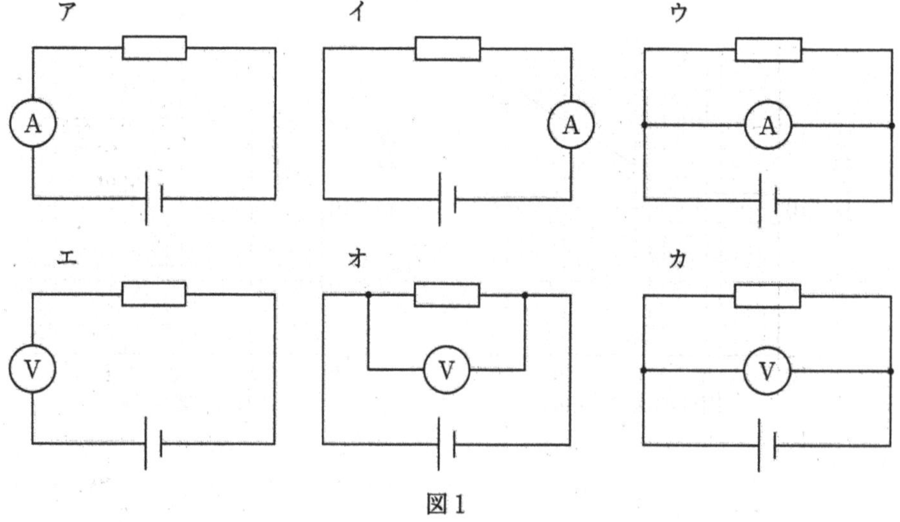

図1

(2) 電気抵抗が15Ωの電熱線aと電気抵抗が30Ωの電熱線bを使って，図2のような回路を組みました。電熱線aに流れる電流の大きさが0.4Aのとき，電熱線bに流れる電流の大きさを求めなさい。

(3) (2)の電熱線aと電熱線bを使って，図3のような回路を組みました。電熱線aに流れる電流の大きさが0.2Aのとき，電源装置の電圧の大きさを求めなさい。

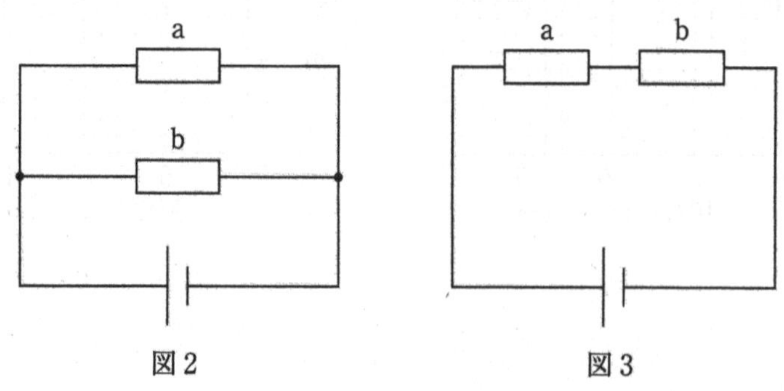

図2　　図3

7　次の実験ア～カについて，下の(1)～(3)に答えなさい。

実験

ア　亜鉛にうすい塩酸を加える。

イ　酸化銀を加熱する。

ウ　炭酸水素ナトリウムを加熱する。

エ　うすい過酸化水素水に二酸化マンガンを加える。

オ　塩化アンモニウムと水酸化カルシウムの混合物を加熱する。

カ　マグネシウムリボンを燃焼する。

(1)　実験ア～カのうち，発生する気体が同じものを二つ選び，記号で答えなさい。ただし，反応により生じる水は液体であるものとします。

(2)　実験ア～カのうち，気体が発生しないものはどれですか。一つ選び，記号で答えなさい。

(3)　実験ア～カのうち，発生した気体を図1の方法で集めるものはどれですか。最も適切なものを一つ選び，記号で答えなさい。

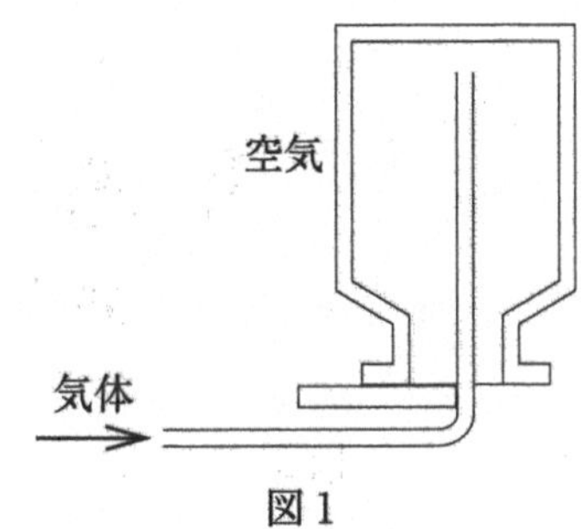

図1

8　次の文章を読み，あとの問いに答えなさい。

原子どうしの結合について考えよう。原子は，そのままでは不安定なものが多い。単独では不安定であっても，他の原子と結合することで分子を形成し，安定になるものがある。図1は，炭素原子，酸素原子，水素原子が他の原子と結合できる数を手で表した模式図である。

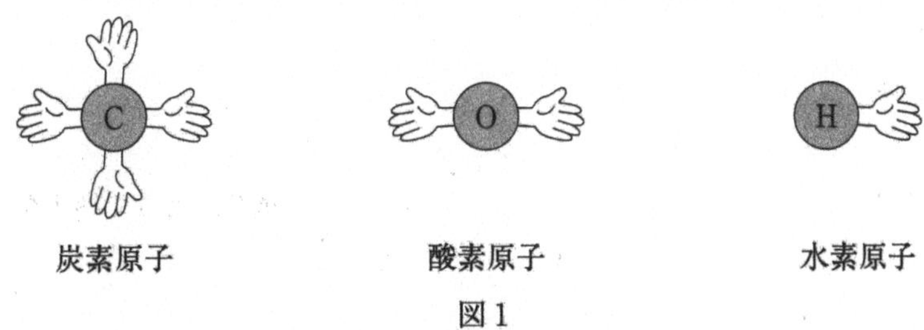

図1

原子が他の原子と結合することは，原子どうしが互いに手をつなぐことと似ている。多くの分子は，各原子が結合の手を余すことなく使った組み合わせになっている。例えば，天然ガスの主成分であるメタンCH_4や，消毒液に含まれるエタノールC_2H_6Oの分子は次のページの図2のように表される。

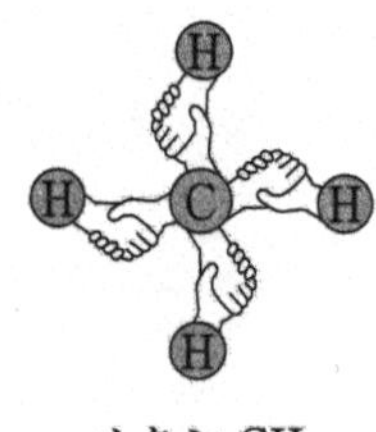

メタン CH_4

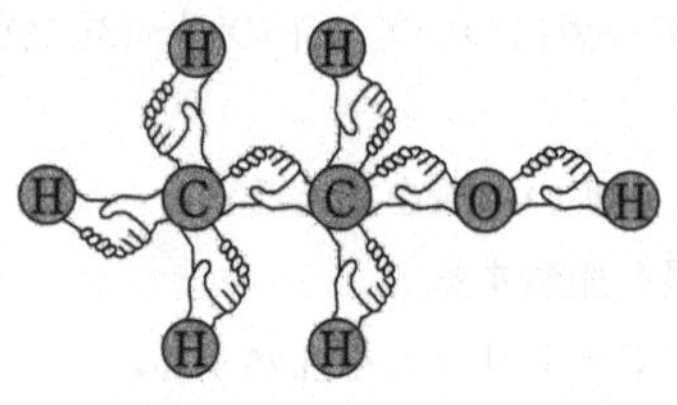

エタノール C_2H_6O

図２

次のア～オのうち，分子を表す化学式としてふさわしいものはどれですか。上の説明をもとに一つ選び，記号で答えなさい。

ア　CH_3　　イ　C_2H_5　　ウ　C_2H_5O　　エ　C_3H_8O　　オ　$C_3H_{10}O$

【社　会】（20分）　＜満点：20点＞

1　次のア～オのうち，二都市の間が最も離れているものを選んで記号で答えなさい。

ア　高松市－岡山市　　イ　大津市－津市
ウ　鳥取市－神戸市　　エ　金沢市－盛岡市
オ　前橋市－長野市

2　次のア～オのうち，正しい組み合わせを二つ選んで記号で答えなさい。

ア	火山	エベレスト（チョモランマ）、キリマンジャロ、富士山
イ	複数の国を流れる川	ナイル川、メコン川、ライン川
ウ	北アメリカ大陸の湖	オンタリオ湖、スペリオル湖、ヒューロン湖
エ	アフリカ大陸の砂漠	カラハリ砂漠、ゴビ砂漠、サハラ砂漠
オ	インド洋の島	シチリア島、セイロン島、マダガスカル島

3　次のア～オのうち，誤っているものを二つ選んで記号で答えなさい。

ア　インドでは，数学の教育水準が高いことなどを背景として，情報通信技術（ICT）関連産業が発展している。

イ　ヨーロッパ最大の工業国であるドイツは，他国からの労働者を受け入れていないため，労働力不足が問題になっている。

ウ　アメリカ合衆国の農場は広大な耕地面積を持ち，大型の機械を使用して小麦，とうもろこし，大豆などを大量に生産している。

エ　南アメリカ社会は，文化が混ざり合う多文化社会である。たとえばアルゼンチンのタンゴは，ヨーロッパやアフリカの音楽が混ざり合って生まれた。

オ　太平洋の島々のうち，火山によってできた島々は面積が狭く水も資源もとぼしいが，さんご礁の島々は面積が広く水も資源も豊かである。

4　次のア～オのうち，誤っているものを一つ選んで記号で答えなさい。

ア　北九州市はかつて大気汚染や水質汚濁などの公害に苦しんだが，市民や自治体，企業が協力して環境改善にとりくみ，エコタウンに認定された。

イ　高度経済成長期，中国山地の農村では多くの働き盛りの人たちが瀬戸内海沿岸の工業地域や近畿地方の都市部などへ転出し，過疎化が進んだ。

ウ　近年，大阪市の臨海部では再開発が積極的に進められ，工場跡地にテーマパークなどが建設された。国際博覧会も予定されている。

エ　豊富な雪解け水を発電や工業用水に利用して，富山市の周辺ではアルミニウム工業が発展した。現在では輸入したアルミニウムをサッシなどに加工する工業が盛んである。

オ　青森県では貿易の自由化や農業のグローバル化を見すえ，りんごの輸出を試みた。しかし鮮度の維持が困難なことから，失敗に終わった。

5　次の表のア～オは，地図中のＡ～Ｅのいずれかの県の「人口」「農業産出額」「農業産出額に占める米，野菜，果実，畜産の割合」についてまとめたものである。下の問い(1)(2)に答えなさい。

	人口*（万人）	農業産出額**（億円）	米（%）	野菜（%）	果実（%）	畜産（%）
ア	109	3429	5.2	19.5	3.8	64.4
イ	98	1843	56.2	16.7	3.9	19.5
ウ	136	1233	13.6	16.3	43.0	19.9
エ	222	2462	58.7	14.2	3.1	19.4
オ	544	1544	31.0	23.0	2.1	39.1

*2020年　　**2018年

『地理統計要覧　2021年版』（二宮書店）より作成

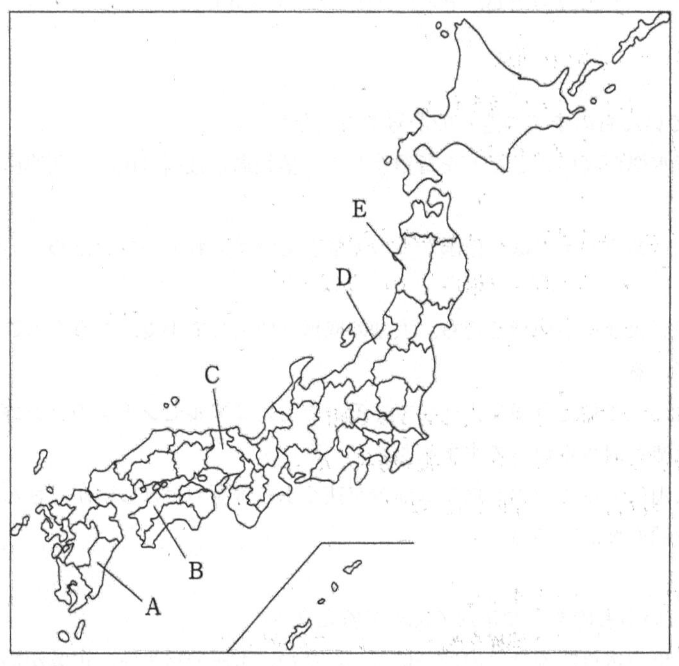

(1)　表のアに当てはまる県名を書きなさい。

(2)　次のａ～ｅのうち，表のウの県で収穫量が最も多い作物を選んで記号で答えなさい。

ａ　メロン　　ｂ　トマト　　ｃ　ぶどう　　ｄ　もも　　ｅ　みかん

6　次のページのア～オの「作品」と「著者・作者」の組み合わせのうち，正しいものを二つ選んで記号で答えなさい。

	作品	著者・作者
ア	みだれ髪	樋口一葉
イ	見返り美人図	俵屋宗達
ウ	方丈記	紀貫之
エ	唐獅子図屏風	狩野永徳
オ	細雪	谷崎潤一郎

7 次のア～オのうち，A・B・Cが時代順に正しく並んでいるものを二つ選んで記号で答えなさい。

ア A オスマン帝国がビザンツ帝国を征服した。
B カルバンがスイスにおいて宗教改革を行った。
C オランダが東インド会社を設立した。

イ A 邪馬台国の卑弥呼が中国に使いを送り王の称号を得た。
B 朝鮮半島から移り住んだ人々により稲作が日本に伝えられた。
C 渡来人により仏教が日本に伝えられた。

ウ A 大海人皇子が壬申の乱に勝利し，天武天皇として即位した。
B 後白河天皇は，武士の協力を得て保元の乱に勝利した。
C 承久の乱で敗れた後鳥羽上皇は隠岐に流された。

エ A 李成桂が高麗を滅ぼして朝鮮を建てた。
B チンギス・ハンがモンゴルの諸部族を統一してモンゴル帝国を建てた。
C 尚氏が沖縄島を統一し，首里を都とする琉球王国を建てた。

オ A 裁判や刑罰の基準となる公事方御定書が定められた。
B 五人組の制度が作られ，年貢の未納や犯罪に連帯責任を負わせた。
C 南蛮貿易が始まり，ポルトガル船が中国産の生糸を日本にもたらした。

8 次のア～オのうち，正しいものを二つ選んで記号で答えなさい。

ア ピューリタン革命の後，イギリスは王政に戻るが，国王が専制を行ったため名誉革命がおこり，権利章典が定められた。

イ 日本は，1921年から22年にかけて開かれたワシントン会議に参加したが，海軍の軍備の制限については承諾しなかった。

ウ 日本では，第一次世界大戦終了直後に最初の男女普通選挙が実施された。

エ シベリア出兵を見こした米の買いしめにより米価が大幅に上がると，米の安売りを求める米騒動が各地でおこり，一部には軍隊も出動した。

オ 中国共産党との協力を拒否していた孫文の死後，蔣介石が中国国民党の指導者となり，中国共産党と共同で南京に国民政府を樹立した。

9 次のア～オのうち，正しいものを二つ選んで記号で答えなさい。

ア 太平洋戦争後，日本では農地改革が行われ，地主が所有する小作地を政府が強制的に買い上げて小作人に安く売り渡した結果，多くの自作農が生まれた。

イ　朝鮮戦争が始まると，日本ではアメリカ軍向けに大量の軍需物資を生産したため経済が好況となった。

ウ　所得倍増を打ち出した池田勇人内閣は，中華人民共和国との貿易を発展させるため日中共同声明を発表して国交を正常化した。

エ　世界経済の問題に対処するため，国際連合安全保障理事会の常任理事国が第1回主要国首脳会議（サミット）を開催した。

オ　第四次中東戦争により石油危機が発生すると多くの先進工業国は深刻な不況に陥ったが，産油国と友好関係を築いていた日本では高度経済成長が継続した。

10　次の①，②は日本国憲法の一部である。下の各問いに答えなさい。

①　すべて国民は，［A］で文化的な［B］の生活を営む権利を有する。

②　国会は，国権の［C］機関であって，国の唯一の［D］機関である。

問1　空欄［A］，［B］に当てはまる語句をそれぞれ答えなさい。

問2　空欄［C］，［D］に当てはまる語句をそれぞれ答えなさい。

11　次の①～④に関する下の各問いに答えなさい。

①　日本では，企業の健全な競争を保つため独占禁止法が制定され，［A］がこの法律に基づいた指導を行っている。

②　日本では，［B］が定められ，消費者が商品の欠陥によって被害を受けたとき，その欠陥を証明すれば，企業の過失を証明しなくても損害賠償を受けることができるようになった。

③　地球温暖化防止の国際的な取り組みとして，産業革命前からの気温上昇を地球全体で2度未満に抑えることを目標に掲げた［C］が，京都議定書に代わって採択された。

④　発展途上国の農作物や製品を適正な価格で先進国の消費者が購入することで，発展途上国の人々の生活を支える運動を［D］という。

問1　空欄［A］に当てはまる語句として正しいものを一つ選んで記号で答えなさい。

ア　公正取引委員会　　イ　会計検査院　　ウ　国税庁　　エ　中央労働委員会

問2　［B］に当てはまる語句として正しいものを一つ選んで記号で答えなさい。

ア　消費者契約法　　イ　消費者基本法　　ウ　製造物責任法　　エ　消費者保護基本法

問3　空欄［C］に当てはまる語句を答えなさい。

問4　空欄［D］に当てはまる語句をカタカナで答えなさい。

※1　閑田…伴蒿蹊。江戸時代後期の歌人。この随筆の筆者。
※2　加賀…旧国名。今の石川県南部。
※3　ふた時…約四時間
※4　やや…ようやく
※5　逗留…旅先でしばらく滞在すること
※6　かたがた…あちらこちら
※7　出身…官職に任命されること

問1　――線部(1)「いづことも知らぬ山中」とありますが、どこのことですか。本文中から七字で抜き出しなさい。

問2　――線部(2)「諸侯より召されし」とありますが、浪士は諸侯に召され、大名に仕えることになります。浪士の仕官がかなったのはなぜですか。最も適当なものを次の中から選び、記号で答えなさい。

ア　村人が浪士の勇敢なふるまいを証言したから
イ　切り取った大きな翼が浪士の勇壮さを示したから
ウ　大鷲がいなくなりその被害がなくなったから
エ　浪士が加賀藩の豪傑であったことが判明したから

問3　――線部(3)「かくまでふるまひける」とありますが、どのように振舞ったのですか。それを表している一文を本文中から探し、最初の五字を抜き出しなさい。

おらず、そこにはかなりの［Ⅱ（3字）］がある。この点は「物体」とは決定的に異なるのである。

問5　空欄［(4)］に当てはまる熟語を次の中から一つ選び、記号で答えなさい。

ア　汎用　イ　恒久　ウ　合理　エ　実践

問6　――線部(5)「ひとは、自分の身体や身体を取り巻く環境で生じている現象に対して、主観的な意味・解釈を生成します」とありますが、スポーツ選手を例として説明したものとして、当てはまらないものを次の中から一つ選び、記号で答えなさい。

ア　ライバルを試合相手に迎え、いつも以上に力の入ったプレーをする。

イ　新品のユニフォームを身にまとうことで、いつも以上の高揚感を得る。

ウ　歯の痛みを感じ、万全の体調で試合に臨めていないことに不安を覚える。

エ　選手のフォームがいつもと異なるのに気づき、指導者がその修正を求める。

問7　本文の内容に合致するものを次の中から一つ選び、記号で答えなさい。

ア　運動学研究や運動力学研究は、身体知を解明するところまでは可能としている。

イ　身体知の設計図が描けないのは、身体に冗長性がありひとに意識があるからである。

ウ　意識次第で身体の動かし方の冗長性を回避することは可能である。

エ　身体に冗長性があるのは、各部位が特化した機能をもつからである。

オ　身体知の設計図をつくれないのは、身体が物体ではなく精神だからである。

2　次の文章は江戸時代の随筆『閑田次筆』の一節です。本文を読んで後の設問に答えなさい。

※1閑田思ひ出たることあり。四五年前に聞きし、※2加賀のあたりにあそびし浪士、大鳥につかまれて空中を行くこと※3ふた時ばかりを経て、(1)いづことも知らぬ山中にして、大鳥この人をつかみながら下りて休みたり。この隙間をみて腰刀を抜きて、つかみたる手を切り、つひに刺し殺し、片翼を切りてみれば、片々にてわが身隠るるほどに余れり。からうじて※4やや山を下りて人にあひしに、その翼を見て大いに畏れしかば、その子細を語りて、さてここはいづこぞと問へば、箱根の湯本近くなりと言ふ。遥かなるほどを、わづかふた時ばかりに来しに、鳥の勢ひの烈（はげ）しきをさらに驚きぬ。さてしばしその辺に※5逗留（とうりゅう）し、疲れを休めてのち江戸に出でたれば、その翼につきてその所以（ゆえん）を聞き伝へ、その勇壮を喜び、※6かたがたの(2)諸侯より召されしに、いづかたへか仕へて※7出身せりとかや。大かたの人ならば、空中にて正気なくなりぬべきを、堪へて(3)かくまでふるまひけるは、鳥のみならず人も世にめづらなり。この鳥は大鷲（わし）なるべし。これまでも箱根の辺にて、折々人の捕へられしことありしは、これがせゐにてありしが、この後はこの禍（わざはひ）やみたりと。そのわたりにては喜びしとなん。

回転や(A)クッキョク伸展に多くの自由度がないと、様々な動きができません。それに対して、車の各要素のつながりが一意的なのは、ある特化した目的をもち、特化した機能だけを発揮すればよいように車ができあがっているからです。ひとの身体は基本的に無限の機能を有します。

身体知を発揮する動きの設計図が描けないもうひとつの理由は、ひとが「物体」としての身体に意識を宿していることにあります。(5)ひとは、自分の身体や身体を取り巻く環境で生じている現象に対して、主観的な意味・解釈を生成します。そういった意味づけや解釈行為を司（つかさど）るのは意識です。意識とはデカルトのいう「精神」（心の働き）です。冗長性を有するが故に、意識次第で身体の動かし方は、（自由度の範囲内ではありますが）如何様（いかよう）にも変わります。「意識次第で」ということと設計図は相容（い）れません。どんな意識が存在するかをすべて列挙でき、各意識が身体各部位をどのような軌道で動かす源になるかが一意に規定されて初めて、設計図といえるのでしょうが、意識はそんなことが可能な代物ではありません。

先に述べたベルンシュタインは、巧みさとは何かを探究しました。冗長性があるからこそ、身体各部位の巧みな動かし方と巧みではない動かし方が、共存可能だと説いています。そしてその両者を分けるのが意識のあり様です。

これまでの議論をまとめると、身体知が成り立つ世界は、「物体」と「精神」の両方が関わる世界です。「物体」としての身体にそもそも冗長性があり、更にその上に如何様にでも変わり得る意識（「精神」）が存在している。そういう世界では設計図という概念は通用しません。身体を要素還元的に分解する研究は、身体知のメカニズムを説明してくれますが、身体知という現象を生成してくれるわけではないのはそういう訳なのです。イチロー選手の華麗で力強い打撃フォームのメカニズムが運動学研究や運動力学研究で説明できても、それを設計図として逆向きに組み立てバッティングを(B)ヒロウすることはできないのです。

（諏訪正樹『「こつ」と「スランプ」の研究　身体知の認知科学』による）

問1　――線部(A)・(B)のカタカナを漢字に改めなさい。

問2　――線部(1)「現象の生成」とありますが、具体的にどのようなことを指しますか。その説明として最も適当なものを次の中から選び、記号で答えなさい。

ア　イチロー選手のバッティングのメカニズムを説明すること
イ　イチロー選手のバッティングを要素還元的に分解すること
ウ　イチロー選手のバットスイングを誰もが正確に再現すること
エ　イチロー選手のバットスイングの軌道を一意に規定すること

問3　――線部(2)「機能的な関係」とありますが、車でいえば、どのような関係ですか。以下の空欄に当てはまるように、本文中から適当な語句を抜き出しなさい。

［Ⅰ（14字）］と［Ⅱ（13字）］の関係

問4　――線部(3)「身体の構造には、車にはない「冗長性」(redundancy)がある」とありますが、どういうことですか。このことについて説明した以下の文の空欄に当てはまるように、本文中から適当な語句を抜き出しなさい。

身体は、骨や筋肉といった各部位の構成要素について分析できる点においては「物体」と同等である。ただし、車のような工業製品とは異なり、各要素の動きや［Ⅰ（3字）］については一意に規定されて

【国　語】（二〇分）〈満点：二〇点〉

1　次の文章を読んで後の設問に答えなさい。

　運動学研究や運動力学研究は、「物体」としての身体のあり様を明らかにはしてくれるけれども、身体知の学びの複雑なプロセスの解明に至らない理由は、メカニズムの説明と現象の生成は別物だからという一点に尽きます。前者ができても後者ができるとは限らないのです。運動学研究や運動力学研究は、イチロー選手のバットスイングがどのようなメカニズムで成り立っているかを説明してくれます。関与する身体各部位の動きを要素還元的に分析し、各部位の動きの関係を明らかにします。それは、いわば身体知の設計図をつくろうとする作業です。

　設計図ができるのならば、その通りに組み立てれば(1)現象の生成は可能なのではないか？　全体の働きを要素還元的に分解する作業と、組み立てる作業は単に逆向きであるだけではないのか？　そういう問いを抱く方も多いでしょう。

　工業製品のような物体をつくる分野では、この問いに対する答えはイエスです。各要素（車でいえば、エンジン、トランスミッション、車輪、ボディなど）の物理的な関係は、設計図で一意に決定されています。また各要素の(2)機能的な関係、つまり、ある要素がある量だけ動けば（働けば）、それにつながる他の要素がどれだけ動くか（働くか）といった関係も規定されています。

　では、運動学研究や運動力学研究などの要素還元的な分析の成果として、身体知の設計図ができるでしょうか？　残念ながら答えはノーです。理由は少なくとも二つあります。一つ目の理由は、身体もそれ自体「物体」ではあるのですが、(3)身体の構造には、車にはない「冗長性」（redundancy）があるということです。

　身体を構成する要素は要素還元的にほぼ解明されています。筋肉、骨、腱、関節、臓器などの要素（つまり身体各部位）を列挙できます。しかし、各要素の関係性はどうなっているかといえば、それは一意には規定されていません。一意な関係性とは、例えば、ブレーキペダルを踏み込む深さ（数センチメートル単位の）とタイヤの回転にかかる摩擦力の関係は、予め決められた曲線グラフで描けるというような関係性です。

　一方、身体各部位の動きには冗長性、つまり自由度があります。例えば、腕を上げている状態から下ろす状態に移行させる経路は数限りなくあります。野球の打者が、バットを構えるという状態からスタートして、インパクトポイントで球を捉えるというゴール状態を達成するために、身体を動かす方法は無数にあります。つまり、身体は、各要素の関係性に冗長性をもつ「物体」なのです。身体の構造が冗長性を有すると指摘した最初の研究者は、恐らくロシアの運動生理学者のニコライ・A・ベルンシュタインでしょう。

　そもそも、わたしたちの身体はなぜ冗長性をもっているのでしょうか？　私は、様々なモノゴトができるような［(4)］的な「物体」は、冗長性を必要とすると考えています。スポーツだけを例にとっても、野球のスイングのような動きもするし、ボールを蹴ったり、高跳びで背面跳びをしたりもします。生活のなかでの動きはもっと多岐に亘るでしょう。飛んでいる蚊を両手で叩いたり、痒ければ背中を掻いたり、強火で野菜をしゃきっと炒めるためにフライパンを振ったりします。関節での

2022年度

中央大学杉並高等学校入試問題(一般)

【数　学】（50分）　<満点：100点>

【注意】 定規，コンパス等の作図道具および計算機の使用は禁止です。

1 次の問に答えなさい。

（問１） $x+y+z=7$，$xyz=7$，$\dfrac{1}{x}+\dfrac{1}{y}+\dfrac{1}{z}=\dfrac{13}{7}$のとき，

$\left(1+\dfrac{1}{x}\right)\left(1+\dfrac{1}{y}\right)\left(1+\dfrac{1}{z}\right)$ の値を求めなさい。

（問２） $(x^2+2022)^2-4092529x^2$ を因数分解しなさい。

ただし，$83521=17^4$ を用いてよい。

（問３） a，b，c は自然数とします。$(x+a)(x+b)$ を展開すると，$x^2+cx+12$ となりました。このとき，c のとりうる値は何通りあるか求めなさい。

（問４） 下の表は，あるクラスで実施した小テストの結果です。得点の範囲が７点で，中央値が６点であるとき，z のとりうる値をすべて求めなさい。

点数	0	1	2	3	4	5	6	7	8	9	10	合計
人数	0	x	y	2	1	4	2	z	4	1	0	25

2 下の図１のように，一辺が10の正方形ABCDがあります。点Ｅは辺DCを１：２に分ける点であり，点Ｂから線分AEに垂線BFをひきます。

△BEFの面積を求めるために，太郎さんと花子さんが話し合っています。

以下の空欄に適切な値や式を入れなさい。

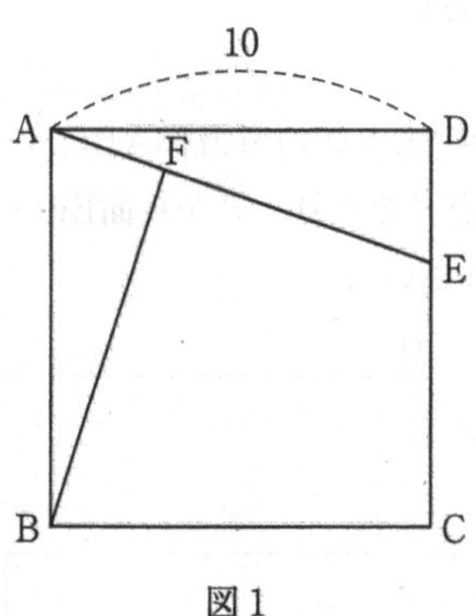

図１

太郎：次のページの図２のように，辺BC，辺BA上にそれぞれ x 軸，y 軸を書いてみたよ。

花子：つまり，点Ｂが原点，点Ｄの座標が（10，10）ということね。

太郎：そうすれば，点Ｅの座標は ［ア］ となるよね。

だから，直線AEの方程式は，$y=$ [イ] だね。

花子：点Fからx軸に垂線をおろして，x軸との交点をGとするね。
ここで△ADEと△FGBが相似であることを使うと直線BFの傾きが求まるから，点Fの座標は [ウ] だね。

太郎：その通り。したがって，BFの長さは，[エ] となって，同様にEFの長さも出るから，△BEFの面積は [オ] と求まるよね。

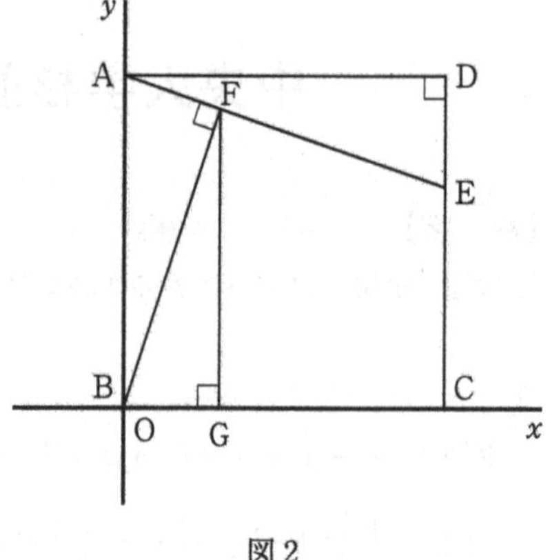

図2

3 図のような半径9の円Oがあります。弦ABの長さを9に，点Dを直径BC上にBD：DC＝1：2となるようにとります。また，線分ADをDの方へ延長した直線と，円Oとの交点をEとします。さらに，点Aと点C，点Bと点Eをそれぞれ結ぶ線分をひくとき，次の問に答えなさい。

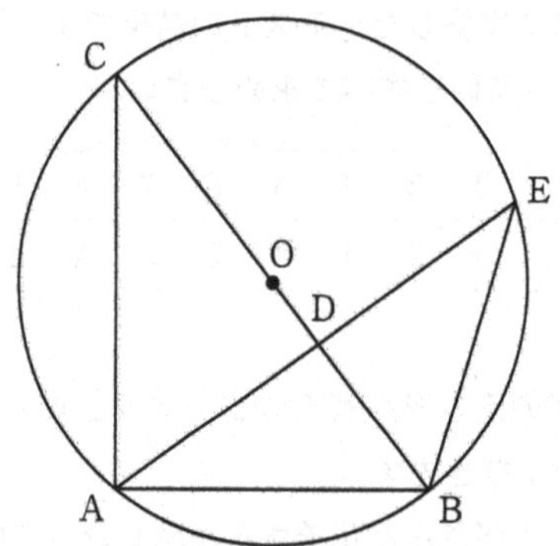

（問1） 点Dから線分ABにおろした垂線の長さを求めなさい。

（問2） 線分AEの長さを求めなさい。

4 図のような，AB＝6，AD＝AE＝3の直方体ABCD－EFGHがあります。対角線AG上にAP：PG＝1：2となるように点Pをとり，Pから面EFGHに垂線をひき，その交点をQとします。このとき，あとの問に答えなさい。

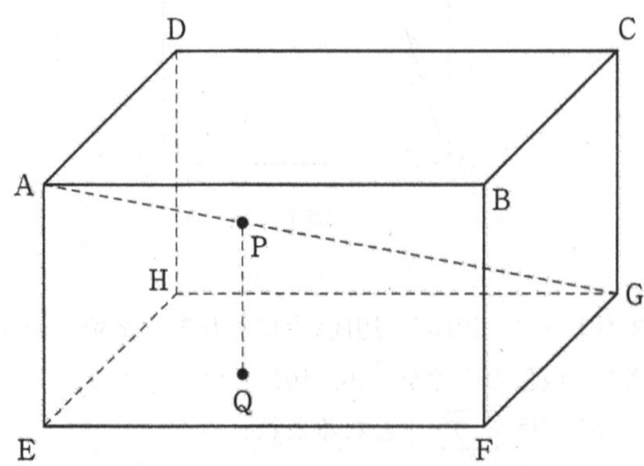

（問１） PQの長さを求めなさい。

（問２） EPの長さを求めなさい。

（問３） 三角すいP－AEHの体積を求めなさい。

（問４） 点Aから３点E，H，Pを通る平面におろした垂線の長さを求めなさい。

5 図のように，２つの関数 $y=3x^2$…①と $y=ax^2$…②のグラフと，点A（0，4）があります。点Aを通る２つの直線と①，②のグラフとの交点のうち，x座標が正のものを図のようにB，C，D，Eとします。点B（1，3）でAB＝BCのとき，次の問に答えなさい。

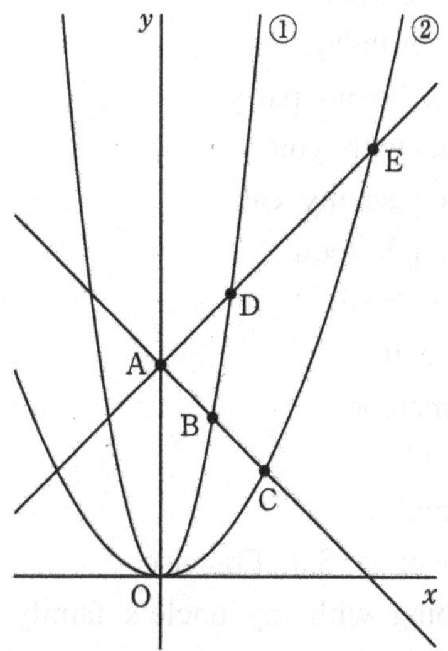

（問１） aの値を求めなさい。（答えのみ解答）

（問２） △CADと△CDEの面積比が１：２のとき，点Dの座標を求めなさい。
（式や考え方も書きなさい。）

【英　語】（50分）　＜満点：100点＞　※リスニングテストの音声は弊社HPにアクセスの上，音声データをダウンロードしてご利用ください。

I　リスニングテスト

第1部　英語の短い対話を聞き，それに続く対応として最も適切なものを1～4から一つ選び，番号を答えなさい。次の問題に進むまでに5秒の休止が設けられています。対話を聞くのはそれぞれ一度だけです。問題はA，B，C，D，Eの五題です。

A．1. Don't worry about my friends.
　2. Of course. It will be fun.
　3. It is your brother's birthday.
　4. I'm afraid there will be no party.

B．1. Oh, wait. I'll come with you.
　2. I don't want you to use my car.
　3. Yes, but I have enough food.
　4. No, I don't want to drive.

C．1. I don't have a name list.
　2. She is not a new member.
　3. How do you spell it?
　4. Is that her first name.

D．1. I will visit my cousin in San Francisco.
　2. We are going camping with my uncle's family.
　3. My grandparents came to visit us from Texas.
　4. I don't know yet. Some of my parents' friends.

E．1. Do you like the Harry Potter series?
　2. Oh, I'm not a very good cook.
　3. How about a cook book, then?
　4. I bought a travel bag.

第2部　放送で流れる英文とその内容に関する五つの質問を聞き，その質問に対する答えとして最も適切なものを1～4から一つ選び，番号で答えなさい。聞きながらメモを取ってもかまいません。各質問の後には7秒の休止が設けられています。英文と質問は二度放送されます。

F．1. Because the name "hamburger" comes from the city.
　2. Because hamburgers were invented in the city.
　3. Because James H. Salisbury comes from the city.
　4. Because a special machine was invented in the city.

G．1. He made hamburgers first in the U.S.
　2. He invented a machine to cut meat into small pieces.
　3. He made food similar to Hamburg steak in the U.S.
　4. He made hamburgers very popular.

H. 1. The same person invented both Hamburg steak and hamburgers.
2. Hamburg steak was not popular at first because it was difficult to make.
3. People ate Hamburg steak without forks and knives before hamburgers were invented.
4. Hamburg steak was something like sausages in the U.S. in the 19th century.

I. 1. Because the food in factory cafeterias was not delicious.
2. Because many restaurants and cafeterias weren't open late at night.
3. Because many factories closed in the early evening in the late 19th century.
4. Because factory workers didn't have forks and knives.

J. 1. A factory worker in New York made hamburgers for the first time.
2. Many factory workers pulled wagons to bring their own food for dinner.
3. In the 20th century, it became easy to make hamburgers because of new machines.
4. In the 20th century, hamburgers were still expensive, so it was difficult to buy them often.

Ⅱ 次の英文を読み，A～Fの質問に対する最も適切な答えを選び，記号で答えなさい。
（＊のついた語句には本文の最後に注があります。）

KINTSUGI

You probably have not heard the word '*kintsugi*' before. That is not very surprising. *Kintsugi* is a Japanese word. It is made up of two Japanese words: the first part, *kin*, means 'golden,' and the second part, *tsugi*, means 'fixing.' When you put the two words together, it means repairing a broken thing in a beautiful way. Normally, if something is broken, you feel it is not useful anymore. You may want to throw it away and get a new one. But that is not the *kintsugi* way.

Kintsugi started a long time ago in Japan. The ancient Japanese people loved pots and cups, and they had a tradition of making beautiful ones. However, because those pots and cups were so delicate, they got broken easily. Most owners threw away the broken ones right away and bought new ones. But, in the middle of the 16th century, some people felt that they should not throw away the beautiful pots, cups and bowls as waste. They thought they should try to fix them. This idea gradually became popular among the Japanese at that time. People began to fix their broken *ceramics. At first, they put the broken pieces back together with *glue only, but later they started to mix the glue with gold *powder. This meant you could see very clearly which part was repaired. By doing this, they were not *pretending that the cup or pot was not broken before; they were clearly showing that it was fixed. They were showing that they did not *mind accepting those facts, and they were also showing that they could create even more beautiful things by fixing them. This is the *kintsugi* way.

<u>*Kintsugi* is a big idea.</u> It started from a very small thing—fixing a broken cup—but the same idea can be used for thinking about more important things as well. For example, people can be broken easily because they are so delicate. It is not just the physical breaking of bones or hurting the body. Breaking can also happen if you get truly angry and say something bad, or if you do something unkind. When this happens, you feel as if something good in yourself is damaged. Maybe you feel like other people will not want you anymore.

However, you can cure yourself in the *kintsugi* way. For example, you feel sorry when you do something terrible, and you say sorry to the person. It is a kind of repairing. You are repairing your feelings and the relationship with that person. You do not forget that a terrible thing has happened, and you are not pretending that you never said or did that bad thing. At the same time, you are trying to improve the situation and fix the problem. In this way, you are doing your best with 'gold powder' just like *kintsugi*.

When you *make up with someone, your relationship can become better than it was before. After you have made up, you can be sure that an *argument will not mean the end of a friendship and sometimes the friendship becomes stronger through it. For example, sometimes you can be angry with your parents. But if you explain what the problem is, talk, and listen, you can understand each other more. Then, your relationship with your parents becomes better than before. It is helpful to know that our feelings can be repaired. Sometimes you hurt other people's feelings, and sometimes they hurt yours. That is never nice. But remember that you can repair things in a good way, if you keep the idea of *kintsugi* in your mind.

注） ceramics：陶磁器，焼き物　glue：接着剤　powder：粉　pretend(that)：～であると装(よそお)う，偽(いつわ)る
mind ～ ing：～することを気にする　make up：仲直りする　argument：口論，口げんか

A. Which of the following is NOT true about *kintsugi*?

ア People made the word *kintsugi* by putting words together.

イ *Kintsugi* is a Japanese tradition of making beautiful and delicate ceramics.

ウ *Kintsugi* is a technique to fix things in a beautiful way.

エ People show the broken part of the ceramics in *kintsugi*.

B. Which was true about Japanese pots and cups before the middle of the 16th century?

ア They were so delicate that they got broken easily, and Japanese people did not mind throwing away the broken ceramics as waste.

イ They were treated very carefully because it was a Japanese tradition to take care of them.

ウ Japanese people never thought of fixing the broken ceramics because it was too expensive to do so.

エ Japanese people loved their beautiful pots and cups so much that they kept even the broken pieces for a long time.

C. In the *kintsugi* way, why do people put gold powder into the glue to fix the broken ceramics?

ア With the gold powder, the broken part of ceramics can be hidden.

イ With the gold powder, the broken ceramics become stronger and easier to use.

ウ In that way, they try to show that it is very difficult to fix the delicate ceramics.

エ In that way, they can show the broken part and make the broken ceramics more beautiful.

D. What does the underlined part "<u>*Kintsugi* is a big idea.</u>" mean?

ア The idea of *kintsugi* can be used in repairing the human mind.

イ The idea of *kintsugi* can repair any broken cups and pots.

ウ The idea of *kintsugi* can be used in fixing humans' broken bones.

エ The idea of *kintsugi* can change other people's mind when you don't like them.

E. How can the *kintsugi* way help you when you hurt someone?

ア It can help you to feel sorry and say "sorry" in your mind.

イ It can help you to try to think that nothing terrible has happened.

ウ It can help you to repair your feelings and improve the situation.

エ It can help you to use 'gold powder' to forget that terrible thing.

F. According to the article, choose two correct sentences from the following.

ア Before the birth of *kintsugi*, Japanese people used all pieces of the broken ceramics to create new pots and cups.

イ Repairing broken ceramics with only glue was more difficult than repairing them with gold powder.

ウ The human mind is as delicate as ceramics, so people shouldn't hurt others' feelings.

エ The *kintsugi* way can make your friendships stronger than before.

オ Our feelings toward our parents can be repaired more easily than our feelings toward our friends.

カ Even if you hurt other people's feelings, you can repair the relationship with them by using the *kintsugi* way.

Ⅲ 次の英文を読み，以下の問に答えなさい。
（＊のついた語句には本文の最後に注があります。）

It is well known that climate change is melting Earth's ice and glaciers. In many cases, the ice is disappearing right before our eyes. However, it was recently found that the planet's *permafrost is also warming, and scientists are now worried that it can make the planet even hotter.

Permafrost is a *layer of soil that is frozen all year around. It has usually been frozen for at least two years. Some permafrost has remained frozen since the last *ice age ended thousands of years ago. It is not just a thin layer of soil. In many places, permafrost is more than 10 meters thick. Permafrost is found in many places in Alaska, some parts of Canada, and other countries in the north. You may think that there is no life in a place with permafrost, but plants can still grow in the upper part of the soil, because it is not frozen during the warmer periods of the year. However, there is a thick layer of permafrost below that.

Now ① this permafrost is in danger. Since *the Industrial Revolution, Earth has been warming. On average, Earth has warmed by about 1℃ since 1850. Polar areas, especially *the Arctic, have gotten even warmer. This extra heat has gradually gone into the permafrost and warmed it, too. That means the ice inside the permafrost melts and becomes water and soil.

Recently a team of scientists did research on the temperature of permafrost. They used soil collected from small deep holes in North America, Europe, Asia and *Antarctica. These holes were *drilled by other teams many years ago for various studies. The permafrost temperature near the surface changes with the seasons, but it stays the same all year around at the *depth of 10 meters. ② They collected soil 10 meters underground from more than 120 holes and checked the temperature from 2007 through 2016. In soil from 40 holes, the permafrost temperature was almost the same for this period. In 12 holes, the permafrost cooled a little. But in 71 holes, the permafrost temperature increased a lot. In northern parts of North America, permafrost temperatures increased by 0.23℃ on average. In northern Asia, frozen soil temperatures increased by 0.33℃. In mountain areas, permafrost temperatures increased by 0.19℃. Worldwide, Earth's permafrost temperatures increased by 0.29℃ on average. This may not sound like a lot of warming, but even with a small increase in temperature, the permafrost may start melting. In 5 holes, soil temperature rose above 0℃. In these places, the permafrost started melting.

Melting permafrost can cause ③ various problems. In Alaska, many northern villages are built on permafrost. When permafrost is frozen, it's harder than *concrete. However, melting permafrost can destroy houses, roads, bridges and other buildings. Lakes, rivers and forests can be influenced, too. For example, many trees fall down because the permafrost under the forest has melted. In some areas, *shorelines have gradually been destroyed because the permafrost has melted and fallen into the sea.

There are other serious problems caused by melting permafrost. Inside permafrost, there are plants that died long ago. While they were alive, those plants took in *carbon from the air, just as plants do today. When permafrost is frozen, those dead plants can't decompose. However, they begin decomposing when permafrost melts and *oxygen reaches them. In this process, the carbon goes out into the air in the form of carbon *dioxide or *methane, powerful *greenhouse gases. ④ This can make the Earth even warmer and melt more permafrost in the future. Another problem is ⑤ ancient *microbes and *viruses that were kept in permafrost. When the permafrost melts, viruses may appear in the ice and soil, and make humans and animals very sick. Some scientists have already discovered microbes which are more than 400,000 years old in melted permafrost.

Scientists are closely observing and checking Earth's permafrost, because of these dangers. Scientists use *satellite observations from space to look at large areas of permafrost that are difficult to study from the ground. ⑥ *NASA's "Soil Moisture Active Passive (SMAP)" goes around Earth to collect information about water in the soil. It checks the amount of water in the soil everywhere on the Earth's surface. It can also tell if the water within the soil is frozen or melted. ⑦ SMAP's work will【 quickly / is / scientists / how / melting / understand / help / the permafrost 】.

注） permafrost：永久凍土　layer：層　ice age：氷河期　the Industrial Revolution：産業革命
the Arctic：北極　Antarctica：南極　drill：～に穴を開ける　depth：深さ
concrete：コンクリート　shoreline(s)：海岸線　carbon：炭素　decompose：自然分解する
oxygen：酸素　dioxide：二酸化物　methane：メタン　greenhouse gas(es)：温室効果ガス
microbe(s)：微生物　virus(es)：ウィルス　satellite observation(s)：観測衛星
NASA：米国航空宇宙局

問1 "permafrost"に関して正しくないものをア～エから一つ選び，記号で答えなさい。
ア Some permafrost has been frozen for thousands of years.
イ Permafrost is a layer of frozen soil that is sometimes more than 10 meters thick.
ウ Permafrost is in the northern areas and no life is found there.
エ The surface of permafrost is not frozen when it is warm.

問2 以下の英文は下線部①を具体的に説明した文です。（1）～（3）にあてはまる語を下から選び，記号で答えなさい。ただし，同じ記号は一度しか使えません。

The temperature of Earth has been (1) since the Industrial Revolution. The permafrost was (2) by the extra heat, and the ice inside the permafrost started (3) and became water and soil.

ア warmed	イ getting	ウ frozen	エ grown
オ melting	カ increasing		

問３　下線部②の理由として最も適切なものをア～エから一つ選び，記号で答えなさい。

ア The temperature of the holes did not change 10 meters underground from 2007 through 2016.

イ The temperature of soil 10 meters underground changes with seasons.

ウ The permafrost temperature 10 meters underground stays the same there all year around.

エ The permafrost temperature 10 meters underground was almost the same when the holes were drilled.

問４　本文の内容に合うように，（ア）～（エ）に適切な数字を入れなさい。

Scientists checked the temperature of permafrost from over （ ア ） holes for 10 years. They found that permafrost temperature rose in the holes of many places, while it went down a little in （ イ ） holes. On average, the temperature of permafrost all around the world has risen about （ ウ ）℃. You may think it didn't warm so much, but just a little rise in temperature may melt some permafrost. They also found that permafrost started melting in （ エ ） holes.

問５　下線部③の内容として最も適切なものをア～エから一つ選び，記号で答えなさい。

ア People are not able to build houses because permafrost is frozen and hard.

イ People's lives are influenced when lakes are frozen like concrete in winter.

ウ Trees cannot stand anymore because the forest was destroyed by the villagers.

エ The shapes of shorelines have changed because melting permafrost dropped into the sea.

問６　下線部④の内容として最も適切なものをア～エから一つ選び，記号で答えなさい。

ア Greenhouse gases go out into the air when the oxygen decomposes permafrost and makes it frozen once again.

イ The plants that died long ago melt together with permafrost, and carbon will stay inside permafrost until the plants decompose.

ウ The plants took in carbon from the air and stayed inside permafrost for a long time, but the carbon goes out into the air when they die.

エ Carbon has been kept in the dead plants inside permafrost, but it goes out into the air when permafrost melts and the plants start decomposing.

問７　下線部⑤が問題である理由を45字以上55字以内の日本語で説明しなさい。（句読点を含む）

＜下書き用＞

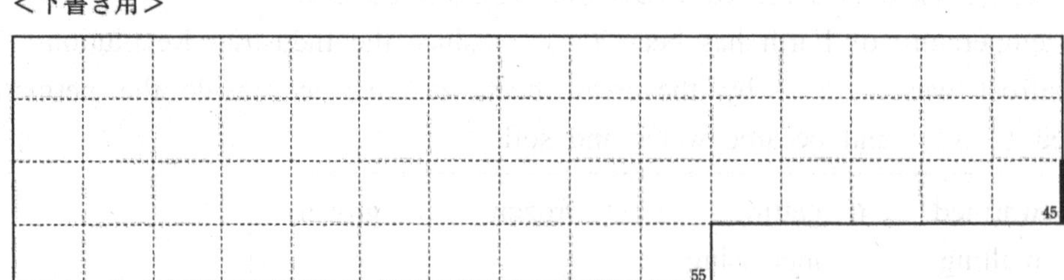

問８　下線部⑥の説明として最も適切なものをア～エから一つ選び，記号で答えなさい。

ア　It is a satellite observation to carry scientists to check Earth's permafrost.

イ　It can go into permafrost which was difficult to study in the past.

ウ　It goes around Earth to check the amount of water in permafrost.

エ　It collects the soil from permafrost to check if it is frozen or melted.

問９　下線部⑦が「SMAPの仕事は，永久凍土がどれくらいの速さで溶けているのかを，科学者が理解するのを助けてくれるだろう。」という意味になるように，【　】内の語(句)を並べ替えなさい。

Ⅳ　空欄に入る最も適切なものをそれぞれア～エから一つ選び，記号で答えなさい。

1．This math test was very difficult, so (　　) students could get a good score.

ア　many　　イ　much　　ウ　little　　エ　few

2．Ken is the fastest runner (　　) all my classmates.

ア　of　　イ　in　　ウ　from　　エ　with

3．My brother bought a CD and sent (　　).

ア　it from me　　イ　it to me　　ウ　it me　　エ　me it

4．What are you good (　　)?

ア　at doing　　イ　to do　　ウ　in doing　　エ　doing

Ⅴ　日本語の意味を表す英文になるように下の語(句)を並び替え，(A) ～ (H) に入る語(句)の記号を答えなさい。ただし，文頭に来る語(句)も小文字で書かれています。

1．私の先生によって与えられた宿題は，英語でエッセイを書くことです。

(　)(A)(　)(　)(　)(　)(B)(　)(　)(　).

ア　my teacher　　イ　an essay　　ウ　is　　エ　in　　オ　the homework

カ　by　　キ　English　　ク　write　　ケ　given　　コ　to

2．東京でオリンピックが開催されてからずいぶんたちます。

(　)(　)(C)(　)(　)(　)(　)(　)(D)(　) in Tokyo.

ア　the Olympic Games　　イ　time　　ウ　has　　エ　a　　オ　it　　カ　since

キ　held　　ク　long　　ケ　been　　コ　were

3．私は，新宿へ行くにはどの電車に乗ればよいのか，隣の人にたずねました。

I (　)(　)(E)(　)(　)(　)(F)(　)(　) to go to Shinjuku.

ア　the person　　イ　which　　ウ　take　　エ　to　　オ　to　　カ　asked

キ　next　　ク　train　　ケ　me

4．その工場の全従業員は，自社製品が世界中でもっと人気が出てほしいと思っている。

All (　)(　)(　)(G)(　)(　)(　)(H)(　)(　).

ア　be　　イ　around　　ウ　their products　　エ　the workers　　オ　popular

カ　in the factory　　キ　more　　ク　the world　　ケ　want　　コ　to

Ⅵ　次の日本文を英文にしなさい。

1．料理の仕方を学ぶことは，人生において最も重要なことの一つです。

2．日本へあなたが戻ってくるときに，私はあなたに再び会うことを希望しています。

現代では、人々の［Ⅰ（4字）］への欲求を満たすような「世間」を構成していた集団が失われてきた。そのため、人々は失われた「世間」に代わり、ネット上に［Ⅱ（8字）］と感じる他者を探し、「世間」を作り出そうとしている。しかし人々は、その「世間」を信用してもいなければ、自分の身を明かすこともしない。そのような「世間」に身をひそめながら、人々は、「世間」の「外」にいる［Ⅲ（9字）］ようになった。このような「世間」のあり方への批判をこめて、筆者は「加担」と表現していると考えられる。

問8 ――線部(8)「日本社会の極度な「風通しの悪さ」」とありますが、「日本社会」の「風通し」が悪いのはなぜですか。最も適当なものを次の中から選び、記号で答えなさい。

ア 国家の権力に敢然と対抗できるような庶民間の結束が作れないから

イ 国家の権力とは別に私たちを拘束する関係性が身近に存在しているから

ウ 国家の権力を日常的に意識することがないままにそれに依存しているから

エ 国家の権力を絶対的なものとして受け入れるような従順な国民性を持つから

オ 国家の権力に従属することが結局のところ安寧をもたらすと思っているから

restraint」にはラテン系の人々の「自尊心」の強さがうかがえる点

オ 「自粛」にはあくまで「政府」からの要請に従うというニュアンスがあるが、「self-restraint」には「個人」の行動に対する政府からの強い拘束力が働いている点

問3 ――線部(3)「「世間」と「社会」はその構成の根本原理がまるで異なる」とありますが、「世間」と「社会」の差異を次のように説明しました。空欄に適切な語句を本文中から抜き出しなさい。（句読点や「 」などの記号も一字に数える）

「社会」は［Ⅰ（2字）］の存在を前提としているが、同質性や互酬関係、長幼の序を構成原理とする「世間」は［Ⅱ（8字）］といった集団を基盤としている。

問4 ――線部(4)「共同幻想としての「世間」が社会的事実として構築されていく」とありますが、これはどういうことですか。最も適当なものを次の中から選び、記号で答えなさい。

ア 生活を共にする人々以外の集団を、「世間」として創造するということ

イ 共同体内での暗黙の了解が通じるか通じないかによって、「内」か「世間」かの区別をするということ

ウ 「内」の結束を強固にするために、「外」にある「世間」を排除すべきものとして錯覚するということ

エ 身内で共有されたイメージが、厚みを持つことによって実感を伴った「世間」として確立するということ

オ 超越的な神の観念を幻想だと切り捨て、身近な「世間」を西洋における神のような位置に据えるということ

問5 ――線部(5)「極度に強い同調圧力の根底にある感情」とありますが、この「感情」とはどのような「感情」ですか。本文中の語句を用いて、十五字以内で説明しなさい。（句読点や「 」などの記号も一字に数える）

［（15字以内）］感情

問6 ――線部(6)「社会の底に空いてしまった穴」とありますが、この「穴」はなぜ「空いてしまった」のですか。理由として適当なものを次の中から二つ選び、記号で答えなさい。

ア 新自由主義路線に従った雇用形態の変化が、人々の仕事に対する意欲を喪失させたから

イ 自分自身を抑圧せざるを得ない、社会から受ける同調圧力が、社会に対する恐怖心を生むようになったから

ウ 人々が移動や職業選択の自由を得たことによって、自己承認の場があちらこちらに分散してしまったから

エ 社会の基盤を構成していた血縁や地縁が希薄になるにつれて、自己承認ができなくなったから

オ 高度経済成長期に大量生産大量消費が推奨されたことによって、世間の価値観がそれ以前とは変わってしまったから

カ 同じ職場で働く人々の立場や境遇がそれぞれ異なってしまったことによって、お互いに身内であるという感覚が失われたから

問7 ――線部(7)「ネット上にバーチャルな「世間」を成立させていくことに加担する」とありますが、筆者はなぜ「加担」という言葉を使用するのですか。空欄に適切な語句を本文中から抜き出しなさい。（句読点や「 」などの記号も一字に数える）

は約一割に過ぎない。つまり、人々は実はＳＮＳ上の出会いをあまり信用してはいないのである。

第二に、日本ではツイッターの匿名率が極端に高い。この匿名率は、アメリカでは三五・七%、イギリスでは三一%、フランスでは四五%、韓国が三一・五%、シンガポールが三九・五%なのに対し、日本のツイッターの匿名率は、七五・一%に上るという。つまり、日本人は、概してネット上の関係を信用してもおらず、自分の実名を明かすことも少ないのだが、それにもかかわらず、そのネット上で自己が承認されることを求め、そのためにネット上で語られる「正義」に同調し、ネットのなかの「世間」の常識から外れる「他人」を攻撃する。明らかに、この高度なメディア環境のなかに広がるのは、※3ファシズムの心理である。

コロナ禍でその特異な姿が浮かび上がった「世間」の同調圧力は、(8)日本社会の極度な「風通しの悪さ」を示している。日本では、欧米と比べてのみならず、他のアジア諸国と比べても弱い仕方でしか社会の「風通しを良くする」仕組みが発達しなかったのだ。たしかに中国のような共産党独裁国家の場合、風通しを封鎖する国家機構が強力である。国家の目に見える強制権力では、中国はもちろん、他のアジア諸国も概して日本よりも強い。それにもかかわらず、というかむしろだからこそ、これらの国々では国家の垂直的な力とは異なる水平的な仕組みが発達しており、それが幾分か社会の「風通し」を良くしてきたのである。

（吉見俊哉『大学は何処へ』より　作問のため本文を改めた箇所がある）

※1　ハビトゥス…人々の日常経験において蓄積されていく傾向や性質、習慣

※2　self-restraint…自己拘束・自制・節制

※3　ファシズム…強権的、独裁的な思想および政治形態

問1　――線部(1)「コロナ禍の第一波をあたかも日本社会が乗り越えたかのように見えた」のは、日本社会のどのような事情によるものですか。最も適当なものを次の中から選び、記号で答えなさい。

ア　日本人の謙虚で勤勉な国民性が、「自粛」という言葉と容易にシンクロしたから

イ　コロナ対策が国民の主体性に任されたことによって、国民の創意工夫が生まれたから

ウ　ラテン系社会の楽観的な考え方とは対照的な悲観的な考え方がコロナを恐れさせたから

エ　「他者」との心の距離が遠い日本人にとって、ソーシャル・ディスタンスを保つのは簡単だったから

オ　周りの人と同じでなければならないという気持ちが、多くの人にマスクを着けさせ、外出を控えさせたから

問2　――線部(2)「「自粛」を英訳すれば「self-restraint」になりそうだが、この英訳は、日本語の感覚をうまく表現してはいない」とありますが、筆者はどのような点を「うまく表現してはいない」と考えていますか。最も適当なものを次の中から選び、記号で答えなさい。

ア　「自粛」には「自己」よりも「社会」の意思が関係しているが、「self-restraint」には確固たる「自己」が存在している点

イ　「自粛」には「個人」の意思は含まれていないが、「self-restraint」には「個人」の意思を尊重する思想が色濃く表れている点

ウ　「自粛」には「自己」の権利と「社会」の権利が同等に含まれるが、「self-restraint」は自己選択や自己決定の権利を重んじる点

エ　「自粛」には日本人の「自尊心」の弱さがにじみ出ているが、「self-

前提にしていた「個人」と「社会」の関係はついに広がらなかった。なぜならば、「社会」と異なり、個人を前提とせず、むしろ人々の同質性や互酬関係、長幼の序を構成原理とする「世間」がすでにあり、社会秩序を維持する上ではそのほうが有効だったからだ。「世間」は、家族や地域、職場での日常的な営みやコミュニケーションのなかに実効的な観念として常に作動しており、人々はこれを社会的に存在している所与の事実として受けとめ、常に意識しないと生きていけないような状況に置かれ続ける。思想としてこの「世間」の圧力に異を唱えることはできるだろうが、日々の生活で「世間」を無視するのは並大抵のことではない。

　佐藤と鴻上尚史は、現代日本の至るところで自粛権力を作動させる「世間」は、近代化を経ても日本社会に保持され続けた非近代的性格と、マス・メディアやソーシャル・メディアが媒介しあう閉塞的なメディア環境が連動することでいっそう強化されていると考えている。この議論に従うならば、日本で「世間」の影響力が近代以降も衰えなかったのは、まずはキリスト教のような超越的な神の観念が庶民までは浸透せず、イエやムラ、職場などの、自分が直接的に関係を持つ「身内」を越えた共同性の感覚が育たなかったからである。日本人の多数派は、「内」を「外」から守るために壁を立て、「世間の内側の人間に対しては非常に親切にするけど、外側の人間に対しては無関心か排除する」（鴻上・佐藤『同調圧力』）。日本にはそのような「世間」が積層しており、人々はそれぞれ「身内」のなかで「世間」のイメージを抱いている。そのイメージの同質性が高いので、それらが積分されていったところに、(4)共同幻想としての「世間」が社会的事実として構築されていくのである。

　こうして構築された「世間」が、その影響圏にある人々が外に出てしまうのを禁じる際に発動するのが、「他人に迷惑をかけるな」という呪文であり、またそのような何事かが生じてしまった場合、関係者は「世間体が悪い」、もっと深刻ならば「世間に申し開きができない」と考えて、やたらと頭を下げる。つまり、「世間」から排除されることを極度に怖れるのである。佐藤らは、こうした恐怖が、日本社会の几帳面さ、規則を杓子定規に守り、逸脱することを周囲が防いでいく(5)極度に強い同調圧力の根底にある感情なのだとしている。

　現代のソーシャル・メディア環境は、こうした恐怖心を基盤にした同調圧力をさらに強化している。九〇年代以降、新自由主義路線による非正規雇用の増大、格差拡大のなかで従来的な意味での「職場＝身内」感覚が崩れ始め、それ以前、すでに高度成長期からムラやイエの感覚は失われていたので、現代日本社会では、「世間」と言ってもその実体的な基盤はすでに脆弱になっている。まさにそのとき、人々の自己承認への渇望や不安をソーシャル・メディアが媒介し、(6)社会の底に空いてしまった穴を埋める役割を果たしていくのだ。実体的なムラやイエや職場の心理的拘束力が脆弱化するなかで、人々はソーシャル・メディアでのやりとりに自己承認の場を見出していこうとする。そこで自分の感覚に近いと思える発言に「いいね！」を押して、(7)ネット上にバーチャルな「世間」を成立させていくことに加担する。

　佐藤と鴻上は、総務省の『情報通信白書』に基づいて二つの興味深い事実を指摘している。第一に、「SNSで知り合う人達のほとんどは信頼できる」かという問いに、「そう思う・ややそう思う」と答える人の割合が日本人は極端に低い。ドイツ人は約五割、アメリカ人は約六割、イギリス人は約七割が肯定的に答えるのに、日本人で肯定的に答える人

（下書き欄1）

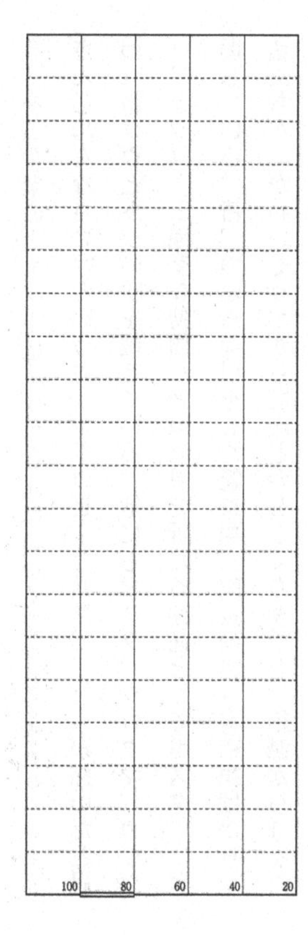

（下書き欄2）

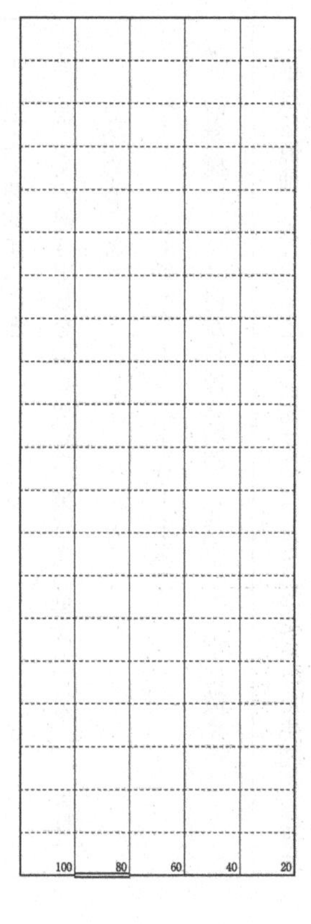

〔問題五〕

次の文章を読んで後の設問に答えなさい。

コロナ禍の日本で生じた現象は、世界の多くの国とまるで異なっていた。日本では、公衆衛生も旧来からの保健所経由の仕組みを臨機応変に変えることができず、検査数もなかなか伸びずで、休業要請も曖昧で補償も十分ではないという、ないない尽くしであったにもかかわらず、第一波では欧米ほどには感染者は増えなかった。そのいくつかある要因の一つとして、圧倒的に強いヨコからの同調圧力は無視できない。

(1)コロナ禍の第一波をあたかも日本社会が乗り越えたかのように見えたのは、コロナ対策が必要とした「ソーシャル・ディスタンス」や「ステイホーム」と、そもそも「外」と「内」を区別する壁を立てがちな日本社会の特性が容易にシンクロしたからである。ここが、イタリア等のラテン系社会の※1ハビトゥスとは大きく異なっていた。国家が強制せずとも、「自粛」を促すだけで、人々は概ねマスクを常用するようになり、家に引きこもり、外出を控えた。

つまり、コロナに対し、中国と欧米が「封鎖」によって応じたのに対し、日本はまず何よりも「自粛」によって応じたのだ。（中略）

(2)「自粛」を英訳すれば「※2 self-restraint」になりそうだが、この英訳は、日本語の感覚をうまく表現してはいない。「restraint」する「self」が、必ずしも自分自身とは言えないのが日本の「自粛」だからだ。苅谷剛彦が指摘したように、「自粛」という言葉の奇妙さには、日本社会における「個人と社会をつなぐ関係」の歴史性、つまり「個人」の非在という歴史性が埋め込まれている。つまり、「個人の自己選択・自己決定のあり方を、その社会がどのように理解しているか、いわば主体をめぐり、その社会が共有する知識の違い」が、ここに示されているのである（「自粛の氾濫」は社会に何を残すか」）。

佐藤直樹によれば、コロナ禍の日本を覆っていったこの「自粛」の政治を作動させていたのは「世間」である。（中略）

佐藤のこの指摘は、西洋中世史の泰斗阿部謹也によって深められてきた視座を基礎にしている。阿部によれば、(3)「世間」と「社会」はその構成の根本原理がまるで異なる。一方で、「社会 society」という概念は、「それぞれの個人の尊厳が少なくとも原則として認められているところでしか本来の意味を持たない」（『「世間」とは何か』）。明治以降、日本は西洋の諸制度を取り入れ、文化風俗も西洋化したが、この西洋社会が

中からすべて選び、記号で答えなさい。

ア　百両もの金子を死蔵していたから

イ　武具や馬具を使用せずに死んだから

ウ　武士たるものが餓死するのを待っていたから

エ　主君と生死を共にしなかったから

オ　主君亡き後、他家に仕えようとしたから

〔問題四〕　次の文章を①～③の条件にしたがって、八十字以上百字以内で要約しなさい。

> ①　三文で要約すること
> ②　第二文の書き出しを「しかし」、第三文の書き出しを「つまり」で始めること
> （………。しかし………。つまり………。）
> ③　解答欄の一マス目から書き始め、句読点も一字に数えること

「絶滅危惧種　ポスター」と検索すると、そう認定された生物を保護することの必要性を訴えた数多くのポスターの画像を目にすることができる。ある企業のポスターは「ゾウさんはいなくなっちゃうの？」「トラさんごめんなさい」というキャッチコピーと共に、子どもが描いたと思われるゾウとトラの絵を載せている。他にもパンダ、シロクマ、カワウソ、ラッコ……様々な動物が絶滅危惧を訴える存在としてポスターに登場している。皆、つぶらな目をした霊長類、肉食動物、有蹄類ばかり。私たちが「かわいそうだからなんとかしなくちゃ」と、絶滅から守る対象として思い浮かべるのはとかくこういった「象徴種」ばかりである。

「象徴種」というのは、人々の関心を集めることができ、保全事業を進めるときの社会的な合意を得るのに利用できる種のことである。ゾウやトラ、パンダは他の生物より顔立ちが人間に近く、「かわいい」「かわいそう」と私たちに思わせるのに充分である。象徴種によって集まった資金は主に象徴種の保護のために使われる。事実、動物保護を目的としたNPOの資金は、大半がゾウやジャイアントパンダなど、象徴種に使われており、人気の高いトラのほとんどが生息しているインドでは、二〇一九年にトラの保護だけで五十三億円以上が費やされた。

一方で知名度の低い魚類や爬虫類、両生類、鳥類など、象徴種に該当しない多くの種が人知れず苦しんでいる。この、数々の生物の実態が知られていないことは大きな問題である。フィリピンワニは約百頭にまで減少し、かつてヨーロッパ全海域に生息していたカスザメは北海で絶滅した。中央および南東ヨーロッパの洞窟に生息している、数少ない完全水棲両生類であるホライモリも、滅びゆく生物の一つだ。植物や無脊椎動物の人気の順位はさらに下の方になる。北米ではホンカワシンジュガイが今にも姿を消そうとしている。このように、世界では三万五千種以上の動植物が絶滅の危機に直面しているのだ。

ゾウやトラ、パンダを応援するのが悪いわけではない。「そうした種が好きだったから、私は保全活動を始めたのです」とイギリスの保全学者ボブ・スミスも言う。まずは近しい存在の危機を知り、そこから象徴種以外の種にも目を向け、ルールや手立てを講じて保護を検討する。多くの人がそうなるにはどのようにしたらよいのかということを、私たちは考えていかなければならない。守られるのが人気者だけ、とならないように。

（雑誌記事をもとに本校で作成した）

煮物を加えれば、食物繊維やカルシウムとともにエネルギーも摂取できる。たんぱく質を取れるサラダチキンは、コンビニなどでも購入でき、「もう一品」のおかずにおすすめだという。

また、調理のちょっとした工夫で食が進みやすくなる。食材を小さく切ったり、長めに煮たりすると、かむ力が弱くなった人でも食べやすい。高齢になると唾液が少なくなるため、豆腐やなめたけといったのみ込みを助ける食品を取り入れるのも効果的だ。

（新聞記事による）

ア　さまざまな食材を簡単に手に入れることが難しい高齢者に、コンビニの活用法を提案している。

イ　どうしても食が細くなりがちな高齢者に、食が進むようになる食事の際の環境の整え方を提案している。

ウ　市販の冷凍食品や加工品を使うことに罪悪感を持つことの多い高齢者に、それらの上手な使い方を提案している。

エ　たんぱく質などの身体を構成する栄養素についてよく知らない高齢者に、栄養成分表示に注目することを提案している。

オ　栄養バランスのとれた食事作りが難しかったり、かむ力やのみ込む力が弱くなったりした高齢者に、食事に関する工夫を提案している。

〔問題三〕　次の文章は江戸時代の随筆『安斎随筆』の一節です。本文を読んで後の設問に答えなさい。

(1)ある問ひて曰く、「※1元和の初年のころのこととかや、※2甲州※3武田家の武士浪人となりて、町に借宅し居て、大家（たいか）へ仕へんことを求むる者ありしが、年は経（ふ）れども望を遂げず。貧窮に迫りて餓死しけり。死後に鎧櫃（よろいびつ）を開きて見るに、金子（きんす）百両封じて軍用金と書きつけあり。武具馬具も貯へてありしとぞ。」A この浪人を評して或（あるい）は曰く、餓死するに至れども武具馬具を売らず、軍用金をさへ使はずしておきしは、真の武士なりと賞讃する人もあり。」B 或はその浪人は大愚人なり、貧窮ならば軍用金にて米を買ひて食し、餓死せずして待たば善き主君を得ることもあるべきを、金子を持ちながら餓死したるは愚人にあらずして何ぞやと嘲る人もあり。」C この(2)両説いづれを［Ⅰ］とし、いづれを［Ⅱ］とせん、いかが。」D 答へて曰く、予は両説の是非を論ずるに及ばず、かの浪人武田勝頼戦死の時討ち死にせず存命したるのみならず、二君に仕へんことを求めしは、(3)不忠不義なる者なり。不忠不義なる上はほかのことは評するに及ばざるなり。

※1　元和…元号（一六一五年～一六二四年）

※2　甲州…甲斐の国の別称。現在の山梨県。

※3　武田家…姓氏の一つ。この浪人は武田勝頼に仕えていた。勝頼は武田信玄の子。長篠の戦いで大敗。一五八二年天目山で自刃し、武田家は滅んだ。

問1　――線部(1)「ある問ひて曰く」とありますが、ある人が質問した内容はどこまでですか。」A～」Dから一つ選び、記号で答えなさい。

問2　――線部(2)「両説」とありますが、それぞれどのように浪人を評価していますか。本文中から動詞を抜き出して答えなさい。

問3　空欄［Ⅰ］［Ⅱ］に本文中から漢字一字をそれぞれ抜き出し、本文を完成させなさい。

問4　――線部(3)「不忠不義」とありますが、餓死した浪人はなぜそのように評されてしまったのですか。その理由として適当なものを次の

AとBはそれぞれ政策を掲げている。有権者はこれら3つのテーマを同程度に重視しており、各自の政党への支持は図表のとおりとしよう。例えば有権者1は、金融と外交についてはA党を支持、原発についてはB党を支持、総合評価としてはA党を支持する。

ここで過半数の有権者1と2と3は、総合評価としてはAを支持する。だから両政党が擁立する候補へ選挙を行うと、これら3人の支持によりAが勝つ。つまり間接選挙だと、すべてのテーマでAの政策が採られることになる。

でも直接選挙なら結果は一変する。ここでAやBを政策と見なすと、

図表）直接選挙と間接選挙では結果が逆になる

—オストロゴルスキーのパラドックス—

有権者	金融	外交	原発	支持政党
1	A党	A党	B党	A党
2	A	B	A	A
3	B	A	A	A
4	B	B	B	B
5	B	B	B	B
多数決の結果	**B**	**B**	**B**	**A**

すべてのテーマでBが過半数の支持を得る。つまり政策への直接選挙と政党への間接選挙では結果が正反対になるわけだ。これを見ると、選挙の結果をたやすく民意と呼ぶ気にはなれない。政党だって、政治家だって、選挙で勝ったから「民意に支持された」というわけではない。

（坂井豊貴『「決め方」の経済学——「みんなの意見のまとめ方」を科学する』による）

ア　有権者1・2・3は政策の抱き合わせを選ぶことしかできないために、A党に投票することになる。

イ　金融政策の面ではB党の政策を支持する有権者が多いのに、結果としてA党の政策が施行されることになる。

ウ　支持する政党の多数決ではA党が選出されるが、政策別で見る民意としてはB党が支持されている。

エ　有権者3は、金融政策の面ではA党支持ではなかったが、A党に投票した結果、支持する金融政策が施行されることになった。

オ　A党は間接選挙では勝ったが、この選挙は有権者の民意を正確に反映した結果とは言い難い。

問2　次の文章はある新聞記事の一部です。どのようなことを提案している記事ですか。最も適当なものを後の選択肢から選び、記号で答えなさい。

おすすめは、市販の冷凍食品や加工品、総菜を活用することだ。

例えば、市販の「冷凍ギョーザ」と「冷凍ほうれん草」を入れたスープを作れば、ギョーザでたんぱく質、冷凍ほうれん草でカルシウムと、両方の栄養素が摂取できる。

つぶした豆腐と練りごま、マヨネーズに、総菜として買ったひじきの

【国　語】（五〇分）〈満点：一〇〇点〉

〔問題一〕

1～7の文中の――線部(a)～(h)について、漢字はひらがなで読み方を示し、カタカナは漢字に改めなさい。

1　国民は、すべての基本的人権の享有を(a)妨げられない。この憲法が国民に保障する基本的人権は、(b)オカすことのできない永久の権利として、現在及び将来の国民に与へられる。（日本国憲法第11条）

2　脱炭素化の取り組みは世界中で加速している。そもそも気候危機は、利潤を上げるために自然から(c)シュウダツを続ける資本主義が昂進した結果である。（新聞記事による）

3　私は恐ろしさで起つてもゐてもゐられない。夢中でそこにある半挿の水をのんだ。その(d)トタンに、辺りの騒ぎが一時に静まつて、森閑として来た。私は、気がついてはつと思つたけれども、もう取り返しがつかない、耳を澄ましてゐるらしい人人の顔を見て、猶恐ろしくなつた。（内田百閒「件」による）

4　誰やら金槌で釘を打つ音が、幽かに、トカトントンと聞えました。それを聞いたとたんに、眼から鱗が落ちるとはあんな時の感じを言うのでしょうか、(e)ヒソウも厳粛も一瞬のうちに消え、私は憑きものから離れたように、きょろりとなり、なんともどうにも白々しい気持で、夏の真昼の砂原を眺め見渡し、私には如何なる感慨も、何も一つも有りませんでした。（太宰治「トカトントン」による）

5　説法の印を結ぶ両手の美しさに至っては、さらに驚くべきものがある。現在の状態では、ここにもくま取りがあったかどうかはわからないが、とにかく(f)リンカクの線は完全に残っていて、それが心憎いばかり巧妙に「手」を現わしている。（和辻哲郎『古寺巡礼』による）

6　ジョブ型人事制度の導入には、「従業員の成果に合わせて処遇に差をつけたい」、「若手の(g)トウヨウを促したい」、「組織の新陳代謝を促進したい」、「年功序列的な賃金カーブを是正したい」などの目的がある。（新聞記事による）

7　記述式問題と民間試験の導入は、大学入試センター試験に代わる大学入学共通テストの二本柱だったが、受験生や高校から(h)拙速だとの批判が強まり、今般正式に断念されることになった。（新聞記事による）

〔問題二〕

問1、2に答えなさい。

問1　――線部「オストロゴルスキーのパラドックス（逆理）」が示していることとして、誤っているものを後の選択肢から一つ選び、記号で答えなさい。

政治家を選ぶことと、政策を選ぶことは、まったくもってイコールではない。たんに思想的にあるいは概念的に違うだけではなく、選択の結果として起こることに、論理上の大きな隔たりがある。その乖離のありさまを鮮明に示したのが、これから見ていくオストロゴルスキーのパラドックス（逆理）だ。

いま5人の有権者がいて、政党AとBがあるとしよう。選挙で争点となるテーマは3つ、「金融」「外交」「原発」だ。各テーマについて政党

大切なことはメモしておこうネ！

2022年度

中央大学杉並高等学校入試問題（帰国生）

【数　学】（30分）　＜満点：50点＞

【注意】 定規，コンパス等の作図道具および計算機の使用は禁止です。

1　次の計算をしなさい。

$\sqrt{3}(\sqrt{2}-\sqrt{6})-\sqrt{48}\div\sqrt{2}+\dfrac{6}{\sqrt{2}}$

2　次の式を因数分解しなさい。

$2(x-6)^2-3(x-6)(x-2)$

3　図において，点Dは辺BCを4：1に，点Eは辺ACを1：1に，点Fは辺ABを3：2に分ける点です。このとき，次の三角形の面積比を，それぞれもっとも簡単な整数の比で答えなさい。

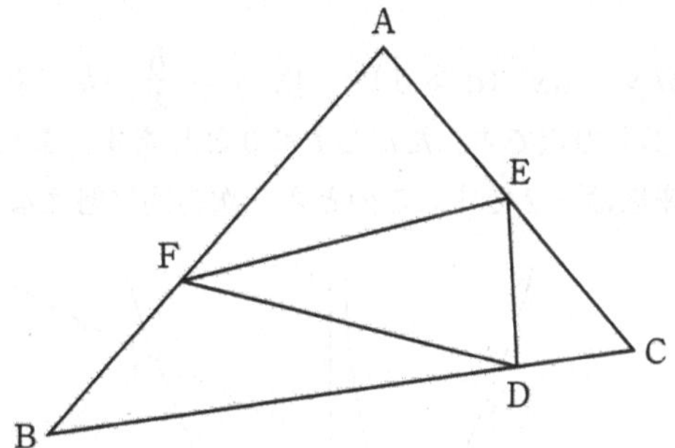

（問1）　△CED：△ABC

（問2）　△DEF：△ABC

4　図において，線分ABとCDは円Oの直径で，点Eは線分ODの中点です。AEとCDが垂直のとき，次の問に答えなさい。

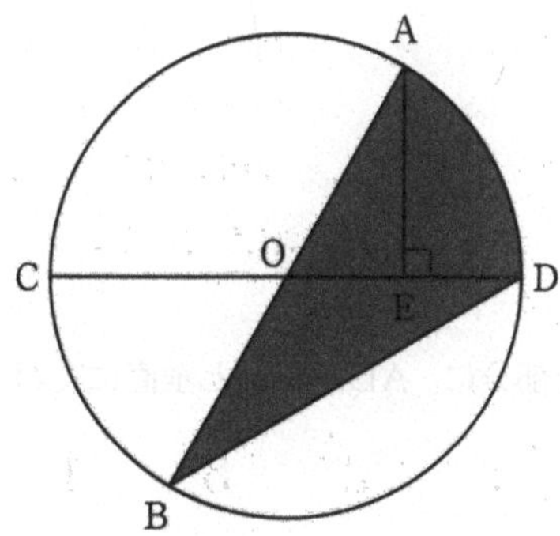

（問1）　∠ABDの大きさを求めなさい。

（問2）　円Oの半径が2であるとき，■部分の面積を求めなさい。ただし，円周率はπを用いること。

5　図のように1，2，3，4の数字が1つずつ書かれた4枚のカードと，1，2，3の数字が1つずつ書かれた3つの箱があります。この4枚のカードをよくきって，1枚ずつ3回ひき，順に箱に入れることにします。1回目にひいたカードは，1の数字が書かれた箱に入れます。2回目にひいたカードは，2の数字が書かれた箱に入れます。3回目にひいたカードは，3の数字が書かれた箱に入れます。

このとき，箱に入っているカードの数字と，その箱に書かれた数字が1組だけ同じになる確率を求めなさい。ただし，ひいたカードは，もとにもどさないこととし，どのカードのひき方も同様に確からしいものとします。

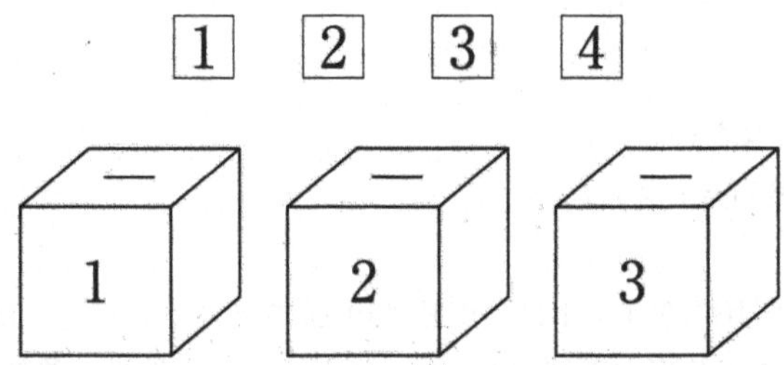

6　図のように，2つの関数 $y = ax^2$ $(a > 0)$ …①，$y = \frac{b}{x}$ $(b < 0)$ …②のグラフがあり，2点 A $(6,\ 9)$，B $(t,\ 4)$ は①上の点です。ただし $t < 0$ とします。また，直線ABと②の交点の1つをCとするとき，Cの x 座標は -2 です。このとき，次の問に答えなさい。

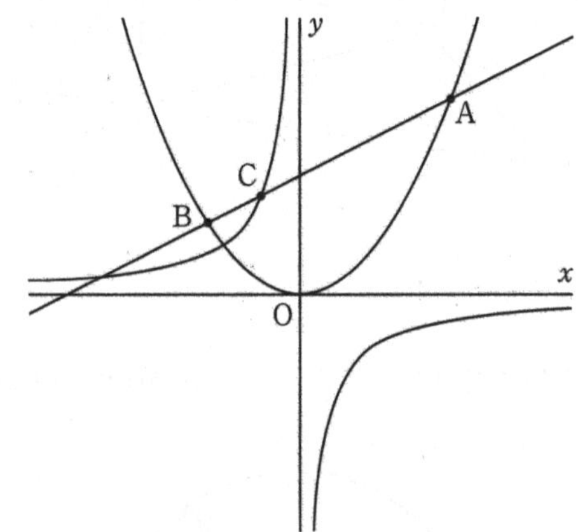

（問1）　a の値を求めなさい。

（問2）　t の値を求めなさい。

（問3）　b の値を求めなさい。

（問4）　②のグラフの $x > 0$ の部分に，ADが x 軸と垂直に交わるように点Dをとるとき，△BCDの面積を求めなさい。

【英　語】（30分）　＜満点：50点＞

Ⅰ　次の英文を読み，設問に答えなさい。（＊のついた語句には本文の最後に注があります。）

Maria Montessori was born in 1870 in Chiaravalle, Italy. Maria liked reading very much, so her parents thought Maria could become a good teacher. The Montessori family moved to Rome in 1875, and Maria began to go to elementary school. She was very interested in math and science, so she wanted to be an engineer. However, her father didn't want her daughter to be an engineer because he and many other people thought women shouldn't be engineers. At that time, only teachers and nurses were thought to be good jobs for women. When she was thirteen years old, Maria entered a "technical school" to be an engineer, although her father was unhappy about it.

She was a very smart student and got high marks in all of her subjects in the technical school. After she graduated from that school in 1886, she entered a school named **Regio Istituto Tecnico Leonardo da Vinci.* She learned natural science and math and also did very well at this school. By the time she graduated from the school, she changed her mind about her future career. However, her father got much angrier, because she wanted to be a doctor. There were no female doctors in Italy at that time. She wanted to enter the University of Rome and study medicine, but, at first, she was refused from the university because she was a woman. She went to ask a professor of the university to permit her to study medicine, but he also said no. However, she didn't give up. She went to see *the Pope! Maria asked him eagerly to let her enter the university. It was said that Leo XIII, the Pope at that time, told Maria that medicine was a *noble profession for a woman. Thanks to the Pope, Maria was allowed to enter the university and began to study medicine in the fall of 1890. She became the first woman who learned medicine in Italy.

In the university, she had a very hard time. Male students didn't want any women to be doctors, so they were not happy that Maria was on the same campus. She was a very good student and got high marks, and that made the boys angrier. Sometimes they said bad things to her, but she didn't care about that and concentrated on her studies. She was not allowed to be in the same room with male students when there was a dead human body to *examine. It was thought to be *shameful that men and women looked at a *naked body at the same time even if it was dead. So, she had to examine it alone after the class was over.

In such a hard situation, she studied very hard and got a prize of a thousand *lire in 1894. ①【 highest / marks / given / the prize / the department of medicine / the / who / was / received / the student / in / to 】 every year. Before the graduation, all the students in the department had to give a presentation in front of a large audience. Not only students and teachers but anyone could come to see those presentations. Maria was very nervous on her presentation day because she knew male students didn't like her, and what's more, her father came to see her presentation! However, when the presentation was over, she was surprised to see all the audience clapping their hands and praising her. Everyone thought her presentation was really excellent. Maria's father felt very proud of that and ② he changed his mind and helped his daughter with her career after that.

Maria started to work for a *mental health clinic as an assistant doctor even before her graduation, because she was an excellent student. In the clinic, Maria was shocked to learn that mentally disabled children were treated like sick patients. Those children were given only food and locked up in a room like *prisoners. They had nothing to play with and nothing to do. So, Maria thought they needed some activities to enjoy and ③ something to touch and feel. Maria gave them *beads to learn counting numbers and invented some cards to learn alphabets. They started to learn through those activities and were able to read and write little by little. It was a big surprise at that time.

From this experience, Maria got interested in education and thought her method was also good for "normal" children. In 1907, she was given a chance to introduce her method and opened something like a kindergarten. It was named *Casa dei Bambini*. It means "the Children's House" in English. Maria used a wooden board with a lot of holes. Children put something like a *cylinder into the right size holes on the board. Maria also gave children small wooden cubes to build a tower, a house and so on. They really enjoyed these activities, and such activities improved their abilities. Maria wrote many books and articles about her method and traveled around the world to give lectures. She helped hundreds of other teachers use her new method. Soon, models of The Children's House expanded to America, India, and many other countries. Until now, many schools, *orphanages and nursery schools follow her method, and many children develop their abilities all around the world.

注） *Regio Istituto Tecnico Leonardo da Vinci*：レオナルド・ダ・ヴィンチ技術学校
the Pope：ローマ教皇　noble profession：高潔な職業　examine：調べる・解剖する
shameful：恥ずべき　naked：裸の　lire：リラ（当時のイタリアの通貨）　mental：精神の
prisoner(s)：囚人　bead(s)：ビーズ・小さな玉　cylinder：円柱　orphanage(s)：孤児院

問1 Which is true about Maria when she was a little child?

ア She liked math and science and was interested in being an engineer.
イ She wanted to be a good doctor and help poor patients.
ウ She was very interested in reading books and wanted to be a teacher.
エ She wanted to be a nurse to help disabled children.

問2　Which is true about Maria's father?

ア　He didn't like the fact that Maria liked books and wanted to be a teacher.

イ　He was more interested in engineering and medicine than Maria was.

ウ　He didn't want Maria to study medicine and become a doctor.

エ　He was not happy when Maria made a presentation about medicine.

問3　Why did Maria have a hard time at the university?

ア　Many other male students studied very hard and Maria had to study a lot, too.

イ　Maria didn't want to see a naked dead body with other male students.

ウ　Maria had to examine a naked dead body after class with no classmates around.

エ　Maria couldn't study enough because male students said something bad to her.

問4　下線部①が「その賞は，医学部で最も優秀な成績を修めた生徒に毎年与えられた。」という意味になるように【　】内の語（句）を並べ替えなさい。ただし，文頭に来る語(句)も小文字で示してある。

問5　下線部②について，Mariaの父がこのように変化したのはなぜか，30字以上40字以内の日本語で答えなさい。(句読点を含む)

＜下書き用＞

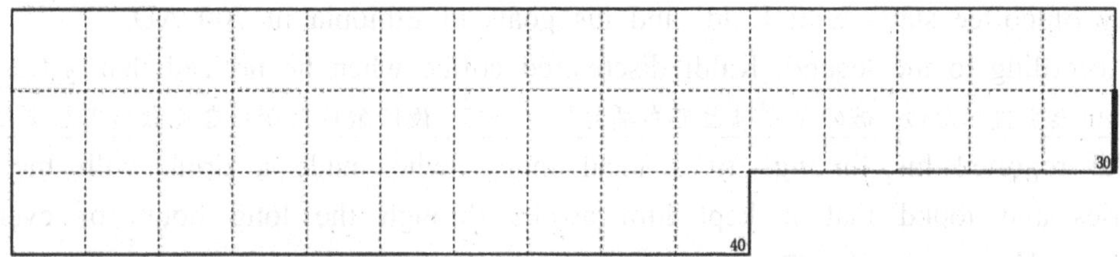

問6　下線部③の具体例を，本文中から二つ，それぞれ英語一語で抜き出しなさい。

問7　"The Children's House" について，正しいものをア～エから一つ選び，記号で答えなさい。

ア　The House was made for mentally disabled children.

イ　Children built a tower or a house to live in.

ウ　"Children's Houses" were made in many countries.

エ　Children played with a lot of holes in the ground.

問8　本文の内容と一致するものをア～ケから三つ選び，記号で答えなさい。

ア　Maria's parents thought their daughter should write books because she liked reading books.

イ　The technical school gave a lot of money to Maria because she was an excellent student there.

ウ　Maria went to see the Pope because she wanted him to talk with her father about her career.

エ Male students in the university were not happy that Maria got higher marks than them.

オ Maria was chosen to make a presentation before her graduation because she was an excellent student.

カ When Maria was a university student, she was already working for a hospital to help other doctors.

キ Maria's method was not useful for mentally disabled children, but good for "normal" children.

ク She made "the Children's House" because becoming a teacher was her dream since her childhood.

ケ Maria's teaching method has been used not only in Italy but in many other countries.

Ⅱ 次の英文を読み，下線部①～③を英語に直しなさい。

The History of Coffee

Coffee is very popular around the world and we drink it in large quantities. It is said that 2.25 billion cups of coffee are consumed each day worldwide.

Where did coffee first come from? ①その起源については多くの伝説があるが，どのように，また，いつコーヒーが発見されたのかは誰も知らない。 The most popular origin story of coffee starts with Kaldi and his goats in Ethiopia in 700 AD.

According to the legend, Kaldi discovered coffee when he noticed that ②ある木から赤い実を食べた後，彼のヤギはとても活発になって，夜に眠りたがらなくなってしまった。 Kaldi reported his findings to a local monk, who made a drink with the red berries and found that it kept him awake through the long hours of evening prayer. However, ③カルディがその実を分けてあげた別の僧侶は，その話を信じずに，その実を火の中に投げ捨ててしまった。 The result was a wonderful, pleasing aroma which became the world's first roasted coffee.

Though the story of Kaldi cannot be proven to be true, one thing is certain: coffee came from Ethiopia.

（下書き欄２）

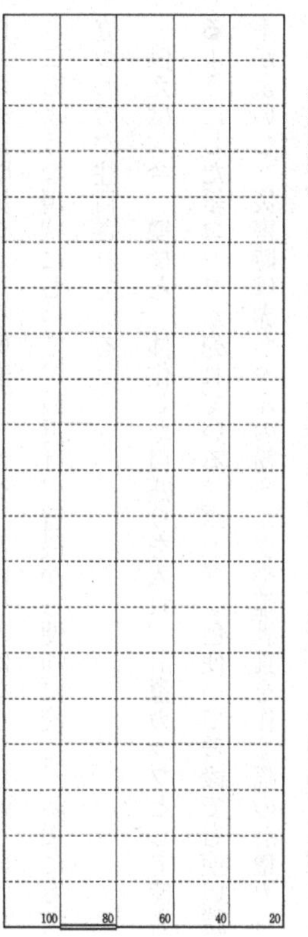

2 次の文章を①～③の条件にしたがって、八十字以上百字以内で要約しなさい。

① 三文で要約すること
② 第二文の書き出しを「しかし」、第三文の書き出しを「つまり」で始めること
（………。しかし………。つまり………。）
③ 解答欄の一マス目から書き始め、句読点も一字に数えること

長期にわたり常温保存できるように乾燥させているアルファ米、空気を入れれば簡易ベッドになるエアマット、大容量バッテリー搭載の多機能ラジオ…。これまで防災というと、私たちは非常時に使うことができる、特別な防災用グッズを備蓄するように努めていた。

ところが、これらの特別なアイテムを「備える」ことは面倒だと感じてしまう人は少なくないだろう。備蓄は「確かに必要だ」と自覚しているものの、ついつい後回しにしたまま日々を過ごしてしまう。災害が発生すれば困ることは十分予想されるのに、日常的な使用頻度（ひんど）が低いため、「備えるのはまた今度でいいや」となりがちなのだ。皆がいつか来る日のために防災グッズを準備しておく、というのはなかなか難しい。

このような現状において、最近は、普段から便利に使え、防災にも役立つものが注目されている。

例えば、今、模様と一体化した目盛りを入れ、計量カップとして使えるようにした紙コップが売れている。ポップな色使いで普段でも使い勝手がよいし、災害時は赤ちゃんの粉ミルクや離乳食を作る際の計量カップとして重宝する。要は、災害時の悩みを解決できる商品を提案すれば、皆に選ばれるようになっていくのだ。

I市のクリーンセンター（ごみ焼却施設）も、紙コップと同様の優れた発想から生まれている。この施設はごみ焼却だけでなく、非常時に避難スペースを提供できる十分な広さや避難所へ即座に電力供給できる優れた機能を有している。つまり、災害がおきたときに地域に貢献できる素晴らしい施設なのだ。しかもそれだけに留まらず、I市はさらに日常的に市民に馴染む施設づくりを目指した。普段はスポーツやイベントを楽しめる施設として広大な緑地を開放し、多くの人が集う場にする。こうして地域住民のコミュニティに対する付加価値を上げながら、「市民の憩いの場」と「防災拠点」を兼ね備えた愛される施設へと成長を遂げた。

紙コップにもクリーンセンターにも共通する考えは、日常時のフェーズと非常時のフェーズを分けるのではなく、日常時にも非常時にも役に立つ「フェーズフリー」という概念の利用である。「フェーズフリー」が世の中に広がれば、備えていない人たちをもっと守ることができるのではないか、という発想の転換が功を奏した。これからは、フェーズフリーの概念を用いた「備えない」防災が求められている時代なのだ。

（本文は本校で作成した）

（下書き欄1）

20 40 60 80 100

問１　――線部(Ａ)～(Ｃ)のカタカナを漢字に改めなさい。

問２　――線部(1)「価値判断」とありますが、人間がコンピューターに俳句を作らせる上で必要となってくる「価値判断」を波線部(ア)～(カ)の中から二つ選び、記号で答えなさい。

問３　――線部(2)「この俳句は、コンピューターが作ったと言えるでしょうか。言えません」とありますが、その理由を次のように説明しました。空欄に当てはまる適当な語句を本文中から抜き出しなさい。

コンピューターが作った俳句は、青かびからペニシリンが発見されたのと同様、［Ⅰ（5字）］に過ぎず、ひとがその俳句に対して［Ⅱ（9字）］ことによって初めて藝術作品となるから

問４　――線部(3)「ただちに反論が来そうです」とありますが、筆者はこの「反論」に対してさらなる反論を行なっています。その内容として最も適当なものを次の中から選び、記号で答えなさい。

ア　筆者は、コンピューターにも学習能力はあるが、俳句についての学習できる範囲が俳句のフォーマットや文法に限られていると反論している。

イ　筆者は、たとえいまのコンピューターであっても、多くの作例から「俳句の文法」を抽出することはできないと反論している。

ウ　筆者は、人間があらかじめよい俳句と悪い俳句を教え込まないと、コンピューターは何がよい俳句であるかについて価値判断ができないと反論している。

エ　筆者は、コンピューターが俳句の「よさ」を統計的に処理することは得意であるものの、俳句の「よさ」そのものを理解することはできないと反論している。

問５　――線部(4)「人間がプログラムすることを考えても、文法はプログラムできますが、「よさ」をプログラムすることは絶望的です」とありますが、それはなぜですか。その理由として最も適当なものを次の中から選び、記号で答えなさい。

ア　囲碁よりも俳句の方が、変化してゆく状況がはるかに複雑だから

イ　車の自動運転やチェス、将棋、囲碁よりも藝術作品の方が高尚だから

ウ　優れた俳人の名句から、それらの「よさ」を言葉で定義づけることは不可能だから

エ　ＡＩが生み出す俳句の新しい「よさ」を人間が理解することはできないから

問６　本文の内容と合致しないものを次の中から一つ選び、記号で答えなさい。

ア　川野洋さんの論文に記載されている俳句の中に悪くない作があるのは、川野さんがコンピューターに与える語を選択したのと作られた句を選別したためである。

イ　偶然による発見はセレンディピティと呼ばれるが、それは現在のコンピューターにおいても欠かせない機能となっている。

ウ　いまのコンピューターの性能がさらに向上すれば、俳句の文法にしたがったよい俳句を生み出すことが予想される。

エ　コンピューターで俳句を創造することが難しいのは、コンピューターに何をさせたらいいのかが明確に決められないからである。

オ　コンピューターとは異なり、人間は今までになかった新しい価値観を創造することができる。

与えることによって、コンピューターが「俳句の文法」を学習することができる、ということです。この場合の「学習」とは、俳句を作れという命令を与えられたとき、俳句の文法にのっとった語句の並びを作ることができる、という意味です。(B)セイドを上げるなら、相当によい句を生み出すことができそうです。では、その「よさ」の判断についても、コンピューターは学習できるでしょうか。

文法の学習の場合と同様のプロセスを考えてみます。学ばせる作例を、よいものと不出来なものに分けて与えるなら、コンピューターが句の価値の判定法を学習することを、少なくとも期待できます。あらかじめ作例をよいものと悪いものに分けることは人間の仕事ですが、咎（とが）めだてするには及びません。わたしたちも、学校で俳句を学んだとき、同じようにしています。問題は、これらの作例からコンピューターが何を抽出できるか、ということです。コンピューターの学習とは、与えられた作例の共通要素を統計的に抽出することです。俳句の文法のようにかたちや組み合わせに関するものは、学習が可能です。しかし、「よさ」や「拙さ」は、既に個々の作例においてその要素を特定することが、困難です。当然、それを統計的に処理することはさらに難しく、不可能ではないかと思われます。(4)人間がプログラムすることを考えても、文法はプログラムできますが、「よさ」をプログラムすることは絶望的です。

藝術作品の「よさ」の判断の難しさを理解するために、囲碁や将棋よりはるかに単純な事例として、車の自動運転を考えてみましょう。センサーによって状況を把握したなら、それに応じて最も適切とされる対応を指令する、というのがAIの仕事です。そしてそれは実現され、完成に近づいています。ここには二つの重要な判断が含まれています。状況の把握と適切なアクションの選択です。コンピューターがこれらの判断をできるのはなぜでしょう。それは、仕事の目的と目前の状況に対してとるべきアクションがはっきりしているからです。車の運転の目的は安全に、言い換えれば何にも接触せずに、できるならなるべく早く目的地に着くように進むことです。そのために運転者のなすべきアクションは、速度をコントロールすることと、車線変更を含めて進路を調整することです（この二つはアクセル／ブレーキとハンドルの操作に対応します）。実際の製品開発には、さまざまな問題があるでしょうが、このように限定された課題に対して答を出すことは、コンピューターの得意とする仕事です。囲碁の場合は、変化してゆく状況がはるかに複雑ですが、目的はやはりはっきりしています。すなわち、相手を負かすこと、そのためにはより大きな「(C)ジンチ」を作ることです。

それにひきかえ、俳句のような小さなサイズのものであっても、藝術作品を作ることが難しいのは、仕事の目的が決まっていないからです。それはおかしい、目的は明白、よい句を作ることだ、とおっしゃいますか。もちろん、わたくしにも異論はありません。しかし、句のよさとは何でしょう。宇宙感覚をたたえた芭蕉、官能的な蕪村、諧謔（かいぎゃく）的な軽みの一茶の名句をまとめて「よさ」とはこうだ、と言えるでしょうか。ことばで規定できなければ、コンピューターに指令を与えることはできません し、コンピューターの自力学習もその「よさ」にたどり着くことは極度に困難です。しかも、後から来た俳人は、新しい「よさ」をつくり出します。言い換えれば目的そのものを作り出します。それが製作とは異なる創造の特性です。原理的に、これはコンピューターにはできないことです。

（佐々木健一『美学への招待　増補版』より）

【国語】（三〇分）〈満点：五〇点〉

1 次の文章を読んで、後の設問に答えなさい。

美学において問題となるAIとは、コンピューターに藝術(げいじゅつ)作品が作れるか、という問題です。学生時代に、川野洋さんという大先輩がおられました。その川野さんから、コンピューターで作った俳句についての論文を頂いたことがあります。そこに挙げられている句のなかには、悪くない作もありました。その作り方としてわたくしが理解しているのは次のようなものです。まず、(ア)俳句のフォーマットをプログラムする必要があります。これはどなたもご存じのように、さほど複雑なものではありません。三句に分かれ、それぞれに字数の規定があること、(イ)季語を入れること、場合によっては(ウ)切れ字を活用すること、それに簡略化された文法などがそれに当たります。他方で、(エ)素材として語、語句を与える必要があります。ここで最初の選択が行われたはずです。国語辞典まるまるではなく、作品の主題のまとまりを考え、それに適合するような単語を与えたものと思います。国語辞典を一冊与えて、収録語彙のあらゆる組み合わせを行えば、アウトプットはあまりに膨大なものとなり、手に負えなくなるからです。手に負えないというのは、コンピューターが作り出した作のなかから、成果として論文に記載することのできるようなものを、川野さんが選んでおられたからです。コンピューターは良し悪しの判断なしに、可能なあらゆる組み合わせを生み出します。そのなかから(オ)使い物になるものを選別する仕事は、人間がすることになります。(カ)コンピューターに藝術作品を作らせるという試みは、現在も続いています。しかし、最後の(1)価値判断に関わるこの基本的な構造は変わっていないと思います。

(2)この俳句は、コンピューターが作ったと言えるでしょうか。言えません。立ち入って説明することはできませんが、創造のプロセスは、生み出すこととその結果の良し悪しを判断することの二拍子で構成されます。ひとはこの区別をせずに「生み出す」ことを重視しますが、このなかで重要なのは、実は生み出すことではなく、判断することです。生み出すことは一種の提案であり、それが偶然の産物であっても構いません。細菌学者のフレミングは、放置しておいた細菌の(A)バイヨウ皿のなかに、青かびの生えたものがあり、その周囲では細菌が消えていることに気づいて、ペニシリンの発見という成果を得ました。偶然による発見はセレンディピティと呼ばれ、その重要性が注目されるようになっています。しかし、それが重要なものとなるのは、発見に意味と価値を認めるひとの判断があってのことです。判断能力がなければ、セレンディピティは無意味です。フレミングの場合も、そのバイヨウ皿の変化に意味を認めた専門家は、かれの周囲にいなかったと言います。コンピューターには、この判断ができません。

(3)ただちに反論が来そうです。自動車の自動運転や、チェス、将棋、さらには囲碁のコンピューター対決などのホットな話題を思い起こされた方は、このようにコンピューターにも判断ができているではないか、とおっしゃることでしょう。その通りです。判断の機能を識別、ふるい分けと見做(みな)すなら、コンピューターにも可能な判断があります。その能力は学習能力に基づくものです。俳句を作るという例を挙げましたが、その際、「俳句の文法」を人間があらかじめプログラムする、という手順でお話ししました。しかし、いまのコンピューターなら、多くの作例を

大切なことはメモしておこうネ！

T.G

推薦

2022年度

解 答 と 解 説

《2022年度の配点は解答欄に掲載してあります。》

<数学解答> 《学校からの正答の発表はありません。》

1 $10+2\sqrt{5}$ 2 64° 3 (問1) $\frac{20}{9}$ (問2) $\frac{80}{27}$

4 (問1) $0 \leqq y \leqq \frac{9}{2}$ (問2) D(0, −4) 5 (ウ), (オ)

○推定配点○

1 4点 2 4点 3 各2点×2 4 各2点×2 5 4点 計20点

<数学解説>

基本 1 (式の値)

$(x-1)y-x+1=(x-1)y-(x-1)=(x-1)(y-1)=(\sqrt{20}+3-1)(\sqrt{5}+1-1)=(2\sqrt{5}+2)\times\sqrt{5}=10+2\sqrt{5}$

基本 2 (角度)

CとMを結ぶ。$\overset{\frown}{AN}=\overset{\frown}{NC}$だから, $\angle ABN=\angle NBC=\frac{1}{2}\angle ABC$ $\overset{\frown}{AM}=\overset{\frown}{MB}$だから, $\angle ABM=\angle ACM=\angle MCB=\frac{1}{2}\angle ACB$ △ABCの内角の和は180°だから, $\angle ABC+\angle ACB=180^\circ-52^\circ=128^\circ$ よって, $\angle MBN=\angle ABM+\angle ABN=\frac{1}{2}(\angle ACB+\angle ABC)=\frac{1}{2}\times128^\circ=64^\circ$

重要 3 (平面図形の計量)

(問1) $AC=\sqrt{AB^2+BC^2}=\sqrt{4^2+3^2}=5$ AB//RPより, 平行線の同位角は等しいから, 2組の角がそれぞれ等しく, △ABC∽△RPC よって, RP:RC=AB:AC=4:5 折り返したので, AR=PR したがって, $AR=\frac{4}{4+5}AC=\frac{4}{9}\times5=\frac{20}{9}$

(問2) 折り返したので, ∠QAR=∠QPR 平行線の錯角は等しいから, ∠QPR=∠BQP よって, ∠BAC=∠BQP 2組の角がそれぞれ等しいので, △ABC∽△QBP よって, AQ=PQ, QB:QP=AB:AC=4:5より, $QB=\frac{4}{4+5}AB=\frac{4}{9}\times4=\frac{16}{9}$ △ABCと△RPCと△QBPの相似比は, $4:\frac{20}{9}:\frac{16}{9}=9:5:4$より, 面積比は, $9^2:5^2:4^2=81:25:16$ したがって, △ABCと四角形AQPRの面積比は, 81:(81−25−16)=81:40 よって, 四角形AQPRの面積は, $\frac{1}{2}\times4\times3\times\frac{40}{81}=\frac{80}{27}$

4 (図形と関数・グラフの融合問題)

基本 (問1) $y=\frac{1}{2}x^2$において, $x=0$のときyの最小値は$y=0$, $x=-3$のときyの最大値は$y=\frac{1}{2}\times(-3)^2=\frac{9}{2}$ よって, yの変域は, $0\leqq y\leqq\frac{9}{2}$

重要 (問2) △ABC＝△ABDのとき，AB//CDとなる。$y=\frac{4}{x}$に$x=2$，-3をそれぞれ代入して，$y=2$，$-\frac{4}{3}$　よって，A(2, 2)，B$\left(-3, -\frac{4}{3}\right)$　直線ABの傾きは，$\left\{2-\left(-\frac{4}{3}\right)\right\}\div\{2-(-3)\}=\frac{2}{3}$　直線CDの式を$y=\frac{2}{3}x+b$とすると，C(6, 0)を通るから，$0=\frac{2}{3}\times6+b$　$b=-4$　したがって，D(0, −4)

[5] (箱ひげ図)

基本 (ア) 四分位範囲は箱の長さで表せる。四分位範囲がもっとも小さいのは国語であるから，誤り。

(イ) 中央値は理科の方が英語より高いが，箱が下方に伸びているので，平均点は理科の方が低くなり，誤り。

(ウ) 数学の中央値が50点なので，60点以下の生徒は20人以上いる。また，社会の最高点は40点なので，明らかである。よって，正しい。

(エ) 国語，数学，社会の最高点は100点未満なので，誤り。

(オ) 数学の第1四分位数は18点なので，20点以下の生徒は10人以上いるのは，正しい。

(カ) 社会の最低点は20点だから，誤り。

以上より，正しいものは(ウ)と(オ)

★ワンポイントアドバイス★

本年度は大問が5題，小問数7題という出題構成であった。特別な難問はないが，解答時間が短いので，てきぱきと解いていこう。

＜英語解答＞ 《学校からの正答の発表はありません。》

[1] 1 エ　2 ウ　3 ア

[2] 1 ケ　2 オ　3 カ

[3] 1 I am not so smart as my brother.

2 Is this the book (that / which) you bought yesterday?

[4] 1 This Japanese word is used to express the special flavor found in many delicious dishes.　2 うまみ，甘味，酸味，苦味，塩味　3 イ　4 ウ，エ

○推定配点○

[1]・[2] 各1点×6　[3]・[4] 各2点×7　計20点

＜英語解説＞

基本 [1] (正誤問題：文型，前置詞，受動態，動名詞，不定詞，関係代名詞，現在完了)

1 エ「彼の犬はジョンと名付けられている」が正しい英文。

ア × What club you → ○ What club do you　イ × been a → ○ been to a

ウ × did the email send → ○ was the email sent

2 ウ「彼はスマートフォンを持ってもよい年齢だ」が正しい英文。

ア × to cook → ○ cooking　イ × is → ○ does　エ × which → ○ who[whom]

3　ア「あなたはもう宿題を始めましたか」が正しい英文。
　イ　× talked by → ○ talked to by　ウ　× slower → ○ slowly　エ　× much → ○ many

基本 [2]　(対話文完成)

1　A：先週末，何をした？／B：具合が悪くて病院に行った。／A：[1]それは気の毒に。大丈夫？

2　A：「バンブーパンダ」という新しい中華レストランを知っている？／B：いや，でも中華料理は大好きだよ。／A：[2]今日の午後，そこで一緒に食事をしない？

3　A：すみません，駅までの道順を教えてくれませんか。／B：[3]はい。私もその方向へ行きます。一緒に行きましょう。／A：ご親切にありがとうございます。

重要 [3]　(和文英訳：比較，関係代名詞)

1　not as … as ～「～ほど…でない」 smart「賢い」

2　初めにIs this the book「これは本ですか」とし，その後ろに目的格の関係代名詞を使ってthat［which］you bought yesterday「昨日あなたが買った」と続ける。関係代名詞は省略可。

[4]　(長文読解問題・紹介文：語句整序，受動態，不定詞，分詞，語句解釈，内容吟味，内容一致)

(大意)　白米，みそ汁，焼き魚と漬物。シンプルに見えるが特別な味わいで，塩味，酸味，甘味，少々の苦味，そしてうまみがいっぱいだ。和食が2013年にユネスコ無形文化遺産になった時，多くの人がその意味がわからなかった。寿司や天ぷらはすでに世界中で一般的だったが，和食は知られていなかった。和食という言葉は明治時代に日本食を外国料理と区別するために作られた。和食の起源は平安時代にさかのぼる。当時の首都，京都はいろいろな食材が手に入る場所で，人々は様々な料理を作った。また，だしと呼ばれるスープを発達させた。和食の鍵となる味はうまみと呼ばれる。①この日本語は，多くのおいしい料理で見つかる特別な味を表現するのに使われる。うまみは甘味，酸味，苦味，塩味とともに，主要な味の1つと考えられている。それは実際はグルタミン酸の味で，削り節，みそ，しょうゆなどの多くの日本の伝統的な食材の中に味わうことができる。和食の重要な点は，②これら5つの味のバランスだ。このバランスは新年の料理であるおせちの中に見つけることができる。料理が宝石のように箱に詰められ，5つの味がすべて楽しめる。和食がユネスコ無形文化遺産に登録された時，日本人は今，西洋的な食事を好むので，この伝統は死にかけている，という人がいた。しかし③和食が死にかけているというのはまだ早い。日本人は他の国の人々より良い食べ物に興味を持っていると言われている。多くのファストフードレストランがあるが，日本食のレストランに行くのも大好きだし，日本の家庭料理も大好きだ。料理本が良く売れ，日本の家庭料理のウェブサイトも人気だ。学校では子供たちが伝統的な食事について学ぶ。高齢者は国中を旅行して郷土料理を楽しむ。日本人は新しい外国料理を楽しむだろうが，自分たちの伝統的な料理の良さを忘れず，和食を食べ続けるだろう。おそらく彼らの胃がそれを求めるからだ。

やや難　問1　まず「この日本語は使われる」を受動態〈be動詞＋過去分詞〉で表す。「特別な味を表現するのに」は目的を表す不定詞句でto express the special flavorとする。「多くのおいしい料理で見つかる」は形容詞的用法の過去分詞句で，found in many delicious dishesとしてflavorの後ろに置く。

問2　第4段落第4文参照。umami「うまみ」とsweet「甘味」，sour「酸味」，bitter「苦味」，salty「塩味」の5つである。

やや難　問3　イ「日本人は多くの人気のある外国のファストフードレストランに行くのを楽しむ」　これは「和食が死にかけている」と考える人々の理由である。

重要　問4　ア「和食の味はとてもシンプルなので多くの外国人は好まない」(×)　イ「和食がユネスコ無形文化遺産になった理由の1つは，寿司と天ぷらが和食としてよく知られていることだ」(×)　ウ「明治時代の人々はもともと，日本食と他の国の料理の違いを表現するために和食という言葉を作った」(○) エ「削り節やみそ，しょうゆを食べてみると，口の中でグルタミンを含むうまみを味わうことができる」(○) オ「日本人はふつう正月に，いろいろな高価な石が入った宝石箱であるおせちを食べる」(×) カ「日本の学校はふつう，子供たちに伝統的な食事について教えない」(×) キ「日本人はたくさんのおいしい和食を食べることができる，なぜなら胃が丈夫だからだ」(×)

★ワンポイントアドバイス★

3の和文英訳は例年に比べて容易なので，正解できるようにしておきたい。

＜理科解答＞ 《学校からの正答の発表はありません。》

1 (1) 果実 (2) ウ　2 (1) 発生 (2) エ (3) ア (4) DNA
3 (1) 堆積岩 (2) ア　4 (1) 恒星 (2) ク
5 (1) オ (2) 9(cm)　6 (1) ウ・エ (2) 0.2(A) (3) 9(V)
7 (1) イ・エ (2) カ (3) オ　8 エ

○推定配点○

1～7 各1点×18(6(1)，7(1)は各完答)　8 (1) 2点　計20点

＜理科解説＞

1 (植物の種類とその生活―被子植物と裸子植物)

重要 (1) 裸子植物のイチョウは，雄株と雌株に分かれていて，それぞれ雄花と雌花が咲くが，雌花には子房がないので，ぎんなんは種子である。一方，被子植物のサクラには子房があるので，「さくらんぼ」は果実である。

(2) 風媒花であるスギの花粉は小さくて数が多いが，虫媒花である桜の花粉はやや大きめで数は少ない。

重要 2 (生殖と遺伝―幹細胞と遺伝)

(1) 受精卵が細胞分裂を繰り返すことで胚になる。また，自分で食べ物をとることができる個体に成長する過程を発生という。

(2) 受精をする細胞である生殖細胞は減数分裂によって生じるので，染色体数が半分になる。一方，造血幹細胞は体細胞分裂を行うので，染色体の数は変わらない。

(3) ア 赤血球に含まれているヘモグロビンは肺で酸素と結びつき，組織で酸素をはなす性質がある。 イ 出血したときに血液を固めるはたらきをするのは血小板である。 ウ 体内に入った細菌などをとらえるのは白血球である。 エ 血しょうは，毛細血管からしみ出て組織液になる。

(4) 遺伝子の本体はデオキシリボ核酸(DNA)であり，二重らせん構造をしている。

3 (地層と岩石―地層と堆積岩)

重要 (1) 貝殻やサンゴなどからできた堆積岩は石灰岩である。

やや難 (2) まず,南北に離れているAとBの地点を比べる。B地点の標高はA地点よりも,240(m)−225(m)=15(m)高いので,右の図のように,A地点の柱状図をB地点の柱状図より15m下げて並べると,この地域の地層は,南北には傾きがなく,水平であることがわかる。

一方,東西に離れているAやBの地点とCの地点を比べると,右の図のようになっているので,この地域の地層は,東から西に向かって下がっていることがわかる。

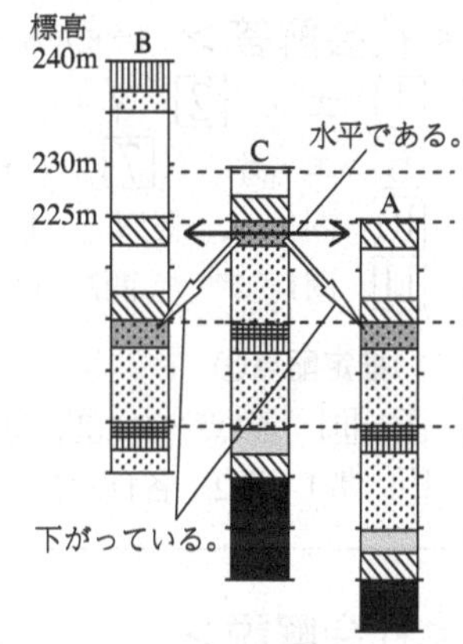

4 (地球と太陽系―恒星と月の動き)

基本 (1) 太陽も恒星である。また,恒星のまわりを回る地球のような天体を惑星といい,惑星の周りを回る月のような天体を衛星という。

重要 (2) 数日後の同じ時刻に観察したので,その間に,地球は太陽の周りを公転し,月は地球の周りを公転している。

5 (力・圧力―円柱にはたらく浮力)

(1) 金属柱が水の中に入っていくと,上向きの浮力がはたらくので,ばねにはたらく力が小さくなり,しだいにばねは短くなる。その後,金属柱がすべて水の中に入ると,浮力の大きさも一定になるので,ばねの長さは一定になる。したがって,オのグラフを選ぶ。

(2) オのグラフにおいて,円柱の深さが9cmよりも大きくなると,ばねの長さが一定になっているので,円柱の高さも9cmであることがわかる。

6 (電流と電圧―回路とオームの法則)

重要 (1) 電流計は回路に直列につなぎ,電圧計は回路に並列につなぐ。

(2) 図2において,電源の電圧が,15(Ω)×0.4(A)=6(V)なので,電熱線bに流れる電流の大きさは,$\frac{6(\mathrm{V})}{30(\Omega)}=0.2(\mathrm{A})$である。

(3) 図3において,回路全体の抵抗の大きさは,15(Ω)+30(Ω)=45(Ω)なので,電源の電圧は,45(Ω)×0.2(A)=9(V)である。

基本 7 (気体の発生とその性質―いろいろな気体)

(1) アは水素,イは酸素,ウは二酸化炭素,エは酸素,オはアンモニアが発生する。

(2) カでは,酸化マグネシウムが生じる。

(3) アンモニアは水に非常によく溶け,空気よりも軽い気体なので,上方置換法で集める。

やや難 8 (原子と分子―分子を表す化学式)

炭素原子には手が4本,酸素原子には手が2本,水素原子には手が1本あるので,C_3H_8Oの場合のみ,すべての手がつながる。

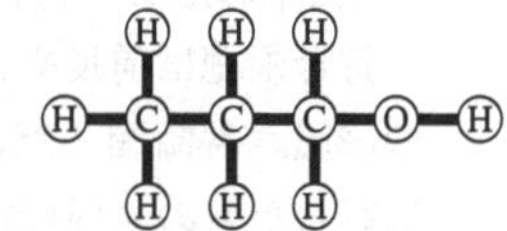

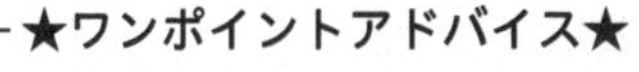

教科書に基づいた基本問題をしっかり練習しておこう。その上で,計算問題についてもしっかり練習しておこう。

<社会解答> 《学校からの正答の発表はありません。》

1 エ　2 イ・ウ　3 イ・オ　4 オ　5 (1) 宮崎(県)　(2) e
6 エ・オ　7 ア・ウ　8 ア・エ　9 ア・エ
10 問1 A 健康　B 最低限度　問2 C 最高　D 立法
11 問1 ア　問2 ウ　問3 パリ協定　問4 フェアトレード

○推定配点○
1～10 各1点×14(2, 3, 6～8各完答)
11 問1・問2 各1点×2　問3・問4 各2点×2　計20点

<社会解説>

基本 **1 (日本の地理―地形)**

金沢―盛岡間は500km以上。鳥取―神戸間は約130km, 他は100km以下。

2 (地理―世界の自然)

ナイル川の11か国を筆頭にいずれも5か国以上にわたって流れる国際河川。オンタリオ湖・スペリオル湖・ヒューロン湖はアメリカとカナダの国境付近にある五大湖の一つ。世界最高峰のエベレストは大陸の衝突で形成, ゴビ砂漠はアジア, シチリア島は地中海。

重要 **3 (地理―世界の国々)**

ヨーロッパ最大の工業国であるドイツは移民大国としても知られヨーロッパで最も移民を受け入れている国でもある。最近は移民排斥など社会問題も発生している。サンゴ礁からできている島は地下水に塩分が含まれるため飲み水には向いていない。さらに近年の温暖化によりサンゴの白化現象のほか, 海水面の上昇で水没の危機にも見舞われている。

4 (日本の地理―産業)

日本のリンゴ輸出は100億円を突破しその90%以上が青森産といわれる。日本産のリンゴは高品質で価格も高いが, 台湾やホンコンなどアジアを中心に贈答用として人気が高い。

5 (日本の地理―農業)

(1) 畜産や野菜の促成栽培が盛んな宮崎県の農業産出額は, 北海道・鹿児島・茨城・千葉に次ぐ。イは人口減少率や高齢化率が1番の秋田, ウはミカン栽培で知られる愛媛, エはコメの生産1位の新潟, オは5県の中では人口が圧倒的に多い兵庫。

(2) 愛媛は30年以上生産1位を維持していたが2000年代に入るとその座を和歌山に奪われた。しかし, 海岸沿いの傾斜地や瀬戸内の島を中心に様々な柑橘類を生産し柑橘王国として知られている。メロンは茨城・熊本, トマトは熊本・北海道, ブドウは山梨・長野, モモは山梨・福島。

6 (日本の歴史―古代～現代の文化)

狩野永徳は信長や秀吉に仕えた狩野派を代表する障壁画の画家。唐獅子図屏風は雌雄一対の獅子の屏風。谷崎潤一郎は大正・昭和の小説家。『細雪』は大阪船場の美しい四人姉妹の生活と運命を描写したもの。『乱れ髪』は与謝野晶子, 見返り美人図は菱川師宣, 方丈記は鴨長明。

やや難 **7 (日本と世界の歴史―古代～近世の政治・社会史など)**

ア　ビザンツ帝国は15世紀中ごろ1000年の歴史を閉じた。カルバンの宗教改革は16世紀前半, オランダの東インド会社は17世紀初頭。　ウ　壬申の乱は7世紀後半, 保元の乱は12世紀中ごろ, 承久の乱は13世紀前半。イはB→A→C, エはB→A→C, オはC→B→Aの順。

8 (世界の歴史—近代の政治・経済史など)

ピューリタン革命で勝利したクロムウェルの死後再び王政が復活，王と対立した議会は王を退位に追い込み，王の娘とその夫を王位に迎え無血の革命を成功させた。米価の急騰に対し富山県の漁村から発生した暴動は全国に拡大，軍隊の出動でようやく沈静化したが寺内正毅首相は責任を取って辞任した。ワシントン海軍軍縮条約では主力艦の削減に成功，男女の普通選挙は1946年に実施，孫文は「連ソ容共」を唱えて第1次国共合作を成立させた。

9 (日本と世界の歴史・公民—戦後の政治・経済史)

農地改革では不在地主の全小作地，在村地主の小作地のうち一定の面積を除いたものを強制的に買い上げた。結果，全小作地の90％弱が売り渡され地主制は解体されることとなった。1973年の第1次石油危機に対し世界経済の諸問題を討議する場としてフランスのジスカールデスタン大統領の提唱で始まったのがサミット。朝鮮戦争は北朝鮮の侵略に対しアメリカを中心とする国連軍が行った戦い，日中共同声明で国交を回復したのは田中角栄首相，第4次中東戦争では日本も戦後初のマイナス成長に突入，1950年代後半からの高度経済成長も終止符を打った。

10 (公民—憲法・政治のしくみ)

重要 問1　日本国憲法25条の生存権。人間らしい生活を営む権利である社会権を構成する柱だが，具体的権利を保障したものではなく，国の政策の指針を示すにとどまるいわゆるプログラム規定だとする考え方も存在する。しかし，高度に発達した資本主義によって生まれた現代社会の社会的・経済的弱者を保護し，実質的平等を実現するには国家の積極的な政策が避けられず，そのためにも国民は法的な権利として立法その他の措置を要求できるとする考え方が増えている。

問2　三権分立はそれぞれの機関が互いに均衡と抑制を図ることで国民の自由や権利をまもるしくみである。その意味から三権に力の上下関係はないが，国民主権の下，主権者である国民から直接選ばれたという政治的な美称と考えられる。また，国会以外の立法は原則許されず，議院や最高裁の規則制定権，内閣の政令制定権，地方公共団体の条例制定権が例外として認められる。

11 (公民—政治のしくみ・経済生活)

問1　内閣府の外局となる行政委員会。委員長及び4人の委員は首相が両院の同意を得て任命する。独立性を担保するために裁判官と同様に身分保障がなされている。

問2　欠陥商品から消費者を守るための法律。製造者は過失の有無を問わずその製品から生じた損害を賠償するという無過失責任を定めたもの。アは不当な契約から消費者を守る法，イは消費者を権利の主体とした消費者法の憲法，エは2004年に消費者基本法に改正された。

重要 問3　2015年にパリで採択，2020年以降の温暖化防止対策の新しい枠組みを決めたもの。それぞれの参加国に削減目標とそのための国内対策の実施を義務付けた。

問4　公正な取引。途上国の生産者や労働者の生活を改善することが彼らの自立につながり，あわせて環境の破壊も防げるという考え方。こうした人や社会，環境に配慮した製品を選んで消費することを「エシカル消費(倫理的消費)」という。

★ワンポイントアドバイス★

地理を学習する際には地図帳が最大のポイントである。知っているからと考えるのではなく，必ず地図帳を確認しながら学習を進める習慣をつけよう。

＜国語解答＞ 《学校からの正答の発表はありません。》

1 問1 (A) 屈曲 (B) 披露 問2 ウ 問3 Ⅰ ブレーキペダルを踏み込む深さ Ⅱ タイヤの回転にかかる摩擦力 問4 Ⅰ 関係性 Ⅱ 自由度 問5 ア 問6 エ 問7 イ

2 問1 箱根の湯本近く 問2 イ 問3 この隙間を

○推定配点○

1 問1・問3・問4 各1点×6 他 各2点×4 2 各2点×3 計20点

＜国語解説＞

1 (論説文一大意・要旨，内容吟味，文脈把握，脱文・脱語補充，漢字の読み書き)

問1 (A) 折れ曲がること。「屈」を使った熟語は，他に「屈服」「窮屈」などの熟語がある。

(B) 広く人に知らせること。「露」の他の音読みは「ロ」で，「露見」などの熟語がある。

やや難 問2 ここでの「生成」は生じさせることという意味で，「現象の生成」は現象を生じさせる，つまり，人が観察できる形として表すことができるという意味になる。それぞれの選択肢には「イチロー選手のバットスイング」とあるので，——線部(1)を含む文に重ねると，「イチロー選手のバットスイング」の設計図ができるのならば，その通りに組み立てれば，「イチロー選手のバットスイング」を「現象」として再現することは可能なのではないか？という文脈となる。この「現象」として再現するに通じるものを選ぶ。アとイは「設計図」にあたる。エは「現象」ではない。

基本 問3 ——線部(2)「機能的な関係」について，直後で「つまり，ある要素がある量だけ動けば(働けば)，それにつながる他の要素がどれだけ動くか(働くか)といった関係も規定されています」と説明している。この「関係」を「車」を用いて説明している部分を探すと，一つ後の段落に「一意な関係性とは，例えば，ブレーキペダルを踏み込む深さ(数センチメートル単位の)とタイヤの回転にかかる摩擦力の関係は，予め決められた曲線グラフで描けるというような関係性」とある。ここから，指定字数に合う語句を抜き出す。

問4 Ⅰ 説明した文の前後の文脈から，「身体」において「一意に規定されて」いないものが入る。直後の段落に「身体を構成する要素は要素還元的にほぼ解明されています……しかし，各要素の関係性はどうなっているかといえば，それは一意には規定されていません」とあり，ここから適当な(3字)の語句を抜き出す。 Ⅱ 「物体」とは異なり，「身体」の「各要素の動きや［ Ⅰ ］」には何があるのかを考える。「一方」で始まる段落に「身体各部位の動きには冗長性，つまり自由度があります」とある。「冗長性」を言い換えている語句が当てはまる。

問5 直前の「様々なモノゴトができる」に通じるのは，アの「汎用(はんよう)」。イの「こうきゅう」はある状態が永久に変わらない，ウの「ごうり」は論理的に合っている，エの「じっせん」は主義や理論を実際に自分で行うこと。

問6 ——線部(5)は，直前の文の「ひとが『物体』としての身体に意識を宿していること」について説明している。——線部(5)の「主観的な意味・解釈を生成」は，当事者である個人の意識が意味づけたり解釈したりするという意味であるから，他者である「指導者がその修正を求める」とあるエが当てはまらない。他はすべて，当事者である本人の意味・解釈によるものである。

重要 問7 「では」で始まる段落に「身体知の設計図ができるでしょうか？残念ながら答えはノーです。理由は少なくとも二つあります。」とあり，その「理由」を同じ段落で「身体の構造には，車にない『冗長性』(redundancy)がある」ことと，「身体知を」で始まる段落で「ひとが『物体』としての身体に意識を宿している」ことを挙げている。この内容を述べているイが合致する。身体知の設計図がつくれないのは，オの「身体が物体ではなく精神だから」という理由ではない。アは冒頭の段落の内容に合わない。ウの「冗長性を回避する」，エの「各部位が特化した機能をもつ」とは，本文では述べていない。

2 (古文―文脈把握)

〈口語訳〉 閑田が思い出したことがある。四五年前に聞いた，加賀のあたりでぶらぶらしていた浪士が，大鳥につかまれて空中を行くのが約四時間ばかりを経て，どこともわからない山中で，大鳥はこの浪人をつかんだまま下りて休んだ。その隙間を見て(浪士は)腰刀を抜き，(自分を)つかんでいる(大鳥の)手を切り，ついには(その大鳥を)刺し殺し，(大鳥の)片翼を切ってみると，切れ切れでも自分の身が隠れるほどに余った。やっとのことでようやく山を下りて人に会ったところ，(その人は)翼を見て大いに怖がったので，(浪士は)その詳しいいきさつを語って，それにしてもここはどこだと尋ねれば，(その人は)箱根の湯本近くだと言う。遥かな距離を，たった四時間ほどで来たとは，鳥の勢いの激しさにあらためて驚いた。さてしばらく(浪士は)その辺りに滞在し，疲れをとったあと江戸に出たところ，その翼についてそのいわれを聞き伝えて，浪士の勇敢で立派であったことが気に入られ，あちらこちらの諸大名から呼ばれたのだが，どこかへ仕えて官職に任命されたとか。たいていの人であれば，空中で気を失ってしまうところを，耐えてあのように振舞ったのは，鳥だけではなく人も世に珍しいことである。この鳥は大鷲であろう。これまでも箱根の辺りで，時々人が捕らえられたことがあったが，これのせいであったのが，この後はこの禍いは無くなったと(のことだ)。その辺りでは喜んだということだ。

基本 問1 加賀にいた浪士が「大鳥につかまれて空中を行くことふた時ばかりを経て」連れていかれた場所である。大鳥を刺し殺した後，浪人は会った人に「さてここはいづこぞ」と尋ねている。その後の答えに着目する。

やや難 問2 同じ文の「その翼につきてその所以を聞き伝へ，その勇壮を喜び」が，浪士が諸侯に召された理由にあたる。この内容を述べているのはイ。江戸へ出た後，浪士は諸侯に呼ばれているので，アの村人の証言は不自然。ウは浪士が仕官した後の出来事なので，適当ではない。エについては，本文では述べていない。

重要 問3 前の「大かたの人ならば，空中にて正気なくなりぬべき」に対して，「堪へてかくまでふるまひける」というのであるから，大鳥に捕われた時の浪士の振舞いを表した一文を抜き出す。

「大鳥この人をつかみながら下りて休みたり」の後に，「この隙間をみて腰刀を抜きて，つかみたる手を切り，つひに刺し殺し，片翼を切りてみれば，片々にてわが身隠るるほどに余れり。」と浪士の振舞いを表している。

★ワンポイントアドバイス★

空欄に当てはまる語句を抜き出す問題では，空欄の前後をよく読みあらかじめ当てはまる言葉を想定した上で本文を探そう。想定した内容を見つけたら，指定字数に合うかどうかを確認するという手順が効率的だ。

一般

2022年度
解 答 と 解 説

《2022年度の配点は解答欄に掲載してあります。》

<数学解答> 《学校からの正答の発表はありません。》

1 (問1) 4 (問2) $(x+1)(x-1)(x+2022)(x-2022)$ (問3) 3通り
(問4) $z=6,\ 7$

2 ア $\left(10,\ \frac{20}{3}\right)$ イ $-\frac{1}{3}x+10$ ウ (3, 9) エ $3\sqrt{10}$ オ 35

3 (問1) $3\sqrt{3}$ (問2) $\frac{45\sqrt{7}}{7}$

4 (問1) 2 (問2) 3 (問3) 3 (問4) $\frac{3\sqrt{2}}{2}$

5 (問1) $a=\frac{1}{2}$ (問2) D$\left(\frac{4}{3},\ \frac{16}{3}\right)$(式・考え方は解説参照)

○推定配点○

1 各6点×4 2 各4点×5 3 各8点×2 4 各5点×4
5 (問1) 8点 (問2) 12点 計100点

<数学解説>

1 (式の値, 因数分解, 数の性質, 資料の整理)

(問1) $xyz=7$, $\frac{1}{x}+\frac{1}{y}+\frac{1}{z}=\frac{yz+zx+xy}{xyz}=\frac{13}{7}$より, $xy+yz+zx=13$

$\left(1+\frac{1}{x}\right)\left(1+\frac{1}{y}\right)\left(1+\frac{1}{z}\right)=\frac{x+1}{x}\times\frac{y+1}{y}\times\frac{z+1}{z}=\frac{(x+1)(y+1)(z+1)}{xyz}=\frac{(xy+x+y+1)(z+1)}{xyz}=$
$\frac{xyz+(xy+yz+zx)+(x+y+z)+1}{xyz}=\frac{7+13+7+1}{7}=4$

(問2) $(x^2+2022)^2-4092529x^2=(x^2+2022)^2-(2023x)^2=\{(x^2+2022)+2023x\}\{(x^2+2022)-2023x\}=(x+1)(x+2022)(x-1)(x-2022)=(x+1)(x-1)(x+2022)(x-2022)$

基本 (問3) $(x+a)(x+b)=x^2+(a+b)x+ab=x^2+cx+12$ 係数を比べて, $c=a+b$…①, $ab=12$…② ②を満たす自然数a, bの値の組は$(a,\ b)=(1,\ 12)$, $(2,\ 6)$, $(3,\ 4)$, $(4,\ 3)$, $(6,\ 2)$, $(12,\ 1)$であるから, ①を満たすcの値は7, 8, 13の3通り

重要 (問4) 最高点が9点で, 得点の範囲が7点であることから, 最低点は$9-7=2$(点)であり, $x=0$
中央値が6点より, 得点の低い方から13番目が6点であり, 6点が2人いることから, 12番目が6点のとき, $z+4+1=25-13$より, $z=7$ 14番目が6点のとき, $z+4+1=25-14$より, $z=6$

重要 2 (座標平面上の図形)

$\mathrm{CE}=\frac{2}{1+2}\mathrm{CD}=\frac{2}{3}\times10=\frac{20}{3}$より, E$\left(10,\ \frac{20}{3}\right)$ 直線AEの式を$y=ax+10$とすると, 点Eを通るから, $\frac{20}{3}=10a+10$ $10a=-\frac{10}{3}$ $a=-\frac{1}{3}$ よって, $y=-\frac{1}{3}x+10$ △ADE∽△FGBより, FG:BG=AD:ED=3:1だから, 直線BFの式は$y=3x$ $y=3x$と$y=-\frac{1}{3}x+10$からyを消去

して，$3x=-\frac{1}{3}x+10$　$\frac{10}{3}x=10$　$x=3$　$y=3x$に$x=3$を代入して，$y=9$　よって，F(3，9)

$BF=\sqrt{(3-0)^2+(9-0)^2}=3\sqrt{10}$，$EF=\sqrt{(10-3)^2+\left(\frac{20}{3}-9\right)^2}=\frac{7\sqrt{10}}{3}$より，$\triangle BEF=\frac{1}{2}\times3\sqrt{10}\times\frac{7\sqrt{10}}{3}=35$

重要 **3** (平面図形)

(問1)　△OABは1辺の長さが9の正三角形だから，$\angle OBA=60°$　DからABにひいた垂線をDHとすると，△DBHは内角が30°，60°，90°の直角三角形だから，$DH:BD=\sqrt{3}:2$　$BD=\frac{1}{1+2}BC=\frac{1}{3}\times9\times2=6$より，$DH=\frac{\sqrt{3}}{2}BD=\frac{\sqrt{3}}{2}\times6=3\sqrt{3}$

(問2)　$BH=\frac{1}{2}BD=3$より，$AH=9-3=6$　よって，$AD=\sqrt{6^2+(3\sqrt{3})^2}=3\sqrt{7}$　△ADCと△BDEにおいて，$\overset{\frown}{AB}$の円周角だから，$\angle ACD=\angle BED$　対頂角だから，$\angle ADC=\angle BDE$　2組の角がそれぞれ等しいので，△ADC∽△BDE　AD：BD＝CD：ED　$ED=\frac{6\times(18-6)}{3\sqrt{7}}=\frac{24\sqrt{7}}{7}$　よって，$AE=3\sqrt{7}+\frac{24\sqrt{7}}{7}=\frac{45\sqrt{7}}{7}$

4 (空間図形)

基本 (問1)　AE//PQだから，平行線と比の定理より，PQ：AE＝GP：GA＝2：(1＋2)＝2：3　よって，$PQ=\frac{2}{3}AE=\frac{2}{3}\times3=2$

重要 (問2)　EQ：EG＝AP：AG＝1：3　$EG=\sqrt{6^2+3^2}=3\sqrt{5}$より，$EQ=\frac{1}{3}EG=\sqrt{5}$　$\angle PQE=90°$だから，$EP=\sqrt{EQ^2+PQ^2}=\sqrt{(\sqrt{5})^2+2^2}=3$

基本 (問3)　三角すいP－AEHの底面を△AEHとしたときの高さはQからEHにひいた垂線QIの長さに等しい。QI//GHより，QI：GH＝EQ：EG＝1：3　よって，$QI=\frac{1}{3}GH=\frac{1}{3}\times6=2$　したがって，三角すいP－AEHの体積は，$\frac{1}{3}\times\frac{1}{2}\times3^2\times2=3$

重要 (問4)　EI：IH＝EQ：QG＝1：2より，$IH=\frac{2}{3}EH=2$　よって，$PH=\sqrt{IH^2+QI^2+PQ^2}=\sqrt{2^2+2^2+2^2}=2\sqrt{3}$　△EHPにおいて，EからPHにひいた垂線をEJとすると，$HJ=\frac{1}{2}PH=\sqrt{3}$より，$EJ=\sqrt{3^2-(\sqrt{3})^2}=\sqrt{6}$　よって，$\triangle EHP=\frac{1}{2}\times2\sqrt{3}\times\sqrt{6}=3\sqrt{2}$　求める垂線の長さをhとすると，$\frac{1}{3}\times3\sqrt{2}\times h=3$　$h=\frac{3}{\sqrt{2}}=\frac{3\sqrt{2}}{2}$

5 (図形と関数・グラフの融合問題)

基本 (問1)　$C(x,\ y)$とすると，Bは線分ACの中点だから，$\frac{0+x}{2}=1$　$x=2$　$\frac{4+y}{2}=3$　$y=2$　よって，C(2，2)　$y=ax^2$は点Cを通るから，$2=a\times2^2$　$a=\frac{1}{2}$

重要 (問2)　点Dのx座標をtとすると，$D(t,\ 3t^2)$　AD：DE＝△CAD：△CDE＝1：2より，AD：AE＝1：3　よって，点Eのx座標は$3t$と表せる。$y=\frac{1}{2}x^2$に$x=3t$を代入して，$y=\frac{1}{2}\times(3t)^2=\frac{9}{2}t^2$

よって，$E\left(3t,\ \frac{9}{2}t^2\right)$　3点A，D，Eは一直線上にあるから，直線ADとAEの傾きは等しい。
$\frac{3t^2-4}{t-0}=\left(\frac{9}{2}t^2-4\right)\div(3t-0)$　$9t^2-12=\frac{9}{2}t^2-4$　$\frac{9}{2}t^2=8$　$t^2=\frac{16}{9}$　$t>0$より，$t=\frac{4}{3}$
よって，$D\left(\frac{4}{3},\ \frac{16}{3}\right)$

★ワンポイントアドバイス★

大問5題で，図形分野からの出題が多かった。1の(問1)・(問2)がやや考えにくかったかもしれないが，全体的に取り組みやすい内容である。

＜英語解答＞ 《学校からの正答の発表はありません。》

I　第1部　A 2　B 1　C 3　D 4　E 3　第2部　F 1　G 3　H 2　I 2　J 3

II　A イ　B ア　C エ　D ア　E ウ　F エ，カ

III　問1 ウ　問2 1 カ　2 ア　3 オ　問3 ウ　問4 ア 120　イ 12　ウ 0.29　エ 5　問5 エ　問6 エ　問7 永久凍土が溶けると氷や土に保存されていた昔のウィルスが空気中に出てきて，人や動物を病気にする可能性があるから。(55字)
問8 ウ　問9 help scientists understand how quickly the permafrost is melting.

IV　1 エ　2 ア　3 イ　4 ア

V　1 A ケ　B ク　2 C ケ　D コ　3 E キ　F ク　4 G ウ　H オ

VI　1 Learning how to cook is one of the most important things in life.
2 I hope to see you again when you come back to Japan.

○推定配点○
I 各2点×10　II 各3点×7　III 問1～問4 各2点×9　他 各3点×5
IV 各2点×4　V 各3点×4　VI 各3点×2　計100点

＜英語解説＞

I　(聞き取り・書き取り)

第1部　(全訳)

A.　A：Do you have any plans for the weekend?
B：Oh, I was just going to ask you. I'll have a party at my house on Sunday. Can you come?
A：Sure! Can I invite some of my friends, too?
1. Don't worry about my friends.
2. Of course. It will be fun.
3. It is your brother's birthday.
4. I'm afraid there will be no party.

B.　A：Can I use your car now?

B：Sure. Where are you going?
A：I'm going to the supermarket. Do you want anything?
1. Oh, wait. I'll come with you.
2. I don't want you to use my car.
3. Yes, but I have enough food.
4. No, I don't want to drive.

C. A：Have you made a name list of the new members?
B：It's almost done. Hey, do you remember a girl named Ashley? What's her last name?
A：It's Chang. Ashley Chang.
1. I don't have a name list.
2. She is not a new member.
3. How do you spell it?
4. Is that her first name?

D. A：My classmates and I are planning to go camping this weekend. Will you join us?
B：I'd love to, but I can't. We are having some guests over the weekend.
A：That sounds nice. Who's visiting you?
1. I will visit my cousin in San Francisco.
2. We are going camping with my uncle's family.
3. My grandparents came to visit us from Texas.
4. I don't know yet. Some of my parents' friends.

E. A：Have you bought a birthday present for Jane?
B：Not yet. I don't know what I should get for her… Any good idea?
A：Well, she likes reading, cooking, traveling and things like that.
1. Do you like the Harry Potter series?
2. Oh, I'm not a very good cook.
3. How about a cook book, then?
4. I bought a travel bag.

A　A：週末に何か予定がある？／B：ああ，ちょうど聞くつもりだったよ。日曜日に自宅でパーティーをするつもり。来られる？／A：もちろん！　何人か私の友達も誘っていい？
1　僕の友達のことは心配しないで。
2　もちろん。それは楽しいだろうね。
3　それは君の兄弟の誕生日だよ。
4　パーティーはないと思うよ。

B　A：今あなたの車を使ってもいい？／B：いいよ。どこへ行くの？／A：スーパーへ行くわ。何かほしいものがある？
1　ああ，待って。一緒に行くよ。
2　僕は君に僕の車を使ってほしくない。
3　うん，でも十分な食べ物があるよ。
4　いいや，僕は運転したくない。

C　A：新会員の名簿をもう作った？／B：ほとんどできているわ。ねえ，アシュリーという名前の女の子を覚えている？　彼女の苗字は何？／A：チャンだよ。アシュリー・チャン。

1　僕は名簿を持っていない。
2　彼女は新会員ではない。
3　どうやってつづるの？
4　それは彼女の名前？

D　A：クラスメートと私は今週末にキャンプに行く計画をしているんだ。あなたも参加する？／B：そうしたいけれど，できないの。週末に来客があるんだ。／A：それはいいね。誰が来るの？
1　僕はサンフランシスコのいとこを訪ねるつもりだよ。
2　おじの家族とキャンプに行くことになっているよ。
3　祖父母がテキサスから僕たちに会うために来たよ。
4　まだわからない。僕の両親の友達数名だよ。

E　A：ジェーンの誕生日プレゼントをもう買った？／B：まだだよ。彼女のために何を買うべきかわからない。何かいいアイデアある？／A：えーと，彼女は読書，料理，旅行とか，そういうものが好き。
1　君はハリーポッターシリーズが好き？
2　えー，僕はあまり料理が得意じゃない。
3　それなら料理の本はどうかな？
4　僕は旅行かばんを買った。

第2部　(全訳)

Do you like hamburgers? Probably most of you do. However, do you know when and where they were first made? Let's find out.

First, let's talk about Hamburg steak. Hamburg steak is the meat between two pieces of bread. The name Hamburg steak comes from the city of Hamburg, in Germany. In 1867, in New York, a man named James H. Salisbury made something similar to Hamburg steak, so Hamburg steak was sometimes called Salisbury steak. However, Hamburg steak didn't become popular at first because there were no machines to cut beef into small pieces. It was very hard to cut beef only with knives. In the 1870s, machines that cut meat into small pieces were invented and they were not very expensive. So, Hamburg steak became very popular. By the 1880s, Hamburg steak appeared on the menus of restaurants in the United States.

Then, when were hamburgers invented? Who put Hamburg steak between two pieces of bread first? Actually, nobody knows the answer! We don't know who made the first hamburger for sure.

How did hamburgers become so popular in the U.S.? In the late 19th century, many people worked in factories until midnight. However, restaurants and cafeterias closed in the early evening. So, people working in factories couldn't get food. Then, some smart people began to sell food on the road. They pulled wagons and served hot food for factory workers. Many kinds of food were sold, such as sausages, hot dogs, Hamburg steak and hamburgers. Hamburg steak was really popular, but it was difficult to eat Hamburg steak while they were standing up on the road. On the other hand, people could eat hamburgers like sandwiches without forks or knives. So, hamburgers became very popular. Until the 1890s, hamburgers became an everyday food for busy working Americans.

In the 20th century, many new machines to make hamburgers easily were invented. After that, hamburgers became very cheap and popular food not only in the U.S. but all over the world.

F Why does the speaker talk about the name of a German city?

G Which is true about James H. Salisbury?

H Which is true about Hamburg steak?

I Why did factory workers have to eat on the road?

J Which is true about hamburgers?

あなたはハンバーガーが好きですか。おそらくあなたがたのほとんどが好きでしょう。でも，それらがいつ，どこで最初に作られたか知っていますか。その答えを探りましょう。

まず，ハンバーグステーキについて話しましょう。ハンバーグステーキは2枚のパンの間の肉です。ハンバーグステーキという名前はドイツのハンブルグという都市が由来です。1867年，ニューヨークで，ジェームズ・H・サリスバリーという男性がハンバーグステーキに似たものを作ったので，ハンバーグステーキはサリスバリー・ステーキと呼ばれることもありました。しかしハンバーグステーキは最初あまり人気になりませんでした，なぜなら牛肉を細かく切る機械がなかったからです。牛肉を包丁だけで切るのは非常に大変でした。1870年代に肉を細かく切る機械が発明され，それらは高額ではありませんでした。そうして，ハンバーグステーキはとても人気になりました。1880年代までにハンバーグステーキはアメリカのレストランのメニューに登場しました。

では，ハンバーガーはいつ発明されたのでしょうか。最初にハンバーグステーキを2枚のパンの間に入れたのは誰ですか。実はその答えは誰も知りません。誰が最初にハンバーガーを作ったのか，はっきりとはわかりません。

ハンバーガーはどのようにしてアメリカでそんなに人気になったのでしょうか。19世紀後半には多くの人が真夜中まで工場で働きました。しかしレストランやカフェテリアは夜の早い時間に閉まりました。そのため工場で働いている人々は食べ物が手に入りませんでした。すると賢い人々が路上で食べ物を売り始めました。彼らはワゴンを引き，工場労働者たちに温かい食べ物を提供しました。ソーセージ，ホットドッグ，ハンバーグステーキやハンバーガーなど多くの種類の食べ物が売られました。ハンバーグステーキは本当に人気がありましたが，道路で立ったままでハンバーグステーキを食べることは大変でした。他方，ハンバーガーはサンドイッチのようにフォークやナイフを使わずに食べることができました。そこでハンバーガーはとても人気になりました。1890年代までにハンバーガーは忙しく働くアメリカ人にとって日常の食品になりました。

20世紀にハンバーガーを簡単に作る新しい機械が多く発明されました。その後，ハンバーガーはとても安くなり，アメリカだけでなく世界中で人気の食べ物になりました。

F なぜ話者はドイツの都市の名前について話しているのか。

1 ハンバーガーという名前がその都市に由来するから。

2 ハンバーガーがその都市で発明されたから。

3 ジェームズ・H・サリスバリーがその都市の出身だから。

4 ある特別な機械がその都市で発明されたから。

G ジェームズ・H・サリスバリーについて正しいものはどれか。

1 彼はアメリカでハンバーガーを最初に作った。

2 彼は肉を細かく切る機械を発明した。

3 彼はアメリカでハンバーグステーキに似た食べ物を作った。

4 彼はハンバーガーを非常に人気にした。

H ハンバーグステーキについて正しいものはどれか。

1 同一人物がハンバーグステーキとハンバーガーを発明した。
2 ハンバーグステーキは作るのが難しいので最初人気がなかった。
3 ハンバーガーが発明される前には，人々はハンバーグステーキをフォークやナイフを使わずに食べた。
4 ハンバーグステーキは19世紀のアメリカでソーセージのようなものだった。

I 工場労働者たちはなぜ路上で食べなくてはならなかったのか。
1 工場のカフェテリアの食べ物がおいしくなかったから。
2 多くのレストランやカフェテリアが夜遅い時間に開いていなかったから。
3 多くの工場は19世紀後半には夜の早い時間に閉まったから。
4 工場労働者たちはフォークやナイフを持っていなかったから。

J ハンバーガーについて正しいのはどれか。
1 ニューヨークの工場労働者が最初にハンバーガーを作った。
2 多くの工場労働者たちがワゴンを引いて自分の夕食用の食べ物を持ってきた。
3 20世紀には新しい機械のおかげでハンバーガーを作ることが簡単になった。
4 20世紀においてもハンバーガーは高価で，頻繁に買うことは難しかった。

Ⅱ (長文読解問題・紹介文：英問英答，内容吟味，内容一致)

(全訳)　　　　　金継ぎ

あなたはおそらく「金継ぎ」という言葉を聞いたことがないだろう。それはそれほど驚くべきことではない。金継ぎは日本語の単語だ。それは2つの日本語の単語からできている。最初の部分の「金」は「金の」という意味で，2番目の部分の「継ぎ」は修理という意味だ。その2つの単語を組み合わせると，壊れたものを美しく修理するという意味になる。ふつう何かが壊れると，もう役に立たないと感じるだろう。それを捨てて新しいものを手に入れたいと思うかもしれない。しかしそれは金継ぎの方法ではない。

金継ぎは日本でだいぶ昔に始まった。昔の日本人は壺や茶碗を愛し，美しい壺や茶碗を作る伝統があった。しかしそれらの壺や茶碗はとても繊細なので，壊れやすかった。ほとんどの所有者は壊れたものをすぐに捨て，新しいものを買った。しかし16世紀中ごろ，美しい壺，茶碗，鉢をごみとして捨てるべきではないと感じた人々がいた。彼らはそれらを修理してみるべきだと思った。この考えは当時の日本人にだんだんと広がっていった。人々は割れた陶磁器を修理し始めた。最初彼らは破片を接着剤だけで付けたが，その後，接着剤に金粉を混ぜるようになった。これはどの部分が修理されたのかはっきり見えたということだ。こうすることによって，その茶碗や壺は前に壊れていなかったと偽るのではなく，それが修理されたことを明確に示していた。彼らは，その事実を受けいれるのは構わないということを示し，また自分たちが修理することでさらに美しいものを作ることができるということを示していた。これが金継ぎの方法である。

金継ぎとは大きな考えだ。それは割れた茶碗を修理するというとても小さなことから始まったが，その同じ考えはもっと大切なことを考える際にも用いることができる。例えば，人はとても繊細なのですぐに傷つく。それは単に肉体的に骨が折れるとか体を痛めるということではない。あなたが本当に腹を立ててひどいことを言う時や，何か不親切なことをした時に，破壊が起きる。こうなると，あなたは自分の中の何か良いものがダメージを受けたように感じる。あなたは他の人があなたをもうほしくなくなるだろうと感じるかもしれない。

しかしあなたは金継ぎの方法で自分自身をいやすことができる。例えばあなたは自分がひどいことをしたら申し訳なく思い，その人に謝る。これは一種の修復だ。あなたは自分の気持ちとその人との関係を修復している。あなたはひどいことが起きたことを忘れないし，自分はそんなひどいことを言ったりやったりしていないと偽らない。同時にあなたは状況を良くして問題を解決しようと試みている。このようにしてあなたはちょうど金継ぎのように「金粉」を使って最善を尽くしている。

誰かと仲直りしたら，あなたたちの関係は以前よりも良くなる可能性がある。仲直りした後，あなたは口論が友情の終わりを意味するのでないと確信でき，友情がそれを通じて強くなることもある。例えば，あなたは時々，両親に対して腹を立てることがあるだろう。しかしもしあなたが何が問題なのか説明し，話しあって聞けば，お互いをもっと理解しあえるだろう。そうすれば両親との関係は今までよりも良くなる。私たちの気持ちは修復可能だと知ることは役に立つ。あなたが他の人の気持ちを傷つけることもあるし，彼らがあなたの気持ちを傷つけることもある。それは決して良いことではない。しかし，もしあなたが金継ぎの考え方を心にとめておけば，物事を良い方法で修復できると覚えていてほしい。

A 「金継ぎについて正しくないものは次のうちどれか」 イ「金継ぎは美しくて繊細な陶磁器を作る日本の伝統である」 第2段落参照。

B 「16世紀中ごろより以前の日本の壺や茶碗について正しいものはどれか」 ア「それらはとても繊細だったのでたやすく壊れた，そして日本人は割れた陶磁器をごみとして捨てることを気にしなかった」 don't mind ~ing は「~することを嫌だと思わない，気にしない」という意味で，「捨てることを気にしなかった」は「捨てた」と同義になる。第2段落第3，4文に同様の記述がある。

C 「金継ぎの方法では，なぜ人々は割れた陶磁器を修理するのに接着剤に金粉を入れるのか」 エ「そのようにして，割れた個所を示すことができ，割れた陶器をより美しくすることができる」

D 「下線部『金継ぎとは大きな考えだ』はどういう意味か」 ア「金継ぎの考えは人間の心の修復にも用いることができる」 下線部以降，最終段落まで，心の修復について述べられている。

E 「あなたが誰かを傷つけた時，金継ぎの方法はどのように役に立つか」 ウ「あなたの気持ちを修復し，状況を改善するのに役立つ」 最後から2番目の段落の第1文および第4文参照。

重要 F 「記事に従って，次から正しい文を2つ選びなさい」 ア「金継ぎが生まれる前，日本人は割れた陶磁器のすべての破片を使って新しい壺や茶碗を作り出した」(×) イ「割れた陶磁器を接着剤だけで修理することは金粉を使って修理するより難しい」(×) ウ「人の心は陶磁器と同じように繊細なので，人は他人の気持ちを傷つけるべきではない」(×) エ「金継ぎの方法はあなたの友情を以前よりも強くすることができる」(○) オ「親に対する気持ちは友人に対する気持ちよりも簡単に修復できる」(×) カ「たとえあなたが他人の気持ちを傷つけても，金継ぎの方法を使うことによって彼らとの関係を修復できる」(○)

Ⅲ (長文読解問題・論説文：内容吟味，語句解釈，要旨把握，指示語，語句整序，文型，間接疑問，進行形)

(全訳) 気候変動が地球の氷や氷河を溶かしていることはよく知られている。多くの場合，氷は私たちの目の前で消えかけている。しかし最近，地球の永久凍土も温まってきていることがわかり，科学者たちは現在，それが地球をさらに熱くするのではないかと危惧している。

永久凍土は一年中凍っている土の層である。それはふつう，少なくとも2年間は凍ったままだ。数千年前に最後の氷河期が終わって以来ずっと凍ったままの永久凍土もある。それは薄い土の層ではない。多くの場所で永久凍土は厚さが10メートル以上ある。永久凍土はアラスカの多くの場所や，カナダの一部，また北部の他の国々において見られる。永久凍土のある場所には生命がないと思うかもしれないが，植物はその土の上部で育つことができる，なぜなら1年の暖かい時期にはそれは凍っていないからだ。しかしその下には厚い永久凍土の層がある。

今，①この永久凍土が危機に面している。産業革命以降，地球は温暖化している。平均して，地球は1850年以降，約1℃暖かくなった。極地方，特に北極はさらに暖かくなっている。この余分な熱はだんだんと永久凍土に入っていき，それを暖める。それは永久凍土の中の氷が解けて水と土になるという意味だ。

最近，科学者たちのチームが永久凍土の温度について調査した。彼らは北アメリカ，ヨーロッパ，アジア，南極で，小さく深い穴から集めた土を使った。これらの穴は他のチームによって何年も前に様々な研究のために開けられた。表面近くの永久凍土の温度は季節とともに変化するが，深さ10メートルでは1年中同じである。②彼らは120か所以上の穴から地下10メートルの土を集め，2007年から2016年までその温度を調べた。40か所の穴の土では，永久凍土の温度はこの期間ほとんど同じだった。12か所の穴では，永久凍土が少し冷えた。しかし71か所の穴では，永久凍土の温度が大きく上昇した。北アメリカの北部では，永久凍土の温度が平均して0.23℃上昇した。北アジアでは，凍った土壌の温度が0.33℃上昇した。山岳地方では，永久凍土の温度は0.19℃上昇した。世界中で，地球の永久凍土の温度は平均して0.29℃上昇した。これはあまり温暖化しているように聞こえないかもしれないが，温度が少し上がっただけで永久凍土が溶け始めるかもしれない。5か所の穴では，土壌の温度が0℃以上に上昇した。これらの場所では永久凍土が溶け始めた。

溶けだした永久凍土は③様々な問題を引き起こす可能性がある。アラスカでは多くの北部の村が永久凍土の上に建てられている。永久凍土は凍っている時はコンクリートより硬い。しかし溶けだした永久凍土は家，道路，橋，その他の建物を壊すかもしれない。湖，川，森も影響を受ける。例えば，森の下の永久凍土が溶けてしまったので，多くの木が倒れる。永久凍土が溶けて海に入り込んだため海岸線がだんだんと破壊されている地域もある。

他にも溶けだした永久凍土によって起こされる深刻な問題がある。永久凍土の内部には大昔に枯れてしまった植物がある。それらの植物が生きていた時には，現在の植物と同じように，空気中から炭素を吸収した。永久凍土が凍っている時はそれらの枯れた植物は自然分解できない。しかし永久凍土が溶けて酸素が届くようになると，それらは分解し始める。この過程で，炭素は強力な温室効果ガスである，二酸化炭素またはメタンとして空気中に入る。④これが地球をさらに暖かくし，将来さらに多くの永久凍土を溶かす可能性がある。もう1つの問題は，⑤永久凍土に保存されていた昔の微生物やウィルスだ。永久凍土が溶けると氷や土にあったウィルスが出てきて人や動物を病気にする可能性がある。科学者たちはすでに溶けた永久凍土の中から40万年以上も昔の微生物を発見した。

科学者たちはこれらの危険のため，地球の永久凍土を詳細に観測して調べている。科学者たちは，地上からは調べにくい永久凍土を広範囲で見るため，宇宙から観測衛星を利用している。⑥米国航空宇宙局(NASA)の地球観測衛星(SMAP)は土壌の水分について情報を収集するため地球の周りをまわる。それは地球の表面のあらゆる場所の土壌の水分量を計測する。また，それは土壌の中の水分が凍っているか，または溶けているかがわかる。⑦SMAPの仕事は，永久凍土がどれくらいの速さで溶けているのかを，科学者が理解するのを助けてくれるだろう。

問1　ウ「永久凍土は北の地域にあり，そこに生命は発見されない」(×)　第2段落第7文参照。

重要 問2 「地球の温度は産業革命以来(1)上昇している。永久凍土は余分な熱によって(2)暖められ，永久凍土内の氷が(3)溶け始めて水と土になった」

問3　下線部②の直前の文参照。ウ「地下10メートルの永久凍土の温度は1年中同じである」

重要 問4 「科学者たちは(ア)120か所以上の穴から永久凍土の温度を10年間調べた。永久凍土の温度は多くの場所の穴で上昇したが，(イ)12か所の穴では少し下がったとわかった。平均して世界中の永久凍土の温度は約(ウ)0.29℃上昇している。それはそれほど温暖化していないと思うかもしれないが，ほんの少しの温度の上昇が永久凍土を溶かすかもしれない。また，(エ)5か所の穴では永久凍土が溶け始めたとわかった」 第4段落参照。

問5 エ「溶けだした永久凍土が海に落ちるので海岸線の形が変わってしまった」 下線部③を含む段落の最終文参照。

問6 エ「炭素は永久凍土内の枯れた植物の中に保存されていたが，永久凍土が溶けてその植物が自然分解し始めると，空気中に出ていく」 下線部④を含む段落の第2～6文参照。

問7 下線部⑤の直後の文の内容をまとめる。

問8 ウ「それは永久凍土内の水分を調査するために地球の周りをまわる」 下線部⑥の直後の部分参照。

重要 問9 〈help ＋人＋動詞の原形〉「(人)が～するのを助ける」「永久凍土がどれくらいの速さで溶けているのか」は間接疑問〈疑問詞＋主語＋動詞〉の語順で表す。

Ⅳ (語句補充・選択：比較，前置詞，文型，熟語)

1 「この数学のテストはとても難しかったのでほとんどの生徒が良い点を取れなかった」〈few ＋複数名詞〉「ほとんど～ない」

2 「ケンはクラスメート全員の中で最も速く走る」〈最上級＋ of all ＋複数名詞〉「～の中で最も…」

3 「兄はCDを買ってそれを私に送ってくれた」〈send ＋代名詞＋ to ＋人〉「(もの)を(人)に送る」

4 「あなたは何をするのが得意ですか」 be good at ～ing「～するのが得意だ」

重要 **Ⅴ (語句整序：分詞，不定詞，熟語，現在完了，受動態)**

1 The homework given by my teacher is to write an essay in English. The homework「宿題」の後ろに形容詞的用法の過去分詞句 given by my teacher「私の先生によって与えられた」を置く。「英語でエッセイを書くこと」は不定詞の名詞的用法で to write an essay in English とする。

2 It has been a long time since the Olympic Games were held (in Tokyo.) It has been a long time since ～「～からずいぶん時間がたっている」 be held「開催される」(受動態)

3 (I) asked the person next to me which train to take (to go to Shinjuku.) 〈ask ＋人＋疑問詞句〉「(人)に～について質問する」〈which ＋名詞＋ to ＋動詞の原形〉「どの(名詞)を～するべきか」

4 (All) the workers in the factory want their products to be more popular around the world. 〈all the ＋複数名詞〉「すべての～」〈want ＋目的語＋ to ＋動詞の原形〉「－に～してほしいと思う」

重要 **Ⅵ (和文英訳：動名詞，不定詞，比較，助動詞，接続詞)**

1 主語の「料理の仕方を学ぶこと」は動名詞を使って Learning how to cook とする。〈how to ＋動詞の原形〉「～する方法，～の仕方」〈one of the ＋最上級＋複数名詞〉「最も…な－のうちの1つ」 in life「人生において」

2 〈hope to ＋動詞の原形〉「～することを望む」「～する時に」は接続詞 when を用いる。come back to ～「～へ戻る」

★ワンポイントアドバイス★

Ⅲの長文読解は，日本の伝統工芸技術「金継ぎ」の考え方を使うと人間関係もよりよく修復できる，という文章。この独特の考え方が読み取れるかどうかが最大のポイントである。

<国語解答> 《学校からの正答の発表はありません。》

〔問題一〕 (a) さまた(げ)　(b) 侵(す)　(c) 収奪　(d) 途端　(e) 悲壮
(f) 輪郭　(g) 登用　(h) せっそく

〔問題二〕 問1 エ　問2 オ

〔問題三〕 問1 D　問2 賞賛する　嘲る　問3 Ⅰ 是　Ⅱ 非　問4 エ・オ

〔問題四〕 (例) 人々の関心を集める象徴種には，保護のための資金が集まりやすい。しかし，知名度の低い多くの種は絶滅の危機に直面したままである。つまり，絶滅危惧種の保護のためには，象徴種以外の種にも目を向ける必要がある。(100字)

〔問題五〕 問1 オ　問2 イ　問3 Ⅰ 個人　Ⅱ 家族や地域，職場　問4 エ
問5 (例)「世間」からの排除を怖れる(感情)　問6 エ・カ
問7 Ⅰ 自己承認　Ⅱ 自分の感情に近い　Ⅲ 「他人」を攻撃する
問8 ウ

○推定配点○
〔問題一〕 各2点×8　〔問題二〕 各5点×2　〔問題三〕 各5点×4(問2～問4各完答)
〔問題四〕 18点　〔問題五〕 各4点×9(問6・問7各完答)　計100点

<国語解説>

〔問題一〕 (漢字の読み書き)

(a) 音読みは「ボウ」で，「妨害」などの熟語がある。 (b) 直前に「基本的人権」とあるので，他人の権利をそこなうという意味の「侵す」に改める。「冒す」「犯す」という同訓異字と区別する。 (c) 奪い取ること。「奪」の訓読みは「うば(う)」。 (d) ある事が行われたその瞬間。「端」の訓読みは「はし」「は」「はた」。 (e) 悲しさの中にも雄々しく立派なところがあること。「壮」を使った熟語には，他に「壮絶」「壮観」などがある。 (f) 物の周囲をふちどっている線。「郭」を使った熟語には，他に「外郭」「城郭」などがある。 (g) 人を高い地位に引き上げて用いること。 (h) 仕事は早いができがよくないこと。「拙」の訓読みは「つたな(い)」。

〔問題二〕 (説明文―大意・要旨，内容吟味)

問1 それぞれの選択肢と図表を照合する。有権者3は，金融政策の面でB党を支持していたが，他の外交政策と原発政策でA党を支持していたため，A党に投票した。その結果，金融政策の面では有権者3が支持をしているB党の政策が施行されなかったので，「支持する金融政策が施行されることになった」とあるエは誤っている。

問2 新聞記事は「市販の冷凍食品や加工品，総菜を活用すること」をすすめており，それによって，「たんぱく質……カルシウムと，両方の栄養素が摂取できる」「食物繊維やカルシウムとともにエネルギーも摂取できる」としている。さらに，「また」で始まる段落に「調理のちょっとした工夫」とあり，それによって「かむ力が弱くなった人」や高齢者の「食が進みやすくなる」と

している。「かむ力が弱くなった人」や高齢者に，食事に関する工夫を提案しているので，この内容を述べているオが適切。アの「コンビニの活用法」，イの「環境の整え方」，エの「栄養成分表示に注目すること」を提案しているわけではない。高齢者が「市販の冷凍食品や加工品を使うことに罪悪感を持つ」というウの内容は，述べていない。

〔問題三〕 (古文―内容吟味，文脈把握，脱文・脱語補充)

〈口語訳〉 ある人が質問して言うには，「元和の初年の頃のこととか，甲州武田家の武士浪人となって，町に家を借りて住んでいて，(再び)名門の家へ仕えることを求める者がいたが，年を取っても望みを遂げられない。貧窮に陥って餓死したそうです。(その浪人の)死後に鎧が入っていた箱を開けて見ると，お金が百両封をして軍用金という書き付けがある。武具や馬具も保管してあったということだ。この浪人を批評して，ある人が言うには，餓死するにいたっても武具や馬具を売らず，軍用金さえ使わずにおいてあったのは，真の武士だと賞賛する人もいる。ある人はその浪人は大変な愚か者だ，困窮しているならば軍用金で米を買って食べ，餓死しないで待てばよい主人を得ることもあるだろうに，お金を持ちながら餓死したのは愚か者でなくて何であろうかとばかにして笑う人もいる。この両説のどちらを正しいとし，どちらを誤りとする，いかが(お考えでしょうか)。」答えて言うには，私が両説の是非を論ずるまでもない。その浪人は武田勝頼が戦死した時に討ち死にせず生き延びただけでなく，また別の主君に仕えようと求めたのは，不忠不義の者である。不忠不義である以上他のことは批評するまでもないことだ。

問1 ——線部(1)「ある問ひて曰く」に対して，「答へて曰く」とある。この「答へて曰く」の前までが，ある人が質問した内容にあたる。ある人は，主君に仕えようと軍用金を蓄えたまま餓死した浪人が「真の武士」なのか「大愚人」なのかを質問している。

問2 主君に仕えようと軍用金を蓄えたまま餓死した浪人が「真の武士」なのか，「大愚人」なのかが「両説」にあたる。「この浪人を評して」とある後の二ヵ所の「或は」に着目する。一つ目の「或は」の後「真の武士なりと賞賛する人もあり」，二つ目の「或は」の後「その浪人は大愚人なり……愚人にあらずして何ぞやと嘲る人もあり」から，動詞をそれぞれ抜き出す。

問3 空欄Ⅰ・Ⅱを含む文は，浪人が「真の武士」なのか「大愚人」なのかという「両説」のどちらが正しく，どちらが正しくないのかを尋ねている。正しいと正しくないという意味を表す漢字一字を探す。直後の文の「両説の是非」という語に着目する。

重要 問4 「不忠不義」は，忠義にそむき人として守るべき道に外れているという意味。同じ文の「かの浪人武田勝頼戦死の時討ち死にせず存命したるのみならず，二君に仕へんことを求めし」が，浪人が「不忠不義」と評されてしまった理由にあたる。「武田勝頼戦死の時討ち死にせず存命した」ことを意味するエと，「二君に仕へんことを求めし」ことを意味するオを選ぶ。最終文「不忠不義なる上はほかのことは評するに及ばざりけり」とあるので，アイウは理由とならない。

〔問題四〕 (説明文―大意・要旨)

文章は，「絶滅危惧種」の保護に関して述べるものである。条件②の書き出しをヒントに，それぞれの段落の内容をあてはめる。冒頭の段落と「『象徴種』というのは」で始まる段落では，絶滅危惧種の保護のためのポスターでは人々の関心を集める「象徴種」が使われることが多く，「象徴種」には保護のための資金が集まりやすいことが書かれており，この内容を一文目とする。「一方で」で始まる段落では，「知名度の低い種」は実態が知られず「絶滅の危機に直面している」とあり，この内容を「しかし」で始める二文目とする。最終段落の「象徴種以外の種にも目を向け，ルールや手立てを講じて保護を検討する」という結論部分を，「つまり」で始める三文目とする。

〔問題五〕 (論説文―内容吟味，文脈把握)

問1 ——線部(1)「コロナ禍の第一波をあたかも日本社会が乗り越えたかのように見えた」と同じ

内容を，直前の段落で「第一波では欧米ほどには感染者は増えなかった。」と述べている。その後に「そのいくつかある要因の一つとして，圧倒的に強いヨコからの同調圧力は無視できない」と「日本社会の事情」を説明している。この「ヨコからの同調圧力」に通じるものを選ぶ。アの「謙虚で勤勉な国民性」，イの「国民の創意工夫」，ウの「悲観的な考え方」，エの「心の距離が遠い」とは，本文で言及していない。

やや難 問2　直後の「『restraint』する『self』が，必ずしも自分自身とは言えないのが日本の『自粛』だからだ」「『自粛』という言葉の奇妙さには，日本社会における……『個人』の非在という歴史性が埋め込まれている」が意味するところを読み解く。「self-restraint」が「自分自身」，つまり「個人」によるものであるのに対して，日本の「自粛」には「個人」がないという点において，「うまく表現していない」としている。この内容を述べているイを選ぶ。アの「自粛には……『社会』の意思が関係している」が適切ではない。「社会」を「世間」とすれば適当。ウの「『自己』の権利と『社会』の権利が同等」，エの「日本人の『自尊心の弱さ』」，オの個人と政府との関係については，本文からは読み取れない。

問3　Ⅰ　説明した文の前後の文脈から，「社会」が「前提としている」ものを探す。同じ段落の「『社会society』という概念は，『それぞれの個人の尊厳が少なくとも原則として認められているところでしか本来の意味を持たない』」や，「『社会』と異なり，個人を前提とせず」に着目して，「社会」が「前提としている」存在を抜き出す。　Ⅱ　「世間」は，どう「いった集団を基盤としている」のかを探す。同じ段落の「『世間』は，家族や地域，職場での日常的な営みやコミュニケーションのなかに実効的な観念として常に作動しており」に着目して，適切な(8字)の語句を抜き出す。

問4　直前の「日本にはそのような『世間』が積層しており，人々はそれぞれ『身内』のなかで『世間』のイメージを抱いている。そのイメージの同質性が高いので，それらが積分されていったところに」は，「身内」のなかで抱いている「世間」のイメージが積み重なって「世間」となっているといっている。この「積層」や「積分」，積み重なったイメージを「厚みを持つ」と言い換えて説明しているエが適当。アの「生活を共にする人々以外の集団を『世間』として」や，ウの「『外』にある『世間』を排除すべき」は，この内容に合わない。イの「暗黙の了解が通じるか通じないか」，オの「『世間』を西洋における神のような位置に据える」とは，本文では述べていない。

問5　——線部(5)「極度に強い同調圧力の根底にある感情なのだ」の主語は，同じ文の「こうした恐怖」。どのような「恐怖」なのかを，直前の文の「『世間』から排除されることを極度に怖れるのである」から読み取って，指定字数に合うように「～感情」に続くように簡潔にまとめる。

問6　——線部(6)「社会の底に空いてしまった穴」は，同じ文の「人びとの自己承認への渇望や不安」を喩えて表現しており，同じ段落の前半で人々が自己承認への渇望や不安を感じる理由を述べている。「『職場＝身内』感覚が崩れ始め」を「同じ職場で働く人々の……お互いに身内であるという感覚が失われ」と言い換えているカが，一つ目の理由として適当。また，「ムラやイエの感覚は失われていたので……『世間』と言ってもその実体的な基盤はすでに脆弱になって」を「社会の基盤を構成していた血縁や地縁が希薄になるにつれて」と言い換えているエが，二つ目の理由になる。

重要 問7　「加担」は，味方になって力をかすこと。Ⅰの前後の文脈から，「世間」が満たしていたのは，人々のどのような欲求かを考える。同じ段落の「世間」という基盤が脆弱になったことによって「自己承認への渇望」が起こったという内容から，Ⅰに適切なのは「自己承認」。Ⅱには，人々が「ネット上」で，どのように「感じる他者を探している」のかが入る。直前の「人々はソーシャル・メディアでのやりとりに……自分の感覚に近いと思える発言に『いいね！』を押して」に着目し，ここから適切な(8字)の語句を抜き出す。Ⅲの前後の文脈から，人々が「『世間』を信用してもいなければ，自分の身を明かすことも」せず「『世間』に身をひそめながら」，何をしているのかを読み取る。「第二に」で始まる段落に「日本人は，概してネット上の関係を信用してもおらず，自分の実名を明かすことも少ないのだが」と同様の内容を述べており，その後に「ネットのなかの『世間』の常識から外れる『他人』を攻撃する」とある。ここから，適切な(9字)の語句を抜き出す。

やや難 問8　直後の文で「日本では……他のアジア諸国と比べても弱い仕方でしか社会の『風通しを良くする』仕組みが発達しなかった」と説明を加えている。他のアジア諸国では，どのような仕組みが発達したのかを探すと，同じ段落に「国家の垂直的な力とは異なる水平的な仕組みが発達しており，それが幾分か社会の『風通し』を良くしてきた」とある。ここから，日本では「国家の目に見える強制権力」が弱いので，人々が団結する「水平的な仕組み」がなかったためだとわかる。したがって，国家の権力を意識することがないままに依存しているウが最も適当。「水平的な仕組み」は，アの「国家の権力に敢然と対抗できる」ものではない。イの「私たちを拘束する関係性が身近に存在している」や，エの「国家の権力を絶対的なものとして受け入れる」，オの「国家の権力に従属する」は，「日本社会」の現状にそぐわない。

★ワンポイントアドバイス★

記述式の問題では，簡潔にまとめる力をつけておくことが大切だ。本文中の言葉を用いるだけではなく，内容を読みとったあと，自分の言葉で表現し直すような練習を重ねよう。

帰国生

2022年度

解答と解説

《2022年度の配点は解答欄に掲載してあります。》

＜数学解答＞《学校からの正答の発表はありません。》

1 $-\sqrt{6}$　2 $-(x-6)(x+6)$　3 (問1) 1：10　(問2) 7：25

4 (問1) 30°　(問2) $\frac{2}{3}\pi+\sqrt{3}$　5 $\frac{3}{8}$

6 (問1) $a=\frac{1}{4}$　(問2) $t=-4$　(問3) $b=-10$　(問4) $\frac{32}{3}$

○推定配点○

1 6点　2 6点　3 各4点×2　4 各4点×2　5 6点　6 各4点×4

計50点

＜数学解説＞

基本 1 (平方根の計算)

$\sqrt{3}(\sqrt{2}-\sqrt{6})-\sqrt{48}\div\sqrt{2}+\frac{6}{\sqrt{2}}=\sqrt{6}-3\sqrt{2}-\sqrt{24}+\frac{6\sqrt{2}}{\sqrt{2}\times\sqrt{2}}=\sqrt{6}-3\sqrt{2}-2\sqrt{6}+3\sqrt{2}=-\sqrt{6}$

基本 2 (因数分解)

$2(x-6)^2-3(x-6)(x-2)=(x-6)\{2(x-6)-3(x-2)\}=(x-6)(2x-12-3x+6)=(x-6)(-x-6)=-(x-6)(x+6)$

重要 3 (平面図形―面積比)

(問1) 高さの等しい三角形の面積比は底辺の比に等しいから，△CED：△CAD＝CE：CA＝1：(1＋1)＝1：2　△CAD：△ABC＝CD：CB＝1：(1＋4)＝1：5　よって，△CED：△ABC＝$\frac{1}{2}$△CAD：5△CAD＝1：10

(問2) △AFE：△ABE＝AF：AB＝3：(3＋2)＝3：5　△ABE：△ABC＝AE：AC＝1：2　よって，△AFE：△ABC＝$\frac{3}{5}$△ABE：2△ABE＝3：10　△BDF：△BCF＝BD：BC＝4：5　△BCF：△ABC＝BF：BA＝2：5　よって，△BDF：△ABC＝$\frac{4}{5}$△BCF：$\frac{5}{2}$△BCF＝8：25　したがって，△DEF：△ABC＝$\left(1-\frac{1}{10}-\frac{3}{10}-\frac{8}{25}\right)$：1＝$\frac{7}{25}$：1＝7：25

4 (平面図形)

基本 (問1) △AOEにおいて，∠AEO＝90°，OA：OE＝2：1だから，∠AOE＝60°　$\overset{\frown}{\mathrm{AD}}$に対する円周角だから，∠ABD＝$\frac{1}{2}$∠AOE＝30°

重要 (問2) AE：OA＝$\sqrt{3}$：2より，AE＝$\frac{\sqrt{3}}{2}$OA＝$\frac{\sqrt{3}}{2}\times2=\sqrt{3}$　OからBDにひいた垂線をOHとすると，△OAE≡△OBH≡△ODH　よって，求める図形の面積は，おうぎ形OADの面積と△OAEの2倍の面積の和に等しいから，$\pi\times2^2\times\frac{60}{360}+\frac{1}{2}\times1\times\sqrt{3}\times2=\frac{2}{3}\pi+\sqrt{3}$

基本 5 (確率)

4枚のカードから3枚のカードのひき方の総数は，4×3×2＝24(通り)　1の数字の書かれた箱に1の数字の書かれたカードを入れるとき，2と3の数字の書かれた箱に入れるカードの数字の組み合わせは，(2の箱，3の箱)＝(3，2)，(3，4)，(4，2)の3通りあり，2の数字の書かれた箱に2の数字の書かれたカードを入れるときも3の数字の書かれた箱に3の数字の書かれたカードを入れるときも3通りずつあるから，求める確率は，$\frac{3\times3}{24}=\frac{3}{8}$

基本 6 (図形と関数・グラフの融合問題)

(問1)　$y=ax^2$はA(6，9)を通るから，$9=a\times6^2$　　$a=\frac{1}{4}$

(問2)　B(t，4)は$y=\frac{1}{4}x^2$上の点だから，$4=\frac{1}{4}t^2$　　$t^2=16$　　$t<0$より，$t=-4$

(問3)　直線ABの式を$y=mx+n$とすると，2点A，Bを通るから，$9=6m+n$，$4=-4m+n$　　この連立方程式を解いて，$m=\frac{1}{2}$，$n=6$　　$y=\frac{1}{2}x+6$に$x=-2$を代入して，$y=5$　　よって，C(−2，5)　　$y=\frac{b}{x}$は点Cを通るから，$5=-\frac{b}{2}$　　$b=-10$

(問4)　$y=-\frac{10}{x}$に$x=6$を代入して，$y=-\frac{5}{3}$　　よって，$D\left(6,\ -\frac{5}{3}\right)$より，$AD=9-\left(-\frac{5}{3}\right)=\frac{32}{3}$

$\triangle BCD=\triangle ABD-\triangle ACD=\frac{1}{2}\times\frac{32}{3}\times\{6-(-4)\}-\frac{1}{2}\times\frac{32}{3}\times\{6-(-2)\}=\frac{32}{3}$

★ワンポイントアドバイス★

昨年と同様に大問が6題，小問数11題という出題構成であった。取り組みやすい内容の出題である。ミスのないように慎重に解こう。

＜英語解答＞ 《学校からの正答の発表はありません。》

Ⅰ　問1　ア　　問2　ウ　　問3　ウ　　問4　The prize was given to the student who received the highest marks in the department of medicine　　問5　マリアのプレゼンテーションが素晴らしく，皆に賞賛されたことが誇らしかったから。(39語)
問6　beads, cards　　問7　ウ　　問8　エ，カ，ケ

Ⅱ　①　There are a lot of legends about the origin, but no one [nobody] knows how and when coffee was found.　②　his goats became very active and didn't want to sleep at night after they ate some red berries from a tree.　③　Another monk whom Kaldi gave the berries didn't believe the story and threw them into the fire.

○推定配点○

Ⅰ　問1～問3・問6・問7　各3点×5(問6完答)　　他　各4点×5　　Ⅱ　各5点×3　　計50点

<英語解説>

I (長文読解問題・伝記:英問英答,内容吟味,語句整序,受動態,関係代名詞,比較,語句解釈,内容一致)

(大意) マリア・モンテッソーリは1870年にイタリアで生まれた。マリアは読書が好きで,両親はマリアが良い教師になるだろうと思った。マリアは数学と科学にとても興味があり,エンジニアになりたかったが,父親はそれを望まなかった。当時,教師と看護師だけが女性にとって良い職業だと考えられていた。13歳の時にマリアはエンジニアになるために技術学校に入学した。/彼女はその技術学校でとてもよくできる生徒で,その学校を卒業後,レオナルド・ダ・ヴィンチ技術学校に入学した。この学校を卒業する時までに,彼女は将来の職業について気持ちを変えた。彼女は医師になりたいと思ったので,父親はますます怒った。当時,イタリアには女性の医師がおらず,彼女は女性だという理由で大学から拒否された。しかし彼女はあきらめず,ローマ教皇に会いに行き,大学へ入学させてほしいと頼んだ。教皇のおかげでマリアは入学を許され,1890年に医学を学び始め,イタリアで初めて医学を学んだ女性となった。/大学で彼女は苦労した。男子学生は女性が同じ校内にいることを喜ばなかった。彼女が優秀な学生で高得点を得たことがさらに男子を怒らせた。彼女は遺体の解剖をする時に男子学生と同室にいることを許可されなかったので,授業が終わった後に1人で解剖した。/困難な状況の中,彼女は熱心に勉強し,1894年に1000リラの賞を得た。①その賞は,医学部で最も優秀な成績を修めた生徒に毎年与えられた。卒業前に医学部の学生全員がプレゼンテーションをしなければならなかった。誰もが彼女のプレゼンテーションを素晴らしいと思い,彼女の父親もそれを誇らしく感じ,②自分の考えを改め,その後,娘のキャリアを応援した。/マリアは優秀だったので卒業前に精神病院で働き始めた。マリアは精神に障害のある子供たちが食べ物だけを与えられ,部屋に閉じ込められていることにショックを受けた。マリアは彼らには③触って感じるものが必要だと思い,彼らに数を数えるためのビーズを与え,アルファベットを覚えるためのカードを作った。彼らはこれらの活動を通じて学び,読み書きができるようになった。/この経験からマリアは教育に興味を持ち,自分の方法が「普通の」子供にも良いと考えた。1907年,彼女は「子供の家」という幼稚園のようなものを開いた。マリアはたくさんの穴が開いた木の板や木製のキューブを子供たちに与え,これらの活動が子供たちの能力を改善した。マリアは自分の方法について多くの本や記事を書き,世界中で講義をした。「子供の家」の様式は多くの国に広がった。今までに多くの学校や幼稚園が彼女の方法に従い,世界中の多くの子供たちが能力を伸ばしている。

問1 「幼いころのマリアについて正しいのはどれか」 ア「数学と科学が好きでエンジニアになることに興味があった」

問2 「マリアの父親について正しいのはどれか」 ウ「彼はマリアが医学を勉強し医師になることを望まなかった」

問3 「なぜマリアは大学で苦労したのか」 ウ「マリアは授業後,同級生が周りにいない時に裸の遺体の解剖をしなくてはならなかった」

やや難 問4 受動態〈be動詞+過去分詞〉で The prize was given to the student「その賞は生徒に与えられた」とし,主格の関係代名詞 who を用いて「医学部で最も優秀な成績を修めた」の部分を who received the highest marks in the department of medicine「医学部で最も高い評点を受けた」と表す。

やや難 問5 下線部②の直前の2文参照。マリアのプレゼンテーションが素晴らしく,皆に賞賛されている様子を見て,父親は娘の強い意志と努力を実感し,娘の医師としてのキャリアを応援することにした。

重要 問6 下線部③の直後の文から beads「ビーズ」と cards「カード」を抜き出す。または最終段落から board「板」と cubes「キューブ(立方体のもの)」を抜き出しても良いだろう。

問7 ウ「『子供の家』は多くの国に作られた」 最終段落の最後から2つ目の文参照。

やや難 問8 ア「マリアの両親は，娘は読書が好きなので本を書くべきだと思った」(×) イ「その技術学校はマリアが優秀な学生だったので多額のお金を与えた」(×) ウ「マリアはローマ教皇に会いに行った，なぜなら教皇に彼女のキャリアについて自分の父親と話してほしいと思ったからだ(×) エ「大学の男子学生たちはマリアが自分たちよりも成績が良いことが不満だった」(○) オ「マリアは優秀な学生だったので卒業前にプレゼンテーションをするよう選ばれた」(×) カ「マリアが大学生だった時，彼女はすでに他の医師を手伝うため病院で働いていた」(○) キ「マリアの方法は精神に障害のある子供には役立たなかったが，普通の子供には良かった」(×) ク「マリアは『子供の家』を作った，なぜなら教師になることが子供の頃からの夢だったからだ」(×) ケ「マリアの教授方法はイタリアだけでなく他の多くの国でも用いられている」(○)

重要 Ⅱ (和文英訳：構文，間接疑問，受動態，不定詞，接続詞，前置詞，関係代名詞，熟語)

(大意) 「コーヒーの歴史」 コーヒーは世界中でとても人気がある。①その起源については多くの伝説があるが，どのように，また，いつコーヒーが発見されたのかは誰も知らない。最も一般的な起源説によると，紀元700年エチオピアで，カルディが，②ある木から赤い実を食べた後，彼のヤギがとても活発になって，夜に眠りたがらなくなったことに気づいた時に，コーヒーを発見した。カルディは自分の発見を地元の僧侶に報告した。その僧侶はその赤い実で飲み物を作り，それを飲むと長時間目がさえていることに気づいた。③カルディがその実を分けてあげた別の僧侶は，その話を信じずに，その実を火の中に投げ捨ててしまった。その結果，素晴らしい香りがして，世界初のローストコーヒーになった。

① 「～がある」は〈There are ＋複数名詞〉で表す。no one knows「誰も知らない」の後に間接疑問〈疑問詞＋主語＋動詞〉で「どのように，また，いつコーヒーが発見されたか」を続ける。

② 「彼のヤギはとても活発になって，夜に眠りたがらなくなってしまった」の部分を先に述べ，その後ろに「ある木から赤い実を食べた後」と置く。after の後は動名詞 eating を置くか，they ate と〈主語＋動詞〉を続ける。「彼のヤギ」は第2段落最終文を参照し，his goats と複数形にする。また「赤い実」は下線部②の次の文を参照し red berries とする。

③ 別の僧侶は another monk とし，目的格の関係代名詞を使って「カルディがその実を分けてあげた」が後ろから修飾する形にする。「分けてあげた」は give「与える」の過去形 gave でよいだろう。「その話を信じずに」は「その話を信じなかった，そして」と訳せばよい。throw ～ into …「～を…に放り込む，投げ入れる」

★ワンポイントアドバイス★

Ⅰの長文は，モンテッソーリ教育法の開発者である，イタリアの医学博士・幼児教育者のマリア・モンテッソーリの伝記。

＜国語解答＞ 《学校からの正答の発表はありません。》

1 問1 (A) 培養 (B) 精度 (C) 陣地 問2 (エ)・(オ)
問3 Ⅰ 偶然の産物 Ⅱ 良し悪しを判断する 問4 ア 問5 ウ 問6 イ

2 (例) 私たちはこれまで特別な防災用グッズを備蓄してきた。しかし，日常的な使用頻度が低い防災グッズを備蓄するのは面倒だ。つまり，日常時にも非日常時にも役に立つ「備えない」防災を世の中に広げる必要がある。(96字)

○推定配点○
1 問1 各2点×3 他 各4点×6(問3完答) 2 20点 計50点

＜国語解説＞

1 (論説文―内容吟味，文脈把握，漢字の読み書き)

問1 (A) 細菌や細胞などを人工的に育てること。「培」の訓読みは「つちか(う)」。 (B) 精密さの度合い。「精」の他の音読みは「ショウ」で，「精進」「不精」などの熟語がある。 (C) 戦いに備えて軍を配置してある場所。「陣」を使った熟語は，他に「陣頭」「円陣」などがある。

問2 ――線部(1)「価値判断」というのであるから，価値を判断して選別する作業を選ぶ。――線部(1)「価値判断」を含む「最後の価値判断」は，一つ前の文の「使い物になるものを選別する仕事は，人間がすることになります」とある(オ)が該当する。さらに，人間の「価値判断」が必要なものを探すと，冒頭の段落に「ここで最初の選択が行われたはずです」とあり，この「最初の選択」に，(エ)の「素材として語，語句を与える必要があります」が該当する。他の波線部(ア)(イ)(ウ)(カ)は，人間の「価値判断」を必要としていない。

問3 直後の文の「創造のプロセスは，生み出すこととその結果の良し悪しを判断することの二拍子で構成されます」から，この俳句をコンピューターが作ったと言えない理由を読み取る。創造には「生み出す」ことが必要であるが，[Ⅰ]の前後の文脈から，「コンピューターが作った俳句」は何に過ぎないのかを，指定字数をヒントに探す。同じ段落の「生み出すことは一種の提案であり，それが偶然の産物であっても構いません」から，適当な語句を抜き出す。「創造」は，その結果である「偶然の産物」の「良し悪しを判断することの二拍子で構成され」るというのであるから，[Ⅱ]に当てはまる語句をここから抜き出す。

やや難 問4 ――線部(3)の「反論」は，直後の「自動車の自動運転や，チェス，将棋，さらには囲碁のコンピューター対決など……コンピューターにも判断ができているではないか」というものである。この「コンピューターにも判断ができる」という「反論」に対する筆者の「反論」を述べている部分を探す。同じ段落で「いまのコンピューターなら……俳句の文法にのっとった語句の並びを作ることができる」と述べる一方，「『よさ』の判断についても，コンピューターは学習できるでしょうか」と問いかけている。直後の段落の「人間がプログラムすることを考えても，文法はプログラムすることはできますが，『よさ』をプログラムすることは絶望的です」という説明からも，コンピューターが学習できる範囲は俳句のフォーマットや文法に限られているという筆者の「反論」が読み取れる。この内容を述べているアが最も適当。この筆者の「反論」に，イの「『俳句の文法』を抽出することはできない」，エの「コンピューターが俳句の『よさ』を統計的に処理することは得意」は適当ではない。「『よさ』をプログラムすることは絶望的」に，ウの内容はそぐわない。

問5 「『よさ』をプログラムすること」が「絶望的」であることを説明するために，直後の段落で「車の自動運転」の例を挙げ，最終段落で「俳句」の例を挙げている。「俳句」の例を挙げて説明している最終段落の「句のよさとは何でしょう。宇宙感覚をたたえた芭蕉，官能的な蕪村，諧謔的な軽みの一茶の句をまとめて『よさ』とはこうだ，と言えるでしょうか。ことばで規定できなければ，コンピューターに指令を与えることはできませんし，コンピューターの自力学習もその『よさ』にたどり着くことは極度に困難です」に着目する。この内容から，「『よさ』をプログラムすること」が「絶望的」なのは，言葉で「よさ」を定義づけることは不可能だからというウの理由が読み取れる。アの「複雑だから」，イの「高尚だから」という理由ではない。エは，本文では述べていない。

重要 問6 「この俳句は」で始まる段落に「偶然による発見はセレンディピティと呼ばれ，その重要性が注目されるようになっています。しかし，それが重要なものとなるのは，発見に意味と価値を認めるひとの判断があってのこと」とはあるが，イにあるように「現在のコンピューターにおいても欠かせない」とは述べていない。したがって，合致しないものはイ。「冒頭の段落の「悪くない作もありました……作品の主題のまとまりを考え，それに適合するような単語を与えたものと思います」にアが合致する。「ただちに」で始まる段落の「セイドを上げるなら，相当によい句を生み出すことができそうです」にウが合致する。最終段落の「藝術作品を作ることが難しいのは，仕事の目的が決まっていないから」にエが合致する。最終段落の「後から来た俳人は，新しい『よさ』をつくり出します……これはコンピューターにはできないこと」にオが合致する。

2 (説明文—大意・要旨)

文章は，日常時にも非常時にも役に立つという意味の「フェーズフリー」という概念とともに，新しい防災を提案するものである。それぞれの形式段落の内容を把握した後，三文にそれぞれの段落の内容をあてはめる。冒頭の段落では，私たちは特別な防災グッズを備蓄するように努めていたことを述べている。「ところが」で始まる段落では，特別な防災グッズを集めることは面倒だと述べている。「このような現状」で始まる段落では，「普段から便利に使え，防災にも役立つものが注目されている」という新しい流れがあることを述べ，その後の「例えば」で始まる段落と「I市の」で始まる段落で，例を挙げて説明している。最終段落では「フェーズフリー」という新しい概念を提示し，「フェーズフリー」の概念を用いた「備えない」防災が求められていることを述べている。以上の内容から，冒頭の段落の内容を一文目とし，「ところが」で始まる段落を「しかし」で始まる二文目に，最終段落で述べている筆者の主張を結論部分とし，「つまり」で始める三文目とする。「例えば」で始まる段落や「I市の」で始まる段落の例や，「フェーズフリー」という用語の説明を入れようとすると，百字以内という指定におさめることは難しくなる。

★ワンポイントアドバイス★

要約の問題で指定字数におさめるためには，「普段使わない」や「特別な」などのように，意味が重なっている言葉がないかをチェックしよう。

大切なことはメモしておこうネ！

2021年度

★★★★★★★★★★★★★★★★★★★★★★★★★★

入　試　問　題

2021年度

中央大学杉並高等学校入試問題（一般）

【数　学】（50分）　<満点：100点>

【注意】 定規，コンパス等の作図道具および計算機の使用は禁止です。

1 次の問に答えなさい。

（問１）$(x+2)(y+2)=(x-2)(y-2)$ のとき $(2x+\sqrt{5})(2y+\sqrt{5})+4x^2$ の値を求めなさい。

（問２）２次方程式 $(x+2)(x-2)=(x+2)^2+(x+2)(x-3)$ を解きなさい。

（問３）図のように，正五角形ABCDEがあり，頂点B，Cを通る直線をそれぞれℓ，mとし，$\ell \parallel m$とします。直線ℓと線分AE，直線mと線分DEの交点をそれぞれ点F，Gとし，直線m上に点C，G，Hの順となるように点Hをとります。∠FBC＝80°であるとき，∠EGHの大きさを求めなさい。

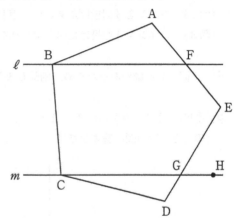

（問４）図のように，平行四辺形ABCDの対角線BD上に点Pをとり，直線APと辺BCとの交点をR，直線APと辺DCの延長線との交点をQとします。PR＝QRのとき，（APの長さ）＝（QRの長さ）×xを満たすxの値を求めなさい。

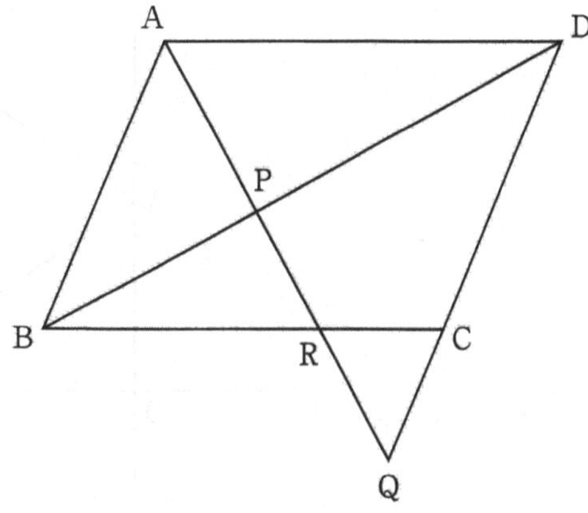

2 濃度10％の食塩水10kgを入れた容器に，次の操作A，Bをします。

操作A：x kgをくんで，同量の水を戻す。
操作B：$2x$ kgをくんで，同量の水を戻す。

いま，操作Aののち，操作Bを行ったら，食塩水の濃度は2.8％になりました。

このとき，次の問に答えなさい。

（問１）操作Aの直後に，容器に残っている食塩の量をxの式で表しなさい。

（問２）xの値を求めなさい。

3 図のように，正五角形ABCDEの頂点Aの位置に点Pがあります。いま，コイン１枚を投げて，表裏の出方によって，点Pは次のように動くものとします。

表が出たら時計回りに２つ進む（例：A→D）
裏が出たら反時計回りに１つ進む（例：A→B）

このとき，次の問に答えなさい。

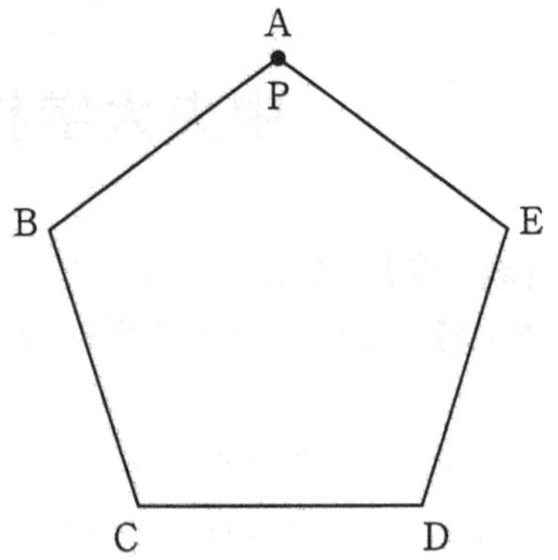

（問１） コインを３回投げたあとに，点Pが頂点Cにある確率を求めなさい。

（問２） コインを３回投げたあとに，点Pがいられない頂点はどれか答えなさい。

（問３） コインを４回投げたあとに，（問２）でたずねた点に点Pがある確率を求めなさい。

4 ※問題に不備があったため，削除しました。

5 図のように，点A（０，２），B（３，０），C（４，１），D（３，４）があります。このとき，次の問に答えなさい。

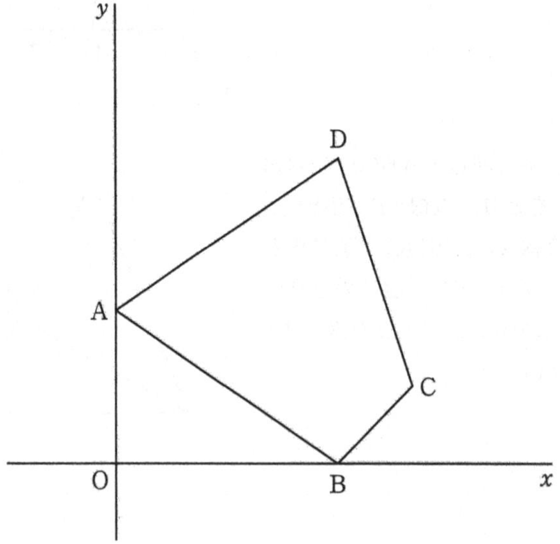

（問１） 直線ACの式を求めなさい。（答えのみ解答）

（問２） 点Bを通り，ACに平行な直線と直線CDの交点の座標を求めなさい。（答えのみ解答）

（問３） 点Aを通り，四角形ABCDの面積を二等分する直線の式を求めなさい。（式や考え方も書きなさい。）

【英　語】（50分）　＜満点：100点＞　※リスニングテストの音声は弊社HPにアクセスの上，音声データをダウンロードしてご利用ください。

I　リスニングテスト

第１部　英語の短い対話を聞き，それに続く対応として最も適切なものを１～４から一つ選び，番号を答えなさい。次の問題に進むまでに５秒の休止が設けられています。対話を聞くのはそれぞれ一度だけです。問題はA，B，C，D，Eの五題です。

A. １. It was difficult to hit the ball with the new bat.
　２. I really wanted to play that game.
　３. I thought so, too, but I had pain in my shoulder.
　４. It was very bad to see you there.

B. １. I know that Amy doesn't wear a ring.
　２. So this is Amy's ring.
　３. Then, who gave a diamond to Amy?
　４. Oh. then this is not hers.

C. １. There's something wrong with my father.
　２. My father likes his new car very much.
　３. I saw a car accident over there.
　４. It's in the repair shop.

D. １. It is exactly the same price as yours.
　２. It is on the desk next to my bed.
　３. Of course, it is made in England.
　４. I bought it on the Internet.

E. １. Not so early. It took only 10 minutes to make this.
　２. Not so early. It didn't take long for you to bring this.
　３. Yes, I did. It took 10 minutes to eat my breakfast.
　４. Yes, I did. It didn't take long for my mother to cook it.

第２部　放送で流れる英文とその内容に関する五つの質問を聞き，その質問に対する答えとして，最も適切なものを１～４から一つ選び，番号で答えなさい。聞きながらメモを取ってもかまいません。各質問の後には７秒の休止が設けられています。英文と質問は二度放送されます。

F. １. Both small children and older people can enjoy it.
　２. Hiking is too easy to try.
　３. We should prepare something special.
　４. Only happy people can go hiking.

G. １. You need to run fast every day.
　２. You need to walk 15 kilometers a day.
　３. You need to exercise in the mountains.
　４. You need to use stairs, not elevators.

H. 1. You can use a windbreaker when it is hot.
   2. Comfortable clothes and shoes are important.
   3. The weather on the mountains changes quickly.
   4. Some pairs of socks are useful when you get hurt.

I. 1. To drink water from the river
   2. To write a guidebook about birds
   3. To pick some fruits from the trees
   4. To carry enough water

J. 1. To walk on the right side
   2. To stop and take a rest often
   3. To keep looking at the map
   4. To take photographs of the views

Ⅱ 次の英文を読み，A～Fの質問に対する最も適切な答えを選び，記号で答えなさい。
（*のついた語句には本文の最後に注があります。）

Education and business are very closely connected to each other. At the beginning of the twenty-first century, education and business leaders began thinking about what skills students need to succeed in today's workplace. One thing is clear: twenty-first-century skills are very different from those in the past.

Today, researchers believe that in order to be successful in the workplace, most students need digital skills. Students with digital skills can do three things. First, they can find information, such as *textual data, videos, and audio files, from different sources. Next, they know how to check these sources to make sure the information is correct. Finally, students are able to use various kinds of technology tools and software programs to share their information with others.

Excellent communication is also important for the twenty-first century. Good communication includes many skills. People must be able to talk or write about their ideas for others to understand clearly. In addition, people need to get along with others in a group. In most businesses, groups of people must *collaborate to solve problems and think of new ideas. Also, good communication includes the skill to work with people from different cultures. So, speaking a second language is a real advantage.

Twenty-first-century skills also include *critical thinking. Critical thinking is important to solve problems in creative ways and change plans when something does not work. *Curiosity is necessary for critical thinking. Critical thinkers ask questions about the world around them. They ask "Why?" and "Why not?" Many schools are trying to develop the students' critical thinking skills.

How do people use these twenty-first-century skills in their work? Let's take a look at the following example. A few years ago, three friends were talking about the problems of sending videos by e-mail. Video files were very large, so when they tried to send a video, it took a very long time. Then, they had an idea—"Why don't we design a website to send videos easily? People can share their videos with anyone, anywhere." This idea was the beginning of YouTube—one of today's most popular websites. Chad Hurley, Steve Chen, and Jawed Karim, the three friends, started the website in February 2005. By next summer, YouTube was the fastest growing site on the Internet. In October 2006, they sold YouTube to another big Internet company, Google, for $1.6 billion.

Hurley, Chen, and Karim used twenty-first-century skills to start YouTube. All three had strong *academic backgrounds and digital skills. When they found a problem, they worked well together and solved it by thinking creatively. When they needed money, they explained their ideas clearly and asked their supporters to *invest. They also understood that great ideas need to be global, so they designed a website for people all over the world.

Are schools around the world teaching twenty-first-century skills? There are big differences across the world in teaching digital skills. In some parts of Africa, South East Asia, and Latin America, many schools do not have access to technology. On the other hand, about 35 percent of the world's Internet users are in just two countries, the United States and China. This difference in access to technology is called the "digital divide." Because of the digital divide, not all countries are able to teach digital skills.

Most countries are also *focusing on communication skills—especially teaching second languages. Students across the world learn English because it is an International language. European countries begin to teach English in elementary school, and in China, children start studying English in kindergarten at the age of four. So, each year thousands of students travel to English-speaking countries and improve their English. This shows that many countries are successful in teaching a second language. However, English-speaking countries are not doing so well in teaching a second language. Only about 15 percent of Americans speak a language *other than English well. In Europe, on the other hand, more than half of the population speaks a second language well.

Not all schools are good at teaching critical thinking. *Standardized tests are common around the world, and many education experts believe that *rote learning still has a strong influence on most schools. This is partly because it is easier to test rote learning than critical thinking. If most countries continue to use standardized tests, teachers will continue to focus on rote learning more than critical thinking.

Now, business and education leaders believe that it is important for schools to teach twenty-first-century skills. They believe that these skills improve people's personal lives and the economies of nations. So, both education and business need to change with the quickly changing world.

注）textual data：文字データ　collaborate：協力する　critical thinking：批評的思考
curiosity：好奇心　academic：学問的な　invest：投資する
focus(ing) on ～：～を重点的に取り扱う　other than ～：～以外の
standardized test(s)：(客観性のある）標準テスト　rote learning：暗記学習

A．What can students do if they have digital skills?
ア They can share their information with others by using some technology tools.
イ They can choose the best information on audio files from only one source.
ウ They can be the most successful movie director by watching various movies.
エ They can make different sources to check their digital skills.

B．Which is NOT true about twenty-first-century skills?
ア Digital skills mean finding, checking, and showing information to others by using technology tools.
イ Speaking a second language is one of the twenty-first-century skills because a person often works with people from different countries.
ウ In today's global economy, critical thinking means working well with foreign people when something does not work.
エ Most critical thinkers are interested in many things and ask questions about the world around them.

C．Why did Hurley, Chen, and Karim make YouTube—one of today's most popular websites?
ア It's because they wanted to send videos easily by making a website.
イ It's because they wanted to sell a website to a successful company for making money.
ウ It's because they needed to borrow money from supporters by designing a website.
エ It's because they needed to show their strong digital skills to people all over the world.

D．What does the "digital divide" mean?
ア It means the number of Internet users is increasing around the world, especially in Asia and Africa.
イ It means there is a big difference in access to technology across the world and not everyone can learn digital skills.
ウ It means every country has its own way of thinking about teaching digital skills.
エ It means the influence of the United States and China in teaching digital, skills at school.

E．Which is true about second languages?

ア．In both European countries and China, people begin to study English before entering elementary school.

イ．The number of Americans speaking a second language is smaller than that of Europeans.

ウ．The United States is successful in teaching second languages because a lot of people come to study English from other countries.

エ．More than half of the population in Europe speaks at least three foreign languages.

F．本文の内容に合っているものをア～カから二つ選び，記号で答えなさい。

ア Google asked Hurley, Chen, and Karim to design a website because they had strong academic backgrounds and digital skills.

イ 35 percent of people in the world don't have access to technology because of the digital divide.

ウ The United States is doing well in teaching second languages, so most Americans speak a language other than English.

エ Most countries use standardized tests because to test rote learning is easier than to test critical thinking.

オ Business and education leaders believe both critical thinking and rote learning are important for education.

カ Business and education leaders say both the economies of nations and people's personal lives will be improved if we have twenty-first-century skills.

Ⅲ 次の英文を読み，設問に答えなさい。

（*のついた語句には本文の最後に注があります。）

The Mississippi River is not the longest river in the United States. The Missouri River is longer. But many people think the Mississippi is very important. Why is that? Let's look at the story of the great river and find the answers.

Many Americans think the left side of the Mississippi is Western America, because the river flows through the center of the North American Continent. Eastern America is on the right side of this river. The Mississippi begins from Lake Itasca in Minnesota, one of northern states of the U.S. A drop of water in Lake Itasca will take about ninety days to go to *the Gulf of Mexico, the end of the Mississippi. Lake Itasca is the narrowest part of the river. From the Mississippi to *Twin Cities in Minnesota State, big boats can't go on the river because it is *shallow and there are some waterfalls. After Twin Cities, because the iver becomes wide, big boats can carry a lot of people or things from big cities like Saint Louis, Memphis, and New Orleans. New Orleans is in Louisiana, one of the most southern states in the U.S. After more than three thousand kilometers, the Mississippi River reaches the Gulf of Mexico.

① The name "Mississippi" comes from a Native American language. *The Ojibwa people called the river "Misi-ziibi." It means "great river" or "gathering of water." So, some European people began to call the river "Mississippi." From the beginning of the 18th century, European people began to come and live along the Mississippi. Then, small towns appeared and they became bigger cities. People in those cities started to carry things on the river. They wanted to sell and buy goods, such as *furs, flour, coffee, and so on. They used *rafts and small boats. It was very easy to go down the river. However, it was hard ② to move rafts and boats up the river. People had to use long poles to push against the bottom of the river to go up the river. Or, they had to pull the boats from the *riverbank with strong ropes.

It took about nine months to go to New Orleans from Minnesota and come back by boat. However, in 1807, ③【 with / a steamboat / Robert Fulton / a steam engine / invented / named / a man 】. Then, it took only about forty days to go up and down the whole Mississippi River! The steamboats could carry a lot of people and things at the same time. On the lower *deck, there were vegetables, flour, cows, pigs, and so on. Poor people also stayed on the lower deck. They had to bring their own food to eat on the boat and sleep with other people, animals and things. On the other hand, rich people spent their time very differently. They could stay in beautiful rooms on the upper deck. They were served delicious food and drinks in fine dining rooms. ④ These places were called "*floating palaces."

These rich people wanted ⑤ some entertainment, because the travel was so long. They enjoyed listening to blues. Blues was the street music created by African-Americans in the southern part of the U.S. Some people liked *gambling with cards. Often, there were some professional gamblers on those boats and they got a lot of money from the rich people. Steamboat race gambling was also popular. People *bet their money on their boat. If their boat reached the next city first, they got some money. So, people on the boat asked the captain to go faster. However, it was very dangerous. To speed up their boats, captains had to add a lot of fuel to the engine. If they put too much fuel in the engine, the engine would *explode. By 1900, safer engines were invented, so this kind of accident never happens today.

The Mississippi River has rich nature. For example, sixty percent of the birds in North America fly North and South along the river when the seasons change. Over two hundred kinds of fish swim in the river. There are also river *otters, *muskrats, and some *endangered animals such as Louisiana black bears and green sea turtles. However, the Mississippi River was seriously polluted in the middle of the 20th century. Cities along the Mississippi River grew larger and larger. Many factories were built. They threw away waste and chemicals into the river. Farmers used *pesticides to grow good flour and vegetables. Because of ⑥ these things, many forests and animals died. There was a place called the "dead zone" in the Gulf of Mexico. In the "dead zone" many fish and plants died because there was not enough oxygen. Many people began to worry about the pollution. In 1970, the Environmental Protection Agency was made by the U.S. government and it has helped to reduce the pollution since then.

There is still some pollution along the Mississippi River. We must continue to work hard to make the great river as beautiful as it was many years ago.

注） the Gulf of Mexico：メキシコ湾
Twin Cities：ミネソタ州の州都の通称，セント・ポールとミネアポリスの二つの都市から成る
shallow：浅い　The Ojibwa people：オジブワ族（アメリカ先住民の一部族）
fur(s)：毛皮　raft(s)：いかだ　riverbank：川岸，土手　deck：甲板
floating：浮かんでいる　gambling：ギャンブル・賭け事　bet：賭ける　explode：爆発する
otter(s)：カワウソ　muskrat(s)：ジャコウネズミ　endangered：絶滅が危惧される
pesticide(s)：殺虫剤

問1　ミシシッピ川の特徴について，最も適切なものをア～エから一つ選び，記号で答えなさい。

ア　The Mississippi starts from New Orleans and reaches Lake Itasca.

イ　A drop of water takes about three months to get to the Gulf of Mexico from Lake Itasca.

ウ　You can't use big boats after Twin Cities in Minnesota because there are a lot of waterfalls.

エ　A boat takes about ninety days to get to the end of the Mississippi from its beginning.

問2　下線部①に関して，最も適切なものをア～エから一つ選び，記号で答えなさい。

ア　The name of the people living along the Mississippi means "great river."

イ　"Misi-ziibi" means "gathering of water" in some European countries.

ウ　A long time ago, some people called the river "great river" in their language.

エ　Some Native American people began to call the river "Misi-ziibi" from the 18th century.

問3　下線部②の具体的な方法として正しいものをア～エから一つ選び，記号で答えなさい。

ア　いかだやボートの上から長い棒で川岸を押す

イ　川岸からいかだやボートを強く押す

ウ　いかだやボートの上から川底を長い棒で押す

エ　いかだやボートを川底から強いロープで引く

問4　下線部③が「ロバート・フルトンという男が，蒸気エンジンがついた蒸気船を発明した。」という意味になるように，【　】内の語（句）を並べ替えなさい。

問５　下線部④の理由を40字以上50字以内の日本語で説明しなさい。（句読点を含む）

<下書き用>

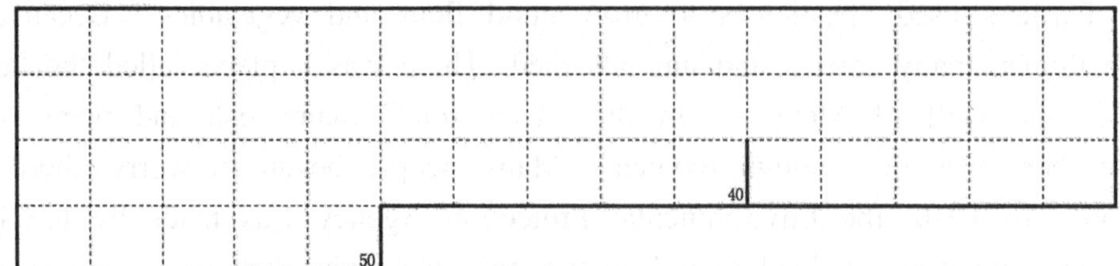

問６　下線部⑤の例として，ふさわしくないものをア～エから一つ選び，記号で答えなさい。

ア　Rich people got a lot of money from professional gamblers on the boat.

イ　Rich people asked the captains of their steamboat to go faster to win the money.

ウ　Rich people listened to the music created by some people in the southern part of the U.S.

エ　Rich people enjoyed playing cards and betting money.

問７　下線部⑥の具体例を表す英語一語を本文中から三つ抜き出しなさい。

問８　本文の内容と合っているものをア～ケの中から三つ選び，記号で答えなさい。

ア　The Mississippi River is famous and important because it is the longest river in the United States.

イ　People in the U.S. think the Mississippi River separates the eastern America and the western America.

ウ　Many goods like furs and flour were carried by steamboats on the Mississippi River in the 18th century.

エ　Before steamboats were invented, it took about 9 months to go to New Orleans from Lake Itaska and come back.

オ　On steamboats, a poor person was given his or her own room, but it was small and dirty.

カ　In the 20th century, no steamboats were running on the Mississippi because the sometimes exploded.

キ　Along the Mississippi, we can see not only many kinds of fish but also wild animals and birds.

ク　A lot of fish couldn't live in the "dead zone" because there wasn't enough oxygen.

ケ　After the Environmental Protection Agency was made, we don't see any pollution in the Mississippi River.

Ⅳ　空欄に入る最も適切なものをそれぞれあとのア～エから一つ選び，記号で答えなさい。

1．"I don't have Henry's e-mail address."
"(　　　)"

ア Me, neither　イ Me, too　ウ I don't, neither　エ I don't, too

2．Look at the sun (　　) above the horizon.

ア raised　イ raising　ウ rising　エ is rising

3．"How would you like your coffee?"

"(　　)"

ア I didn't like it　イ I often drink coffee

ウ Yes, I'd like to　エ With milk, please

4．My father has two brothers. One is a pilot and (　　) is a science teacher.

ア other　イ another　ウ the another　エ the other

V 日本語の意味を表す英文になるように下の語（句）を並べ替え，（A）～（H）に入る語（句）の記号を答えなさい。ただし，文頭に来る語（句）も小文字で書かれています。

1．食事をする前に，手を洗うことが何よりも重要だ。

(A)(　)(　)(　)(B)(　)(　)(　)(　) meals.

ア important　イ your hands　ウ you　エ than　オ nothing

カ more　キ washing　ク eat　ケ before　コ is

2．あなたは年にどのくらいニューヨークに住んでいるお姉さんの所へ行きますか。

(　)(　)(C)(　)(　)(　)(D)(　)(　) every year?

ア do　イ living　ウ visit　エ often　オ in

カ how　キ New York　ク you　ケ your sister

3．私は兄が帰ってきたらすぐに，この問題について聞いてみるつもりだ。

I (　)(　)(　)(E)(　)(　)(　)(　)(　)(　)(F)(　).

ア he　イ as　ウ back　エ this question　オ comes

カ ask　キ my brother　ク soon　ケ about　コ will　サ as

4．その問題の解き方を習ったのを覚えている生徒はほとんどいなかった。

(G)(　)(　)(　)(H)(　)(　)(　).

ア solve　イ how　ウ students　エ the problem　オ few

カ learning　キ to　ク remembered

VI 次の日本文を英文にしなさい。

1．私達はお互いに知り合って８年以上になります。

2．彼女が何を怖がっているのか誰も知りません。

で精一杯であるということ

ウ　「哲学者」は流行にだまされないようにしているが、「哲学者」に「絶対に正しいこと」は分からないということ

エ　人間の本性はわれわれ自身をだましつつ、世の中を発展させていくものなのだということ

オ　「不可知論」は、誰も真理を知りうることはできないと定義づけられるということ

問7　――線部⑦「皮肉の効いた「経済社会」」とありますが、それはどのような「社会」ですか。その説明として最も適当なものを次の中から選び、記号で答えなさい。

ア　各人が好き勝手に振る舞うことによって、結果的に人々を縛り付ける道徳的規範ができあがってしまう社会

イ　一見「自由」に行動しているように思えるものの、実際のところ人々が神の意思によって動かされてしまっている社会

ウ　人々が「自由」であることで流行にだまされてしまうにもかかわらず、その行動が道徳的規範や経済的発展の実現に繋がっていく社会

エ　道徳的規範は「神」に頼らず人によって実現できるはずであったにもかかわらず、結局のところ「神の見えざる手」によって道徳的規範が実現されてしまう社会

オ　道徳的規範や経済的発展は、各人にとって必ずしもいい結果をもたらすわけではないのにもかかわらず、全体的にみると規範や発展を求める方向へ動いていく社会

問8　次のア～オの選択肢のうち、本文の内容と合致しないものを一つ選び、記号で答えなさい。

ア　他者の感情に共感すること自体が快楽なのは、キリスト教が人々の生活の中に色濃く残っているためである。

イ　人は他者の感情に共感しようとするだけでなく、他者からの共感を得るために行動しようとする。

ウ　スミスが唱える「公平な観察者」とは、品行方正な人のことではなく、多くの共感を求め、偏りのないものの見方をしようとする人物のことである。

エ　どのような行動が人間にとって具体的に道徳的であるのかをスミスが語らないのは、道徳的規範がどのようにして形成されるのかを議論しているからである。

オ　スミスの道徳論は、人間を流行にだまされる存在として捉えているが、その前提にあるのは絶対に正しいことなど誰にも分からないという「不可知論」である。

で、人は進んで他者に認められるようなことをしようとするから

イ　苦しみであっても、他者の感情に共感することは快楽を得られる行為なので、人は進んで他者の苦しみを引き受けようとするから

ウ　「道徳的な振る舞い」をすることが他者から共感され快楽を得られる方法なので、人は進んで「道徳的な振る舞い」をしようとするから

エ　「公平な観察者」になることは他者からの共感を得られ、その共感は快楽を伴うものなので、人は進んで他者に対して公平に接しようと心がけるようになるから

オ　自らの快楽を求めることは本来恥ずかしいことなので、その快楽が他者の共感を得られるよう、人は進んで自分が「道徳的」であるかのように行動しようとするから

問3　――線部⑶「いい／悪いがどうやって決まるかという話をしている」とありますが、「いい／悪い」がどのように決まるかについて次のように説明しました。空欄に当てはまる語句を、本文中からそれぞれ抜き出しなさい。（記号は一字と数える。）

何がいい行いで何が悪い行いであるかという「［Ⅰ（5字）］が有効に機能するためには、［Ⅱ（13字）］が重要なのであり［Ⅲ（4字）］であるか否かは必ずしも「道徳」の問題とは結びつかないのである。

問4　――線部⑷「スミスの理論」とありますが、⑥段落までの「スミスの理論」の説明として、適当でないものを次の中から選び、記号で答えなさい。

ア　スミスの話は、キリスト教に頼らずにどのようにして道徳を語りうるかという系譜の中にある。

イ　スミスの話は、共感することそれ自体が快楽であると論じたところに特徴がある。

ウ　スミスの話は、具体的にどのようなことがいい行為なのかを決めないところに特色がある。

エ　スミスの話は、「公平な観察者」の立場など人間は目指すことができないと論じたところに面白みがある。

オ　スミスの話は、机上の空論ではなく、現実世界にも一定程度当てはまるところに興味深さがある。

問5　――線部⑸「道徳論と経済学の繋がり」とありますが、その「繋がり」を次のように説明しました。空欄に当てはまる語句を、本文中からそれぞれ抜き出しなさい。（記号は一字と数える。）

経済学では、みんなもやっているからという理由で、多くの人が同じ行動を取り、そのことが［Ⅰ（4字）］の土台を作るというように考えられている。それと同様、スミスの道徳論においても、［Ⅱ（6字）］でみんなが正しいと思っているようなものであったとしても、それは「道徳」として成り立つのである。どちらも結局のところ［Ⅱ］に［Ⅲ（12字）］という点において一致しているのである。

問6　――線部⑹「欺瞞論によって支えられている」とありますが、スミスは「欺瞞論」において何を主張しようとしているのですか。最も適当なものを次の中から選び、記号で答えなさい。

ア　善悪の基準は流行に左右されるため、絶対的なものではありえないということ

イ　人間は流行にだまされながら、自分がよかれと思うことをするの

ているというのが興味深い点です。しかも十分にひねりが効いていることには、この⑸道徳論と経済学の繋（つな）がりは「みんなそうやってだまされている」という⑹欺瞞（ぎまん）論によって支えられているのです。「ビッグ・ウェーブ」には乗ることが「正義」だし、それが経済発展の基礎にもなっている。だけど、結局のところそれって「みんなだまされている」ということなのだけどね、とスミスはいっているのです。これはどういうことでしょうか。

8 アダム・スミスによれば、流行に左右される善悪の基準は絶対ではありえません。そもそも絶対に正しいなんてことは誰にもいえないのだとスミスはいいます。人間というのは時々の流行にだまされながら、その都度その都度、自分がよかれと思うことをするので精一杯だというわけです。「哲学者」（スミスは悪い意味で使っています）は、だまされないように流行の外に立とうとしますが、だからといって彼に「絶対に正しいこと」が分かるわけでもないだろう、と。社会における善悪が実際に「流行」で決まっているとするならば、人間にできるのはそれにだまされることでしかないのではないか。むしろ、人がそうやってだまされることで、社会は実際に発展するし「道徳」も一応は成立する。人間の本性はそうしてわれわれ自身をだましつつ、世の中を発展させていくものなのだというのがスミスの議論だったのです。そこでも、誰も真理は知りえないという「不可知論」がこの議論の前提になっていることが分かります。真理を探究する「哲学者」などいらないというわけです。

9 ※1経済学の原理として有名な「見えざる手」という言葉は、この欺瞞論の文脈で出てきます。各人は「自由」であり、好き勝手に振る舞いますが、それで社会がバラバラになるわけではない。人々はまさに「自由」であることで、自らの快楽を求めて流行にだまされます。それは必ずしも各人にとっていい結果をもたらすものではないものの、社会全体で見ると「神の見えざる手」が働いているかのように、道徳的規範と経済的発展を実現するとスミスはいっていたのでした。これ以上ないくらい⑺皮肉の効いた「経済社会」の描写を、経済学の創始者と呼ばれる人が示しているというのが面白いと思いませんか。

（荒谷大輔『資本主義に出口はあるか』より）

※1　経済学の原理として有名な「見えざる手」…「神の見えざる手」とも。人間が自由に好き勝手な経済活動を行っても、まるで神様の見えない手が働いたかのように、結果的にはバランスの取れた経済状態が実現するということ。

問1　――線部⑴「スミスにおける「共感」」とありますが、その例として適当でないものを次の中から一つ選び、記号で答えなさい。

ア　物語に登場する人物の勇気ある生き方に感情移入する。

イ　Twitter に投稿した自分の書き込みに「いいね！」がつく。

ウ　昼食を食べ損ねおなかをすかしていたところ、先輩に同情される。

エ　人間と腸内細菌の共生のありかたに感動する。

オ　第一志望の高校に合格した友人を我がことのように喜ぶ。

問2　――線部⑵「共感を快楽とすることでスミスは、ある種の「道徳」を導くことに成功するのです」とありますが、なぜ「共感を快楽とすること」で「ある種の「道徳」を導くこと」ができるのですか。その理由として最も適当なものを次の中から選び、記号で答えなさい。

ア　他者に共感し、他者から共感されること自体が快楽でもあるの

は、「共感」という概念によって、その問題を解決しようとしたのでした。

2「共感」という概念に関しては、それなりにバラエティに富んだ議論があるのですが、ここではスミスの議論だけを見ます。(1)スミスにおける「共感」が他の学者とも違って特殊だったのは、共感することそれ自身を「快楽」と考えた点にありました。後の功利主義にも通じる快楽主義の立場ですが、(2)共感を快楽とすることでスミスは、ある種の「道徳」を導くことに成功するのです（『道徳感情論』）。

3考えてみてください。苦しみであっても、他者の感情に共感することが快楽だとすれば、人はより多く、たくさんの人と共感しようとするでしょう。だとすれば人は、自らの快楽を求めて、自然に多数の共感を得られる行動をとるようになると予想できます。たくさんの人に認められることをすれば多く共感することができますし、共感されることにもなるはずです。そうすることで本人もより多くの快楽を得られるとスミスはいうわけです。アダム・スミスによれば、そうやって人は、より多くの共感をもとめることで自然に、偏りのない「公平な観察者」の立場に立つように方向付けられます。いわゆる「道徳的な振る舞い」といわれるものは、そのように他者の広い共感を求める各人の欲求から自然に導かれるというのがスミスの議論だったのでした。このような「道徳」の機能は、実際に現代のわれわれの社会でしばしば見られるものでもありますし、スミスの話に「共感」する読者も少なくないでしょう。

4さてしかし、このような「道徳」が、実際に望ましいかどうかについてはなお議論のありうるところです。具体的に、どのようなものが公平な観察者の立場から認められるのかを考えてみましょう。スミスの議論は、よりたくさんの人に認められるほど、たくさんの快楽を得られるという構造を示しています。が、具体的にどのような行為が、多くの人に認められるのかは、いっていません。(3)いい／悪いがどうやって決まるかという話をしているわけですから、アダム・スミス自身が具体的な行為を挙げて「これがいい」といってしまったら、そのこと自体、本当に「公平な観察者」の立場から認められるのか、あらためて議論しなければならなくなるわけですね。だから、スミスとしては、その部分を明記せず、オープンにしておくということが自分の議論の説得性を高めるためにも必要なことになっているわけです。

5しかし、まさに内容についてはオープンであるということが、問題にもなりえます。「公平な観察者」と聞いて多くの人がイメージするのは、道徳的に品行方正な立場であるかもしれません。しかし、スミスの議論で、道徳が道徳として機能するために必要なことは、単に「それが一般的であること」だけです。ですので、例えば、一時期の流行でみなその気になるようなものについても、「道徳」として機能することが十分にありうるのでした。しかも、その可能性をスミス自身がきちんと指摘しているのが面白いところです。

6つまり、何が正しいか間違っているかの基準は、スミスの議論では、それが「流行っているかどうか」でもいいといわれているのです。「みんなそう思っている」ということが、世の中の唯一の善悪の基準になるとスミスはいうのです。興味深いことに、このことは、単に(4)スミスの理論でそういわれているという以上に、いまわれわれが生きている社会の現実の少なくともひとつを示しているのではないでしょうか。

7しかし、スミスの話が本当に面白いのはこの先です。スミスのこの「道徳」の議論が、まさに今日われわれが知っている経済学の基礎になっ

として定着したのではないだろうか。

長い歴史を経て、現代の社会は多様性が確保され、生きる上での選択肢も豊富に用意されるようになった。同時にその中で、自分の意志で選び取ることの重要性も説かれるようになり、教育においても主体性を育成することに主眼が置かれるようになった。この「〜しかない」は、若者が数ある感情表現の選択肢の中から、強い意志をもってその一つの表現を選び取ったのだという主体性をアピールする心理から創出されたという見方ができる。このように、「誤り」だとされる表現の生じた理由を考察すると、社会の様相が見えてくるのだ。

「誤った」ことばであるとして指摘される表現も、時代の流れの中で生じている言語変化の一断面である場合もある。おしなべて「誤り」だと片づけるのではなく、人々の間でそれなりに定着している言語現象には、相応の存在理由があるのだという視点を持つことを、私達は忘れてはならない。

この世界は研究対象の宝庫である。一見そんなものに注目しても仕方がないのでは、という事物を対象とした研究は世の中に数多く存在する。しかしそれらの研究から、優れた考察が生み出されているのも事実なのである。

（本文は本校で作成した）

（下書き欄1）

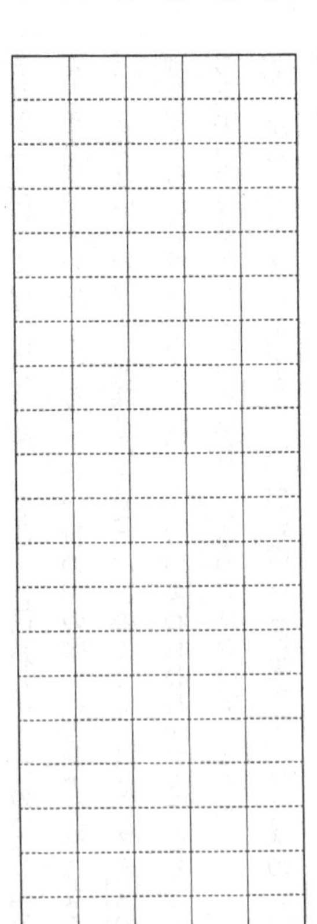

（下書き欄2）

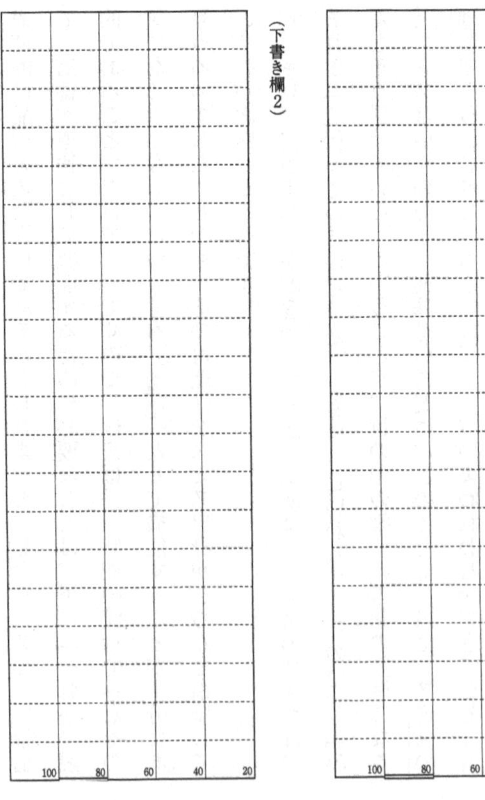

〔問題五〕 次の文章を読んで後の設問に答えなさい。

1 ロック以降のイギリスおよびスコットランドの哲学の関心は、ロックが構想するような近代社会において、どうやって道徳を語りうるかということに向けられました。実際のところ、その当時（かつまた部分的には現代においても色濃く）キリスト教は人々の生活の中に残っています。しかし、何が道徳的に正しく、何か間違っているかという判断を、単に「聖書にそう書かれているから」という理由だけで説明することは、次第にできなくなっていきました。「神」に頼らずにどうやって道徳を語りうるのか。アダム・スミスがその系譜に属するスコッドランド学派

問２　――線部⑵「祈らむ」とありますが、何を祈ろうとしたのですか。最も適当なものを次の中から選び、記号で答えなさい。

ア　山伏姿の男に再会すること
イ　生まれた子供が健康に育つこと
ウ　自分の声を元に戻してもらうこと
エ　奉納する長謡を見事に謡いきること
オ　長謡の技術がもっと早く上達すること

問３　――線部⑶「罪し給はむ」とありますが、Ⅰ［誰（４字）］がⅡ［誰（６字）］を罰するというのですか。本文中からそれぞれ抜き出しなさい。

問４　本文の内容と合致するものを次の中から一つ選び、記号で答えなさい。

ア　長謡を生業とする男は住吉神社の祭礼に長謡を奉納することを快く引き受けた。
イ　長謡を生業とする男は三十日程度声が出なくなってしまった。
ウ　山伏姿の男は声を借りたまま三十日程度過ごしたがとうとう異人に声を取られてしまった。
エ　山伏姿の男はせっかく借りた美声を産土の神に取り上げられそうになった。
オ　長謡を生業とする男は呪禁の技を用い大坂周辺の人々を病気で苦しめた。

〔問題四〕　次の文章を①～③の条件にしたがって、八十字以上百字以内で要約しなさい。

> ①　三文で要約すること
> ②　第二文の書き出しを「しかし」、第三文の書き出しを「つまり」で始めること
> （………。しかし………。つまり………。）
> ③　解答欄の一マス目から書き始め、句読点も一字に数えること

従来の文法から外れた言語表現を「誤り」だと切り捨てる人は多い。しばしば、「～という言い方は誤った日本語ですね」「こんな使い方はしませんからね」などという声を聞く。「正しく」「美しい」ことばを使おうという意識が高い人々からの声だ。だが、それらを「誤った」ことばだと簡単に見なしてしまっていいのだろうか。

いったん「誤り」だととらえると、そのことばが生まれた背景や本質が見えなくなってしまう。例えばスポーツの試合で良い結果を収めたとき、最近の選手はこぞって「感謝しかない」と言う。スポーツに限らず、若者が「〇〇しかない」と謝意や喜びを表す場面が格段に多くなったような気がする。「正しい」言い方は、「感謝してもしきれない」だろう。「〇〇しかない」は、「あと十分しかない」「自分にはもう勉強しかない」等、本来追い詰められたようなニュアンスで使われる表現である。

なぜこのように謝意や喜びを伴う表現に転換されたのだろうか。「しかない」は、確かに悲観的なニュアンスが含まれるが、一方で追い込まれたからこそ自分が選ぶのはそれしかない、だからやるぞ、という力強い覚悟も感じられる。例えば「薬で治らなければ、手術しかない」などのように、「しかない」に込められた、それを自分で選び自分で受け入れるという決意を含んだ表現として、強い意志や気持ちを伝えうる表現

イ　高校生の保護者の六〇％以上が、子どものインターネット利用に関して、なんらかのルールを定めていると考えている。

ウ　中学生のおよそ三分の二が、自分の家ではインターネット利用のルールを決めていないと考えている。

エ　学校種が上がるにつれて、保護者が青少年のインターネット利用のルールをもうける率が減少している。

オ　小・中・高生の約六割が、家庭でのインターネット利用のルールを認識している。

〔問題三〕　次の文章は『勝五郎再生記聞』の一節です。本文を読んで後の設問に答えなさい。

松村完平が物語に、大坂に声いと善くて、今様の長謡といふものを謡ひて業とする男ありき。ある日ものへ行く途にて、※1山伏体なる男に会へり。行き違ひながら、そなたの声のめでたきをしばし我に貸してよと言ふを、道行きぶりの戯言と思ひて、笑ひつつ(1)唯といひて行き過ぎけるが、三日ばかりありて※2いたはることもなきに、ひしと声かれて出でず。

されどかの異人に声を貸したることに※3つゆ心づかず、住吉神社は※4産土の神なれば、(2)祈らむと思ひて出で行きける途にて、またかの山伏体なる人来たり会へり。※5先つころ我が請へるごとく声を貸しながら、そを忘れて、産土の神に申し祈らむとするこそ心得られね、汝かしこに祈らば、※6極めて我を(3)罪し給はむ。然もあらば、我また汝に※7からき目を見せむものぞ。然らむよりは、しばしのほどなれば、まげて貸してよと言ふに、始めて先に声を借らむと言ひし時に、唯しつることを思ひ出して、卒に恐ろしくなりて、※8極めて産土の神に祈るまじと、堅くちぎりて途より立ち帰りけり。

さて三十日ばかりありて、物へゆく途にて、またかの異人に行き逢ひけるに、その方の声は今返すべし、受け取りてよと言ふに、はや声もとのごとくになりぬ。

かくて異人この報いをなすべしとて、※9呪禁の技を授けたるが、よろづの病に験ありて、後には謡うたひの業を止めて、この呪禁のみして、世をやすくおくりしといふ。

※1　山伏…修験道の修行をする人
※2　いたはることもなきに…病気になったわけでもないのに
※3　つゆ心づかず…少しも気づかず
※4　産土の神…生まれた土地の守り神
※5　先つころ我が請へるごとく…先日私がお願いしたように
※6　極めて…きっと
※7　からき目を見せむものぞ…つらい思いをさせるのだぞ
※8　極めて産土の神に祈るまじ…決して産土の神には祈るまい
※9　呪禁…まじないをして災い・たたりをはらいきよめようとすること

問1　――線部(1)「唯といひて」とありますが、何を引き受けたのですか。最も適当なものを次の中から選び、記号で答えなさい。

ア　めでたいことばで祝福すること
イ　自分のすばらしい声を貸すこと
ウ　自分が得意とする長謡を教えること
エ　山伏姿の男の技と自分の長謡の技とを交換すること
オ　自分の代わりに神社で長謡を謡う機会を与えること

もともとプルヌスとはスモモ（英語だとPrune）のことであるので、サクラをプルヌス属とする場合、スモモやモモ、ウメ、ウワミズザクラなども含んだ大きなグループとなり、世界では四〇〇種を超える。これを広義のサクラ属ということができる。一方、ケラスス属は、セイヨウミザクラやヤマザクラなどだけしか含まず、一〇〇種ほどである。これを、狭義のサクラ属という。

伝統的にはサクラ類の種数が多いロシアや中国では狭義のサクラ属を用い、種数が少ない西ヨーロッパや北米では広義のサクラ属を使う例が多かった。日本では東京大学の大場秀章が一九九二年にサクラ類を狭義のサクラ属に分類する論文を発表して以来、狭義のサクラ属を用いる例が増えている。

（勝木俊雄『桜』による　作問のため本文を改めた箇所がある）

ア　アメリカでサクラがプルヌス属に分類されたのは、約四〇〇種ものサクラがあったからである。

イ　サクラ類は国や時代により異なる属に分類されるが、一九九〇年当時の日本のサクラ類は、プルヌス属に分類されていた。

ウ　狭義のサクラ属を用いるロシアや中国の方が、広義のサクラ属を用いる西欧や北米よりもサクラに関心がある。

エ　日本では、伝統的に「花」といえばサクラを指し、一〇〇種にのぼるサクラ類を狭義のサクラ属に分類してきた。

オ　比較的サクラ類が多いロシアでは、スモモやウワミズザクラとは区別して、サクラ類を現在の日本と同じケラスス属に分類した。

問2　次のグラフは、インターネット利用のルールの有無に関するアンケート結果です。グラフから読み取れることとして、適当でないものを一つ選び、記号で答えなさい。

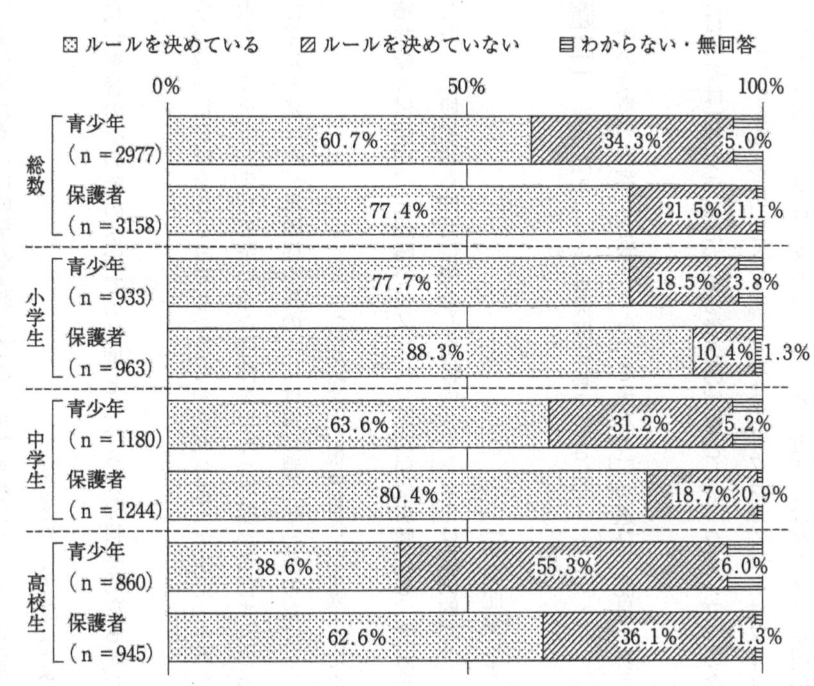

（「令和元年度　青少年のインターネット利用環境実態調査
調査結果（速報）」令和二年三月　内閣府）

ア　どの学校種においても、インターネット利用のルールを決めていると認識している割合は、児童・生徒に比して、保護者の方が高い。

【国　語】（五〇分）〈満点：一〇〇点〉

【問題一】　1～6の文中の――線部ⓐ～ⓗについて、漢字はひらがなで読み方を示し、カタカナは漢字に改めなさい。

1　われらは平和を維持し、ⓐセンセイと隷従、圧迫と偏狭を地上から永遠にⓑジョキョしようと努めてゐる国際社会において、名誉ある地位を占めたいと思ふ。われらは全世界の国民が、ひとしく恐怖と欠乏から免かれ、平和のうちに生存する権利を有することを確認する。

（日本国憲法　前文による）

2　私は元来、栄養学というものには、あまり信用をおいていなかった。理由は、無闇とカロリー、カロリーというからである。人間は機関車とちがうという、人道主義的誇りからも、どうしてもⓒショウフク出来なかったのである。それで新婚当時、細君が女学校と料理の講習会とで教わったばかりの知識をふり廻（まわ）して「松茸（まつたけ）なんて、栄養になりませんよ。カロリーがほとんど無いんですから」と主張しても、私は平気で松茸を喰（く）っていた。

（中谷宇吉郎「老齢学」による）

3　たしか寺田寅彦氏の随筆に、猫のしっぽのことを書いたものがあって、猫にあゝ云うしっぽがあるのは何の用をなすのか分らない、全くあれは無用のⓓ長物のように見える、人間の体にあんな邪魔物が附いていないのは仕合せだ、と云うようなことが書いてあるのを読んだことがあるが、私はそれと反対で、自分にもああ云う便利なものがあったならば、と思うことがしば〳〵である。

（谷崎潤一郎「客ぎらい」による）

4　初め一概に野卑滑稽としか映らなかった胡地（こち）の風俗が、しかし、その地の実際の風土・気候等を背景として考えてみるとけっして野卑でも不合理でもないことが、しだいに李陵にのみこめてきた。厚いⓔヒカク製の胡服でなければ朔北（さくほく）の冬は凌（しの）げないし、肉食でなければ胡地の寒冷に堪えるだけの精力を貯えることができない。

（中島敦「李陵」による）

5　税務署長のその晩の下宿での仕度ときたら実際科学的なもんだった。

まづ第一にひげをはさみでぢゃきぢゃき刈りとって次にⓕキハツ油へ木タールを少しまぜて茶いろな液体をつくって顔から首すぢいっぱいに手にも塗った。鼻の横や耳の下には殊に濃く塗ったのだ。

（宮澤賢治「税務署長の冒険」による）

6　藤井聡太棋聖が、三連勝でⓖノゾんだ第四局にも勝利し、二冠を達成した。八段昇級も同時に果たした彼のⓗセンセキは圧倒的だ。

（新聞記事による）

【問題二】　次の問1、2の各設問に答えなさい。

問1　次の文章の内容と合致するものを後から二つ選び、記号で答えなさい。

（日本では）サクラ類に対する学名の属名として、ラテン文字のケラスス（*Cerasus*）を用いている。これまでサクラ類の属名はプルヌス（*Prunus*）を用いる場合が多かったのだが、近年ではケラススが用いられることが増えている。どのような理由で変わってきたのだろうか。

一般

2021年度

解 答 と 解 説

《2021年度の配点は解答欄に掲載してあります。》

<数学解答> 《学校からの正答の発表はありません。》

1 (問1) 5 (問2) $x=-2,\ -1$ (問3) ∠EGH=64° (問4) $x=\sqrt{2}$

2 (問1) $\left(1-\frac{1}{10}x\right)$kg (問2) $x=3$

3 (問1) $\frac{3}{8}$ (問2) B (問3) $\frac{1}{4}$

4 問1・問2 略

5 (問1) $y=-\frac{1}{4}x+2$ (問2) $\left(\frac{49}{11},\ -\frac{4}{11}\right)$

(問3) $y=-\frac{2}{41}x+2$(式・考え方は解説参照)

○推定配点○

1~4 各7点×11 5 (問1)・(問2) 各7点×2 (問3) 9点 計100点

<数学解説>

1 (式の値,2次方程式,角度,平面図形)

(問1) $(x+2)(y+2)=(x-2)(y-2)$より,$xy+2x+2y+4=xy-2x-2y+4$ $4y=-4x$ $y=-x$ これを代入して,$(2x+\sqrt{5})(2y+\sqrt{5})+4x^2=(2x+\sqrt{5})(-2x+\sqrt{5})+4x^2=-4x^2+5+4x^2=5$

基本 (問2) $(x+2)(x-2)=(x+2)^2+(x+2)(x-3)$ $(x+2)\{(x+2)+(x-3)-(x-2)\}=0$ $(x+2)(x+1)=0$ $x=-2,\ -1$

基本 (問3) 正五角形の1つの内角の大きさは,180°×(5−2)÷5=108° $\ell /\!/ m$より,∠BCG=180°−80°=100° よって,∠DCG=108°−100°=8° △CDGにおいて,内角の和は180°だから,∠CGD=180°−8°−108°=64° 対頂角だから,∠EGH=∠CGD=64°

重要 (問4) PR=QR=1,AP=x,AD=BC=yとする。平行線と比の定理より,BR:AD=PR:PA BR$=\frac{y\times 1}{x}=\frac{y}{x}$ よって,RC=BC−BR$=y-\frac{y}{x}$ RC:AD=QR:QA RC×QA=AD×QR $\left(y-\frac{y}{x}\right)(2+x)=y\times 1$ 両辺をyでわると,$\left(1-\frac{1}{x}\right)(2+x)=1$ $2+x-\frac{2}{x}-1=1$ $x=\frac{2}{x}$ $x^2=2$ $x>0$より,$x=\sqrt{2}$

2 (方程式の利用−食塩水)

基本 (問1) 容器に残っている食塩の量は,$(10-x)\times\frac{10}{100}=1-\frac{1}{10}x$(kg)

(問2) 操作Bの直後に容器に残っている食塩の量について,$\left(1-\frac{1}{10}x\right)\times\frac{10-2x}{10}=10\times\frac{2.8}{100}$ $(10-x)(10-2x)=28$ $100-20x-10x+2x^2=28$ $x^2-15x+36=0$ $(x-3)(x-12)=0$ $x=3,\ 12$ $2x<10$より,$x=3$

3 (確率)

基本 (問1) コインの表裏の出方の総数は$2\times2\times2=8$(通り) このうち，点Pが頂点Cにあるのは，表が2回，裏が1回出るときで，3通りあるから，求める確率は，$\frac{3}{8}$

基本 (問2) 3回とも表のときは頂点Eに，表が1回，裏が2回のときは頂点Aに，3回とも裏のときは頂点Dにそれぞれあるから，コインを3回投げたあとに，点Pがいられない頂点はBである。

重要 (問3) コインの表裏の出方の総数は$2\times2\times2\times2=16$(通り) コインを4回投げたあとに，点Pが頂点Bにあるのは，コインを3回投げたあとに，頂点Aにいて，4回目に裏が出るときと，コインを3回投げたあとに，頂点Dにいて，4回目に表が出るときであるから，求める確率は，$\frac{3\times1+1\times1}{16}=\frac{1}{4}$

4 略

5 (図形と関数・グラフの融合問題)

基本 (問1) 直線ACの式を$y=ax+2$とすると，点Cを通るから，$1=4a+2$ $a=-\frac{1}{4}$ よって，$y=-\frac{1}{4}x+2$

基本 (問2) 点Bを通り，ACに平行な直線を$y=-\frac{1}{4}x+b$とすると，点Bを通るから，$0=-\frac{3}{4}+b$ $b=\frac{3}{4}$ よって，$y=-\frac{1}{4}x+\frac{3}{4}$…① 直線CDの式を$y=mx+n$とすると，2点C，Dを通るから，$1=4m+n$，$4=3m+n$ この連立方程式を解いて，$m=-3$，$n=13$ よって，$y=-3x+13$…② ①と②からyを消去して，$-\frac{1}{4}x+\frac{3}{4}=-3x+13$ $-x+3=-12x+52$ $11x=49$ $x=\frac{49}{11}$ これを①に代入して，$y=-\frac{1}{4}\times\frac{49}{11}+\frac{3}{4}=-\frac{4}{11}$ よって，$\left(\frac{49}{11},\ -\frac{4}{11}\right)$

重要 (問3) $E\left(\frac{49}{11},\ -\frac{4}{11}\right)$とする。AC//BEより，$\triangle ABC=\triangle AEC$ よって，四角形$ABCD=\triangle ABC+\triangle ACD=\triangle AEC+\triangle ACD=\triangle AED$ 線分DEの中点をMとすれば，直線AMによって，四角形ABCDの面積は二等分される。点Mのx座標は，$\left(3+\frac{49}{11}\right)\div2=\frac{41}{11}$ y座標は，$\left(4-\frac{4}{11}\right)\div2=\frac{20}{11}$ よって，$M\left(\frac{41}{11},\ \frac{20}{11}\right)$ 直線AMの式を$y=cx+2$とすると，点Mを通るから，$\frac{20}{11}=\frac{41}{11}c+2$ $c=-\frac{2}{41}$ したがって，$y=-\frac{2}{41}x+2$

★ワンポイントアドバイス★

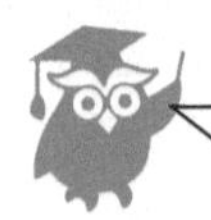

昨年同様，大問5題であるが，小問数は14題と減少した。1の(問4)がやや考えにくかったかもしれないが，全体的に取り組みやすい内容である。ミスのないように解こう。

＜英語解答＞ 《学校からの正答の発表はありません。》

Ⅰ 第1部 A 3 B 4 C 4 D 2 E 1 第2部 F 1 G 4 H 3 I 4 J 2

Ⅱ A ア B ウ C ア D イ E イ F エ，カ

Ⅲ 問1 イ 問2 ウ 問3 ウ 問4 a man named Robert Fulton invented a steamboat with a steam engine 問5 裕福な人々が上層デッキの美しい部屋に泊まり，素敵なダイニングルームでおいしい食事を出されていたから。(50字) 問6 ア 問7 waste, chemicals, pesticides 問8 イ，キ，ク

Ⅳ 1 ア 2 ウ 3 エ 4 エ

Ⅴ 1 A オ B キ 2 C ア D イ 3 E ケ F オ 4 G オ H イ

Ⅵ 1 We have known each other for more than eight years. 2 Nobody [No one] knows what she is afraid of.

○推定配点○

Ⅰ 各2点×10 Ⅱ 各3点×7 Ⅲ 問7 各2点×3 他 各3点×9 Ⅳ 各2点×4 Ⅴ 各3点×4 Ⅵ 各3点×2 計100点

＜英語解説＞

Ⅰ (聞き取り・書き取り)

A 第1部

A. a：Hi, Mike. How was the tennis match yesterday?
b：Oh, I lost the game.
a：That's too bad. I thought you would win.

B. a：I found this silver ring under the desk.
b：It is perhaps Amy's ring. I believe she was wearing a silver ring before.
a：I know that. But her ring has a diamond on it.

C. a：Ken, you bought a nice new car.
b：Oh, no. This is my father's car. I'm using his car today.
a：What happened to your car?

D. a：Father, I lost my English dictionary. May I use yours?
b：No problem, Jenny. You can use it anytime.
a：Thank you so much. Where is it?

E. a：Your lunch looks so delicious. Did you make it by yourself?
b：Yes, I did. I love cooking.
a：Wow, you got up early this morning to make it, right?

第1部

A 女性：こんにちは，マイク。昨日のテニスの試合はどうだった？／男性：僕は試合に負けたよ。／女性：それはとても残念。あなたが勝つと思っていたわ。

男性：1 新しいバットでボールを打つのはとても難しかった。
2 僕は本当にその試合をしたかった。
3 僕もそう思ったけれど，肩が痛かった。

4　あそこで君に会ったのはひどかった。

B　女性：机の下でこの銀の指輪を見つけたわ。／男性：もしかしたらエイミーの指輪かも。彼女は以前，銀の指輪をしていたはずだよ。／女性：それは知っているわ。でも彼女の指輪にはダイヤモンドがついている。

男性：1　僕はエイミーが指輪を身に着けないことを知っている。

2　だからこれはエイミーの指輪だ。

3　それなら，誰がエイミーにダイヤモンドをあげたの？

4　ああ，それならこれは彼女のものではない。

C　女性：ケン，あなたは素敵な新車を買ったのね。／男性：いや，ちがうよ。これは父の車だよ。今日，僕は父の車を使っているんだ。／女性：あなたの車はどうしたの？

男性：1　父の具合がどこかおかしいんだ。

2　父は自分の新車をとても気に入っているよ。

3　僕は向こうで車の事故を見たよ。

4　修理店にあるよ。

D　女性：お父さん，私は英語の辞書をなくしたの。おとうさんのを使ってもいい？／男性：構わないよ，ジェニー。いつでも使っていいよ。／女性：ありがとう。どこにあるの？

男性：1　それは君のと全く同じ値段だ。

2　それは私のベッドの隣にある机の上だ。

3　もちろんそれはイングランド製だ。

4　私はそれをインターネットで買った。

E　男性：君のお弁当はとてもおいしそうだね。自分で作ったの？／女性：そうよ。私は料理が大好き。／男性：へえ，君はそれを作るために今朝早起きしたんだね？

女性：1　そんなに早くないわ。これを作るのに10分しかかからなかったよ。

2　そんなに早くないわ。あなたがこれを持ってくるのにあまり時間がかからなかった。

3　そうよ。私が朝食を食べるのに10分かかった。

4　そうよ。母がそれを作るのにあまり時間がかからなかった。

第2部

Hiking is a very good activity. If you go hiking, you can relax, you can be happy, and you can be healthy. Hiking is very good for all ages, from small children to older people. It is also a good activity for families and groups. Most people usually like hiking because it is easy. Also, you don't need to carry anything special.

But, if you want to enjoy hiking more, here is some advice for you. First, do some exercises before hiking. Walk fast for 15 minutes every day. Do not use elevators. Climb stairs. Jogging is also a good exercise for hiking.

Second, wear comfortable clothes and shoes when you go hiking. Especially when you go into mountains, bring a windbreaker, a sweater, and other clothes, because the weather may suddenly change. It may become very cold and start raining. Don't forget some pairs of socks if you plan to walk for a long time.

Third, bring some food, such as dried fruits and crackers. You can cook some food, too. Bring enough water. Drink only safe water.

Fourth, it will be useful to have a knife, a camera, and a map. You can have more fun if you bring a guidebook about birds, flowers, and plants.

Lastly, try to keep left when you walk on a hiking road. Take a rest often. Look around and enjoy the faraway view.

F. What is good about hiking?

G. What do you need to do before you go hiking?

H. Why do you need to bring more clothes when you go hiking?

I. Which advice is given for hiking?

J. What is important when you walk on a hiking road?

第2部

ハイキングはとても良い運動だ。ハイキングに行けば，リラックスでき，幸せな気分になり，健康になれる。ハイキングは小さな子供から高齢者まで，あらゆる年代にとって非常に良い。また，家族やグループにとっても良い活動だ。それは簡単なのでほとんどの人はたいていハイキングが好きだ。また何も特別なものを持っていく必要がない。

しかし，もっとハイキングを楽しみたいのなら，いくつかのアドバイスがある。第1に，ハイキングの前にいくらかエクササイズをしなさい。毎日15分間速足で歩きなさい。エレベーターを使ってはいけない。階段を上りなさい。ジョギングもハイキングにとって良いエクササイズだ。

第2に，ハイキングに行く時は快適な服と靴を身につけなさい。特に山に行く場合は，ウィンドブレーカー，セーター，その他の服を持っていきなさい，なぜなら天気が急に変わるかもしれないからだ。とても寒くなって雨が降り出すかもしれない。長時間歩く計画ならば，靴下を何足か忘れずに。

第3に，ドライフルーツやクラッカーなど，食べ物を少し持っていきなさい。料理してもよい。水を十分に持っていきなさい。安全な水だけを飲みなさい。

第4に，ナイフ，カメラ，地図を持っていることは役に立つだろう。鳥，花，植物についてのガイドブックを持ってくるとさらに楽しめる。

最後に，ハイキングロードを歩くときは左側通行を心掛けなさい。休憩を頻繁に取りなさい。あたりを見まわして遠くの景色を楽しみなさい。

F ハイキングについて良いことは何か。

1 小さな子供と高齢者の両方が楽しめる。

2 ハイキングは簡単すぎて試せない。

3 私たちは何か特別なものを用意すべきだ。

4 幸せな人たちだけがハイキングに行くことができる。

G ハイキングに行く前に何をする必要があるか。

1 毎日早く走る必要がある。

2 1日に15キロ歩く必要がある。

3 山の中でエクササイズする必要がある。

4 エレベーターではなく階段を使う必要がある。

H ハイキングに行く時には，なぜ多くの服を持っていく必要があるのか。

1 暑い時にウィンドブレーカーを使うことができる。

2 快適な服と靴が重要だ。

3 山の上の天気はすぐに変わる。

4 けがをした時に何足かの靴下が役に立つ。

I ハイキングに対してどのアドバイスが与えられているか。

1 川から水を飲むこと。

2　鳥についてのガイドブックを書くこと。
3　木から果物を取ること。
4　十分な水を持っていくこと。

J　ハイキングロードを歩くときに何が大切か。
1　右側を歩くこと。
2　頻繁に立ち止まり休憩すること。
3　地図を見続けること。
4　景色の写真を撮ること。

Ⅱ　（長文読解問題・論説文：英問英答，内容吟味，内容一致）

（全訳）　教育とビジネスは緊密に結びついている。21世紀の初めに，教育とビジネスのリーダーたちは，学生たちが現代の職場で成功するにはどんなスキルが必要かということについて考え始めた。明確なことが1つある。21世紀のスキルは，過去のスキルとは非常に異なる。

現在，研究者たちは，職場で成功するためにほとんどの学生はデジタルスキルが必要だと確信している。デジタルスキルを持つ学生は3つのことができる。第1に，彼らは文字データ，動画，音声ファイルなどの情報を様々な情報源から見つけることができる。次に，彼らはその情報が正確か確かめるために，これらの情報源をチェックする方法を知っている。最後に，学生たちは自分たちの情報を他者と共有するために様々な種類のテクノロジーツールとソフトウェアを使うことができる。

21世紀にとって，優れたコミュニケーションも重要だ。よいコミュニケーションには多くのスキルが含まれる。人々は他者が明確に理解できるよう，自分の考えについて話したり書いたりできなければならない。さらに，人々は集団において他者とうまくやっていく必要がある。ほとんどのビジネスにおいて，人々の集団は問題を解決したり新しいアイデアを思いついたりするために協力しなくてはならない。また，よいコミュニケーションは異なる文化出身の人々と協力するスキルも含む。だから第2言語を話すことは実際に有利である。

21世紀のスキルは批判的思考も含む。何かがうまくいかない時，問題を創造的な方法で解決したり計画を変更したりするために，批判的思考が重要だ。批判的思考には好奇心が必要である。批判的思考の人は，自分の周りの世界について質問する。彼らは，「なぜ？」「なぜしない？」と尋ねる。多くの学校は学生の批判的思考スキルを伸ばそうとしている。

人々はこれらの21世紀のスキルを仕事においてどのように使うのか。次の例を見てみよう。数年前，3人の友人たちがメールで動画を送る問題について話していた。動画ファイルはとても大きくて，動画を送ろうとすると非常に時間がかかった。そして彼らはあるアイデアを思いついた。「動画を簡単に送れるウェブサイトを設計したらどうか？　人々は誰とでもどこででも動画を共有できる」　このアイデアは，現在最も人気のあるウェブサイトの1つであるYouTubeの始まりだった。その3人の友人たち，チャド・ハーレーとスティーブ・チェンとジョード・カリムは2005年2月にそのウェブサイトを開始した。次の夏までにYouTubeはインターネット上で最も早く成長しているサイトになった。2006年10月，彼らはYouTubeを別の巨大インターネット企業のGoogleに16億ドルで売却した。

ハーレー，チェン，カリムはYouTubeを始めるために21世紀のスキルを使った。3人全員が立派な学問的素養とデジタルスキルを持っていた。問題を見つけると，彼らは協力して熱心に取り組み，創造的に考えることによって解決した。お金が必要な時は，彼らは自分たちのアイデアを明確に説明し，支援者たちに投資してくれるよう頼んだ。彼らはまた，優れたアイデアは地球規模でなければならないと理解していたので，ウェブサイトを世界中の人に向けて設計した。

世界中の学校は21世紀のスキルを教えているのだろうか。デジタルスキルを教えることについては，世界で大きな違いがある。アフリカ，東南アジア，ラテンアメリカのいくつかの地域では，多くの学校がテクノロジーにアクセスできない。他方で，世界のインターネット利用者の約35%は，アメリカと中国というたった2つの国にいる。テクノロジーへのアクセスにおけるこの違いは「情報格差」と呼ばれる。情報格差によって，全ての国がデジタルスキルを教えられるわけではない。

ほとんどの国はコミュニケーションスキルも重点的に取り扱っていて，特に第2言語を教えている。世界中の学生たちが英語を学んでいる，なぜならそれは国際言語だからだ。ヨーロッパの国々は小学校で英語を教え始め，中国では幼稚園で4歳で英語を学び始める。だから毎年数千人の学生たちが英語を話す国に旅行し，自分の英語力を向上させる。これは多くの国が第2言語の教育でうまく行っていること示している。しかしながら，英語を話す国は第2言語の教育であまりうまくいっていない。英語以外の言語を上手に話せるアメリカ人はわずか15%だ。他方，ヨーロッパでは，人口の半数以上が第2言語を上手に話せる。

全ての学校が批判的思考を教えるのが上手なわけではない。世界中で標準テストが一般的であり，多くの教育専門家たちは暗記学習のスキルがほとんどの学校で強い影響力を持っていると確信している。これは一部には，批判的思考よりも暗記学習をテストするほうが簡単だからだ。もしほとんどの国が標準テストを使い続けるならば，教師たちは批判的思考よりも暗記学習に注力し続けるだろう。

今，ビジネスと教育のリーダーたちは，学校が21世紀のスキルを教えることが重要だと確信している。彼らは，これらのスキルが人々の生活と国の経済を向上させると信じている。だから教育とビジネスの両方が急速に変化している世界に合わせて変わる必要がある。

A 「学生たちはデジタルスキルを持っていると何ができるか」 ア「いくつかのテクノロジーツールを使って，情報を他者と共有できる」 第2段落最終文参照。

B 「21世紀のスキルについて正しくないものはどれか」 ウ「今日の世界経済において，批判的思考は何かがうまくいかない時に外国人と協力して一生懸命に働くことを意味する」

C 「なぜ，ハーレー，チェン，カリムは現在最も人気のあるウェブサイトの1つであるYouTubeを作ったのか」 ア「ウェブサイトを作ることによって簡単に動画を送りたいと思ったから」

D 「『情報格差』はどのような意味か」 イ「世界ではテクノロジーへのアクセスに大きな違いがあり，誰もがデジタルスキルを学べるわけではないこと」 最後から4つ目の段落参照。

E 「第2言語について正しいものはどれか」 イ「第2言語を話すアメリカ人の数はヨーロッパ人のその数より小さい」

重要 F ア「Googleは，ハーレー，チェン，カリムにウェブサイトを設計するよう頼んだ，なぜなら彼らは立派な学問的素養とデジタルスキルを持っていたからだ」(×) イ「世界の人々の35%は情報格差のためにテクノロジーへアクセスできない(×) ウ「アメリカは第2言語の教育でうまくいっているため，ほとんどのアメリカ人は英語の他に1つの言語を話す」(×) エ「ほとんどの国は標準テストを使う，なぜなら暗記学習をテストすることは批判的思考をテストするより簡単だからだ」(○) オ「ビジネスと教育のリーダーたちは批判的思考と暗記学習の両方が教育にとって大切だと確信している」(×) カ「ビジネスと教育のリーダーたちは，私たちが21世紀のスキルを持てば，国の経済と人の生活の両方が良くなると言う」(○)

Ⅲ (長文読解問題・歴史：内容吟味，語句整序，分詞，前置詞，語句解釈，指示語，内容一致)

(全訳) ミシシッピ川はアメリカで最も長い川ではない。ミズーリ川のほうが長い。しかし多くの人がミシシッピ川は非常に重要だと思っている。それはなぜか。その偉大な川の話を見て，その答えを見つけよう。

多くのアメリカ人がミシシッピ川の左側がアメリカ西部だと思っている，なぜならその川は北アメリカ大陸の中央を流れているからだ。アメリカ東部はこの川の右側だ。ミシシッピ川は，アメリカ北部の州の1つであるミネソタ州のイタスカ湖から始まる。イタスカ湖の1滴の水は約90日かけてミシシッピ川の終点であるメキシコ湾へ行く。イタスカ湖はその川の最も狭い部分だ。ミシシッピ川からミネソタ州のツインシティまで，大きなボートは川を進むことができない，なぜなら浅くていくつかの滝があるからだ。ツインシティの後は，川が広くなるので，大きなボートが大勢の人や物をセントルイス，メンフィス，ニューオーリンズなどの大都市から運ぶ。ニューオーリンズは，アメリカの最も南部の州の1つであるルイジアナ州にある。さらに3000km以上進んだ後に，ミシシッピ川はメキシコ湾に到達する。

①ミシシッピという名前はネイティブアメリカンの言語に由来する。オジブワ族の人々はその川を「ミシ・ジビ」と呼んだ。それは「偉大な川」や「水の集まり」という意味だ。そこでヨーロッパ人たちがその川を「ミシシッピ」と呼び始めた。18世紀の初めから，ヨーロッパ人たちがやってきてミシシッピ川沿いに住み始めた。そして小さな町が現れ，それらが大きな都市になった。それらの都市の人々はその川で物を運ぶようになった。彼らは毛皮，小麦粉，コーヒーなどの商品を売買したかった。彼らはいかだや小さなボートを使った。川を下るのはとても簡単だった。しかし，②いかだやボートで川を上るのは難しかった。人々は川を上るために，川底を突く長い棒を使わなくてはならなかった。もしくは，強いロープで川岸からボートを引っ張らなくてはならなかった。

ミネソタからニューオーリンズまでボートで行って帰ってくるのに約9か月かかった。しかし1807年，③ロバート・フルトンという男が，蒸気エンジンがついた蒸気船を発明した。それからは，ミシシッピ川全体を往復するのにわずか40日しかかからなかった。蒸気船は同時にたくさんの人や物を運ぶことができた。下層デッキには野菜，小麦粉，牛，豚などが載っていた。貧しい人々も下層デッキに乗った。彼らは自分の食べ物を船に持ち込み，他の人や動物や物と一緒に寝なくてはならなかった。他方，裕福な人々の時間の過ごし方は全く違った。彼らは上層デッキの美しい部屋に滞在することができた。彼らには素晴らしいダイニングルームでおいしい食事や飲み物が出された。④このような場所は「浮かぶ宮殿」と呼ばれた。

これら裕福な人々は⑤娯楽を求めた，なぜなら旅が非常に長かったからだ。彼らはブルースを聞いて楽しんだ。ブルースはアメリカ南部のアフリカ系アメリカ人によって作られたストリートミュージックだった。トランプで賭け事をするのを好む人もいた。そのような船にはよくプロの賭博師が乗っていて，裕福な人々から大金を得た。蒸気船の賭けレースも人気があった。人々は自分の船にお金を賭けた。もし自分たちの船が次の都市に最初に到着したら，彼らはお金がもらえた。そこで船に乗っている人々は船長に速く行くよう頼んだ。しかしそれは非常に危険だった。船の速度を上げるために，船長はたくさんの燃料をエンジンに加えなくてはならなかった。もし燃料をエンジンに入れすぎたら，エンジンが爆発してしまう。1900年までに，より安全なエンジンが発明されたのでこのような種類の事故は現在は起こらない。

ミシシッピ川には豊かな自然がある。例えば，北アメリカの鳥の60%が，季節が変わる時にその川沿いを南北へ移動する。200種以上の魚がその川の中を泳いでいる。カワウソやジャコウネズミ，そしてルイジアナ・ブラックベアやミドリウミガメなどの絶滅が危惧される動物もいる。しかしミシシッピ川は20世紀中頃，深刻に汚染されていた。ミシシッピ川沿いの都市はどんどん拡大した。多くの工場が建設された。それらは廃棄物や化学物質を川に流した。農家の人々はよい小麦や野菜を育てるために殺虫剤を使用した。⑥これらのもののせいで多くの森や動物が死んだ。メキシコ湾には「死の地帯」と呼ばれる場所があった。その「死の地帯」では十分な酸素がないため多くの魚や植物が死んだ。多くの人々が汚染について心配し始めた。1970年，環境保護局がアメリカ政府によって作られ，それ以来，それは汚染を減らすのに役立っている。

ミシシッピ川沿いにはまだいくらか汚染がある。その偉大な川を昔と同じくらい美しくするために，私たちは一生懸命取り組み続けなくてはならない。

問1　イ「1滴の水は約3か月かけてイタスカ湖からメキシコ湾へ至る」 第2段落第4文参照。

問2　ウ「昔，その川を自分たちの言語で「偉大な川」と呼んだ人々がいた」 下線部①の直後の3文参照。

問3　直後の文参照。いかだやボートの上から長い棒を使って川底を押し，その反動を使って川を上っていた。

問4　A named B「Bという名のA」 invent「～を発明する」 with ～「～がついた」

重要　問5　下線部④の直前の3文の内容をまとめる。

問6　ア「裕福な人々は船上でプロの賭博師から大金を得た」(×) 下線部⑤の3つ後の文参照。

重要　問7　汚染の原因として，下線部⑥の直前の2文から waste「廃棄物」，chemicals「化学物質」，pesticides「殺虫剤」を抜き出す。

重要　問8　ア「ミシシッピ川はアメリカで最も長い川なので有名で重要だ」(×) イ「アメリカの人々はミシシッピ川がアメリカ東部とアメリカ西部を分けると考えている」(○) ウ「18世紀に毛皮や小麦粉などの多くの商品がミシシッピ川を蒸気船で運ばれた」(×) 第4段落参照。蒸気船が発明された1807年は19世紀である。 エ「蒸気船が発明される前，イタスカ湖からニューオーリンズへ行って戻ってくるのに約9か月かかった」(×) 第4段落第1文参照。イタスカ湖ではなくミネソタからニューオーリンズへの往復に9か月かかった。 オ「蒸気船では貧しい人は自室を与えられたが，それは小さく汚かった」(×) カ「20世紀には蒸気船はミシシッピ川を走行していなかった，なぜならそれらが時々爆発したからだ」(×) キ「ミシシッピ川沿いではたくさんの種類の魚だけでなく野生動物や野鳥も見られる」(○) ク「『死の地帯』では酸素が十分になかったため，たくさんの魚が生きられなかった」(○) ケ「環境保護局ができてからは，ミシシッピ川に汚染は全く見られない」(×)

Ⅳ　(語句補充・選択：口語表現，動詞，分詞，代名)

1「私はヘンリーのメールアドレスを知らない」「私も知らない」 相手の言葉(否定文)に対し，「私も～ない」と応じる時は，Me, neither. と言う。

2「地平線の上に上っている太陽を見て」 rise「上る」を現在分詞 rising にする。

3「コーヒーをどのようにしますか」「ミルク入りでお願いします」 飲食店で店員と客の会話。

4「父には二人の兄弟がいる。1人はパイロットでもう1人は理科教師だ」 2人や2個のものについて，1つ目は one，2つ目は the other と表す。

重要　Ⅴ　(語句整序：比較，動名詞，疑問詞，分詞，前置詞，接続詞，時制，不定詞)

1 Nothing is more important than washing your hands before you eat (meals.) 直訳は「あなたが食事をする前に手を洗うことよりも重要なことはない」となる。

2 How often do you visit your sister living in New York (every year?) How often は頻度を尋ねる。形容詞的用法の現在分詞句 living in New York が your sister を後ろから修飾する。

3 (I) will ask my brother about this question as soon as he comes back. 〈ask ＋人＋about ～〉「(人)に～について質問する」〈as soon as ＋主語＋動詞〉「－が～するとすぐに」as soon as の節の動詞は未来のことであっても現在形で表す。

4 Few students remembered leaning how to solve the problem. few ～「ほとんどの～が…ない」 remember ～ing「～したことを覚えている」〈how to ＋動詞の原形〉「～する方法」

重要 **Ⅵ (和文英訳：現在完了，間接疑問)**

1 現在完了の文で「私たちはお互いを8年以上知っている」と表す。

2 Nobody [No one] knows「誰も知らない」の後ろに間接疑問〈疑問詞＋主語＋動詞〉を続ける。be afraid of ～「～を怖がる」

★ワンポイントアドバイス★

Ⅴの語句整序問題は，並べ替える語数が多く，難度が高い。

＜国語解答＞ 《学校からの正答の発表はありません。》

〔問題一〕 (1) (a) 専制 (b) 除去 (c) 承服 (d) ちょうぶつ (e) 皮革
(f) 揮発 (g) 臨(んだ) (h) 戦績

〔問題二〕 問1 イ・オ 問2 ウ

〔問題三〕 問1 イ 問2 ウ 問3 Ⅰ 産土の神 Ⅱ 山伏体なる男[山伏体なる人]
問4 イ

〔問題四〕 (例) 従来の文法から外れた言語表現を「誤り」だと切り捨てる人は多い。しかし，「誤り」だとされる表現の生じた理由を考察すると，社会の様相が見えてくる。つまり，相応の理由があるという視点を忘れてはならない。(98字)

〔問題五〕 問1 エ 問2 ア 問3 Ⅰ 善悪の基準 Ⅱ「それが一般的であること」
Ⅲ 品行方正 問4 エ 問5 Ⅰ 経済発展 Ⅱ 一時期の流行
Ⅲ「みんなだまされている」 問6 エ 問7 ウ 問8 ア

○推定配点○

〔問題一〕 各2点×8 〔問題二〕 各4点×2(問1完答) 〔問題三〕 問3 各3点×2
他 各4点×3 〔問題四〕 10点 〔問題五〕 各4点×12 計100点

＜国語解説＞

基本 **〔問題一〕 (漢字の読み書き)**

(a)は，上に立つ人が独断で思うままにことを行うこと。(b)は，取りのぞくこと。(c)は，承知し納得して従うこと。(d)の「無用の長物」は，あっても役に立たないどころか，かえって邪魔であること。(e)は，動物の皮を加工したもの。(f)は，常温で液体が気化すること。(g)は，出席，参加すること。(h)は，試合などの成績。

〔問題二〕 (要旨・資料の読み取り，内容吟味)

やや難 問1 「(サクラ類の)種数が少ない西ヨーロッパや北米では広義のサクラ属(＝プルヌス属)を使う例が多かった」と述べているので，アは合致しない。「(日本では) ……これまでサクラ類の属名はプルヌス(Prunus)を用いる場合が多かった」「日本では……一九九二年にサクラ類を狭義のサクラ属(＝ケラスス属)に分類」されるようになったことを述べているので，「一九九〇年当時の日本のサクラ類は，プルヌス属に分類されていた」とあるイは合致する。ウの「サクラに関心がある」，エの「日本では，伝統的に『花』といえばサクラを指し」は述べていない。「サクラ種の種数が多いロシアや中国では狭義のサクラ属(＝ケラスス属)を用い」と述べているので，オは合致する。

重要 問2 「ルールを決めている」と認識しているのは，小学生77.7%・その保護者88.3%，中学生63.6%・その保護者80.4%，高校生38.6%・その保護者62.6%で，いずれも保護者の方が高いのでア，イ，エは適当。中学生で「ルールを決めていない」と認識しているのは31.2%なので，ウの「三分の二」は適当でない。総数で「ルールを決めている」と認識しているのは60.7%なので，オは適当。

〔問題三〕 (古文—大意・要旨，内容吟味，文脈把握，脱語補充)

〈口語訳〉 松平完平の物語に，大阪に声がたいそう良くて，今様の長謡というものを謡って生業としている男がいた。ある日ある所へ行く途中で，山伏姿の男に出会った。(山伏姿の男が)すれ違いながら，あなたのすばらしい声をしばらく私に貸してくださいと言うのを，(長謡を生業とする男は)通りすがりの冗談だと思って，笑いながら，はいと引き受けて行き過ぎたところ，三日ほどして病気になったわけでもないのに，ひしと(のどが張りついたように)声が枯れて出ない。

しかしあの知らない人(＝山伏姿の男)に声を貸したことに少しも気づかず，住吉神社は産土の神なので，(長謡を生業とする男は声を戻してもらうことを)祈ろうと思って出かけた途中で，またあの山伏姿の人が来て会った。(山伏姿の男は)先日私がお願いしたように(あなたは)声を貸し(てくれ)たのに，それを忘れて，産土の神にお願い申し祈ろうとするとは理解できない，あなたがそのように祈ったら，(産土の神は)きっと私を罰しなさるだろう。そうなれば，私もまたあなたにつらい思いをさせるのだぞ。そうするよりは，少しの間なのだから，(願いを)おさえて(声を)貸してくださいと言うと，(長謡を生業とする男は)初めて以前に(山伏姿の男が)声を借りようと言った時に，引き受けたことを思い出して，急に恐ろしくなって，決して産土の神には祈るまいと，固く約束して途中で帰った。

さて三十日ほどして，(長謡を生業とする男は)出かける途中で，またあの知らない人とすれ違うと，あなたの声は今返そう，受け取りなさいと言うと，すぐに声は元のようになった。

こうして(その)知らない人はこのお礼をしようと，(長謡を生業とする男に)呪禁の技を授けたところ，あらゆる病に効果があり，後には(長謡を生業とする男は)謡うたいの仕事を辞めて，この呪禁だけを行い，無事に一生を送ったという。

問1 長謡を生業とする男は山伏姿の男に「そなたの声のめでたきをしばし我に貸してよ」と言われ，「唯といひて」＝はいと引き受けたので，イが適当。

重要 問2 長謡を生業とする男は「ひしと声かれて出でず」となったが，「かの異人に声を貸したることにつゆ心づかず」だったので，産土の神に声を元に戻してもらうことを祈ったのである。

基本 問3 傍線部(3)は，「声を貸しながら，それを忘れて，産土の神に申し祈らむ」としていた長謡を生業とする男に，産土の神が自分を「罪し給はむ」と，山伏姿の男が話していることを表している。

やや難 問4 長謡を生業とする男は，声を元に戻してもらおうと産土の神である住吉神社に行ったので，アは合致しない。長謡を生業とする男は，初めて山伏姿の男と出会って三日ほどして声が出なくなり，「三十日ばかりありて」山伏姿の男に声を返してもらったので，イは合致する。長謡を生業とする男が祈ったら，産土の神が自分を罰しなさるだろうと山伏姿の男は話しているので，「取り上げられそうになった」とあるエは合致しない。長謡を生業とする男が山伏姿の男からお礼として授かった呪禁の技は，「よろづの病に験ありて」とあるので，「苦しめた」とあるオも合致しない。

〔問題四〕 (論説文—大意・要旨，短文作成)

本文を整理しながら設問の条件をあてはめていくと，冒頭の段落＝従来の文法から外れた言語表現を「誤り」だと切り捨てる人は多いが，「誤った」ことばだと簡単に見なしてしまっていいのだろうか→続く3段落＝「しかし」例えば「しかない」が強い意志や気持ちを伝えうる表現として定着し，主体性をアピールする心理から創出されたという見方ができるように，「誤り」だとされる表現の生じた理由を考察すると，社会の様相が見えてくる→最後の2段落＝「つまり」ささいなことに注目した研究から優れた考察が生み出されているのも事実で，それなりに定着している言語現象には，相応の理由があるという視点を忘れてはならない。となる。若者がよく使う「しかない」という言葉を例に挙げて，筆者が述べようとしていることを読み取り，その要旨だけを的確にとらえて要約していこう。

〔問題五〕（論説文一大意・要旨，内容吟味，文脈把握，脱語補充）

基本 問1　傍線部(1)は③でも述べているように，「他者の感情に共感すること」なので，対象が「人間と腸内細菌の共生のありかた」であるエは適当でない。

重要 問2　③で，「他者の感情に共感することが快楽だとすれば，人は……たくさんの人と共感しようとする」ので，「自らの快楽を求めて，自然に多数の共感を得られる行動をとるようになると予想でき」，「『道徳的な振る舞い』」は「他者の広い共感を求める各人の欲求から自然に導かれるというのがスミスの議論」であることを述べているので，アが適当。「苦しみ」だけの説明になっているイは不適当。「自らの快楽を求めて，自然に多数の共感を得られる行動をとるようにな」り，「多くの共感をもとめることで」「自然に，偏りのない『公平な観察者』の立場に立つように方向付けられ」，「自然に導かれる」のが「『道徳的な振る舞い』」であることを述べているので，ウ，エも不適当。オの「本来恥ずかしいこと」とは述べていないので不適当。

やや難 問3　空欄Ⅰは「何がいい行いで何が悪い行いであるか」という基準なので，⑥・⑧で述べている「善悪の基準(5字)」が入る。④・⑤で，「いい／悪い」が道徳的に「品行方正」な立場である公平な観察者の立場から認められるのかということではなく，「道徳が道徳として機能するために必要なことは，単に『それが一般的であること』だけです」と述べているので，空欄Ⅱには「『それが一般的であること』(13字)」，空欄Ⅲには「品行方正」が入る。

問4　アは①，イは②，ウは④，オは⑦でそれぞれ述べている。③で，「人は，自らの快楽を求めて，自然に多数の共感を得られる行動をとるようにな」り，「より多くの共感をもとめることで自然に『公平な観察者』の立場に立つように方向付けられ」る，と述べているので，エは適当でない。

問5　⑦で「『ビッグ・ウェーブ』に乗ることが『正義』」であることが「『経済発展』の基礎になっている」と述べているので，空欄Ⅰには「経済発展(4字)」が入る。⑤で，「『一時期の流行』でみなその気になるようなものについても，『道徳』として機能することが十分にありうる」と述べているので，空欄Ⅱには「一時期の流行(6字)」が入る。⑦で「『道徳』の議論が……経済学の基礎になって」おり，「結局のところ……『みんなだまされている』ということなのだけどね」とスミスがいっていることを述べているので，空欄Ⅲには「『みんなだまされている』(12字)」が入る。

問6　⑧で，「社会における善悪が実際に『流行』で決まっているとするならば，人間にできるのはそれにだまされることでしかな」く，「人がそうやってだまされることで，社会は実際に発展するし『道徳』も一応は成立する。人間の本性はそうしてわれわれ自身をだましつつ，世の中を発展させていくものだというのがスミスの議論だったの」だ，と述べているので，エが適当。⑧後半部分の内容を踏まえていない他の選択肢は不適当。

重要 問7　⑨で，「人々はまさに『自由』であることで，自らの快楽を求めて流行にだまされ」，「必ずしも……いい結果をもたらすものではないものの，」「道徳的規範と経済的発展を実現するとスミスはいっていた」と述べているので，ウが適当。流行にだまされてしまうことが，道徳的規範と経済的発展を実現する，ということを説明していない他の選択肢は不適当。

重要 問8 「他者の感情に共感すること自体が快楽」と考えたのは,「『神』に頼らずに」道徳を語る概念によって問題を解決しようとしたアダム・スミスなので,アは合致しない。イは[3],ウは[3]~[5],エは[4],オは[8]でそれぞれ述べている。

★ワンポイントアドバイス★

資料の読み取りでは,資料の数字と項目を正確に読み取っていくことが重要だ。

大切なことはメモしておこうネ！

2020年度

★★★★★★★★★★★★★★★★★★★★★★★★★

入　試　問　題

2020年度

中央大学杉並高等学校入試問題（一般）

【数　学】（50分）　＜満点：100点＞

【注意】 定規，コンパス等の作図道具および計算機の使用は禁止です。

1　次の問に答えなさい。

（問1）　$(2x-5)(x+1)-(x+\sqrt{7})(x-\sqrt{7})$ を因数分解しなさい。

（問2）　$x=\dfrac{1}{5}$，$y=-\dfrac{1}{4}$ のとき，$(2x^2+4xy)^2\div\left(\dfrac{6x+9y}{15}-\dfrac{2x+6y}{10}\right)$ の値を求めると，$\left(\dfrac{a}{b}\right)^2$ の値と一致します。素数 a と b の値を求めなさい。

（問3）　図のように，円周上の点A，B，C，D，Eを頂点とする星型の図形があります。∠ACEの大きさを求めなさい。ただし，線分BDは円の中心を通り∠DBE＝31°，$\overset{\frown}{AB}=\overset{\frown}{ED}$ とします。

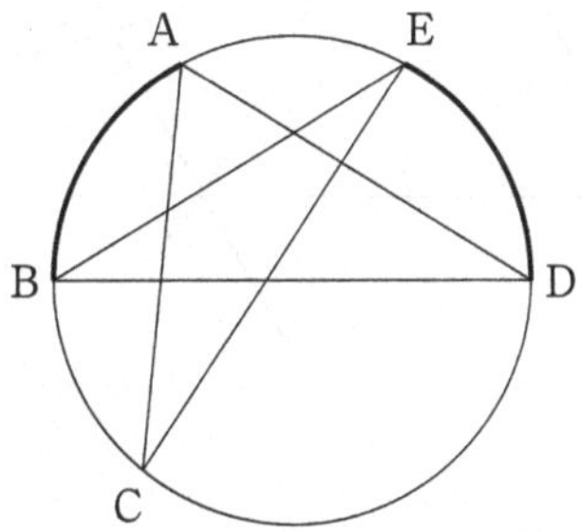

（問4）　図のような正四面体ABCDがあります。点Gは辺ADの中点です。辺BC上に点E，辺BD上に点Fを，AE＋EF＋FG の長さが最も短くなるようにとります。正四面体の１辺の長さが２のとき，AE＋EF＋FG の値を求めなさい。

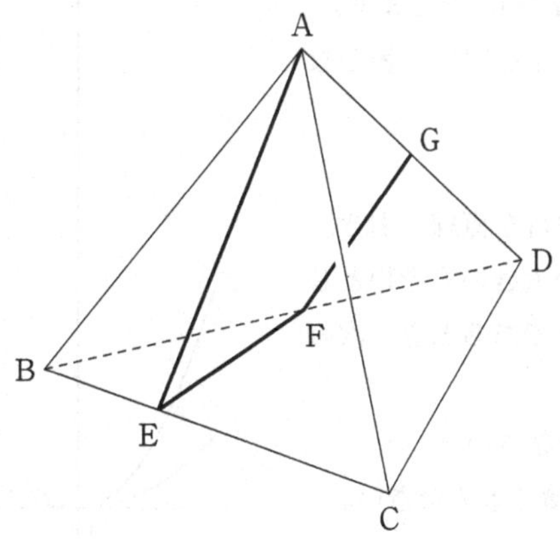

2 図において，点Aは反比例のグラフと直線ℓの交点であり，点Bは直線mとx軸の交点です。△OABは正三角形であり，２直線ℓとmは平行です。点Aの座標が（1，$\sqrt{3}$）であるとき，次の問に答えなさい。

（問１） 直線mの式を求めなさい。

（問２） 直線mと反比例のグラフとの交点のうち，x座標が正の方をCとします。点Cのx座標を求めなさい。

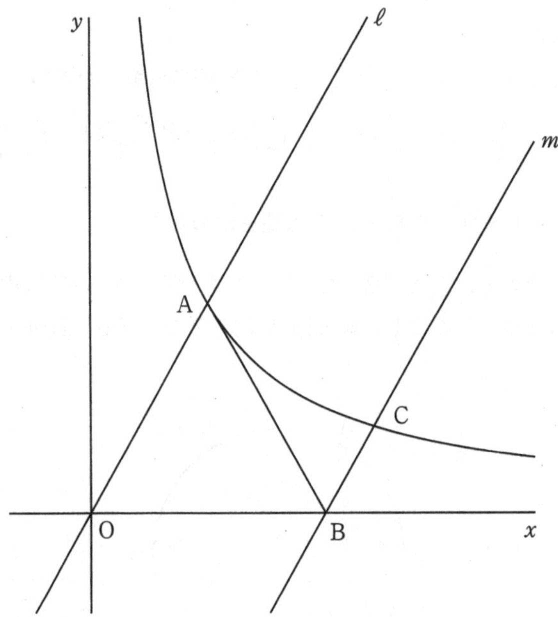

3 図のように，放物線 $y=2x^2$…①，$y=x^2$…② があります。①上にはx座標がaである点A，x座標が $a+1$ である点B，②上にはx座標が $a+1$ である点Cがあるとき，次の問に答えなさい。ただし，$a>0$ とします。

（問１） 直線ACの傾きを，aを用いて表しなさい。

点Bを通り，直線ACと平行な直線を引き，②との交点のうち，x座標が大きい方をDとします。直線ACの傾きが-2であるとき，次の問に答えなさい。

（問２） 直線BDの式を求めなさい。

（問３） 四角形ACDBの面積を求めなさい。

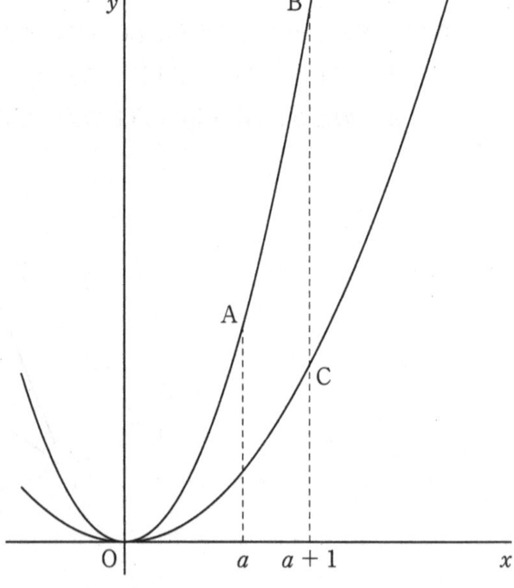

4 袋の中に，1から5までの数字が1つずつ書かれた5個の球が入っています。袋から球を1個ずつ2回続けて取り出すとき，1回目に取り出した球に書かれた数をa，2回目に取り出した球に書かれた数をbとします。1回目に取り出した球は，袋に戻さないものとするとき，次の問に答えなさい。

（問1） xについての1次方程式 $ax+b=0$ の解が整数となる確率を求めなさい。

（問2） $a^2=4b$ となる確率を求めなさい。

（問3） xについての2次方程式 $x^2+ax+b=0$ の解が整数となる確率を求めなさい。

5 正方形の台紙に正方形の色紙を少しずつずらした位置にはって，模様を作ることにしました。図において，四角形ABCDは1辺の長さが18㎝の正方形の台紙を示しています。点Pは線分AB上の点であり，点Qは線分AD上の点です。AP＝AQ＝6㎝とします。

まず，1辺の長さが6㎝の正方形の色紙をその3つの頂点がA，P，Qの位置にくるように台紙にはります。次に，その位置から右に1㎝，下に1㎝ずつずらした位置に同じ大きさの別の色紙を図のようにはります。同様に，右に1㎝，下に1㎝ずつずらした位置に同じ大きさの別の色紙をはり続け，色紙の右下の頂点がCと一致したとき，はり終えるとします。このとき，次の問に答えなさい。

（問1） 台紙に色紙をはり終えたとき，はった色紙の枚数を求めなさい。（答のみ解答）

（問2） （問1）のとき，正方形ABCDは色紙をはった部分と，色紙をはっていない部分とに分けられます。正方形ABCDのうち，色紙をはった部分の面積を求めなさい。（答のみ解答）

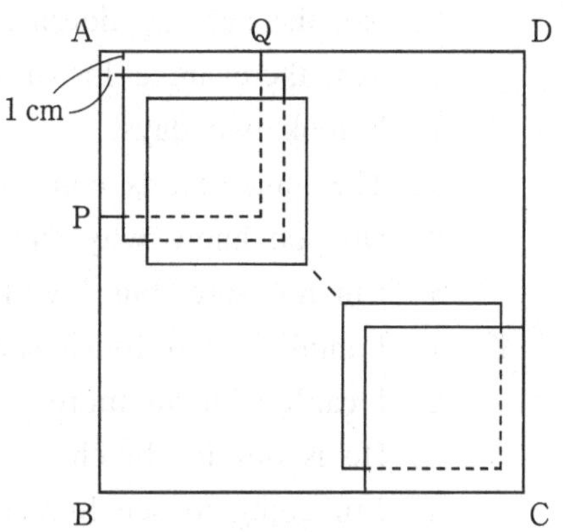

次に，1辺の長さがa㎝の正方形A' B' C' D' を台紙にした場合を考えます。先ほどと同様にして，1辺が6㎝の正方形の色紙を台紙にはり続けるとき，次の問に答えなさい。

ただし，aは6より大きい整数とします。

（問3） 台紙に色紙をはり終えたとき，はった枚数をnとするとき，nをaで表しなさい。（答のみ解答）

（問4） （問3）のとき，正方形A' B' C' D' のうち，色紙をはった部分の面積をS㎠，色紙をはらなかった部分の面積をT㎠とします。S：T＝1：2 のとき，aの値を求めなさい。

【英　語】（50分）　＜満点：100点＞　　**※リスニングテストの音声は弊社HPにアクセスの上，音声データをダウンロードしてご利用ください。**

【注意】 リスニングテストは試験開始後２分経過してから始まります。録音を聞いている時間は，解答のための休止を含めて９分ほどです。

Ⅰ　リスニングテスト

第１部　英語の短い対話を聞き，それに続く対応として最も適切なものを１～４から一つ選び，番号を答えなさい。次の問題に進むまでに５秒の休止が設けられています。対話を聞くのはそれぞれ一度だけです。問題はA，B，C，D，Eの五題です。

A．１．My wife has never been to the shopping mall.
　　２．Are you going to wear the same one?
　　３．Good.　But I'm not sure they still have one.
　　４．Today, it's very cool outside.

B．１．Don't worry.　Ginza is a big city.
　　２．I think so.　Just follow the sign.
　　３．No, the subway doesn't stop here.
　　４．Yes, there are a lot of stops.

C．１．It took two days.
　　２．The long seat is comfortable.
　　３．Do you know why she doesn't work?
　　４．I'm not sure, but I will try my best.

D．１．I think it will finish soon.
　　２．I can't wait anymore.
　　３．He is out for lunch.
　　４．I'm going to see him at ABC company.

E．１．Oh, sorry.　Please wait until the day after tomorrow.
　　２．I'm sorry.　I think online shops can send you one soon.
　　３．Can you bring an Aladdin DVD?
　　４．The birthday cake should be in a special package.

第２部　放送で流れる英文とその内容に関する五つの質問を聞き，その質問に対する答えとして，最も適切なものを１～４から一つ選び，番号で答えなさい。聞きながらメモを取ってもかまいません。各質問の後には７秒の休止が設けられています。英文と質問は二度放送されます。

F．１．Only her father had a job.
　　２．The family has four members.
　　３．Anne is Joanne's younger sister.
　　４．They lived in Portugal.

G. 1. Joanne wrote the story when she was in university.
   2. Joanne told the story to her father.
   3. Joanne's younger sister made the story with her.
   4. Joanne's younger sister listened to the story.

H. 1. A publishing company
   2. The old languages used in Europe
   3. The university she entered
   4. A forest in France

I. 1. Joanne began to write them when she was nine.
   2. Joanne got the idea for them when she was working in her office.
   3. Joanne finished writing them when she had a daughter.
   4. Joanne got the idea for them while she was on a train.

J. 1. She published her first novel.
   2. She had a daughter.
   3. She began to write her first novel.
   4. She became a teacher.

Ⅱ 次の英文を読み，A～Fの質問に対する最も適切な答えを選び，記号で答えなさい。
（*のついた語句には本文の最後に注があります。）

Do you know Albert Einstein? Maybe many of you know that he was one of the most famous scientists that the world has ever had. Actually, in 1922, he won a Nobel Prize for his idea about "*the photoelectrical effect." Later this idea led to the invention of the TV. Until he died in 1955, he published many important ideas in the field of science. Those ideas have inspired not only other scientists but also many young students who learn science.

Albert Einstein was born on March 14, 1879, in Germany. When he was a child, he was so quiet and shy. Albert didn't speak any words until he became 3 or 4 years old. His parents worried so much that they thought there was something wrong with his brain. They often took Albert to doctors, but the doctors found nothing wrong with him. One of the doctors said it was just Albert's character. He said that Albert was not a talker but a thinker. Most of the boys of his age wanted to be a soldier and play violent games, but Albert did not. He preferred to stay alone. He was thinking and *daydreaming for hours. Albert enjoyed thinking about a world that he couldn't see or explain. As he later said, "Imagination is more important than *knowledge. Knowledge is limited. Imagination can quickly go around the world."

His father had a business that sold batteries, *generators, electric lines and so on. Albert was interested in electricity very much, and he asked his father a lot of questions about it. He thought electricity was very powerful and mysterious.

"Is there any way to see it? How fast is it? What is it made of?" Albert was also interested in the compass that his father gave him. He was so excited because its needle always pointed in the same direction: North. Albert was surprised to know that there was some strange force like this around him, though he couldn't see or feel it. He often went hiking with the compass and lay on the grass. He liked to look up at the sky and think about space. "Is there anything outside of space? How does light get to our eyes from those stars? Is there anything bigger than space?"

Albert liked his elementary school because the teachers were kind, and tried their best to answer all of Albert's questions. However, things changed suddenly. At the age of 10, he started going to *gymnasium. It was a very strict school. The students had to wear uniforms and walk like soldiers to go anywhere in the school. Questions were not allowed. They only had to read and *memorize the things they learned. Albert felt that he was not allowed to think and imagine. However, only mathematics gave him time to think and imagine. So, at home, he spent a lot of time studying difficult mathematics problems with help from his uncle. They often studied *geometry together. Albert enjoyed solving problems with shapes like *squares, cubes, circles, and *spheres. For him it was like playing with blocks. While other boys in his class had a hard time with mathematics, it was just like a game of puzzles for Albert. In school, however, he was always asking questions that teachers could not answer and was often punished. The teachers thought he was a bad influence on his classmates and finally told him to leave the school forever. So, at the age of 15, he moved to Italy because his family was already there for his father's business.

Albert loved Italy so much because everything was so different from Germany. His days in Italy gave him a lot of time to read. He enjoyed reading books about the lives of famous scientists: Nicholas Copernicus and Galileo Galilei. Nicholas Copernicus, the *Polish astronomer, was *criticized because he said that the earth moves around the sun. Later Galileo Galilei, an Italian scientist, was *arrested for agreeing with Copernicus' idea. However, in Albert's time, nobody believed that the sun moves around the earth. After Albert studied those scientists' ideas and thoughts, he learned that scientific truth would be accepted by people in the end. He felt confident in himself and his scientific ideas.

Later, Albert went to college in Switzerland. There he got a job at the *patent office. His years at the patent office were wonderful because he had a lot of time after work. So he wrote and published many scientific *papers. Those papers were so amazing that he was asked to become a professor of *physics at the University of Zurich in 1909. He accepted, and later he taught at some different universities in Europe. However, in 1933, he moved to the United States and remained there until he died.

Many of Albert's ideas were known widely, but some of them were very difficult for even scientists to understand. Unfortunately, one of his ideas was later used to create an *atomic bomb. However, Albert and his ideas still have a great influence on not only scientists but also many people in many fields around the world.

注）the photoelectrical effect：光電効果（物質に光を照射した際，電子が放出されたり電流が流れたりする効果）
daydream：空想にふける　knowledge：知識　generator(s)：発電機
gymnasium：ギムナジウム（ドイツの７または９年制の中等教育機関）　memorize：暗記する
geometry：幾何学　square(s)：正方形　sphere(s)：球体
Polish astronomer：ポーランドの天文学者　criticize：批判する　arrest：逮捕する
patent office：特許局　paper(s)：論文　physics：物理学　atomic bomb：原子爆弾

A．What did the doctor mean when he said, "Albert is not a talker but a thinker?"
ア It is difficult for Albert to remember what he sees.
イ Albert doesn't talk but he is thinking a lot in his mind.
ウ He doesn't talk because he has something wrong with his brain.
エ He doesn't think enough, so he doesn't talk well.

B．Which is true about Albert's childhood?
ア Albert didn't believe anything without seeing it with his own eyes.
イ For Albert collecting information was more important than imagining something he couldn't explain.
ウ Albert was excited about a mysterious power which moved a needle on a compass always to the North.
エ Albert sometimes had bad dreams while he was sleeping on the grass.

C．Which is NOT true about Albert's days in gymnasium?
ア The teachers tried their best to answer most of Albert's questions, so he liked the school.
イ Albert was often punished because he was asking too many questions to the teachers.
ウ There were strict rules for Albert and other students even when they studied and walked in school.
エ Albert had to leave school because teachers thought that his classmates would be influenced by his bad attitude.

D．Which is true about Albert in Italy?
ア Albert wrote many books about the history of his favorite scientists, Galileo Galilei and Nicholas Copernicus.
イ It was difficult for Albert to find time for reading and studying because he had to help his father's business.
ウ After Albert knew that some people were arrested for their scientific ideas,

he decided not to show his own ideas to the public.

エ Albert found that he should not give up his scientific ideas after he learned about the famous scientists, Galileo Galilei and Nicholas Copernicus.

E. What happened to Albert after he went to Switzerland?

ア His years at the patent office didn't allow Albert to have enough time to think because he had a lot of things to do there.

イ Albert went to the United States in 1933, but he moved back to Switzerland after a while.

ウ The University of Zurich decided to give Albert a job as a physics professor because his papers were so wonderful.

エ Albert stayed in Europe and never left there, because he loved the jobs he got there.

F. 本文の内容に合っているものをア～キから二つ選び，記号で答えなさい。

ア Albert received a Nobel Prize for his scientific invention which was later used as one of the terrible weapons.

イ When Albert was 3 years old, his parents thought he was smarter than any other child.

ウ Albert didn't like playing violent games with other boys and often stayed alone.

エ Albert thought that imagining something was more important than getting information because imagination has no limits.

オ Most of Albert's ideas were not so difficult that anyone could understand them easily.

カ After Albert studied about Nicholas Copernicus and Galileo Galilei in Italy, he became very much interested in electricity and compasses.

キ Albert produced many scientific ideas during his life and all of them were used for people to live a happy life.

Ⅲ 次の英文を読み，以下の問に答えなさい。
（＊のついた語句には本文の最後に注があります。）

Have you ever heard of the word, "vegetarian?" Vegetarians are people who do not eat animal meat including seafood. They eat vegetables, fruits, *grains, nuts, and seeds. Some vegetarians also eat dairy products such as milk and cheese. These people are called lacto-vegetarians. People who eat dairy products and eggs are called lacto-ovo vegetarians. Some people do not eat anything that comes from an animal, including dairy products, honey, and eggs. They are called vegans. Vegans do not use anything that comes from an animal, so they do not wear clothes made of leather, silk, or wool.

The first "vegetarians" appeared in India and the eastern *Mediterranean more than 2,500 years ago. The *Greek philosopher, Pythagoras, taught that all animals were *related, so humans should be kind to them. In India, *Buddhists believed that all animals were as important as humans and that it was wrong to kill animals for food. Later *Hinduists had ① the same belief.

In the 1800s, some vegetarians got together and made groups in England and in the United States. Then, the word "vegetarian" was used in England for the first time. In the 1900s, more people got interested in becoming vegetarians, and now the number of vegetarians is increasing all around the world.

② Why do more people choose to be vegetarians these days? One of the reasons is that they are worried about animals on large farms. They think those animals are raised in bad conditions. They also think that such farms harm the environment. The *waste from the animals can pollute the land and water. However, the more popular reason is that they want to be healthy by not eating meat.

It is said that vegetarians are (A) than people who eat meat, and that they have less risk of heart disease, cancer, and other illnesses. However, one study showed an interesting result — being a vegetarian won't help us live (B). Researchers studied 243,096 men and women with an average age of 62. The six-year research found that meat eaters and vegetarians lived the same amount of time.

Other researches came to the (C) conclusion. Researchers studied about 200,000 American workers and found that vegetarians who eat (D) foods, such as potato chips, sweets and junk foods, could increase their risk for heart disease. Then they paid attention to both vegetarians and meat eaters. They compared people who eat a lot of fruits and vegetables and people who eat a lot of (D) foods. ③ The result was that more people got heart disease when they ate a lot of (D) foods. At the same time, they found that less people got heart disease when they ate a lot of fruits and vegetables. It showed that 'eating meat or not' is not an important point when we try to reduce our risk for heart disease. In other words, giving up meat may not be so important as we think, and eating a lot of *nutritious quality foods may actually help people live longer.

There is another study from a different point of view. ④[vegetarians and meat eaters / studied / disease / among / lifestyle / how / can / some researchers / influence]. They found that meat eaters had more diseases than vegetarians, but they got ⑤ another interesting result. Meat eaters who had a healthy lifestyle had the same results as vegetarians who also had a healthy lifestyle. A healthy lifestyle here means that they didn't smoke or drink too much alcohol, played sports, and ate a lot of fruits and vegetables. In addition, it is found that eating lots of fruits and vegetables with enough exercise has a good influence on *cardiovascular health, *blood pressure, and so on. ⑥ <u>All this information</u> helps us understand that ‘eating meat or not’ is not an important point for our health, and having a healthier lifestyle and eating more fruits and vegetables are the best ways to live longer.

So, don’t forget the following advice for both meat eaters and vegetarians:

First, eat more plant foods. 75 percent of one meal should be vegetables and 25 percent should be foods with enough *protein and healthy *fat.

Second, eat foods that are as natural as possible. If a lot of unnatural things are added to the food, you shouldn’t eat it. And if you eat animal foods such as meat and dairy products, eat the highest quality food that you can get!

Third, live a less stressful life. You should not sit in front of a computer for 10 hours a day or take the crowded train or bus for an hour each day. You can’t remove all the stress, but you can reduce it. Take a deep breath, and relax for a while!

Finally, sleep more. Get eight-hours of sleep as often as possible. That is the best way to help you keep healthy.

注）grain(s)：穀類　Mediterranean：地中海地方　Greek philosopher：ギリシャの哲学者
related：関わり合っている　Buddhist(s)：仏教徒　Hinduist(s)：ヒンズー教徒
waste：排せつ物　nutritious quality food：栄養のある良質な食べ物　cardiovascular：心臓血管の
blood pressure：血圧　protein：タンパク質　fat：脂質

問１　本文に述べられている“vegetarians”の分類について，それぞれの特徴をア～オから一つずつ選び，記号で答えなさい。

① lacto-vegetarians
② lacto-ovo vegetarians
③ vegans

<選択肢>

ア They don’t eat anything that comes from animals.
イ They don’t eat meat but eat cheese, milk and eggs.
ウ They sometimes eat meat but usually eat grains, nuts and seeds.
エ They don’t eat meat and eggs but they eat dairy products such as cheese and milk.
オ They eat meat and wear clothes made of leather, silk or wool.

問２　下線部①の内容として最も適切なものをア～エから一つ選び，記号で答えなさい。

ア Humans should be kind to animals, because all animals are equal.
イ Humans should kill animals in the same way as Buddhists do.
ウ Humans should not kill animals to eat, because all animals should be respected.
エ Humans should have groups to increase the number of vegetarians.

問３　下線部②の答えとして<u>ふさわしくない</u>ものをア～エから一つ選び，記号で答えなさい。

ア　They are trying to protect animals that are in bad conditions.

イ　They want to increase the number of large farms for animals.

ウ　They are worried that animal waste from farms will pollute the environment.

エ　They think they can be healthy if they don't eat animal meat.

問４　空欄（A）～（D）に入れるのに最も適切な語をア～クから一つずつ選び，記号で答えなさい。ただし，同じものを繰り返し選んではいけません。

ア　unhealthy　　イ　healthy　　ウ　healthier　　エ　weaker　　オ　similar

カ　different　　キ　longer　　ク　shorter

問５　下線部③からわかることとして最も適切なものをア～エから一つ選び，記号で答えなさい。

ア　Eating quality food is more important than giving up meat.

イ　Eating meat is as important as eating a lot of fruits and vegetables.

ウ　Eating a lot of fruits and vegetables increases the risk for heart disease.

エ　Giving up meat is helpful when you want to reduce the risk for heart disease.

問６　下線部④が「ある研究者達は，生活様式がどのように菜食主義者と肉を食べる人の病気に影響を与えるかを調べた。」という意味になるように［　］内の語（句）を並べ替えなさい。ただし，文頭に来る語も小文字で表してある。

問７　下線部⑤の内容として最も適切なものをア～エから一つ選び，記号で答えなさい。

ア　Meat eaters had more diseases than vegetarians when they stopped eating meat.

イ　Vegetarians had more diseases than meat eaters when they started eating meat.

ウ　Vegetarians played sports more often than people who eat meat.

エ　Meat eaters and vegetarians had less diseases when they had a healthy lifestyle.

問８　下線部⑥によって私たちは何を理解することができますか。55字以上65字以内の日本語で説明しなさい。（句読点を含む）

下書き用

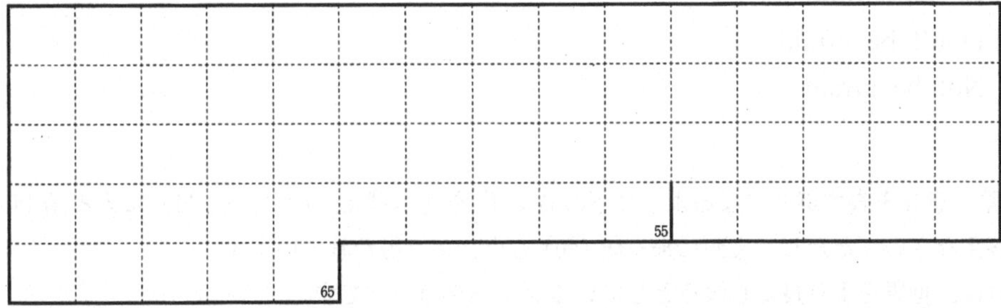

問９　筆者の考えとして最も適切なものをア～クから三つ選び，記号で答えなさい。

ア　We should stop eating meat and have a lot of nutritious plant foods.

イ　We don't have to give up eating meat if we eat a lot of fruits, vegetables and healthy fat.

ウ　Eating a lot of unhealthy foods doesn't influence our health if we are vegetarians.

エ Playing sports too much may have a bad effect on our health if we are meat eaters.

オ We should be careful about unnatural things in foods and choose quality foods.

カ 75 percent of one meal should be quality meat and 25 percent should be vegetables.

キ It is not natural for humans to work with computers for long hours.

ク We can keep healthy by eating a lot of fruits and vegetables even if we don't sleep enough.

Ⅳ 空欄に入る最も適切なものをそれぞれア～エから一つ選び，記号で答えなさい。

1．Will you tell me (　　)?

ア where do I eat lunch
イ where eating lunch
ウ where to eat lunch
エ to eat lunch where

2．The woman (　　) yesterday was my friend's mother.

ア who talked to me
イ was talked to me
ウ I was talked
エ who I talked

3．(　　) is about two kilometers from the station to our school.

ア That　イ This　ウ There　エ It

4．(　　) of making mistakes when you speak English.

ア Don't afraid
イ Be not afraid
ウ Don't be afraid
エ Not be afraid

Ⅴ 日本語の意味を表す英文になるように下の語（句）を並べ替え，（A）～（H）に入る語（句）の記号を答えなさい。ただし，文頭に来る語（句）も小文字で書かれています。

1．それは，世界をより良くしようとしているグループの一つです。

(　)(　)(　)(　)(　)(A)(　)(　)(　)(B)(　).

ア better　イ it　ウ the groups　エ make　オ of
カ one　キ to　ク tries　ケ which　コ the world　サ is

2．私の前に立っている男の人が突然歌い出した時，私はびっくりしました。

I was surprised (　)(　)(　)(C)(　)(　)(　)(　)(D)(　) suddenly.

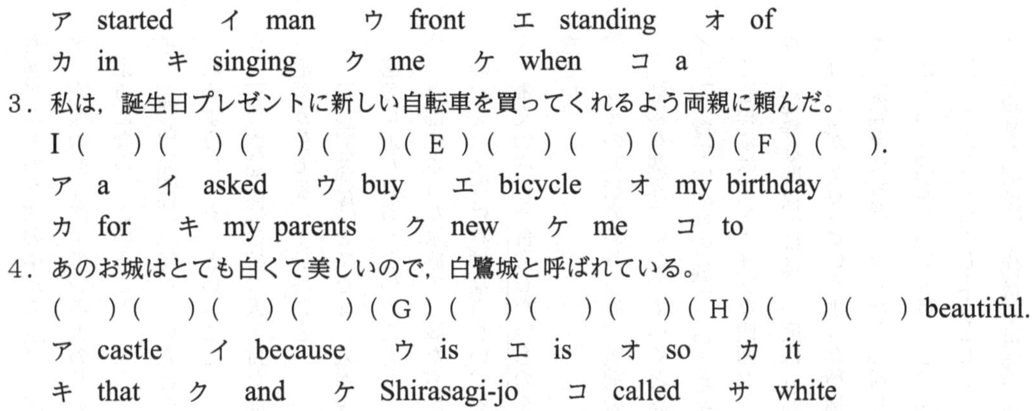

ア started　イ man　ウ front　エ standing　オ of
カ in　キ singing　ク me　ケ when　コ a

3．私は，誕生日プレゼントに新しい自転車を買ってくれるよう両親に頼んだ。
I (　)(　)(　)(　)(E)(　)(　)(　)(F)(　).
ア a　イ asked　ウ buy　エ bicycle　オ my birthday
カ for　キ my parents　ク new　ケ me　コ to

4．あのお城はとても白くて美しいので，白鷺城と呼ばれている。
(　)(　)(　)(　)(G)(　)(　)(　)(H)(　)(　) beautiful.
ア castle　イ because　ウ is　エ is　オ so　カ it
キ that　ク and　ケ Shirasagi-jo　コ called　サ white

Ⅵ　次の日本文を英文にしなさい。

1．学校へ行く前に，自分の部屋の掃除を終える必要はありません。

2．その英語で書かれた手紙をあなたはいつ受け取りましたか。

なっていく」とありますが、どういうことですか。その説明として最も適当なものを次の中から選び、記号で答えなさい。

ア　家族の愛に飢えている人の数を今よりも減らす努力が求められるようになる、ということ

イ　「親密な関係」を持たない人とそれを支える人とのきずなを強められるようにする、ということ

ウ　「親密な関係」を持つ人と持たない人の間にある落差を埋めていく必要が生じる、ということ

エ　「親密な関係」を持たない人が今よりも増えていく情況に対処する必要に迫られる、ということ

オ　外部化された家族では満たされない人にどのような代替措置が可能かを考えなければならない、ということ

問8　本文の内容と合致しないものを次の中から一つ選び、記号で答えなさい。

ア　今後の家族のあり方は、戦前の家父長制の欠点を修正してできた「純粋な関係」になっていくと思われる。

イ　「子育て中の核家族」というモデルが、時代に合わせて変化していく過程にはポジティブな側面がある。

ウ　「純粋な関係」には、一度は分断された親族がそれぞれの意志で再びつながり合うというような積極的な意味がある。

エ　家族を持ち得ない人たちに対してどのようなケアをしていくべきかという問題については、とりあえず家族の果たすべき機能を外部化することで対応しようとしてきた。

オ　「親密な関係」は代替不可能であり、決して外部化できないものなのである。

関係性

問2　――線部⑵「家族というプロジェクトを協働して担っていくしかない」とありますが、なぜですか。その理由として最も適当なものを次の中から選び、記号で答えなさい。

ア　家族は自分で選んだ関係ではないが、守るべきものだから
イ　それぞれに都合があっても、家族は維持しなければならないものだから
ウ　共にいることが当然であるはずの家族ですら、自分たちで選んだ関係になるから
エ　協力し助け合わねばならないはずの家族を疎んじることは、無責任なことだから
オ　たとえ家族であっても、相互に保障されるべき個人の自由を犯してはならないから

問3　――線部⑶「いま作られている家族は、戦後民主主義の延長線上にある民主化された家族のひとつの形態として見ることができます」とありますが、それについて次のように説明しました。空欄に当てはまる語句を、本文中からそれぞれ抜き出しなさい。

「のび太くん家」のような家族は、家父長制などの戦前の［①5字］を否定することによって生まれてきた。したがって、現代の「純粋な関係性」を結ぶ家族も、友人や同僚を呼んで社会的に結婚を認めてもらうような、戦後の［②7字］の系譜に連なっていると言える。

問4　――線部⑷「ポジティブな意味がある」とありますが、どのようなところが「ポジティブ」なのですか。最も適当なものを次の中から選び、記号で答えなさい。

ア　オンラインでのつながりが、核家族の信頼を強めるところ
イ　オンラインでのつながりが、家族関係に民主化をもたらすところ
ウ　オンラインでつながることで、戦前の家父長制が見直されるようになったところ
エ　オンラインでつながることで、離れていた3世代が再びつながることができるところ
オ　オンラインでつながることで、戦後民主主義の新たな可能性が見出されるようになったところ

問5　――線部⑸「外部で補えるような仕組み」とありますが、それについて次のように説明しました。空欄に当てはまる語句を、本文中からそれぞれ抜き出しなさい。

「外部で補えるような仕組み」とは、お金で買える［①3字］されたもののことばかりをいうのではない。人々が家族を形成しようと思うようにするためには、むしろコストのかからない［②4字］された福祉や、その他の社会的つながりが必要なのである。

問6　――線部⑹「本質的な機能」とありますが、それに該当しないものを次の中から一つ選び、記号で答えなさい。

ア　市場化できるという前提に立った家族の役割
イ　生物学的レベルで人間に組み込まれている一つの能力
ウ　進化心理学的観点から解明された「親密な関係」の働き
エ　「親密な関係」によって結ばれた家族関係が人間に与える効能
オ　外部化したり代替したりすることのできない「親密な関係」のもたらす作用

問7　――線部⑺「『親密性格差』の問題から目を背けることができなく

あきらかになりつつあります。

つまり、家族のような関係性は、人間の生物学的なレベルで組み込まれている機能であるということです。

たとえば、病気になったとき、親密な相手からのケアがあるかどうかが快復に影響することが指摘されています。『脳が壊れた』の著者である鈴木大介氏は、自身の高次脳機能障害について書いた記事で、感情のコントロールが利かなくなりパニックになったとき、妻に手を握ってもらったり、抱きしめてもらったりすると落ち着いていくという、印象的なエピソードを記しています。

僕は読んだとき、「これってけっこう重要な問題だよな」と思いました。支えられる人が限られる環境においても、やはり代替不可能な存在というものがあるのです。

病気などに直面したとき、機能として医療や介護を外部から提供することはできます。しかし、大切な人に見守ってもらったり、ずっと手を握ってもらったりするような、人間のなかにある本質的な部分に応えることは、おそらく外部化できないものなのです。

福祉は、家族の機能は外部化できるという前提に立ち、それらを個別のサービスとして提供してきた面があります。しかし、家族が持つ本質的な「親密性」は、お金や労働力のように集めたり分配したり、代替したりすることは難しいのです。恋人がいない人に恋人をどこかから調達して分配したり、家族の愛に飢えている人に別の誰かの家族の愛を分け与えたりはできません。「親密性」の有無が人生の質（ＱＯＬ）を左右するにもかかわらず、それを再分配することはもとより、強制的に提供することもできないのです。

今後の社会では、こうした⑺「親密性格差」の問題から目を背けることができなくなっていくことでしょう。

ある程度までは、先に述べたようにサポートを市場化したり、サードプレイスのような形でネットワーク化したりできる。でも、親密な関係を持つ人と持たない人で決定的な違いが生じるなら、それがない人たちはどのように生きていけばいいのか――。

家族という「親密な関係性」には、最後の大きな問題が潜んでいるのです。

（鈴木謙介『未来を生きるスキル』より　作問のため本文を改めた箇所がある）

注「のび太くん家」…藤子・Ｆ・不二雄の漫画『ドラえもん』の登場人物の一人である「のび太」の家族のこと。筆者は別の箇所で「「のび太くん家」のような「愛によって結ばれた夫婦」が、「自分たちの経済力のみで子育てをする」家族」と述べている。

問１　――線部⑴「純粋な関係性」とありますが、これを説明したものとして最も適当なものを次の中から選び、記号で答えなさい。

ア　計算高くあることによって、相互に利益と安定をもたらすような関係性

イ　存在を相互に認め合うことが、共にいる唯一の動機となるような関係性

ウ　制度や形式に則して、それぞれが社会的な位置を取得するような関係性

エ　純朴で汚れのないことが、連帯するただ一つの根拠となるような関係性

オ　偶然結ばれた者達が、きずなを必然的なものに育てていくような

があります。福祉で家族をサポートするということは、言い換えると、「家族の営み」をある程度外部化する前提に立つことです。

実際に、教育については、学校や学習塾や習い事などでほとんど外部化されており、高齢者介護も外部化が進みつつあります。最近では、共働き世帯を中心に家事代行サービスの需要も高まっています。つまり、家事や生活を営む作業は、その多くが外部との関わりで可能になるものなのです。それをすべて市場（お金）で買うかどうかはともかく、家族以外の誰かが担えるものになりつつあります。

こうしたサポートのうち、お金での購入が前提となるサービスを「商品化」されたものと呼び、福祉のように権利として保障されているものを「脱商品化」されていると呼びます。そのうえで、デンマーク出身の社会学者イエスタ・エスピン＝アンデルセンは、福祉の「脱商品化」の度合いは国や社会によって異なることを明らかにしました。

たとえば、アメリカでは商品化の度合いがすごく高い。なんでもお金で買えるということです。そして、脱商品化されている国でも、北欧諸国のように行政が提供する仕組みが整っている国もあれば、南欧諸国のように商品化の度合いも低く福祉も不十分で、親族ネットワークに依存するような国もあります。日本では市場で買ったり、行政が提供したりと様々ですが、たとえば医療サービスであれば行政からサポートを受けるというパターンになっています。

もちろん、単純に国や地域で分けづらい面もありますが、いずれにせよ、様々な方法で家族以外の人がサポートを提供していることが世界的に見られるわけです。

すると、ほとんどのサポートを外部化できると考えるなら、家族の形態が多様化しても、市場のサービスで代替したり、福祉として提供したりして対処できるかもしれません。

たとえば、子どもと一緒に住んでいない高齢世帯が増えても、ヘルパーが定期的にどこかへ連れて行ってくれたり、入浴サービスをしてくれたりする形で外部化できるなら、ある程度は対処できます。ただ、福祉予算が縮小され、かつ市場でそれを買うのも高いとなると、家族を形成すること自体から人びとは退却していくでしょう。親の介護もありながら子どもを育てることは、よろこびよりもコストのほうが高いものとなってしまうのです。

だからこそ、家族を社会の基本的な単位と考えるなら、それを維持するためにこそ(5)外部で補えるような仕組みを増やす対策が必要になります。市場から調達するほか、サードプレイスによるサポートや、高齢者になったときに自分を尊重してくれる人たちのネットワークがあること。あるいは、趣味縁のなかでウィークタイズがあること。もちろん、福祉行政が子育てのサービスや高齢者福祉を拡充していくこと。

そうしたことが、家族を守っていくうえで今後ますます重要になっていきます。

そして、ここに至って最後の大きな問題が立ち現れます。

「家族」が持つ(6)本質的な機能を、すべて外部化できるのか？

近年、進化心理学という、生物学的な人間の進化や人間の性質を進化論的な観点から解明する研究において、家族などの「親密な関係」には、外部化したり代替したりすることのできない本質的な機能があることが

純となりますが、会社を辞めても友人としての付き合いが続くなら、それこそが純粋な関係性ということですね。

そうなると、「私たちは家族である」とお互いが決めたこと以外に家族であることの理由や条件がないので、お互いがそれぞれの人生設計や生活圏を持つなかで、⑵家族というプロジェクトを協働して担っていくしかないのです。僕はあと15年もすれば、そんな関係性が標準的なスタイルになると考えています。

ただし、それは「のび太くん家」(注)がなくなってしまうことではありません。のび太くん家にあった関係性が、僕らの時代に合ったものに変わるということです。

なぜなら、戦後に築かれてきた愛によって結ばれた核家族もまた、「民主的」な家族として広まってきたからです。

戦前の家父長制では、家長である父の絶対的権威を頂点にしたピラミッドのなかで家族が営まれました。そして、このような古い家族はもうやめようという意識から現れたのが戦後の民主的な核家族でした。

結婚は親が決めるのではなく、夫婦の愛によって成立する。結婚式のスタイルは神前結婚式ではなく、結婚することだけを理由にした人前結婚式を挙げる。披露宴には友人や会社の同僚を呼び、社会にその夫婦を認めてもらう。このように戦前の権威を否定して生まれたのが、戦後の民主的な核家族だったのです。

その延長線上に生きている僕たちは、いま家族の条件としてなにを残すのか――。

それは、「一緒に住んでいること」とか「子育てをしていること」といったどこかの誰かが決めた定義ではなく、お互いが「家族になろう」と思って作ったという、その純粋な理由だけを残していくという話だと思うのです。

その意味で、⑶いま作られている家族は、戦後民主主義の延長線上にある民主化された家族のひとつの形態として見ることができます。別にどんな言葉を使ってもいいのですが、夫婦間で「よろしくお願いします」なんて僕は素敵だと思います。

そんな家族の形態がもっと広がれば、高齢世帯でも離れて住む息子夫婦とLINEグループでつねにつながっていたり、オンラインでコミュニケーションしたりして、いつでも「家族」であれるわけです。これまで核家族で切れていた3世代がオンラインでつながって、孫にとって遠かったおじいちゃん、おばあちゃんが、自分のすぐ身近にいる高齢の家族として存在することもあり得ます。

そのようにして核家族をまたいだ関係性が広がることには、とても⑷ポジティブな意味があると思います。

ここまで、かつて標準とされた「子育て中の核家族」のようなイメージの家族が、新しく民主化されていくポジティブな側面を見てきました。

しかし、ここで大きな問題が残ります。

そんな家族を作ることができない人や、急増する高齢単身世帯のようなこれまでのモデルにない人たちをどう考えるのか？

こうした問題には、「家族を支える制度」を考える視点を欠かすことができません。そこで、そんな人たちをサポートするために社会福祉制度

このようなことはぬいぐるみについても言える。子どもの時、私たちの多くはぬいぐるみと遊んでいたはずだ。しかしいつしか私たちは、自然とぬいぐるみとの日々から遠ざかってしまう。ただこれはすべての社会に当てはまることではない。ある調査によると、イギリスの成人男性のうち、三人に一人が大人になってもぬいぐるみとともに暮らしているという。考えてみれば、大人になったらぬいぐるみと別れなければならない、という理由はどこにもないはずである。にもかかわらず、私たちの多くは、無意識のうちにぬいぐるみと別れるべきであると思い込み、そのように行動してしまっている。私たちの心は決して自由ではない。

このように、知らず知らずのうちに、私たちの心や行動を方向付けてしまうものが文化である。食べ物についてもぬいぐるみについても、私たちは根拠のない思い込みに縛られている。実は文化がこういった私たちの思い込み、私たちの心の形をあらかじめ決めてしまっているのである。

ここ数年、日本の社会ではすぐに役に立つ研究が求められ、それ以外の学問を軽んじる傾向が強くなってきている。いわゆる文化研究もその一つだ。しかし文化が心の形を決めてしまうとするのならば、文化研究は私たちの心の限界を知る学問だ。そして文化を研究し、心の限界を知ることこそが、自由になることへの第一歩になるのである。『三四郎』の広田先生は、先の引用に続けて次のように述べる。「囚(とら)われちゃ駄目だ」と。私たちはこの広田先生の言葉を忘れてはならないのである。

（本文は本校で作成した）

（下書き欄1）

（下書き欄2）

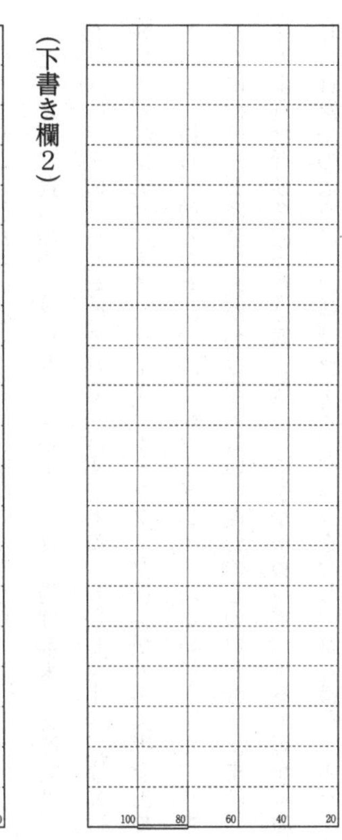

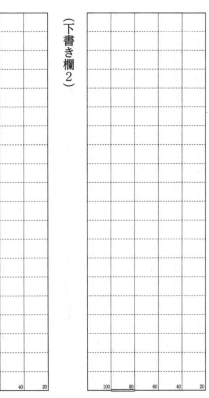

〔問題五〕　次の文章を読んで後の設問に答えなさい。

イギリスの社会学者アンソニー・ギデンズは、著書『親密性の変容』で、これからの人間関係、とりわけ親密な関係は、「⑴純粋な関係性（pure relationship）」になると述べています。ここでの純粋は、心が汚れていないという意味ではなく、「ほかに理由がない」という意味です。

この定義で見ると、パートナーと利益目当てで付き合っていたり、籍を入れたから仕方なく夫婦でいたりするのは不純な関係性であり、「お互いがお互いであること以外に関係性を保つ理由がない」のが純粋な関係性です。職場の同僚は会社が同じという条件に支えられているので不

問2 『 で始まる会話はどこで終わりますか。A～Dより一つ選び、記号で答えなさい。

問3 ――線部⑵「御耳を嗅ぎける」とありますが、その姿を見た諸大名の反応を説明した文章として最も適当なものを次の中から選び、記号で答えなさい。

ア 曽呂利が秀吉の耳を嗅いでいる様子を見た諸大名は、歌で状況を説明している姿に感心した。
イ 曽呂利が秀吉の耳を嗅いでいる様子を見た諸大名は、耳の遠くなった秀吉をいたわる姿に感動した。
ウ 曽呂利が秀吉の耳を嗅いでいる様子を見た諸大名は、秀吉と曽呂利の密接な関係に嫉妬した。
エ 曽呂利が秀吉の耳を嗅いでいる様子を見た諸大名は、秀吉が怒るのではないかと肝を冷やした。
オ 曽呂利が秀吉の耳を嗅いでいる様子を見た諸大名は、自分についてあれこれ報告していると勘違いした。

問4 本文の内容と合致しないものを次の中から一つ選び、記号で答えなさい。

ア 秀吉は曽呂利に歌の褒美として黄金を与えるつもりだった。
イ 秀吉は曽呂利が耳を嗅ぎたいといった真意はわからなかったが面白く感じて承知した。
ウ 諸大名は秀吉に気に入られようと曽呂利に金銀を貢ぐようになった。
エ 曽呂利が私腹を肥やしたことを秀吉は苦々しく思ったが笑うしかなかった。
オ 曽呂利はねらいどおりに日に日に裕福になっていった。

〔問題四〕 次の文章を八十字以上百字以内に要約しなさい。

> ① 三文で要約すること
> ② 第二文の書き出しを「しかし」、第三文の書き出しを「つまり」で始めること
> （………。しかし………。つまり………。）
> ③ 解答欄の一マス目から書き始め、句読点も一字に数えること

夏目漱石『三四郎』の中で、熊本から上京する主人公の三四郎に対して、広田先生という人物が次のように語るシーンがある。熊本より東京は広い。東京より日本は広い。日本より頭の中の方が広い、と。ままならぬ現実の中で生きる私たちは、それでも自分の頭の中は自由で、思うまま想像の翼を広げることができる。私たちは何でも自由に考えることができると信じている。そのように考えて、日々の生活を生きている。しかし私たちの心は本当に自由なのだろうか。

たとえば、食べ物のことを考えてみよう。食べ物は本来、男性向け、女性向け、そのようなものではないはずである。しかしラーメン屋の行列は圧倒的に男性が多く、ケーキバイキングは女性客がその大半を占めている。彼ら、彼女たちは、誰かにラーメン屋、あるいはケーキバイキングに行け、と命じられたわけではない。自分の心のおもむくままに、そのような行動を取ったに過ぎない。にもかかわらず、まるで誰かに命じられたかのように、男性はラーメン屋に列をなし、女性はケーキバイキングにでかけるといった行動をとってしまうのである。

ア　従来の領収書では、各商品の税抜き価格が示され消費税の額が明確であったが、九月以降の領収書ではそれが不透明になった。

イ　税込み価格で計算すると三〇〇円の支払いで済んでいたが、税抜き価格で計算すると、前より一円多く支払わなければならなくなった。

ウ　各商品を税抜き価格で合計し、それに対する消費税を計算すると、消費税は二十一円だが、税込み価格で合計すると消費税が二十二円になった。

エ　八月以前の領収書と九月以降の領収書を比較すると、計算方法が変わったことにより、食料品の値段が相対的に下げられることになった。

オ　複数の商品を買う場合、税込み価格が表示されている方が最終的に支払う値段が分かりやすいという消費者の要望が通った結果、計算方法が変わった。

【問題三】 次の文章を読んで後の設問に答えなさい。

ある時ご寵愛の松の樹枯れたりしを、秀吉公心よからず思し召しつるを、曽呂利伺ひ見て祝しけるは、

御秘蔵の常盤の松は枯れにけり
己が齢を君にゆづりて

(1)秀吉公御感ありてよくよくぞ祝し申したれ、曽呂利に黄金とらせよと仰せありければ、曽呂利謹んで額を下げ、『有り難きしあわせA、とかう申すも畏れあれども、ただいま御金を拝領仕るよりは、日ごとに君の御耳を嗅がせ給はらば御金に勝り、有り難からんBと申し上げければ、殿下可笑しく思し召し、汝が望みに任する間、心のままに嗅ぐべしCと仰せけるに、曽呂利甚だ悦び深く恩を謝したりける、それより後、諸国の大名小名登城して、御目見の時は必ずこの曽呂利、秀吉公の御側にありて(2)御耳を嗅ぎけるを、国々の大小名さては我が身のことを囁き申し上ぐるやDと、心もとなく思ひつつ内証より若干の金銀を曽呂利に送り、御前のとりなしよろしく頼み存ずる旨、日ごとに贈り物山のごとく、俄かに徳付き福有の身となりけるとぞ、殿下これを聞こしめし、例の曽呂利が横着こそをかしけれとて笑ひ給ひぬ。

（『絵本太閤記』より）

寵愛…特別に愛すること
常盤の松…葉の色が変わらない松
御金を拝領仕る…金をいただく
小名…大名のうち、領地・石高の少ないもの
横着…ずうずうしいこと

問1　――線部(1)「秀吉公御感ありて」とありますが、秀吉はなぜ曽呂利の歌に感心したのですか。説明として最も適当なものを次の中から選び、記号で答えなさい。

ア　松の持つ昔ながらのイメージを技巧的に詠み込んだから

イ　松の最期を見届けられたという珍しい経験を歌に詠んだから

ウ　枯れた松の代わりに曽呂利の寿命を秀吉に差し出すことを約束したから

エ　松が枯れるという不吉なことを機転を利かせてめでたいことに変えたから

オ　松と同い年の秀吉の年齢を忘れずにその長寿をお祝いする気持ちを表したから

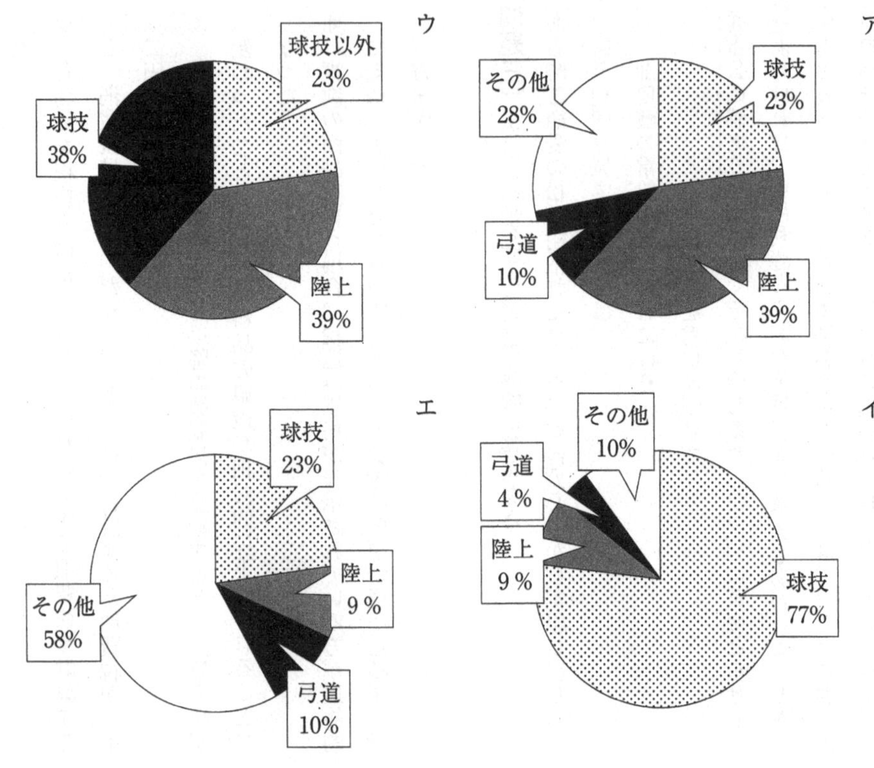

オ

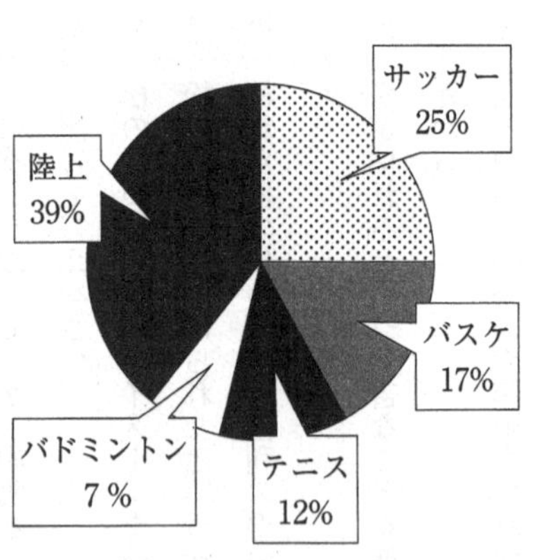

問2　二〇一九年九月の新聞記事で、あるコンビニチェーンでの支払いの計算方法が変わったことが報じられた。次の領収書を見て、これに合致する説明を後から選び、記号で答えなさい。

従来の領収書

領収書	
お茶	１００
おにぎり	１００
あめ	１００
合計	３００
（内消費税	２１）

9月以降の領収書

領収書	
お茶	９３
おにぎり	９３
あめ	９３
小計	２７９
消費税	２２
合計	３０１

【国　語】（五〇分）〈満点：一〇〇点〉

【問題一】 1～7の文中の――線部(a)～(h)について、漢字はひらがなで読み方を示し、カタカナは漢字に改めなさい。

1 日本国民は、正当に選挙された国会における代表者を通じて行動し、われらとわれらの子孫のために、諸国民との協和による成果と、わが国全土にわたつて自由のもたらす恵沢を確保し、政府の行為によつて再び戦争の(a)サンカが起ることのないやうにすることを決意し、ここに主権が国民に存することを宣言し、この憲法を確定する。

（日本国憲法　前文による）

2 そのかみの学校一のなまけ者
今は(b)マジメに
はたらきて居り

（石川啄木『一握の砂』による）

3 親(c)ユズりの無鉄砲で小供の時から(d)ソンばかりしている。小学校に居る時分学校の二階から飛び降りて一週間ほど腰を抜かした事がある。なぜそんな無闇をしたと聞く人があるかも知れぬ。別段深い理由でもない。

（夏目漱石『坊っちゃん』による）

4 「けれどもほんとうのさいわいは一体何だろう。」ジョバンニが云いました。
「僕わからない。」カムパネルラがぼんやり云いました。
「僕たちしっかりやろうねえ。」ジョバンニが胸いっぱい新しい力が(e)ワくようにふうと息をしながら云いました。

（宮澤賢治『銀河鉄道の夜』による）

5 昔話には、社会の(f)リフジンさや生きることの切なさとともに、それを乗り越えていく人間の強さが込められている。そして語りの場では、語り部自身の歩んできた人生がそれに重ね合わされて再解釈がなされ、さらにリアルに語られていくのだ。

（六車由美『驚きの介護民俗学』による）

6 日本人が「馬車」の類を使ったのは、平安時代の牛車だけで、どういうわけか日本人は、あんまり乗用に「車輪」を使わなかったのです。牛車が(g)廃れた後に車輪が使われたのは荷物運び用で、しかも、これを引いたのは人間です。

（橋本治『日本の行く道』による）

7 新元号「令和」の出典は、『万葉集』にある「初春の令月にして、気淑く風(h)和らぐ」だが、この句は中国の書家王義之の「蘭亭序」や張衡「帰田賦」からの影響が指摘されている。

（新聞記事による）

【問題二】 次の問1～2の各設問に答えなさい。

問1 次の文を読み、男子高校生の競技別加盟人数の上位十五位までの内訳を表すグラフとして、最も適当なものを選び、記号で答えなさい。

> 男子高校生の競技別加盟人数の上位十五位のうち、23パーセントは球技以外の競技である。球技以外の競技のうち、もっとも加盟人数の多いのが陸上競技で、およそ39パーセントを占める。

大切なことはメモしておこうネ！

T.G

一般

2020年度

解答と解説

《2020年度の配点は解答欄に掲載してあります。》

＜数学解答＞ 《学校からの正答の発表はありません。》

1 (問1) $(x-1)(x-2)$ (問2) $a=3$, $b=5$ (問3) 28° (問4) $\sqrt{13}$

2 (問1) $y=\sqrt{3}x-2\sqrt{3}$ (問2) $1+\sqrt{2}$

3 (問1) $-a^2+2a+1$ (問2) $y=-2x+40$ (問3) $8\sqrt{41}-32$

4 (問1) $\frac{1}{4}$ (問2) $\frac{1}{20}$ (問3) $\frac{1}{5}$

5 (問1) 13枚 (問2) 168cm² (問3) $n=a-5$ (問4) $a=30$

○推定配点○

1~4 各6点×12 5 (問1)~(問3) 各6点×3 (問2) 10点 計100点

＜数学解説＞

1 (因数分解，式の値，角度，空間図形，確率)

(問1) $(2x-5)(x+1)-(x+\sqrt{7})(x-\sqrt{7})=2x^2+2x-5x-5-(x^2-7)=x^2-3x+2=(x-1)(x-2)$

(問2) $(2x^2+4xy)^2\div\left(\frac{6x+9y}{15}-\frac{2x+6y}{10}\right)=\{x(2x+4y)\}^2\div\left(\frac{2x}{5}+\frac{3y}{5}-\frac{x}{5}-\frac{3y}{5}\right)=x^2(2x+4y)^2\div\frac{x}{5}=5x(2x+4y)^2=5\times\frac{1}{5}\times\left\{\left(2\times\frac{1}{5}+4\times\left(-\frac{1}{4}\right)\right)\right\}^2=\left(-\frac{3}{5}\right)^2=\left(\frac{3}{5}\right)^2$ よって，$a=3$，$b=5$

基本 (問3) $\overset{\frown}{AB}=\overset{\frown}{ED}$より，∠ADB=∠DBE=31° $\overset{\frown}{AE}$の円周角だから，∠ACE=∠ADE 線分BDは直径だから，∠BED=90° △BDEにおいて，三角形の内角の和は180°だから，31°+(31°+∠ADE)+90°=180° ∠ADE=28° よって，∠ACE=28°

重要 (問4) 右の展開図において，AE+EF+FG≧AG 1辺aの正三角形の高さは$\frac{\sqrt{3}}{2}a$で表されるから，$AD=\frac{\sqrt{3}}{2}AA'=\frac{\sqrt{3}}{2}\times4=2\sqrt{3}$ $DG=\frac{1}{2}A'D=1$ よって，$AG=\sqrt{(2\sqrt{3})^2+1^2}=\sqrt{13}$

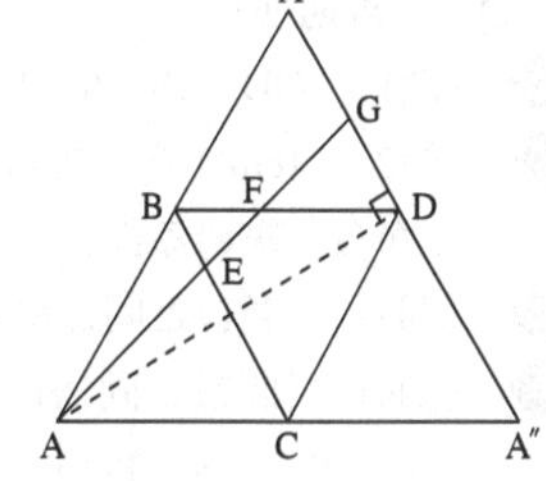

2 (関数と図形)

基本 (問1) △OABは正三角形で高さが$\sqrt{3}$だから，OB=2より，B(2, 0) 直線OAの傾きは，$\frac{\sqrt{3}-0}{1-0}=\sqrt{3}$ 直線mの式を$y=\sqrt{3}x+b$とおくと，点Bを通るから，$0=\sqrt{3}\times2+b$ $b=-2\sqrt{3}$ よって，$y=\sqrt{3}x-2\sqrt{3}$

(問2) 反比例のグラフの式を$y=\frac{a}{x}$とおくと，点Aを通るから，$\sqrt{3}=\frac{a}{1}$ $a=\sqrt{3}$ よって，$y=\frac{\sqrt{3}}{x}$ $y=\sqrt{3}x-2\sqrt{3}$と$y=\frac{\sqrt{3}}{x}$からyを消去して，$\sqrt{3}x-2\sqrt{3}=\frac{\sqrt{3}}{x}$ $x^2-2x=1$ $(x-1)^2=1+1$ $x-1=\pm\sqrt{2}$ $x=1\pm\sqrt{2}$ $x>0$より，$x=1+\sqrt{2}$

3 (図形と関数・グラフの融合問題)

基本 (問1) $y=2x^2$に$x=a$を代入して，$y=2a^2$　よって，A(a, $2a^2$)　$y=x^2$に$x=a+1$を代入して，$y=(a+1)^2$　よって，C($a+1$, $(a+1)^2$)　したがって，直線ACの傾きは，$\frac{(a+1)^2-2a^2}{a+1-a}=-a^2+2a+1$

基本 (問2) $-a^2+2a+1=-2$　$a^2-2a-3=0$　$(a-3)(a+1)=0$　$a>0$より，$a=3$　このとき，点Bのx座標は$3+1=4$となり，$y=2x^2$に$x=4$を代入して，$y=2\times4^2=32$　よって，B(4, 32)　直線BDの式を$y=-2x+b$とおくと，点Bを通るから，$32=-2\times4+b$　$b=40$　よって，$y=-2x+40$

(問3) $a=3$のとき，A(3, 18)，C(4, 16)　点Dのx座標は，$y=x^2$と$y=-2x+40$からyを消去して，$x^2=-2x+40$　$x^2+2x=40$　$(x+1)^2=40+1$　$x+1=\pm\sqrt{41}$　$x>0$より，$x=-1+\sqrt{41}$　四角形ACDB＝△ACB＋△DBC$=\frac{1}{2}\times(32-16)\times(4-3)+\frac{1}{2}\times(32-16)\times(-1+\sqrt{41}-4)=8+8\sqrt{41}-40=8\sqrt{41}-32$

4 (確率)

(問1) 球の取り出し方の総数は$5\times4=20$(通り)　$ax+b=0$の解は，$x=-\frac{b}{a}$　このxの値が整数となるa, bの値の組は，$(a, b)=(1, 2)$，$(1, 3)$，$(1, 4)$，$(1, 5)$，$(2, 4)$の5通りだから，求める確率は，$\frac{5}{20}=\frac{1}{4}$

基本 (問2) $a^2=4b$となるa, bの値の組は，$(a, b)=(2, 1)$の1通りだから，求める確率は，$\frac{1}{20}$

(問3) $x^2+ax+b=0$の解が整数となるのは，左辺が因数分解できるときで，$a=1+b$が成り立つ。これを満たすa, bの値の組は，$(a, b)=(2, 1)$，$(3, 2)$，$(4, 3)$，$(5, 4)$の4通りだから，求める確率は，$\frac{4}{20}=\frac{1}{5}$

5 (規則性)

基本 (問1) QD＝18－6＝12だから，12＋1＝13(枚)

基本 (問2) 1cmずらしてはるとき，その1枚前の色紙で残す部分の面積は，$1\times6\times2-1\times1=11$(cm^2)だから，求める部分の面積は，$11\times12+6\times6=168$(cm^2)

基本 (問3) (問1)と同様に考えて，$n=a-6+1=a-5$

重要 (問4) (問2)と同様に考えて，$S=11\times(n-1)+6\times6=11n+25=11(a-5)+25=11a-30$　$T=a^2-S$　$S:T=1:2$より，$T=2S$　よって，$2S=a^2-S$　$a^2-3S=0$　$a^2-3(11a-30)=0$　$a^2-33a+90=0$　$(a-3)(a-30)=0$　$a>6$より，$a=30$

★ワンポイントアドバイス★

1の10題からなる独立小問と2の関連小問4題からなる大問の出題構成から，大問5題，小問数16題の出題構成に変わったが，難易度はほぼ同じである。あらゆる分野の基礎を固めておこう。

<英語解答> 《学校からの正答の発表はありません。》

Ⅰ 第1部 A 3 B 2 C 4 D 1 E 2 第2部 F 2 G 4 H 2 I 4 J 1

Ⅱ A イ B ウ C ア D エ E ウ F ウ, エ

Ⅲ 問1 ① エ ② イ ③ ア 問2 ウ 問3 イ 問4 (A) ウ (B) キ (C) オ (D) ア 問5 ア 問6 some researchers studied how lifestyle can influence disease among vegetarians and meat eaters 問7 エ 問8 肉を食べるか否かは重要な点ではなく，健康的な生活様式を持ち，多くの果物や野菜を食べることが長生きする一番の方法だということ。(62字) 問9 イ，オ，キ

Ⅳ 1 ウ 2 ア 3 エ 4 ウ

Ⅴ 1 A ケ B コ 2 C エ D ア 3 E ケ F カ 4 G ケ H オ

Ⅵ 1 You don't have to finish cleaning your room before you go to school.
2 When did you get the letter written in English?

○推定配点○

Ⅰ 各2点×10 Ⅱ 各3点×7 Ⅲ 問6 3点 他 各2点×15 Ⅳ 各2点×4
Ⅴ 各3点×4(各完答) Ⅵ 各3点×2 計100点

<英語解説>

Ⅰ (聞き取り・書き取り)

第1部

A

F：I like your shirt. Where did you get it?
M：My wife got it for me last week. She bought it at the Central shopping mall.
F：Really? It has such a cool blue color. I want to get the same one for my husband.

B

F：Excuse me. How can I get to Ginza?
M：Well, you can take the red subway. Ginza is four stops from here.
F：Thank you. Is it easy to find the red subway?

C

F：Hi. I bought a smart phone here two days ago but it doesn't work anymore.
M：Let me find out what is wrong. Have a seat, please.
F：Thank you. How long will it take to find the problem?

D

F：Excuse me, I am Susan Young, from ABC company. I would like to see Mr. MacDonald.
M：I'm sorry, but he is in a meeting now. Could you wait for a while, please?
F：I see. Do you know when the meeting will end?

E

F：Hello, I'm looking for an Aladdin DVD. Do you have one?
M：If you want one in a special package, you will have to wait until next month.

F：Oh, no. I really need it for my daughter's birthday tomorrow.

第1部 （全訳）

A　女性：あなたのシャツはいいですね。どこで手に入れたのですか？／男性：先週，妻が私のために入手してくれました。彼女はセントラルショッピングモールでそれを買いました。／女性：本当ですか？　とても素敵な青い色ですね。私も自分の夫のために同じものがほしいです。

男性：1　私の妻はそのショッピングモールに行ったことがありません。

2　あなたも同じものを着るつもりですか？

3　いいですね。でもまだあるかどうかはわかりません。

4　今日は外がとても涼しいです。

B　女性：すみません。どうしたら銀座へ行けますか？／男性：えーと，赤い地下鉄に乗ってください。銀座はここから4つめです。／女性：ありがとう。赤い地下鉄を見つけるのは簡単ですか？

男性：1　ご心配なく。銀座は大きな街です。

2　そう思います。案内標識に従ってください。

3　いいえ，地下鉄はここにはとまりません。

4　はい，たくさん停車駅があります。

C　女性：こんにちは，2日前にここでスマートフォンを買ったのですが，それがもう動きません。／男性：何が良くないか拝見させてください。どうぞお掛けください。／女性：ありがとう。問題がわかるのにどのくらい時間がかかりますか？

男性：1　2日間かかりました。

2　その長い座席は快適です。

3　あなたはなぜ彼女が働かないのか知っていますか。

4　わかりませんが，最善を尽くします。

D　女性：すみません，ABC社のスーザン・ヤングと申します。マクドナルドさんにお会いしたいのですが。／男性：申し訳ございませんが，今会議中です。しばらくお待ちいただけますか？／女性：わかりました。会議がいつ終わるかご存知ですか？

男性：1　まもなく終わると思います。

2　私はこれ以上待てません。

3　彼は昼食を食べに出かけています。

4　私はABC社で彼に会うことになっています。

E　女性：こんにちは，アラジンのDVDを探しているのですが。こちらにありますか？／男性：スペシャルパッケージのものがよろしければ，来月までお待ちいただかねばなりません。／女性：まあ，そんな。明日の娘の誕生日のために必要なんです。

男性：1　すみません。あさってまでお待ちください。

2　申し訳ございません。オンラインショップならすぐにお送りできると思います。

3　アラジンのDVDを持ってきてくれませんか？

4　誕生日ケーキは特別な包みに入れられるべきです。

第2部

Joanne was born in England in 1965. The name of her father was Peter and he was an engineer at a car company. Her mother Anne worked for a school. They had two daughters, Joanne and her younger sister. Joanne really liked reading books and making stories by herself. When Joanne was six years old, she wrote her first short story and told it to her younger sister. When Joanne was nine years old, her family moved to a small village called

Tutshill. Their house was very old and beautiful and there was a huge forest near the house. Later, this house and forest gave her some ideas for her novels.

At Exeter University, Joanne studied French and old languages in Europe. We can find some of these old languages in her novels. After she graduated from her university, she worked for a while but she was not interested in any jobs and continued to write novels. She sent some of the novels to publishing companies, but no company published her novels. She had the idea of Harry Potter in 1990 on a train from Manchester to London. After that, she began to write all seven Harry Potter books.

While she was writing her novels, she went to Portugal to teach English. She met a man and married him there in 1992 and had a daughter. However, one day her husband left their house and never came back. So she returned to England with her daughter. Joanne couldn't find a good job in England, so she was very poor. But she didn't give up writing novels. At last, in 1997, her first book named "Harry Potter and Philosopher's Stone" was published. Now, Joanne K. Rowling is one of the most famous writers in the world.

F. Which is true about Joanne's family?

G. Which is true about Joanne's first short story?

H. What can we find in Joanne's novels?

I. What is true about the Harry Potter books?

J. What happened to Joanne after she came back from Portugal?

第2部 (全訳)

ジョアンナは1965年にイングランドで生まれた。彼女の父親の名前はピーターで,車の会社のエンジニアだった。母親のアンは学校で働いていた。彼らには2人の娘,ジョアンナと妹がいた。ジョアンナは1人で本を読み,お話を作るのがとても好きだった。ジョアンナは6歳の時に最初の短いお話を書き,妹に話して聞かせた。ジョアンナが9歳の時,家族はタッツヒルという小さな村へ引っ越した。彼らの家はとても古くて美しく,家の近くには広大な森があった。のちに,この家と森が彼女に小説の着想を与えた。

エクセター大学で,ジョアンナはフランス語とヨーロッパの古語を学んだ。彼女の小説の中にこれらの古い言葉を見つけることができる。大学を卒業後,彼女はしばらくの間働いたが,どんな仕事にも興味を持てず,小説を書き続けた。彼女はいくつかの小説を出版社に送ったが,彼女の小説を出版した会社はなかった。彼女はハリー・ポッターのアイデアを1990年にマンチェスターからロンドンへ行く電車の中で得た。その後,彼女はハリー・ポッターの7冊の本を全て書き始めた。

小説を書いている間,彼女は英語を教えるためにポルトガルへ行った。彼女はそこで男性と出会い,1992年に結婚し,娘が生まれた。しかし,ある日彼女の夫は家を出たきり2度と戻らなかった。そこで彼女は娘と一緒にイングランドへ戻った。ジョアンナはイングランドで良い仕事を見つけられなかったので,とても貧しかった。しかし彼女は小説を書くことを諦めなかった。ついに,1997年に彼女の最初の本『ハリー・ポッターと賢者の石』が出版された。今,ジョアンナ・K・ローリングは世界で最も有名な作家の1人である。

F ジョアンナの家族について正しいものはどれか。

1 父親だけが仕事をしていた。

2 家族は4人だ。

3 アンはジョアンナの妹だ。

4 彼らはポルトガルに住んでいた。

G　ジョアンナの最初の短いお話について正しいものはどれか。
1　ジョアンナは大学の時にその話を書いた。
2　ジョアンナはその話を父親にした。
3　ジョアンナの妹が一緒にその話を作った。
4　ジョアンナの妹がその話を聞いた。

H　ジョアンナの小説には何が見つかるか。
1　出版社
2　ヨーロッパで使われた古語
3　彼女が入学した大学
4　フランスの森

I　ハリー・ポッターの本について正しいものはどれか。
1　ジョアンナは9歳の時にそれらを書き始めた。
2　ジョアンナは会社で働いている時にそれらのアイデアを得た。
3　ジョアンナは娘が生まれた時にそれらを書き終えた。
4　ジョアンナは電車に乗っている時にそれらのアイデアを得た。

J　ジョアンナがポルトガルから戻った後，何が起きたか。
1　彼女は最初の小説を出版した。
2　彼女は娘を産んだ。
3　彼女は最初の小説を書き始めた。
4　彼女は教師になった。

Ⅱ　(長文読解問題・伝記：英問英答，内容吟味，内容一致)

(全訳)　アルバート・アインシュタインを知っていますか。あなたたちの多くが，彼は世界で最も有名な科学者の1人だと知っているかもしれない。実際，1922年に彼は「光電効果」という理論でノーベル賞を獲得した。のちにこの理論はテレビの発明につながった。彼は1955年に亡くなるまで，科学の分野でたくさんの重要な理論を発表した。それらの理論は他の科学者たちだけでなく，科学を学ぶ多くの若い学生たちにも刺激を与えている。

アルバート・アインシュタインはドイツで1879年3月14日に生まれた。彼は子供の頃，とても静かで内気だった。アルバートは3歳か4歳になるまで言葉を1語も話さなかった。彼の両親はとても心配し，彼の脳はどこかおかしいと思った。彼らはよくアルバートを医師のところへ連れて行ったが，医師たちは彼の悪いところを何も見つけなかった。医師の1人がそれは単にアルバートの性格だと言った。彼は，アルバートは話す人ではなく考える人だ，と言った。彼の年齢のほとんどの少年たちは兵士になりたがり，暴力的な遊びをしたがったが，アルバートはそうではなかった。彼は1人でいることを好んだ。彼は何時間も考えたり空想にふけったりしていた。アルバートは目で見たり説明したりできない世界について考えることを楽しんだ。彼が後に言ったように，「想像力は知識よりも大切です。知識には限りがある。想像力はあっという間に世界を回ることができる」

彼の父親はバッテリー，発電機，電線など売るビジネスをしていた。アルバートは電気にとても興味を持ち，父親にたくさんの質問をした。彼は電気は強力で不思議だと思った。「それを見る方法はあるのか？　どのくらい速いのか？　何でできているのか？」 アルバートは父親がくれた方位磁針にも興味があった。その針は常に同じ方向，つまり北を指すので，彼はとてもわくわくした。見たり感じたりできないけれども，このような奇妙な力が自分の周りにあると知って，アルバートは驚いた。彼はよく方位磁針を持ってハイキングに行き，草の上に寝ころんだ。彼は空を見上げて宇宙について考えるのが好きだった。「宇宙の外には何かあるのだろうか？　光はあれらの星からどのようにして僕たちの目に届くのだろう？　宇宙よりも大きい物はあるのか？」

アルバートは小学校が好きだった，なぜなら教師たちが優しく，アルバートの質問の全てに答えようと最善を尽くしてくれたからだ。しかし，物事は急激に変わった。10歳で彼はギムナジウムへ通い始めた。それは非常に厳しい学校だった。生徒たちは制服を着て，校内のどこへ行くにも兵士のように歩かなくてはならなかった。質問は許されなかった。彼らはただ読んで習ったことを記憶するだけだった。アルバートは考えたり想像したりすることが許されないと感じた。しかしながら，数学だけが彼に考えたり想像したりする時間を与えた。そこで家で彼はおじの助けを借りて，難しい数学の問題を学ぶのにたくさんの時間を費やした。彼らはよく一緒に幾何学も勉強した。アルバートは正方形，立方体，円，球体のような図形問題を解くことを楽しんだ。彼にとってそれはブロックで遊ぶようなものだった。クラスの他の少年たちは数学で苦労していたが，アルバートにとってはちょうどパズルゲームのようだった。しかし学校で，彼は教師が答えられない質問をしてばかりで，よく罰を受けた。教師たちは，彼は他の生徒たちに悪影響だと思い，ついには彼に学校を退学するように言った。そこで，彼は15歳でイタリアに引っ越した，なぜなら彼の家族は父親のビジネスのためにすでにそこにいたからだ。

アルバートはイタリアが大好きだった，なぜなら何もかもがドイツとは違っていたからだ。イタリアでの日々は彼にたくさんの読書する時間を与えた。彼は有名な科学者，ニコラス・コペルニクスとガリレオ・ガリレイの生涯についての本を読んで楽しんだ。ポーランドの天文学者ニコラス・コペルニクスは地球が太陽の周りを回っていると言ったために批判された。のちに，イタリア人科学者ガリレオ・ガリレイはコペルニクスの考えに同意したため逮捕された。しかし，アルバートの時代には，太陽が地球の周りを回っていると信じる者はいなかった。そのような科学者の考えや思想を学習した後，アルバートは科学的真実が最後には人々に受け入れられることを学んだ。彼は自分自身と自分の科学的見解に自信を持った。

のちに，アルバートはスイスの大学に通った。そこで彼は特許局での仕事を得た。特許局に在籍した年月は素晴らしかった，なぜなら彼は仕事の後にたくさんの時間があったからだ。そこで彼は多くの科学論文を書き，発表した。それらの論文は非常に素晴らしかったので，1909年にチューリッヒ大学で物理学の教授になるように依頼された。彼は承諾し，のちに彼はヨーロッパの様々な大学で教えた。しかし彼は1933年にアメリカに移り，亡くなるまでそこにいた。

アルバートの理論の多くは広く知られているが，そのいくつかは科学者でさえも理解するのが非常に難しい。不幸にも彼の理論の1つはのちに原子力爆弾を作りだすのに使われた。しかしアルバートと彼の理論は今でも，科学者たちだけでなく世界中の様々な分野の多くの人々に大きな影響を持っている。

A 「医師は『アルバートは話す人ではなく考える人だ』と言った時，何が言いたかったのか」
イ「アルバートは話さないが頭の中でたくさん考えている」 第2段落参照。

B 「アルバートの子供時代について正しいものはどれか」 ウ「アルバートは方位磁針の針を常に北に向かせる不思議な力についてわくわくしていた」

C 「アルバートのギムナジウムでの日々について正しくないものはどれか」 ア「教師たちはアルバートの質問のほとんどに答えようと最善を尽くしたので，彼は学校が好きだった」 第4段落第1文参照。アはアルバートの小学校時代の記述。ギムナジウム時代については，第4段落第3文～同段落最後から2番目の文を参照する。

D 「イタリアでのアルバートについて正しいものはどれか」 エ「アルバートは有名な科学者であるガリレオ・ガリレイとニコラス・コペルニクスについて学んだ後，自分の科学的見解を諦めるべきではないと気づいた」 第5段落最後の2文参照。

E 「スイスへ行った後，アルバートに何が起きたか」 ウ「チューリッヒ大学がアルバートに物理学教授の職を与えることを決定した，なぜなら彼の論文がとても素晴らしかったからだ」

重要 F ア「アルバートは科学的発明によってノーベル賞を受賞した，それはのちに恐ろしい兵器の1つとして使われた」(×) イ「アルバートが3歳の時，両親は彼を他のどの子供よりも賢いと思った」(×) ウ「アルバートは他の少年たちと暴力的な遊びをすることを好まず，よく1人でいた」(○) エ「アルバートは何かを想像することは情報を得るよりも重要だと思った，なぜなら想像は無限だからだ」(○) オ「アルバートの理論のほとんどはそれほど難しくなかったので誰でも容易に理解することができた」(×) カ「アルバートはイタリアでニコラス・コペルニクスとガリレオ・ガリレイについて学んだ後，電気と方位磁針に大変興味を持った」(×) キ「アルバートは生涯においてたくさんの科学的考察を生み出し，それらの全ては人々が幸せな生活を送るために使われた」(×)

Ⅲ **(長文読解問題・論説文：内容吟味，語句解釈，英問英答，語句補充・選択，語句整序，間接疑問，内容一致)**

(全訳) 「菜食主義者」という単語を聞いたことがありますか。菜食主義者は魚介類を含む，動物の肉を食べない人のことだ。彼らは野菜，果物，穀類，ナッツ，種を食べる。牛乳やチーズのような乳製品を食べる菜食主義者もいる。このような人々は乳菜食主義者と呼ばれる。乳製品と卵を食べる人々は，乳卵菜食主義者と呼ばれる。乳製品，はちみつ，卵を含む，動物由来のものは一切食べない人々もいる。彼らは完全菜食主義者と呼ばれる。完全菜食主義者は動物由来のものは一切使わないので，革，絹，羊毛でできた服も着ない。

最初の「菜食主義者」はインドと東地中海地方で2,500年以上前に現れた。ギリシャの哲学者ピタゴラスは，全ての動物は関わりあっているので，人間は動物に優しくしなければならないと説いた。インドで仏教徒は，全ての動物は人間と同じように大切だから，食用のために動物を殺すことは間違っていると考えた。のちにヒンズー教徒も①同じ信念を持った。

1800年代，イングランドとアメリカで菜食主義者たちが集まり，集団を作った。そして「菜食主義者」という語がイングランドで初めて使われた。1900年代，菜食主義者になることに興味を持つ人が増え，今では菜食主義者の数は世界中で増加している。

②最近，菜食主義者になることを選ぶ人が増えているのはなぜか。その理由の1つとして，彼らは大牧場の動物たちについて心配している。彼らは，そのような動物たちは悪環境で飼育されていると思っている。彼らはまた，そのような農場は環境に有害だと思っている。動物の排泄物は土壌と水を汚染する可能性がある。しかし，より一般的な理由として，彼らは肉を食べないことによって健康でいたいと思っている。

菜食主義者は肉を食べる人よりも(A)健康で，心臓病，がん，その他の病気のリスクが少ないと言われている。しかしある研究が興味深い結果を示した。菜食主義者であることは(B)長生きする助けにはならない。研究者たちが平均年齢62歳の男女243,096名を調べた。6年間の調査の結果，肉を食べる人と菜食主義者は同じ程度の時間を生きた。

他の調査が(C)似たような結論に至った。研究者たちが約20万人のアメリカ人労働者を調査し，ポテトチップス，甘いお菓子，ジャンクフードなどの(D)健康的でない食品を食べる菜食主義者は，心臓病のリスクが上昇する可能性があることを発見した。そして彼らは菜食主義者と肉を食べる人の両方に注目した。彼らはたくさんの果物や野菜を食べる人々とたくさんの(D)不健康な食品を食べる人々を比較した。③その結果は，たくさんの(D)不健康な食品を食べると，よりたくさんの人が心臓病になるということだった。同時に，たくさんの果物や野菜を食べると，心臓病になる人が少なくなるということがわかった。心臓病のリスクを下げようとするとき，「肉を食べるか否か」は重要な点ではないということだ。別の言い方をすれば，肉を諦めることは私たちが思うほど重要ではなく，実は，栄養のある良質な食べ物をたくさん食べることが長生きすることに役立つのかもしれない。

別の観点からの研究がもう1つある。④ある研究者たちは，生活様式がどのように菜食主義者と肉を食べる人の病気に影響を与えるかを調べた。彼らは肉を食べる人は菜食主義者よりも多くの病気にかかることを発見したが，⑤もう1つ興味深い結果を得た。健康的な生活様式を持つ肉を食べる人々は，健康的な生活様式を持つ菜食主義者と同じ結果になったのだ。ここでの健康的な生活様式とは，タバコを吸ったりお酒を飲み過ぎたりせず，スポーツをして，たくさんの果物や野菜を食べる，ということだ。さらに，十分な運動をしてたくさんの果物や野菜を食べることは，心臓血管の健康状態や血圧などに良い影響がある，ということもわかった。⑥これら全ての情報は，私たちが「肉を食べるか否か」は健康にとって重要な点ではなく，健康的な生活様式を持ち，より多くの果物や野菜を食べることが長生きするのに一番の方法である，ということを理解するのに役立つ。

したがって，肉を食べる人も菜食主義者も次のアドバイスを忘れないでほしい。

第1に，より多くの植物性食品を食べること。食事の75%は野菜で，25%は十分なタンパク質と健康的な脂質を含む食品であるべきだ。

第2に，できるだけ自然の食品を食べること。食品に自然でないものがたくさん添加されていたら，その食品を食べるべきではない。そして肉や乳製品などの動物性食品を食べるなら，入手できる最高品質の食品を食べなさい！

第3に，ストレスの少ない生活をすること。1日に10時間もコンピューターの前に座ったり，毎日1時間も混雑した電車やバスに乗ったりするべきではない。全てのストレスを取り除くことはできないが，減らすことはできる。深呼吸をして，しばらくの間リラックスしなさい！

最後に，もっと寝ること。できるだけ頻繁に8時間睡眠をとりなさい。それが健康を保つ最善の方法だ。

重要 問1　第1段落参照。①乳菜食主義者→エ「肉や卵は食べないが，チーズや牛乳のような乳製品は食べる」　②乳卵菜食主義者→イ「肉は食べないが，チーズ，牛乳，卵は食べる」　③完全菜食主義者→ア「動物由来のものは一切食べない」

問2　直前の文参照。ウ「全ての動物は尊重されるべきなので，人間は動物を殺して食べるべきではない」

問3　第4段落参照。イ「彼らは動物たちのために大牧場の数を増やしたがっている」は不適切。

問4　(A)　直後にthanがあるので比較級を入れるとわかる。　(B)　live longer「より長く生きる」　第6段落最終文に同様の表現がある。　(C)　similar「似たような」　(D)　unhealthy「健康的でない，不健康な」

問5　下線部③から同段落最終文までを参照する。ア「質の高い食品を食べることは肉を諦めることより重要だ」

問6　how以下は間接疑問で〈疑問詞＋主語＋動詞〉の語順。influence「～に影響を与える」(動詞)

問7　直後の文参照。エ「健康的な生活様式を持っていると，肉を食べる人も菜食主義者も病気が少なかった」

重要 問8　直後のthat以下の内容をまとめる。

重要 問9　ア「私たちは肉を食べるのをやめ，栄養のある植物性食品をたくさん食べるべきだ」(×)　イ「たくさんの果物と野菜と健康的な脂質を食べるなら，肉を食べることを諦めなくてもよい」(○)　ウ「菜食主義者であれば，不健康な食品をたくさん食べることは健康に影響を与えない」(×)　エ「肉を食べる場合，スポーツをし過ぎることは健康に悪影響を及ぼすかもしれない」(×)

オ「私たちは食品に入っている自然ではないものについて注意すべきであり，質の高い食品を選ぶべきだ」(○)　カ「食事の75%は質の高い肉で，25%は野菜であるべきだ」(×)　キ「長時間コンピューターを使って仕事することは人間にとって自然ではない」(○)　ク「十分に寝なくてもたくさんの果物や野菜を食べることで健康でいられる」(×)

Ⅳ **(語句補充・選択：不定詞，関係代名詞，代名詞，命令文，熟語)**

1 「どこで昼食を食べたらよいか教えてくれませんか」〈where to ＋動詞の原形〉「どこで～すべきか」

やや難 2 「昨日私に話しかけてきた女性は，私の友人の母親だった」 アの who は主格の関係代名詞。talk to ～「～に話しかける」

3 「駅から私たちの学校までおよそ2キロです」 距離，時間などを表す文の主語には It を用いる。

4 「英語を話す時，間違えるのを恐れるな」「～するな」という否定の命令文は Don't を文頭に置く。be afraid of ~ing「～することを恐れる」 make mistakes「間違える」

重要 **Ⅴ** **(語句整序：関係代名詞，不定詞，分詞，動名詞，前置詞，受動態，接続詞)**

1 It is one of the groups <u>which</u> tries to make <u>the world</u> better. 〈one of the ＋複数名詞〉「～のうちの1つ」 which は主格の関係代名詞。〈try to ＋動詞の原形〉「～しようとする」〈make ＋目的語＋形容詞〉「～を…にする」

2 (I was surprised) when a man <u>standing</u> in front of me <u>started</u> singing (suddenly.) 形容詞的用法の現在分詞句 standing in front of me「私の前に立っている」が man を後ろから修飾する。start ~ing「～し始める」

3 (I) asked my parents to buy <u>me</u> a new bicycle <u>for</u> my birthday. 〈ask ＋人＋ to ＋動詞の原形〉「(人)に～するよう頼む」〈buy ＋人＋物〉「(人)に(物)を買う」 for one's birthday「誕生日(のお祝い)に」

4 That castle is called <u>Shirasagi-jo</u> because it is <u>so</u> white and (beautiful.) 受動態 A is called B「AはBと呼ばれている」 because ～「～なので」

重要 **Ⅵ** **(和文英訳：助動詞，動名詞，接続詞，分詞)**

1 〈don't have to ＋動詞の原形〉「～する必要はない」 finish ~ing「～し終わる」 before ～「～する前に」

2 疑問詞 When「いつ」で始まる，過去形の疑問文。written in English「英語で書かれた」が letter を後ろから修飾する。

★ワンポイントアドバイス★

Ⅲの長文は菜食主義者と健康的な食生活について述べた論説文。文章後半の食生活と健康に関する調査(第5～7段落)については，論理的に正確な読み取りが要求される。

＜国語解答＞ 《学校からの正答の発表はありません。》

〔問題一〕 (1) (a) 惨禍 (b) 真面目(に) (c) 譲(り) (d) 損 (e) 湧(く) (f) 理不尽 (g) すた(れた) (h) やわ(らぐ)

〔問題二〕 問1 イ 問2 イ

〔問題三〕 問1 エ 問2 B 問3 オ 問4 エ

〔問題四〕 (例) 私たちは何でも自由に考えることができると信じている。しかし，私たちの心は決して自由ではなく，文化が私たちの心の形を決めている。つまり，文化を研究し心の限界を知ることが自由になることの第一歩になるのだ。(100字)

〔問題五〕 問1 イ 問2 オ 問3 ① 絶対的権威 ② 民主的な核家族 問4 オ 問5 ① 商品化 ② 脱商品化 問6 ア 問7 ウ 問8 ア

○推定配点○

〔問題一〕 各2点×8 〔問題二〕 各4点×2 〔問題三〕 各4点×4 〔問題四〕 10点 〔問題五〕 各5点×10 計100点

＜国語解説＞

基本 〔問題一〕 (漢字の読み書き)

(a)は天災や戦争などによる，むごたらしくいたましい災難。(b)は熟字訓なので，読み書きとも熟語で覚える。(c)の音読みは「ジョウ」。熟語は「謙譲」など。(d)の訓読みは「そこ(なう，ねる)」。(e)の音読みは「ユウ」。熟語は「湧水」など。(f)は道理やすじみちが通らないこと。(g)の音読みは「ハイ」。熟語は「荒廃」など。(h)の訓読みは他に「なご(む，やか)」。

〔問題二〕 (資料の読み取り―内容吟味)

やや難 問1 「23％は球技以外の競技である」こと，また，「球技以外の競技のうち，もっとも加盟人数の多いのが陸上競技で，およそ39％を占める」とあり，球技以外の競技の中での「陸上」の割合が「およそ39％」になるということなので，「陸上9％」とあるイが適当。「23％は球技以外の競技である」ので，球技が23％のア，エ，球技が38％のウは不適当。また，「競技別加盟人数の上位十五位の内訳を表すグラフ」なので，5つの競技しかないオも不適当。

重要 問2 従来の領収書では，各商品は税込み価格で表示されているので，「各商品の税抜き価格が表示され」とあるア，「各商品を税抜き価格で合計し」とあるウは合致しない。従来の領収書＝税込み価格で計算すると300円だが，9月以降の領収書＝税抜き価格で計算すると301円の支払いなので，イは合致する。商品の値段は変わっていないので，エは合致しない。9月以降の領収書では，税抜き価格で表示されているので，「税込み価格が表示されている方が……消費者の要望が通った結果，計算方法が変わった」とあるオも合致しない。

〔問題三〕 (古文―大意・要旨，内容吟味，文脈把握)

〈口語訳〉 ある時特別に愛していた松の樹が枯れてしまったので，秀吉公は(縁起が悪いと)不快に思っていらしたのを，曽呂利がひそかに見て祝って(詠んだのは)，

大切になさっていた常盤の松は枯れてしまった，(長寿である)自分の寿命を主君に譲って

秀吉公卿は(曽呂利の歌に)感心してよくぞ祝ってくれた，曽呂利に(ほうびの)黄金をやりなさいと仰せがあったので，曽呂利は謹んで頭を下げ，『めったにないしあわせ，とこのように申すのも畏れ多いのですが，今御金をいただくよりは，毎日主君の御耳(のにおい)を嗅がせていただけるほうが御金より勝り，有り難いことです』と申し上げたので，殿下は面白くお思いになって，お前が満足するまで，思うままに嗅ぎなさいと仰ったので，曽呂利は大変喜び深く感謝した，それから後，

諸国の大名や小名が登城して，(秀吉公に)お目通りする時は必ずこの曽呂利が，秀吉公のお側にいて御耳を嗅いでいたのを，国々の大名小名はさては自分のことをささやいて申し上げているのだなと，不安に思いながらこっそりいくらかの金銀を曽呂利に送り，御前のうまいはからいをよろしく頼みますという趣旨で，毎日贈り物が山のように(届き)，急に裕福な身分となり，殿下はこれをお聞きになって，例の曽呂利がずうずうしいこと面白いと笑いなさった。

問1　秀吉は特別に愛していた松が枯れてしまって縁起が悪いと不快に思っていたが，曽呂利が詠んだ「御秘蔵の……ゆづりて」という歌は，枯れた松は主君＝秀吉に自分の寿命を譲った，というもので，不吉なことをめでたいことに変えたため，秀吉は傍線部(1)のようになっているので，エが適切。

基本　問2　古文の会話の終わりは，「と」「とぞ」の直前までなので，Bで終わる。

重要　問3　曽呂利は，傍線部(2)のようにして，秀吉の耳のにおいを嗅いでいるだけだが，諸国の大名たちは，「さては我が身のことを囁き申し上ぐるや」と不安に思っているので，オが適当。

やや難　問4　アは「秀吉公御感ありて……仰せありければ」，イは「殿下可笑しく……仰せける」，ウ・オは「国々の大小名……山のごとく」とあるので，合致する。裕福になった曽呂利を，秀吉は「例の曽呂利が……笑ひ給ひぬ」と面白がって笑っているので，「苦々しく思った」とあるエは合致しない。

〔問題四〕（論説文—大意・要旨，短文作成）

本文を整理しながら設問の条件をあてはめていくと，冒頭の2段落＝夏目漱石『三四郎』で，広田先生が日本より頭の中の方が広いと語るシーンがあるが，私たちは何でも自由に考えることができると信じている→続く3段落＝「しかし」食べ物，ぬいぐるみにおける行動のように，私たちは思い込みから無意識に行動しており，私たちの心は決して自由ではなく，文化が私たちの思い込み，私たちの心の形をあらかじめ決めてしまっている→最後の段落＝「つまり」文化が心の形を決めてしまうとするのならば，文化研究は私たちの心の限界を知る学問であり，文化を研究し，心の限界を知ることこそが，自由になることへの第一歩になるのである，となる。食べ物やぬいぐるみといった具体例を通して筆者が述べようとしていることを読み取り，その要旨だけを的確にとらえて要約していこう。

〔問題五〕（論説文—大意・要旨，内容吟味，文脈把握，脱語補充）

問1　傍線部(1)直後の段落で，「お互いがお互いであること以外に関係性を保つ理由がない」のが純粋な関係性であることを述べているので，イが適当。関係性に理由がある他の選択肢は不適当。

重要　問2　傍線部(2)は，直前の段落までで述べているように「純粋な関係性」としての「家族」についてで，お互いがそれぞれの人生設計や生活圏を持つなかで(2)のようにするしかない関係性で，「私たちは家族である」と決めたこと以外に家族であることの理由や条件がないため，家族であってもお互いそれぞれの人生を犠牲にすることなく，家族を協働して担っていく，ということなので，オが適当。さらに後「それは，……」で始まる段落で，お互いが「家族になろう」と思って作ったという純粋な理由だけを残していくことになる，ということも述べているので，アの「自分で選んだ関係ではない」，イの「家族は維持しなければならない」，ウの「共にいることが当然であるはず」，エの「協力し助け合わねばならない」はいずれも不適当。

基本　問3　①は，戦前の家父長制のことで，「絶対的権威」を頂点にしたピラミッドのなかで営まれた家族をやめようという意識から現れたのが戦後の民主的な核家族＝民主的な「のび太くん家」のような核家族，であることを述べている。②については，「結婚は親が……」から続く2段落で，戦前の権威を否定して生まれたのが，戦後の「民主的な核家族」で，その延長線上に私たちは生きていることを述べている。

問4　傍線部(4)は，戦後民主主義の延長線上にある民主化された家族のひとつの形態として見ることができる現代の家族のことである。このような家族の形態が広がれば，オンラインで離れて住む高齢世帯と息子夫婦，3世代がつながることで孫にとって遠かったおじいちゃん，おばあちゃんが身近にいる高齢の家族として存在することもあり得るなど，核家族をまたいだ関係性が広がることを，(4)のように述べているので，オが適当。アの「核家族の信頼を強める」，イの「家族関係に民主化をもたらす」，ウの「戦前の家父長制が見直される」は不適当。「離れていた3世代」のことのみ述べているエも不適当。

問5　「こうしたサポート……」で始まる段落で，「お金での購入が前提となるサービスを『商品化』されたものと呼び，福祉のように権利として保障されているものを『脱商品化』されていると呼びます」と述べている。

問6　傍線部(6)の，「家族」が持つ「本質的な機能」の説明として，イは「つまり，家族……」で始まる段落，ウは(6)直後の段落，エは「たとえば，病気に……」で始まる段落，オは「病気などに……」で始まる段落でそれぞれ述べている。アの「市場化できるという前提」は，該当しない。

やや難　問7　最後の2段落で，親密な関係を持つ人と持たない人で決定的な違いが生じるなら，それがない人たちはどのように生きていけばいいのか，という大きな問題が，家族という「親密な関係性」には潜んでいることを述べているので，ウが適当。「『親密な関係』を持つ人と持たない人」で生じる決定的な違いについて説明していない他の選択肢は不適当。

重要　問8　イ，ウは「そんな家族の形態……」から続く2段落，エは「そんな家族を作る……」から続く3段落，オは「福祉は，……」で始まる段落で，それぞれ述べている。戦前の家父長制はもうやめようという意識から戦後の民主的な核家族が生まれ，いま作られている家族は，その延長線上に「純粋な関係」である家族の形態として見ることができると述べているので，「戦前の家父長制の欠点を修正して」とあるアは合致しない。

★ワンポイントアドバイス★

本文を要約する場合，具体例の前後で筆者の考えを端的に述べていることが多いので，特に注意して読み取っていこう。

大切なことはメモしておこうネ！

T.G

解答用紙集

○月×日　△曜日　天気（合格日和）

◆ご利用のみなさまへ

＊解答用紙の公表を行っていない学校につきましては、弊社の責任において、解答用紙を制作いたしました。

＊編集上の理由により一部縮小掲載した解答用紙がございます。

＊編集上の理由により一部実物と異なる形式の解答用紙がございます。

人間の最も偉大な力とは、その一番の弱点を克服したところから生まれてくるものである。 ――カール・ヒルティ――

東京学参株式会社

中央大学杉並高等学校(推薦)　2024年度

◇数学◇

※ 111%に拡大していただくと，解答欄は実物大になります。

1

2

(問　1)	：	(問　2)	：　：

3

4

5

(問　1)	B (　　　,　　　)	(問　2)	$y=$
(問　3)	(　　　,　　　)		

中央大学杉並高等学校(推薦)　2024年度　◇英語◇

※ 111%に拡大していただくと，解答欄は実物大になります。

1　1 [ ]　2 [ ]　3 [ ]

2　1 [ ]　2 [ ]　3 [ ]

3　1 [ ]

2 [ ]

4　問1 [ ]

問2 One of the cups ______ into the cup.

問3 A [ ]　B [ ]

問4 [ ] [ ]　(順不同)

中央大学杉並高等学校(推薦)　2024年度

◇理科◇

※ 111%に拡大していただくと，解答欄は実物大になります。

1 (1) (2) (3)

2 (1) (2) (3) ：

3 (1) % (2)

4 (1) (2)

5 (1) (2)

6 (1) 名称 (2) (3)

7 (1) V (2)

8 (1) (2) g (3) g

中央大学杉並高等学校（推薦）　2024年度

◇社会◇

※ 104％に拡大していただくと，解答欄は実物大になります。

1 [ ] [ ]　　2 [ ] [ ]

3 [ ] [ ]　　4 [ ] [ ]

5 原子力発電所 [ ]　地熱発電所 [ ]

6 問1 [ ]

問2 1970年 [ ]　1990年 [ ]　2020年 [ ]

7 [ ] [ ]　　8 [ ] [ ]

9 [ ] [ ]　　10 [ ] [ ]

11 A [ ]　B [ ]

12 A [ ]　B [ ]

13 問1 [ ]　問2 C [ ]　D [ ]　問3 [ ]

2024年度

中央大学杉並高等学校(推薦)

※解答欄は実物大になります。

◇国語◇

1

問1　問2

問3　問4

問5

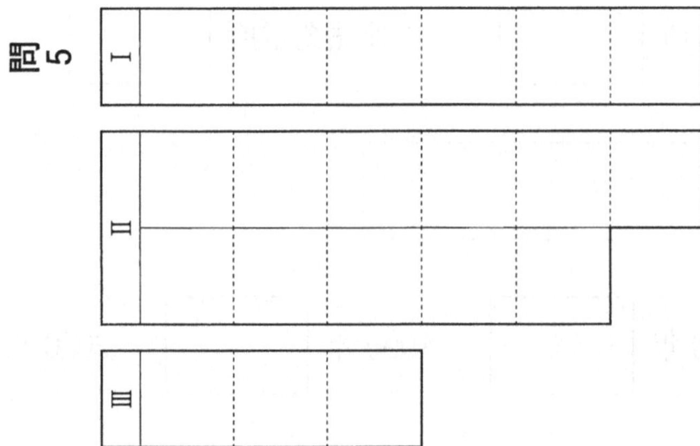

問6　問7

2

問1

問2

問3

問4

中央大学杉並高等学校(一般)　2024年度

◇数学◇

※ 123%に拡大していただくと，解答欄は実物大になります。

1

問　1	問　2	問　3
$x=$		°

2

問　1	問　2	問　3	問　4
A(　　,　　)			

3

ア	イ	ウ	エ

4

問　1	問　2	問　3	問　4
°			

5

問　1	問　2	問　3

6

問　1
ドル

(問　2) 式・考え方

(答)　　　円

中央大学杉並高等学校(一般)　2024年度

◇英語◇

※ 118%に拡大していただくと，解答欄は実物大になります。

Ⅰ

第1部　A　B　C　D　E

第2部　F　G　H　I　J

Ⅱ

A　B　C　D　E　F　　順不同

Ⅲ

問1　問2　問3　問4　問5　問6

問7　→　→　→

問8　(A)　(B)　(C)　(D)　(E)　(F)

問9　　順不同

Ⅳ

1　2　3　4

Ⅴ

1　A　B　2　C　D　3　E　F　4　G　H

Ⅵ

1

2

2024年度 中央大学杉並高等学校（一般）

※133％に拡大していただくと、解答欄は実物大になります。

◇国語◇

〔問題一〕

(a)　(b)　(c)　(d) って

(e) しい　(f) る　(g)　(h)

〔問題二〕

問1　問2

〔問題三〕

問1　問2 Ⅰ　Ⅱ

問3　問4　問5

〔問題四〕

20　40　60　80　100

〔問題五〕

問1 Ⅰ　Ⅱ　Ⅲ

問2

問3

問4　問5

問6　問7

問8

中央大学杉並高等学校(帰国生)　2024年度

◇数学◇

※ 114%に拡大していただくと，解答欄は実物大になります。

1

$x =$ 　　　　, $y =$

2

$x =$

3

$x =$ 　　　　○

4

(問　1)		(問　2)	
(問　3)			

5

(問　1)		(問　2)	$t =$

中央大学杉並高等学校(帰国生)　2024年度

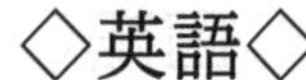

※ 119%に拡大していただくと，解答欄は実物大になります。

I

問 1

問 2　問 3 → → →　問 4

問 5 (A) (B) (C) (D) (E) (F) (G) (H)

問 6　問 7

問 8 Traditional taxonomy

genetic studies or biodiversity.

問 9　問10

35　45

問11

II

①

②

③

２０２４年度　中央大学杉並高等学校(帰国生)

※１２３%に拡大していただくと、解答欄は実物大になります。

◇国語◇

1

問1 (a) して　(b) らす　(c)

問2　問3　問4

問5 Ⅰ　Ⅱ　Ⅲ　Ⅳ

問6　問7

2

20　40　60　80　100

中央大学杉並高等学校(推薦)　2023年度

◇数学◇

※ 111%に拡大していただくと，解答欄は実物大になります。

1

2

(問　1)		(問　2)	$y=$

3

(問　1)	$y=$	(問　2)	B(　　,　　)
(問　3)	B(　　,　　)		

4

(問　1)		(問　2)	

中央大学杉並高等学校(推薦)　2023年度

◇英語◇

※ 111%に拡大していただくと，解答欄は実物大になります。

1　1　2　3

2　1　2　3

3　1

2

4　問1

around the dinner table.

問2

問3　A　B

問4

(順不同)

※ 111%に拡大していただくと，解答欄は実物大になります。

1

(1)　(2)

(3)　X　回　Y　秒

2

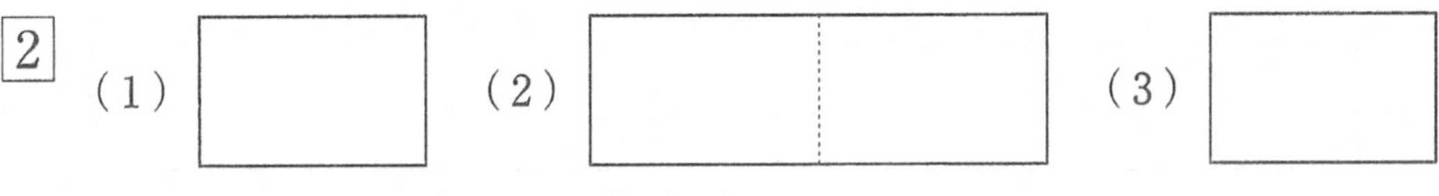
(1)　(2)　(3)

3

(1)　(2)

4

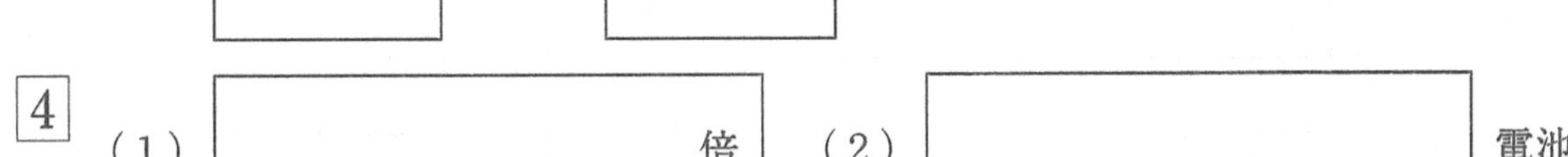
(1)　倍　(2)　電池

5

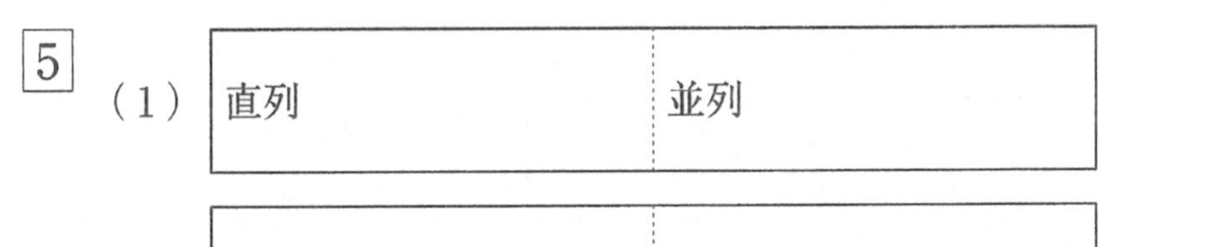
(1)　直列　並列

(2)　X　Y

6

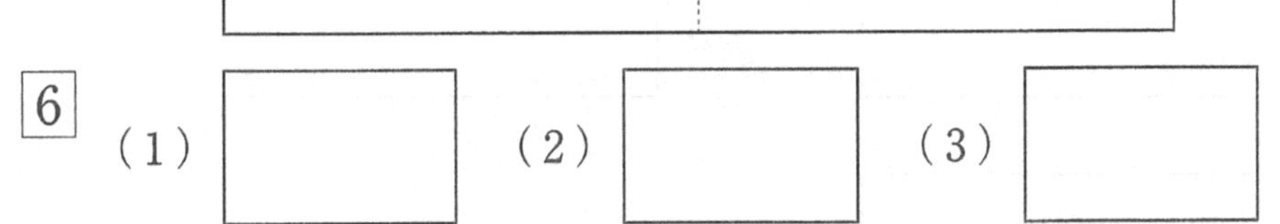
(1)　(2)　(3)

7

(1)　(2)

中央大学杉並高等学校(推薦)　2023年度

◇社会◇

※ 104%に拡大していただくと，解答欄は実物大になります。

1

2

3 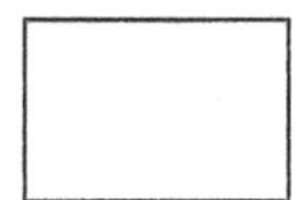

4

5 A　B

6 【1】　【2】

7

8 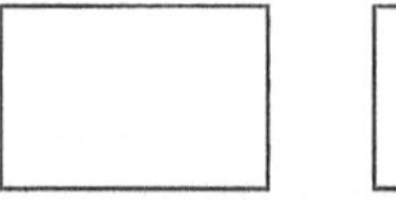

9

10 

11 A 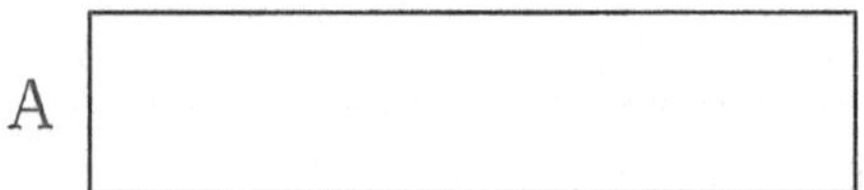　B

C

12 問1　問2

問3 

2023年度 中央大学杉並高等学校(推薦)

※解答欄は実物大になります。

◇国語◇

1

問1 (a) (b)

(c) で

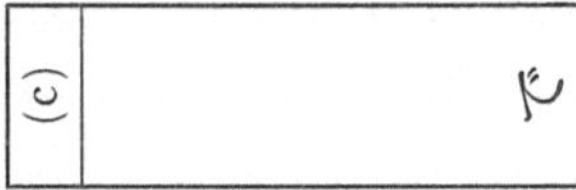

問2 Ⅰ Ⅱ

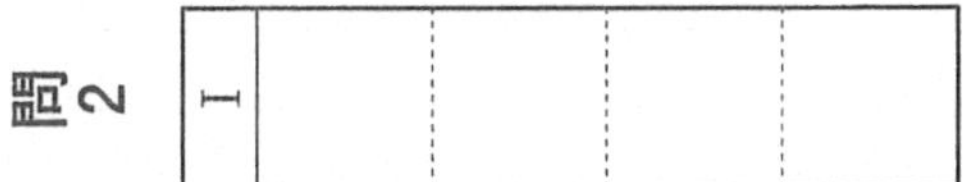

問3

問4 Ⅰ

Ⅱ

Ⅲ Ⅳ

問5 問6

2

問1 問2

問3 (3) (4)

問4

中央大学杉並高等学校(一般)　2023年度

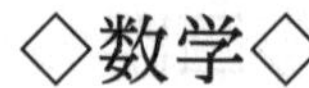

※ 123%に拡大していただくと，解答欄は実物大になります。

1

問 1	問 2	問 3	問 4

2

問 1	問 2	問 3

3

問 1	問 2	問 3
$a=$ 　, $b=$	C(,), D(,)	

4

問 1	問 2	問 3	問 4
倍	$a=$		

5

問 1	問 2
$y=$	P(,)

(問 3) 式・考え方

答 Q(,)

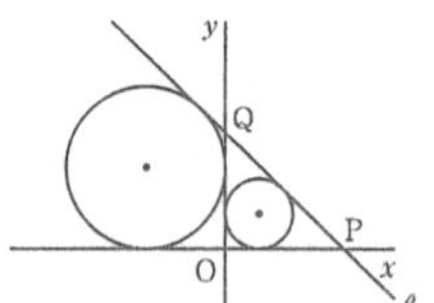

中央大学杉並高等学校(一般)　2023年度

◇英語◇

※ 118%に拡大していただくと，解答欄は実物大になります。

Ⅰ 第1部 A B C D E

第2部 F G H I J

Ⅱ A B C D E F 順不同

Ⅲ 問1 問2 問3 問4 問5

問6 → → → 問7

問8 (A) (B) (C) (D) (E)

問9 順不同

Ⅳ 1 2 3 4

Ⅴ 1 A B 2 C D 3 E F 4 G H

Ⅵ 1

2

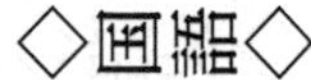

中央大学杉並高等学校（一般）　２０２３年度

※１３３％に拡大していただくと、解答欄は実物大になります。

〔問題一〕

(a)　(b)　(c)　い　(d)　される

(e)　わって　(f)　(g)　じて　(h)

〔問題二〕

問1　問2

〔問題三〕

問1　問2　問3　問4

問5

〔問題四〕

20　40　60　80　100

〔問題五〕

問1　問2

問3　A　B

C

問4　問5

問6　A

B　C

問7　問8

中央大学杉並高等学校(帰国生)　2023年度

◇数学◇

※ 114%に拡大していただくと，解答欄は実物大になります。

1

2

(問 1)	度数	相対度数	(問 2)	℃

3

(問 1)	°	(問 2)	°
(問 3)	°	(問 4)	°

4

(問 1)		(問 2)	D(,)
(問 3)	:		

5

(問 1)		(問 2)	
(問 3)			

中央大学杉並高等学校（帰国生）　2023年度

◇英語◇

※ 119％に拡大していただくと，解答欄は実物大になります。

I

問 1　問 2　問 3　問 4

問 5 Ornithologists have some ideas

north or south.

問 6 ⑥　⑦

問 7

40

50

問 8　問 9　（順不同）

II

①

②

③

中央大学杉並高等学校(帰国生)　２０２３年度

※１２３%に拡大していただくと、解答欄は実物大になります。

◇国語◇

1

問1　(a)　　め　(b)

(c)

問2

問3　A　　B

C

問4

問5

問6

2

20

40

60

80

100

中央大学杉並高等学校（推薦）　2022年度

◇数学◇

※ 114%に拡大していただくと，解答欄は実物大になります。

1

2

○

3

(問 1)		(問 2)	

4

(問 1)		(問 2)	D（　　　，　　　）

5

,

中央大学杉並高等学校(推薦)　2022年度　◇英語◇

※ 114%に拡大していただくと，解答欄は実物大になります。

1　1　2　3

2　1　2　3

3　1

2

4　問1

問2　1　2　3
4　5　(順不同)

問3

問4　(順不同)

中央大学杉並高等学校（推薦）　2022年度　◇理科◇

※ 105％に拡大していただくと，解答欄は実物大になります。

1　（1）　（2）

2　（1）　（2）

（3）　（4）

3　（1）　（2）

4　（1）　（2）

5　（1）　（2）　cm

6　（1）　（2）　A

（3）　V

7　（1）　（2）　（3）

8

中央大学杉並高等学校(推薦)　2022年度

◇社会◇

※ 111%に拡大していただくと，解答欄は実物大になります。

1

2

3

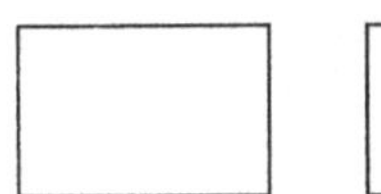

4

5 (1) 県 (2)

6

7

8

9

10 問1 A B

問2 C D

11 問1 問2

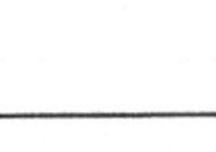

問3 問4

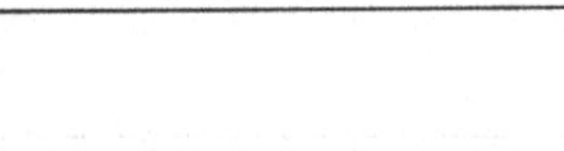

2022年度 中央大学杉並高等学校(推薦)

◇国語◇

※解答欄は実物大です。

1

問1 (A) (B)

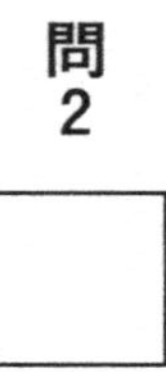

問2

問3 Ⅰ Ⅱ

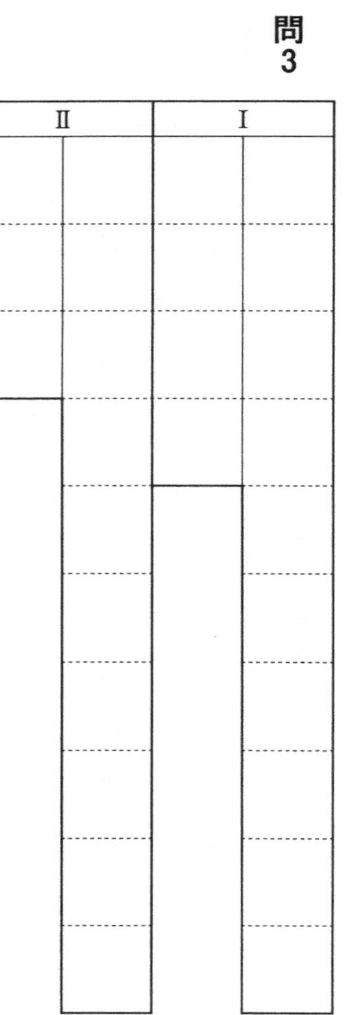

問4 Ⅰ Ⅱ

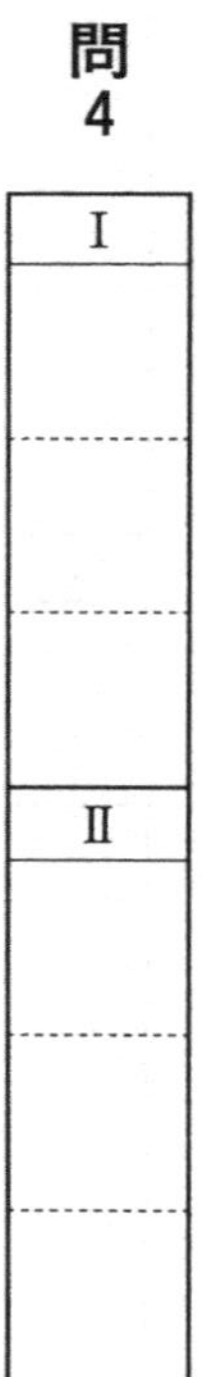

問5 問6 問7

2

問1

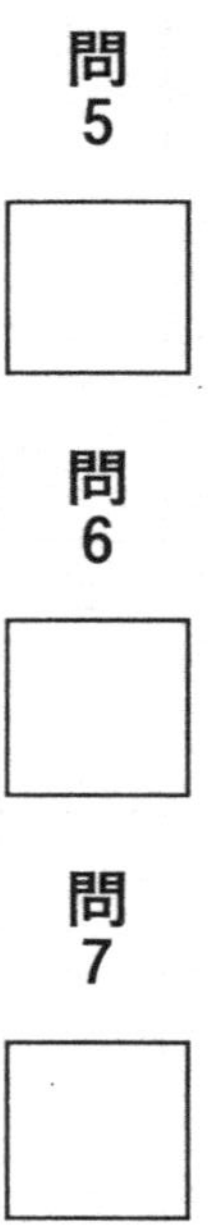

問2 問3

中央大学杉並高等学校(一般)　2022年度

◇数学◇

※ 123%に拡大していただくと，解答欄は実物大になります。

1

問　1	問　2

問　3	問　4
通り	$z=$

2

ア	イ	ウ	エ	オ
(　　,　　)		(　　,　　)		

3

問　1	問　2

4

問　1	問　2	問　3	問　4

5

問　1
$a=$

(問　2) 式・考え方

答　D(　　,　　)

中央大学杉並高等学校(一般)　2022年度

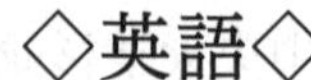

※ 118%に拡大していただくと，解答欄は実物大になります。

I 第1部 A B C D E

第2部 F G H I J

II A B C D E F 順不同

III 問1 問2 1 2 3 問3

問4 ア イ ウ エ

問5 問6

問7 45 55

問8

問9 SMAP's work will .

IV 1 2 3 4

V 1 A B 2 C D 3 E F 4 G H

VI 1

2

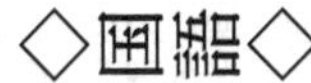

中央大学杉並高等学校(一般)　2022年度

※133%に拡大していただくと、解答欄は実物大になります。

〔問題一〕

(a) げ　(b) す　(c)　(d)

(e)　(f)　(g)　(h)

〔問題二〕

問1　問2

〔問題三〕

問1　問2

問3 Ⅰ Ⅱ　問4

〔問題四〕

20　40　60　80　100

〔問題五〕

問1　問2

問3 Ⅰ Ⅱ　問4

問5　感情

問6

問7 Ⅰ Ⅱ

Ⅲ

問8

中央大学杉並高等学校(帰国生)　2022年度　◇数学◇

※ 114%に拡大していただくと，解答欄は実物大になります。

1

2

3

(問　1)	：	(問　2)	：

4

(問　1)	○	(問　2)	

5

6

(問　1)	$a=$	(問　2)	$t=$
(問　3)	$b=$	(問　4)	

中央大学杉並高等学校(帰国生)　2022年度

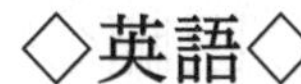

※ 119%に拡大していただくと，解答欄は実物大になります。

I

問1 　問2 　問3

問4

every year.

問5

30

40

問6 (順不同)

問7

問8 (順不同)

II

①

②

③

2022年度 中央大学杉並高等学校(帰国生)

※123%に拡大していただくと、解答欄は実物大になります。

◇国語◇

1

問1 (A) (B) (C)

問2

問3 I II

問4

問5

問6

2

20 40 60 80 100

中央大学杉並高等学校(一般)　2021年度

◇数学◇

※ 127%に拡大していただくと，解答欄は実物大になります。

1

問　1	問　2	問　3	問　4
	$x=$	∠EGH ＝　°	$x=$

2

問　1	問　2
kg	$x=$

3

問　1	問　2	問　3

4

問　1	問　2
$y=$	$b=$

5

問　1	問　2
$y=$	(　　,　　)

(問　3) 式・考え方

(答) $y=$

中央大学杉並高等学校(一般)　2021年度

◇英語◇

※ 118%に拡大していただくと，解答欄は実物大になります。

Ⅰ 第1部 A B C D E

第2部 F G H I J

Ⅱ A B C D E F 順不同

Ⅲ 問1 問2 問3

問4

問5 40 50

問6

問7 順不同

問8 順不同

Ⅳ 1 2 3 4

Ⅴ 1 A B 2 C D 3 E F 4 G H

Ⅵ 1

2

2021年度 中央大学杉並高等学校（一般）

※135%に拡大していただくと、解答欄は実物大になります。

◇国語◇

〔問題一〕

(a) (b) (c) (d)

(e) (f) (g) (h) んだ

〔問題二〕

問1 問2

〔問題三〕

問1 問2

問3 Ⅰ Ⅱ

問4

〔問題四〕

20 40 60 80 100

〔問題五〕

問1

問2

問3 Ⅰ Ⅱ Ⅲ

問4

問5 Ⅰ Ⅱ Ⅲ

問6

問7

問8

中央大学杉並高等学校(一般)　2020年度

◇数学◇

※ 124%に拡大していただくと，解答欄は実物大になります。

1

問 1	問 2	問 3	問 4
	$a=$ 　，$b=$	∠ACE ＝ 　°	

2

問 1	問 2
$y=$	

3

問 1	問 2	問 3
	$y=$	

4

問 1	問 2	問 3

5

問 1	問 2	問 3
枚	cm²	$n=$

(問 4) 式・考え方

(答) $a=$

中央大学杉並高等学校(一般)　2020年度

◇英語◇

※ 118%に拡大していただくと，解答欄は実物大になります。

Ⅰ 第1部 A B C D E

第2部 F G H I J

Ⅱ A B C D E F 順不同

Ⅲ 問1 ① ② ③

問2　問3

問4 A B C D

問5

問6

問7

問8 55 65

問9 順不同

Ⅳ 1 2 3 4

Ⅴ 1 A B 2 C D 3 E F 4 G H

Ⅵ 1

2

◇国語◇

中央大学杉並高等学校（一般）　２０２０年度

※１３３％に拡大していただくと、解答欄は実物大になります。

〔問題一〕

(a)	(b) に	(c) り	(d)
(e) く	(f)	(g) れた	(h) らぐ

〔問題二〕

問1 ／ 問2

〔問題三〕

問1 ／ 問2 ／ 問3 ／ 問4

〔問題四〕

20 ／ 40 ／ 60 ／ 80 ／ 100

〔問題五〕

問1 ／ 問2

問3 ① ／ ②

問4 ／ 問5 ① ／ ②

問6 ／ 問7 ／ 問8

〈ダウンロードコンテンツについて〉

本問題集のダウンロードコンテンツ、弊社ホームページで配信しております。現在ご利用いただけるのは「2025年度受験用」に対応したもので、**2025年3月末日**までダウンロード可能です。弊社ホームページにアクセスの上、ご利用ください。

※配信期間が終了いたしますと、ご利用いただけませんのでご了承ください。

高校別入試過去問題シリーズ

中央大学杉並高等学校　2025年度

ISBN978-4-8141-2914-0

[発行所] 東京学参株式会社

〒153-0043　東京都目黒区東山2-6-4

書籍の内容についてのお問い合わせは右のQRコードから　⇒ 

※書籍の内容についてのお電話でのお問い合わせ、本書の内容を超えたご質問には対応できませんのでご了承ください。

2024年5月30日　初版